Nahrungszubereitung mit System

Privathaushalt · Großhaushalt

von
Ingeborg Sauer

mit zahlreichen Abbildungen

4. überarbeitete Auflage

Dr. Felix Büchner • Handwerk und Technik

Inhaltsverzeichnis

Umgang mit dem Buch

Diese dritte Auflage wurde konzeptionell völlig neu aufbereitet, den Entwicklungen des Faches und der Lehrpläne angepasst, aktualisiert und erweitert.

Dieses Buch soll Grundwissen und Grundfertigkeiten „mit System“ vermitteln.

Neu aufgenommen wurden z. B.:
- Geräte des Großhaushaltes
- Umgang mit Geräten des Privat- und Großhaushaltes
- Arbeitstechniken des Großhaushaltes
- Rezepte für den Großhaushalt
- Einsatz von Convenienceprodukten

- Dem Praxisteil vorgestellt ist ein alphabetisches Rezeptverzeichnis.
- Die Rezeptauswahl bildet die Grundlage für eine bewusste und vollwertige Ernährung.
- Alle Rezepte stellen Grundrezepte dar oder wurden auf diesen aufgebaut.
- Die Rezepte des Privat- und Großhaushaltes stehen so nebeneinander, dass der Unterschied bei der Menge, der Arbeitstechnik und bei den Geräten sofort erkennbar ist.
- Die Backrezepte sind für **eine** Backform berechnet. Sie können entsprechend erweitert und auch im Kombidämpfer gebacken werden.
- In der Überschriftenzeile der einzelnen Rezeptseiten sind Symbole abgebildet. Diese zeigen auf einen Blick:

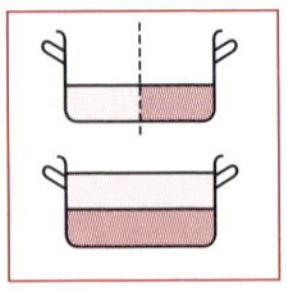

das Rezept lässt sich gut teilen oder verdoppeln,

das Rezept bietet gute Einfriermöglichkeiten,

das Rezept ist ein „Jahreszeitenrezept“, das bedeutet, es soll wegen Preis und Qualität der Jahreszeit entsprechend gewählt werden,

das Rezept lässt sich rationell herstellen, das heißt, es wird zur Herstellung wenig Zeit und Kraft benötigt.

- Der Arbeitsgang beginnt mit der Vorbereitung des Arbeitsplatzes.
- Die dazu benötigten typischen Arbeitsgeräte sind in der Kopfleiste zu finden.
- Die erforderlichen Lebensmittel sind in der linken Spalte aufgeführt.
- Die Arbeitsschritte sind von oben nach unten – zeilenweise – auszuführen.
- Die Arbeitsabläufe sind für Rechtshänder beschrieben, für Linkshänder sind sie entgegengesetzt.
- Auf die Verwendung von Alkohol wurde bewusst verzichtet.
- Der Begriff „Ausbackfett“ bezeichnet wasserfreies Fett (z. B. Öl, Plattenfett), das sich zum Braten und Frittieren (hoch erhitzen) eignet.
- Bei den Rezepten wurde teilweise auf die Vorbereitung der Kräuter verzichtet. Hier können Trocken- oder Gefrierprodukte verwendet werden.
- Bei der Verwendung von Eigelb und Eiklar setzen wir das Trennen der Eier voraus.
- Nach Möglichkeit nur unbehandelte Zitrusfrüchte (z. B. Zitronen) kaufen. Vorsichtshalber heiß waschen.
- Am Ende des Buches befindet sich ein Sachwortregister.

Viel Freude und gutes Gelingen beim Einüben der Grundkenntnisse!

Arbeitsgeräte in der Küche

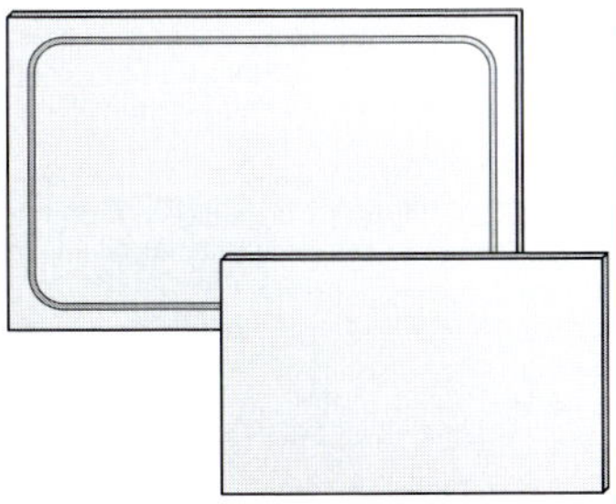
Schneidebrett

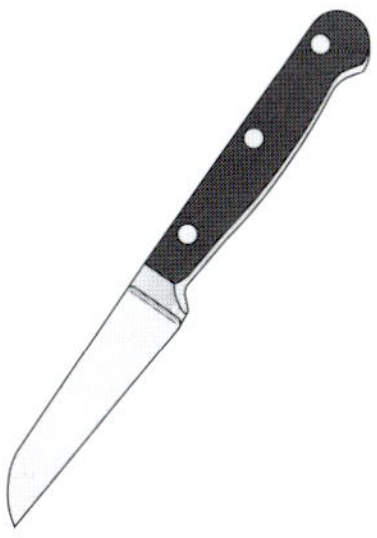
Gemüsemesser

Buntmesser

Tomatenmesser

Kochmesser

Brotmesser

Ausbeinmesser

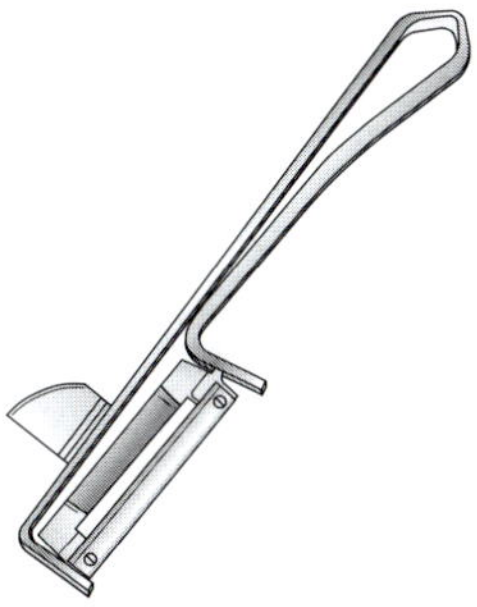
Kartoffelschäler

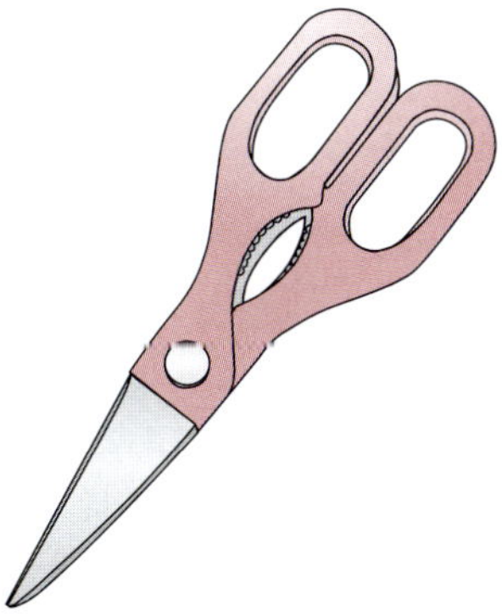
Haushaltsschere

Geflügelschere

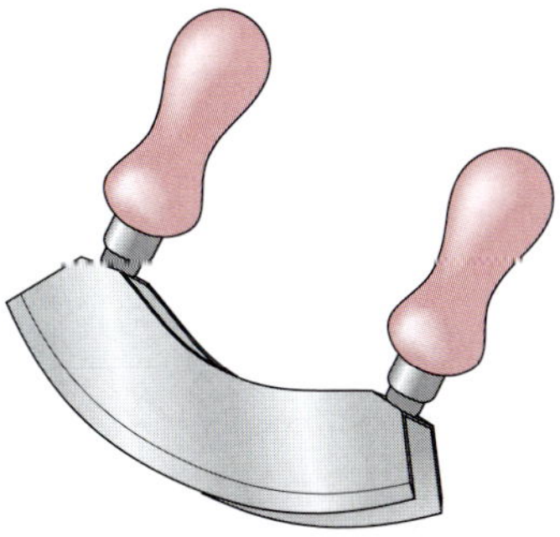
Wiegemesser

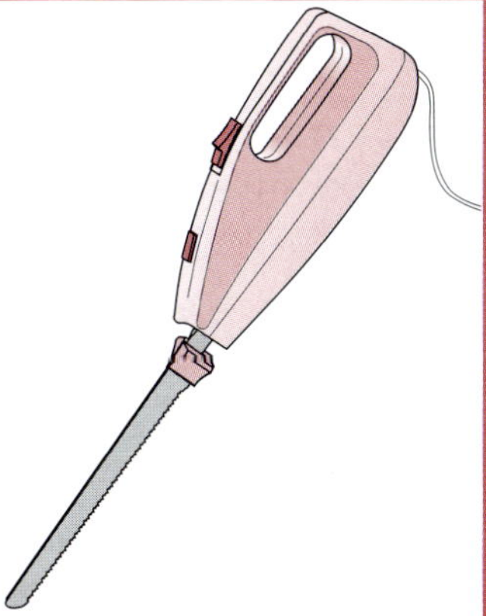
Elektromesser

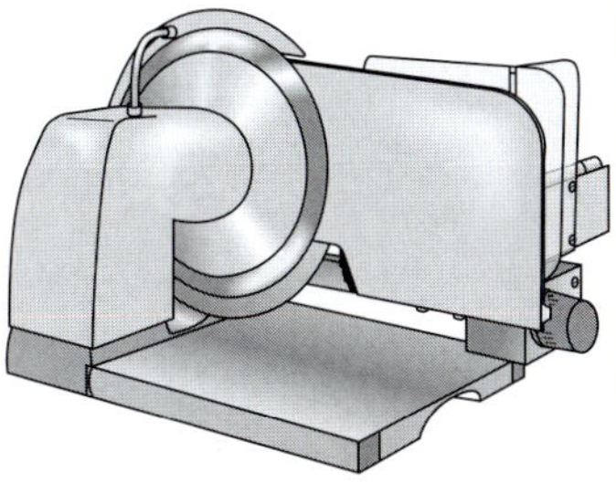
Allesschneider

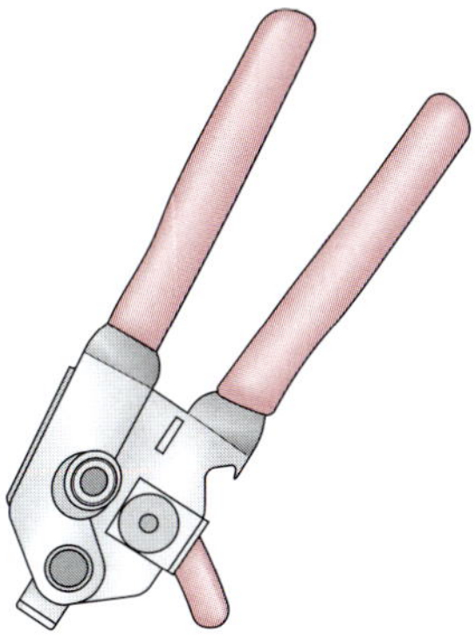
Dosenöffner

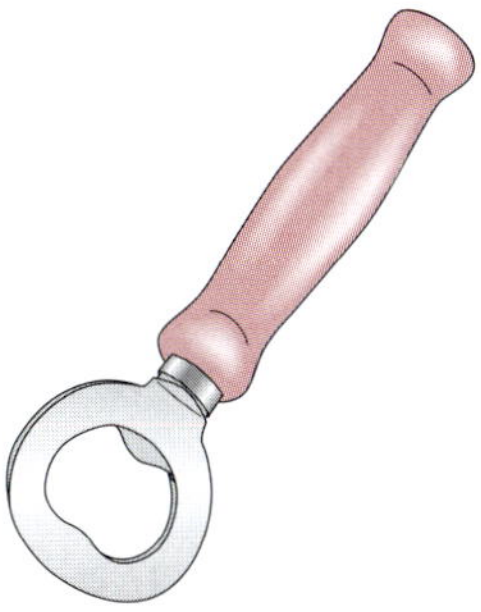
Kapselheber

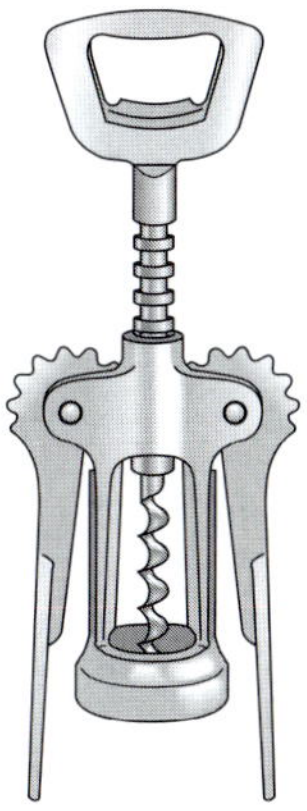
Korkenzieher

Arbeitsgeräte in der Küche

Töpfe

Pfanne

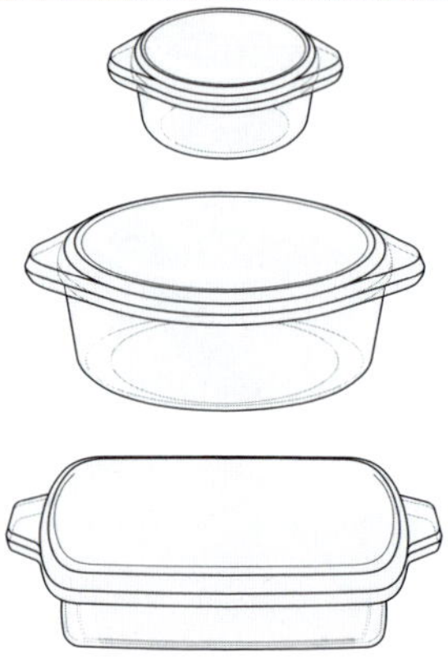
Auflaufformen

Dampfdrucktopf

Schneebesen

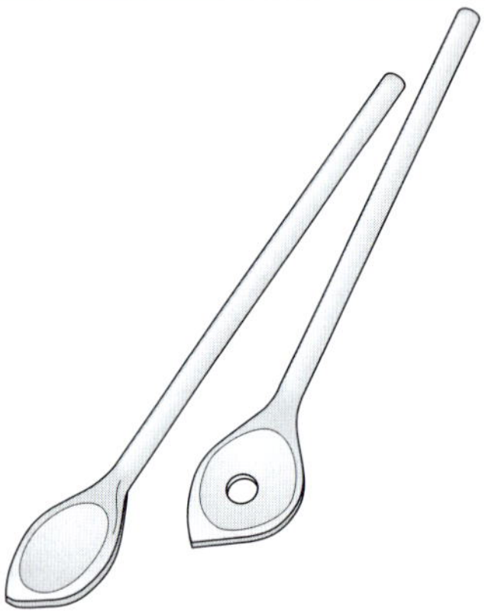
Kochlöffel

Bratenwender

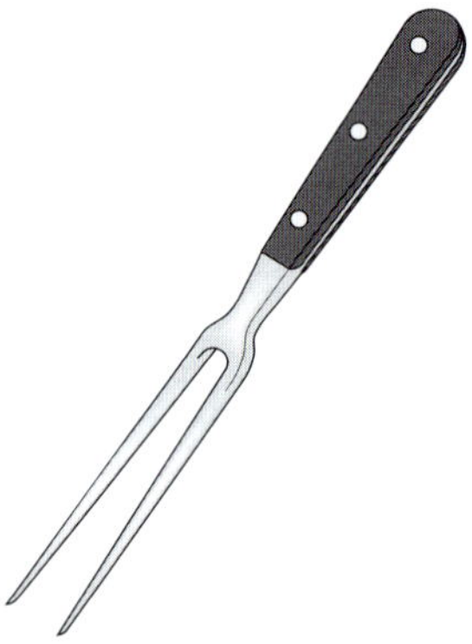
Fleischgabel

Schaumlöffel

Schöpfkelle

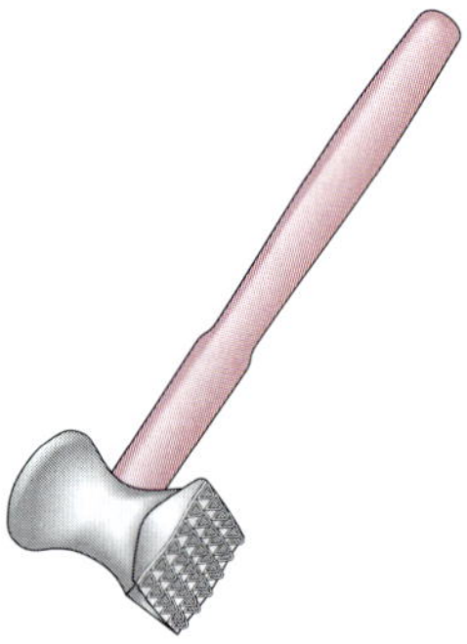
Fleischklopfer

Schüsseln

Rührschüssel

Litermaß

Rührbecher

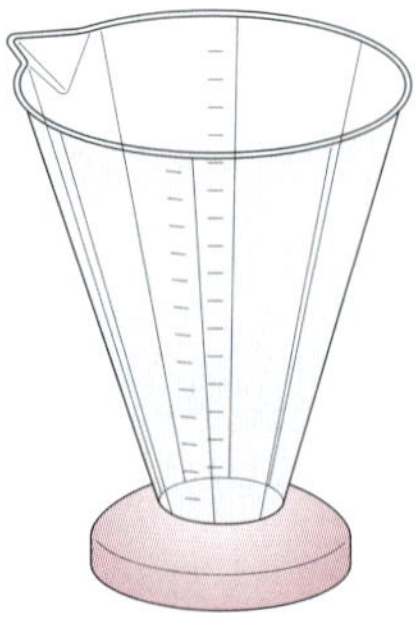
Messbecher

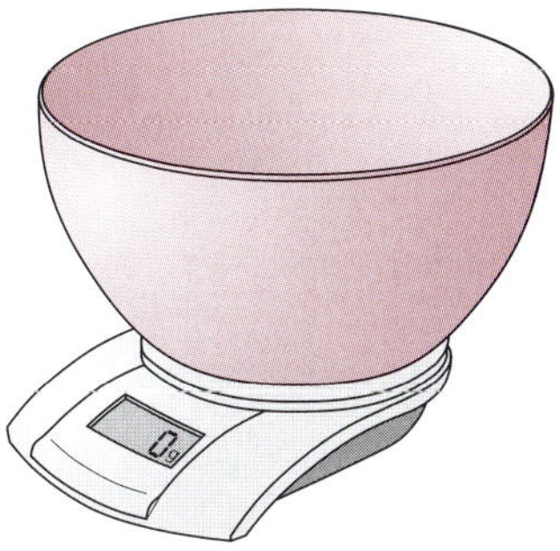

Haushaltswaage

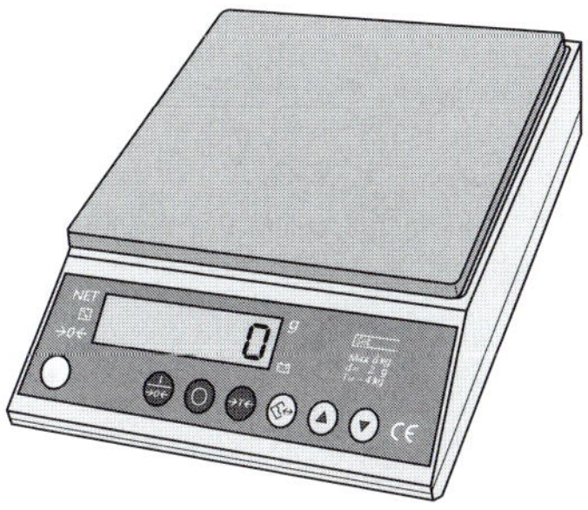

Küchenwaage

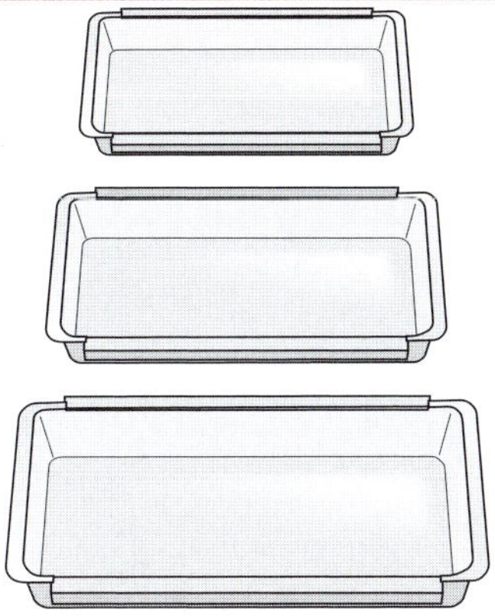

Panierschalen

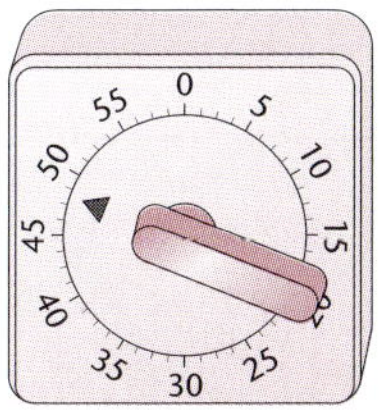

Kurzzeitwecker

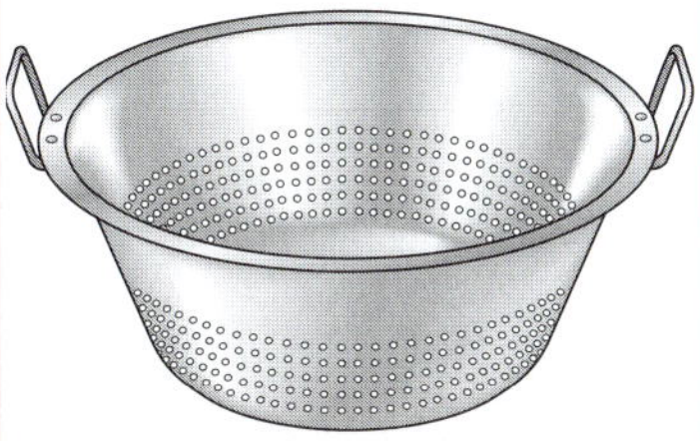

Durchschlag

Mehlsieb

Sieb

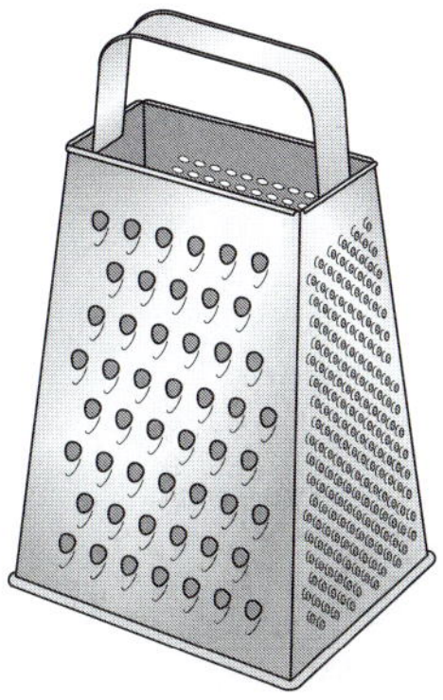

Allzweckreibe

Zitronenreibe

Muskatreibe

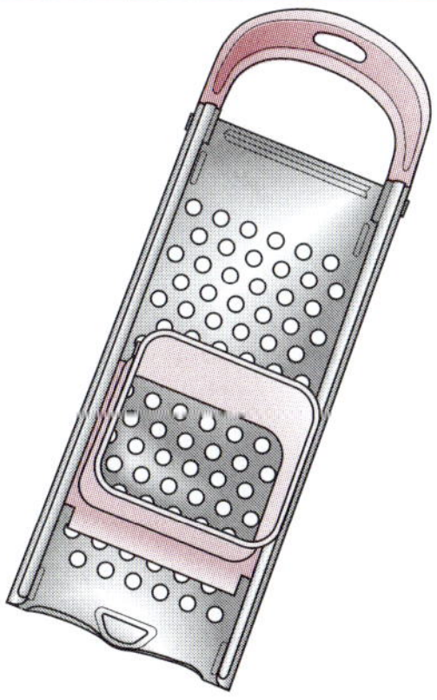

Spätzlehobel

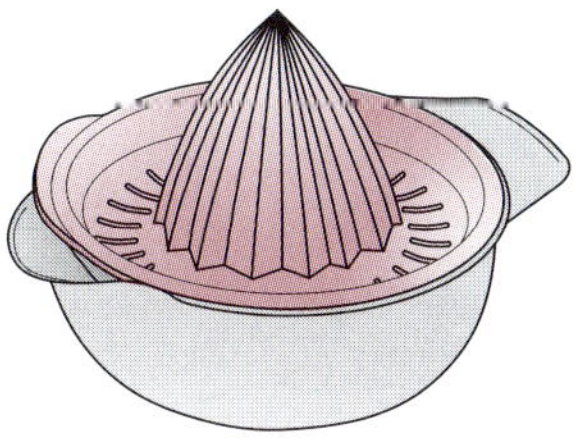

Zitronenpresse

Passiergerät „Flotte Lotte“

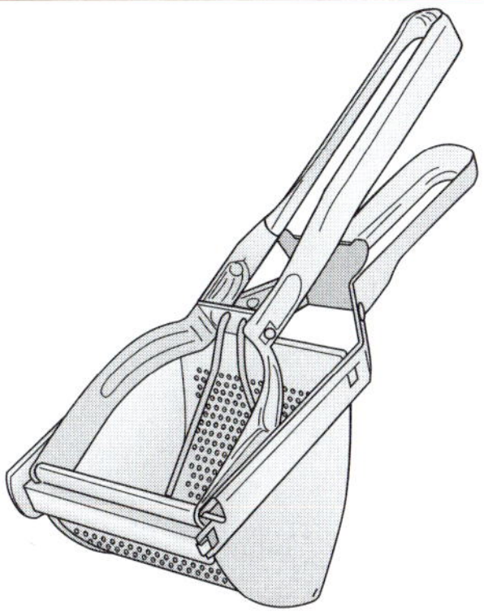

Kartoffelpresse

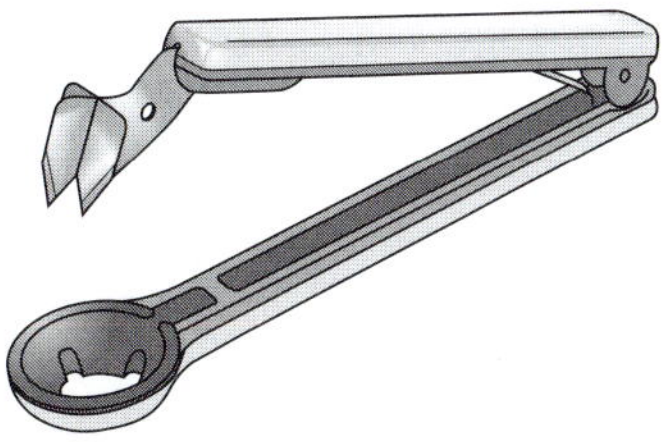

Pflaumenentsteiner

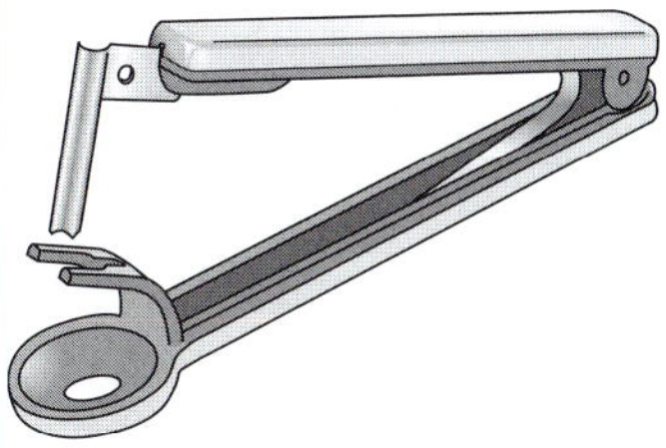

Kirschenentsteiner

Arbeitsgeräte in der Küche

Backblech

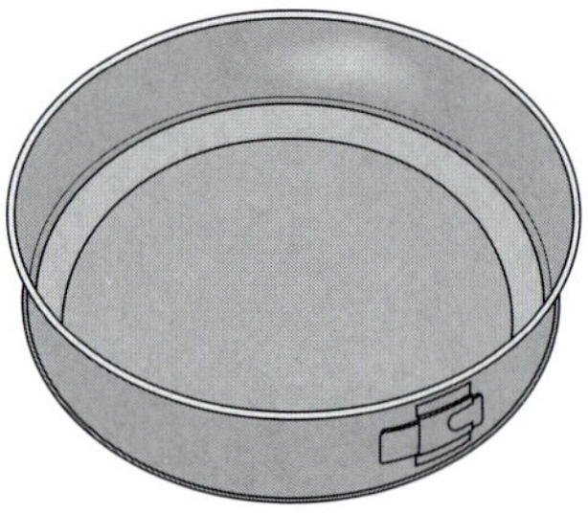

Springform

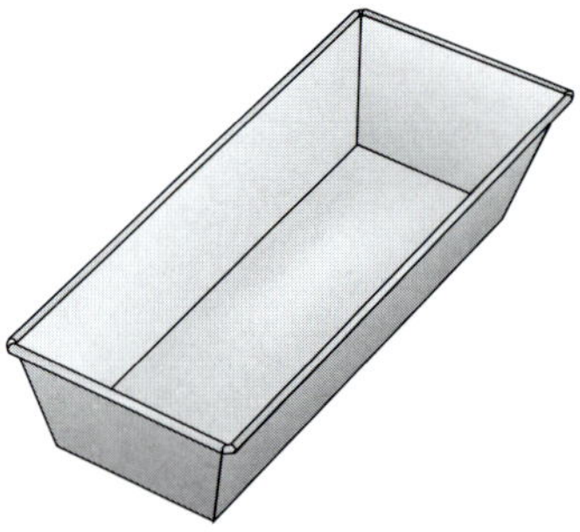

Kastenform

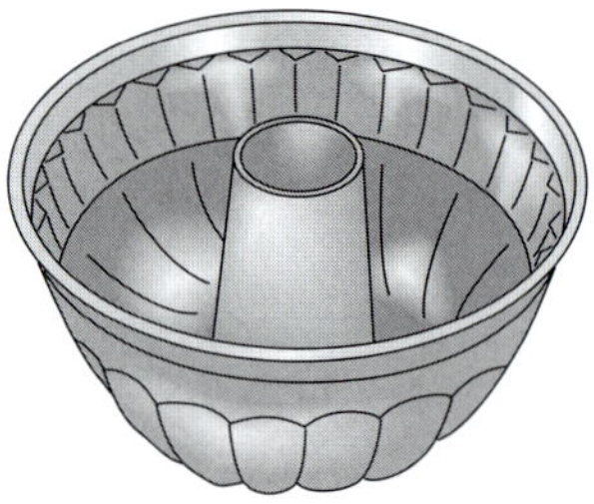

Gugelhupf

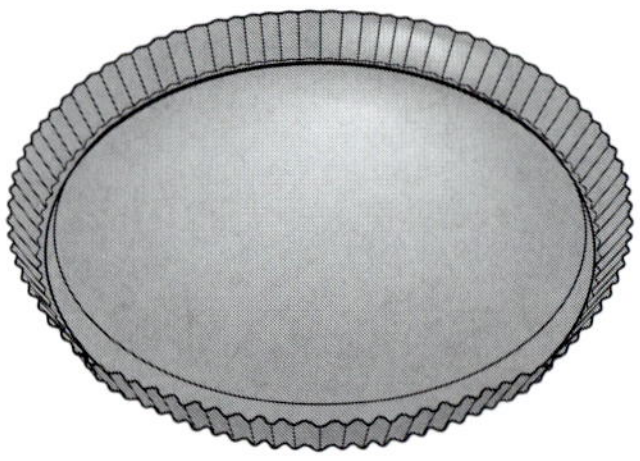

Obstkuchenform

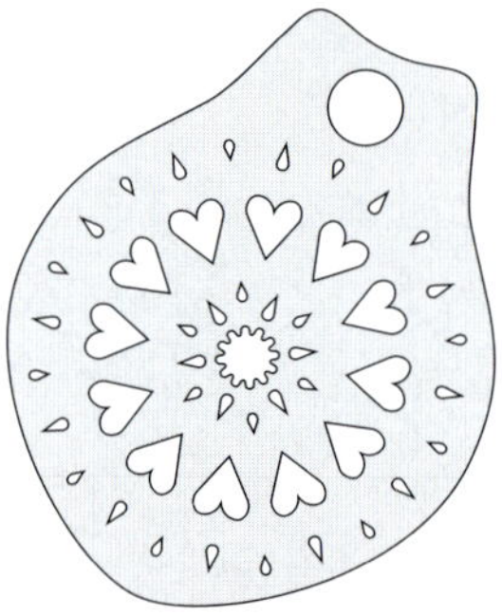

Kuchenheber

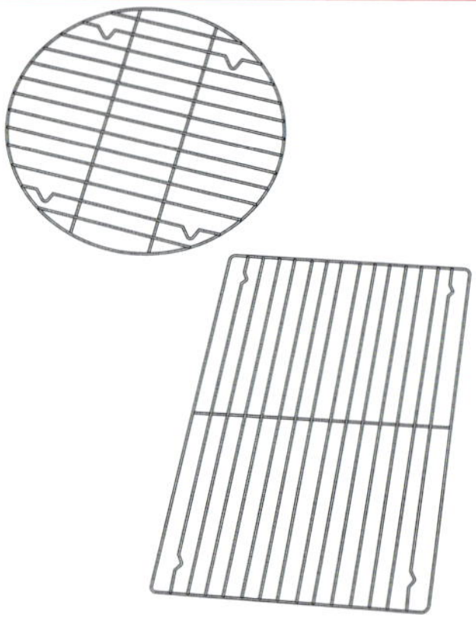

Kuchengitter

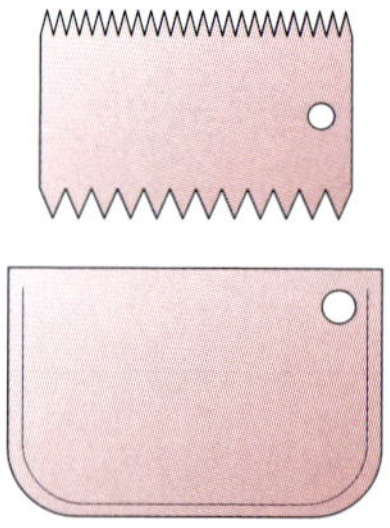

Teigkarten

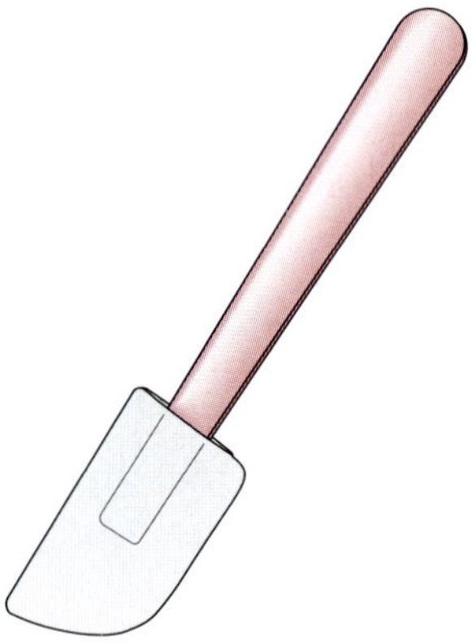

Teigschaber

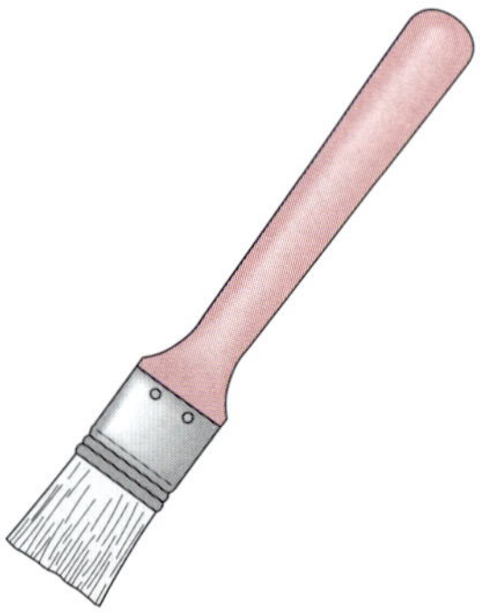

Fettpinsel

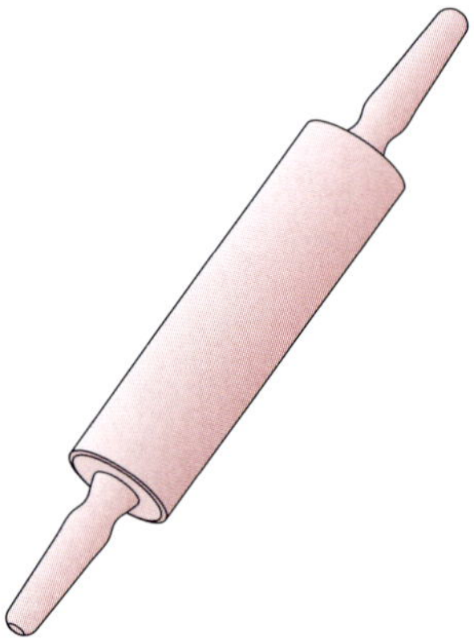

Nudelholz

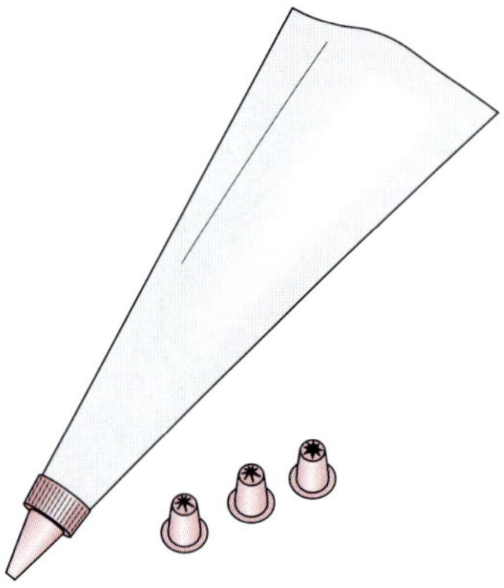

Spritzbeutel

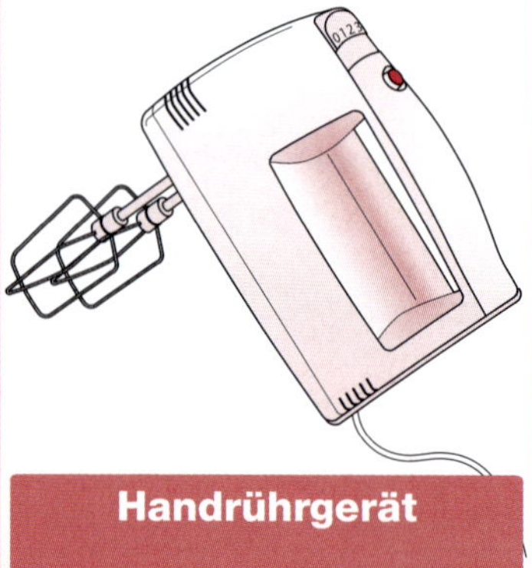

Handrührgerät

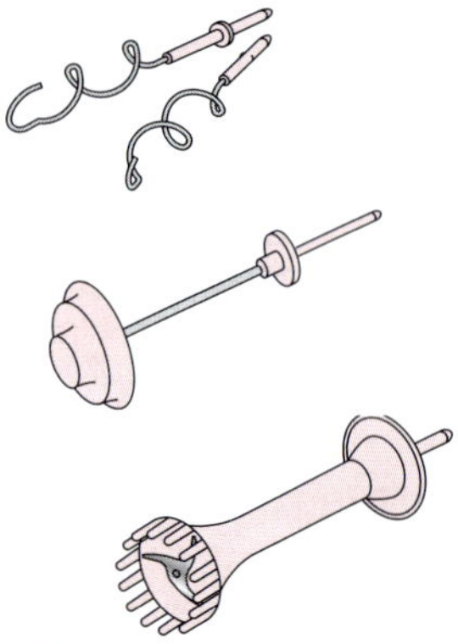

Aufsätze für ein Handrührgerät

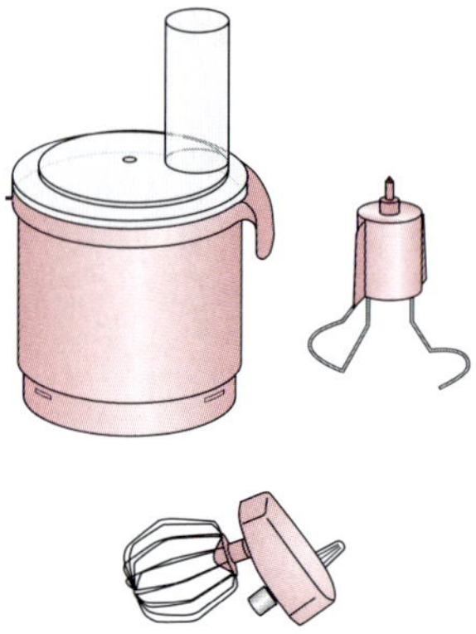

Küchenmaschinenaufsatz mit Rühr- und Knethaken

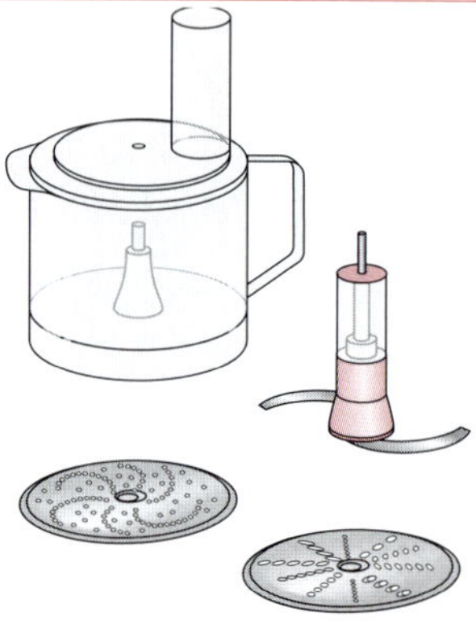

Küchenmaschinenaufsatz mit Schneidscheiben

Arbeitsgeräte in der Küche

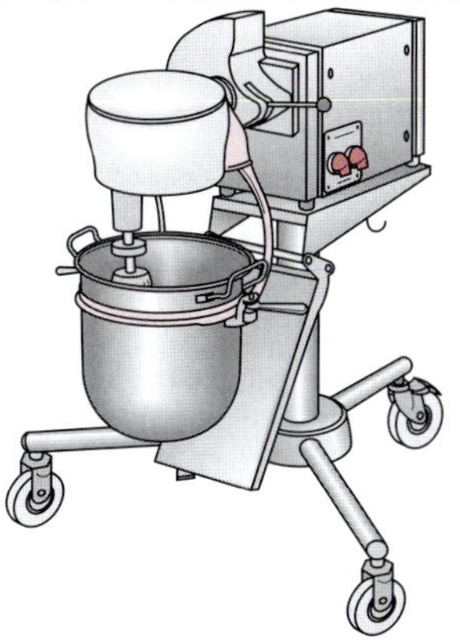

Universalküchenmaschine zum Rühren und Kneten

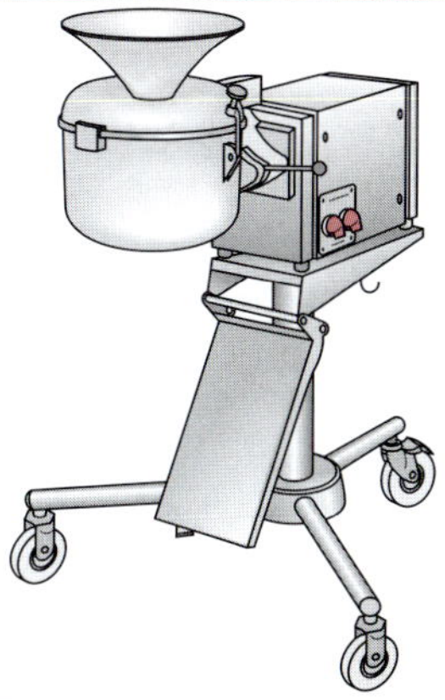

Universalküchenmaschine zum Reiben und Schnitzeln

Elektro-Kippkochkessel

Gas-Kochkessel

Kippbratpfanne

Kombidämpfer

Wärmewagen

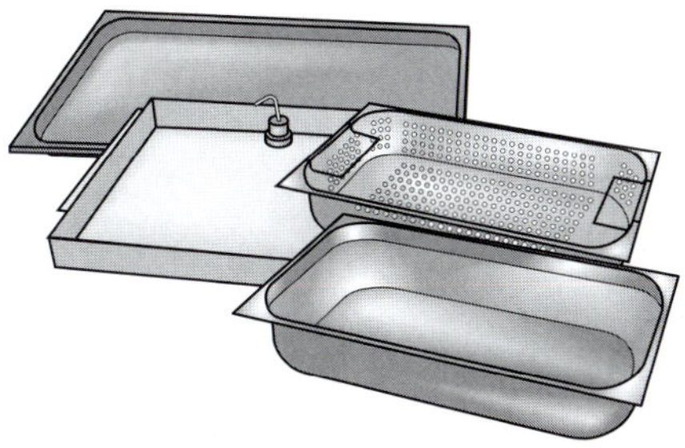

Gastronorm-Behälter

Umgang mit Geräten in der Küche

Messer – Privat- und Großhaushalt

Grundsätzliches

- Es werden in der Küche mit Messern unterschiedlichste Arbeiten ausgeführt.
- Fachgerechtes Schneiden verlangt eine stabile, rutschfeste Unterlage und fachgerechte, scharfe Messer.
- Messerklingen können genietet oder mit eingearbeiteten Kunststoff-Griffschalen gearbeitet sein.
- Messergriffe sollen ergonomisch (rutschfest, der Hand angepasst) sein.
- Messerstähle sind je nach Verwendungszweck fest oder elastisch.

Wichtige Messer

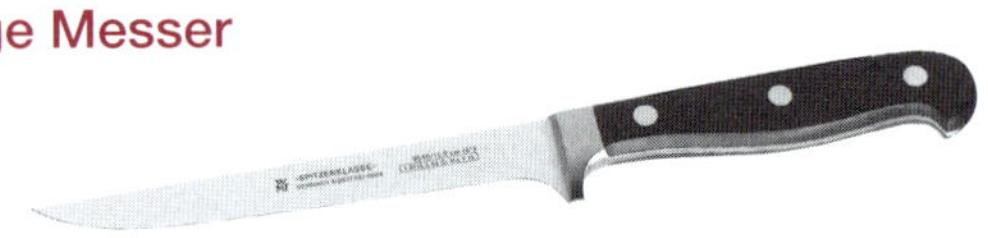

- **Ausbeinmesser:**
  12 cm – 18 cm – schmale bis mittlere Klinge – zum Abziehen von Häuten, Zerlegen von Fleisch, Ausbeinen von Knochen

- **Buntmesser:**
  10 cm – leicht gewellte Klinge – zum Schneiden von gekochten Gemüsen, z. B. Rote Rüben, Gelbe Rüben, Sellerie, Gurken und zum Verzieren

- **Filetiermesser:**
  16 cm – 20 cm – schmale, flexible Klinge – zum Filetieren von Fischen

- **Fleischermesser:**
  20 cm – 35 cm – zum Schneiden von Fleischportionen

- **Gemüsemesser:**
  7 cm – 12 cm – zum Putzen und Zurichten von Gemüsen, Pilzen, Salaten

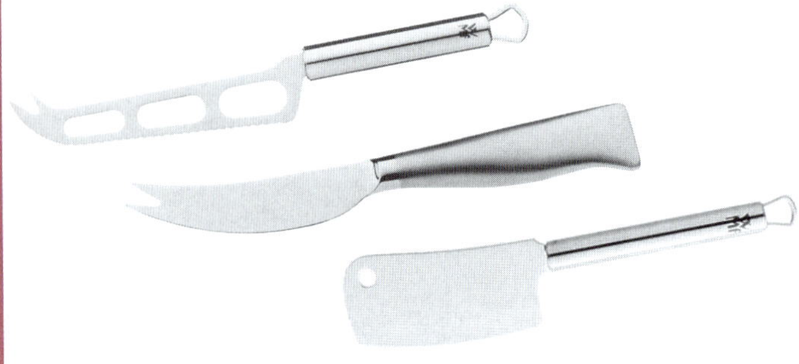

- **Käsemesser:**
  unterschiedliche Größen (13 cm – 36 cm) – zum Schneiden geeigneter Käsesorten

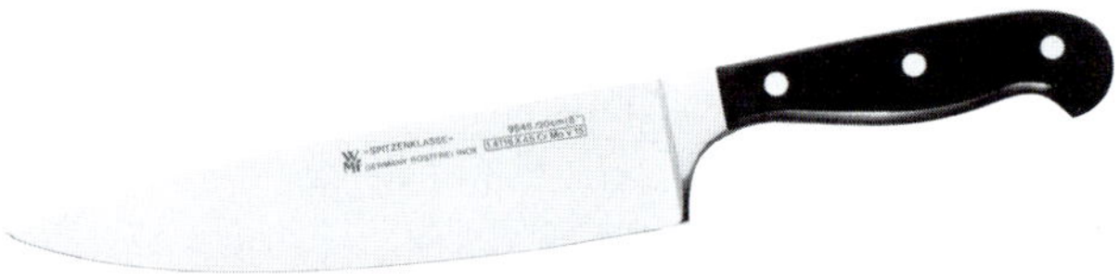

- **Kochmesser:**
  – mittelgroß (16 cm – 26 cm) – lange, breite Klinge – zum Schneiden von Kartoffeln, Obst, Fleisch, Fisch

Messer und Arbeitsgeräte – Privat- und Großhaushalt

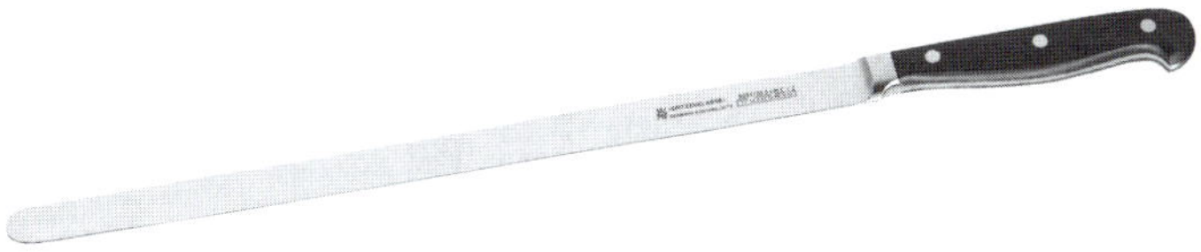

- **Lachsmesser:**
  ca. 30 cm – dünne, flexible Klinge – zum Schneiden feiner Scheiben von Räucherlachs, Stör

- **Tourniermesser:**
  6 cm – Schneide leicht gebogen – zum Formen und Beschneiden von Kartoffeln, Gemüse, Früchten

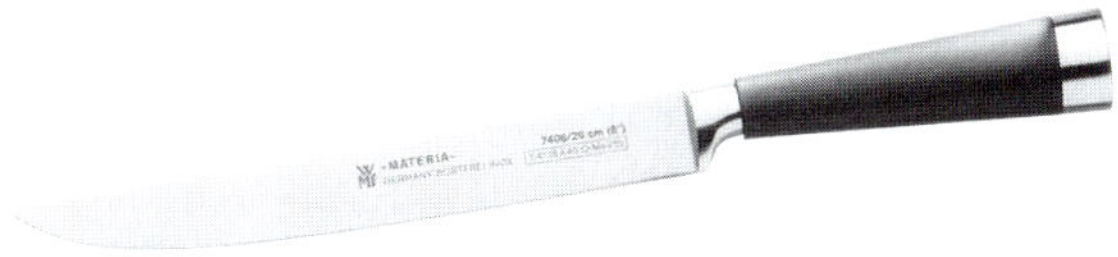

- **Tranchiermesser:**
  25 cm - 36 cm – schmale Klinge – auch mit Wellenschliff – zum Schneiden von Fleisch- und Wurstwaren

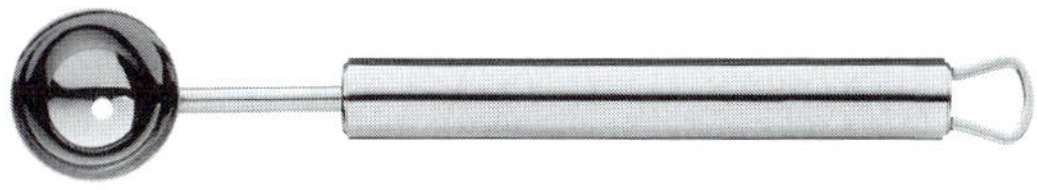

- **Kugelausstecher:**
  unterschiedliche Größen – Ø 10 – 30 mm – zum Ausstechen von Kartoffeln, Melonen, Obst, Gemüse

- **Zitronenschaber:**
  zum Abschaben von Zitronenschalen oder Orangenschalen

- **Zitronenritzer:**
  zum Abziehen von Streifen der Zitronenschale

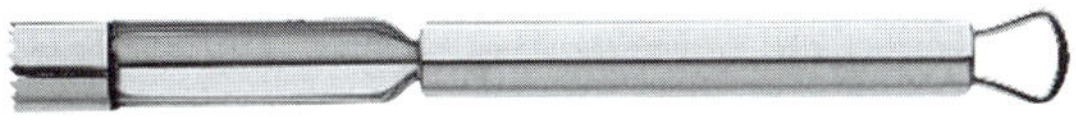

- **Apfelentkerner:**
  zum Entfernen des Kernhauses von Äpfeln

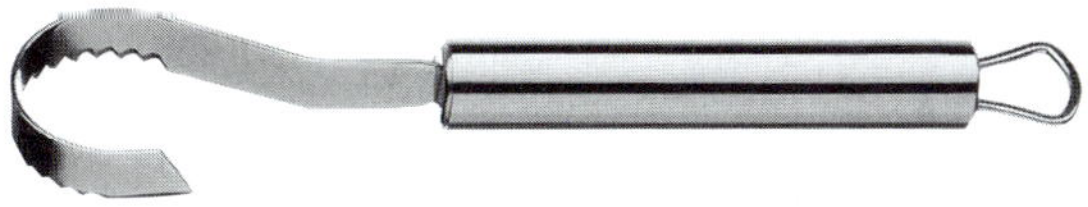

- **Butterroller:**
  zum Herstellen von Butterröllchen

Hinweise zum Umgang und zur Pflege:

- Unfälle durch sachgemäßen Umgang vermeiden.
- Vom Körper weg arbeiten.
- Nur scharfe Messer verwenden.
- Messergriff muss gut in der Hand liegen und trocken sein.
- Vorsicht beim Tragen von Messern – Spitze muss nach unten zeigen.
- Messer sicher ablegen – Messerschneide nicht nach oben – nicht zu nah an die Tischkante legen.
- Messer einzeln spülen und nicht im Spülwasser liegen lassen.
- Messer nur zweckentsprechend einsetzen.
- Nach jedem Gebrauch säubern.
- Sachgerecht schärfen.
- Sachgerecht aufbewahren.

Umgang mit Geräten in der Küche

Küchenmaschine – Privathaushalt

Bauweise

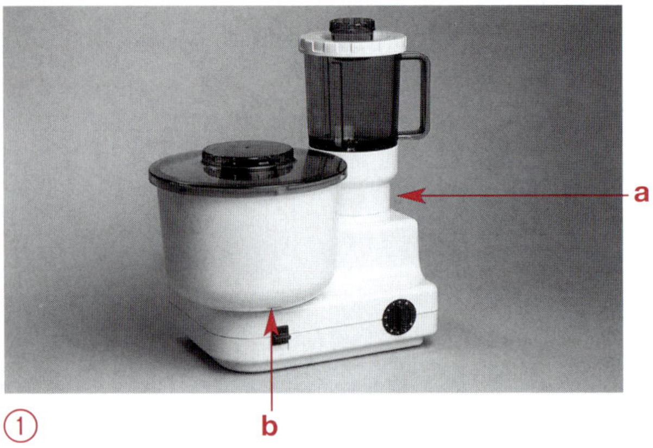

①

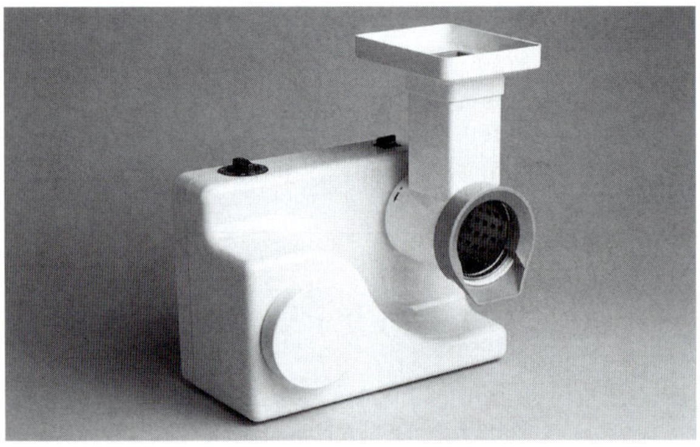

②

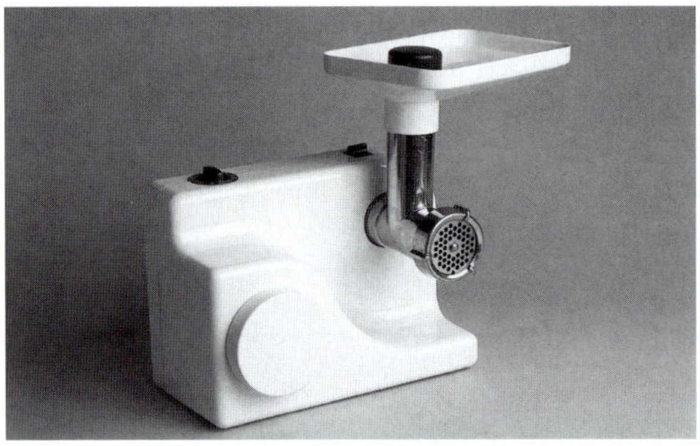

③

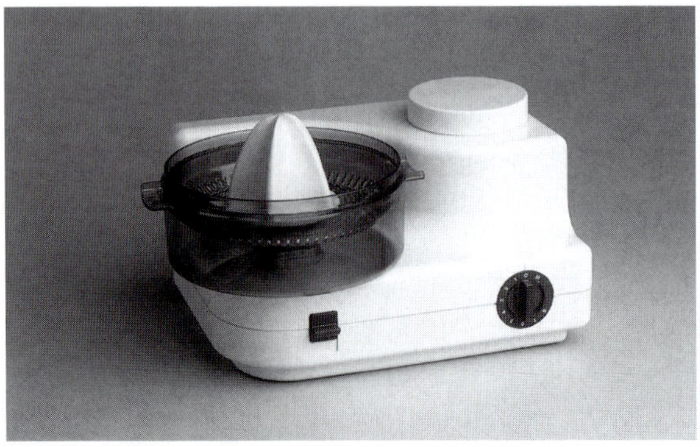

④

- Im Haushalt kommen unterschiedlichste Modelle zum Einsatz.
- Diese Maschinen arbeiten selbsttätig, ersparen somit Zeit, Kraft und Kosten.
- Sie werden als Sologeräte (für einzelne Arbeiten) oder Kombinationsgeräte (mit unterschiedlichen Einsätzen) angeboten. (Als Beispiel wird hier eine Mehrzweck-Küchenmaschine (Kombinationsgerät) behandelt.)
- Die Küchenmaschine besteht aus einem Motorblock mit zwei Antriebsstellen
  - Schnellantrieb ca. 15 000 U/min für Mixer, Multizerkleinerer (**a**),
  - Kraftantrieb ca. 350 U/min für Rührschüssel und die übrigen Zusatzgeräte (**b**).
- Gegen Überlastung schützt ein Schutzschalter.
- Die Leistung richtet sich nach dem Anschlusswert (= Watt-Leistung). Je höher der Anschlusswert, desto höher ist die Schlag- und Rührleistung.
- Zur Grundausstattung gehört meist ein **Rühr- und Knetwerk, oft auch ein Mixer** ①.
- Weitere Zusatzteile können sein:
  - **Schnitzelwerk** ②
  - **Fleischwolf** ③
  - **Zitronenpresse** ④

Küchenmaschine – Privathaushalt

Verwendung	Mit der Grundausstattung können folgende Arbeiten durchgeführt werden: • **Rühren** (Rührteig, Quarkmasse): Rührschüssel mit Rührbesen (Rührwerkzeug) • **Schlagen** (Sahne ab 2 Becher, Eischnee ab 4 Eiklar, Biskuitmasse): Rührschüssel mit Rührbesen (Rührwerkzeug) • **Schlagen** (Mayonnaise): Mixaufsatz • **Kneten** (Hefeteig, Mürbeteig, Fleischteig): Rührschüssel mit Knethaken (Knetwerkzeug) • **Mixen** (Salatsoßen, Mixgetränke): Mixaufsatz • **Pürieren** (Obst, Suppen, Soßen): Mixaufsatz
Küchentechnische Hinweise	• Bedienungsanleitung beachten. • Zum Zusammensetzen Stromkontakt unterbrechen. • Schutzdeckel und Spritzschutz verwenden. • Bei ungewohnten Geräuschen sofort ausschalten. • Nicht mit den Händen oder Gegenständen in Rühr- oder Schnitzelwerk greifen.
Reinigung und Pflege	• Zur Reinigung Stromkontakt unterbrechen. • Herstellerhinweise beachten. • Motorteile und Getriebeteile dürfen nicht ins Spülwasser – nur feucht abwischen. • Nicht alle Arbeitsteile sind spülmaschinenfest – Herstellerhinweis beachten.

Küchenmaschine – Großhaushalt

Bauweise

- Es sind die unterschiedlichsten Modelle in Gebrauch. (Hier wird ein Universalmotor mit entsprechenden Vorsätzen beschrieben.)
- Der **Universalmotor** liegt meistens auf einem fahrbaren Gestell. Somit kann an den verschiedenen Stellen der Küche zum Einsatz kommen.
- Diverse Vorsätze können zum Einsatz kommen.

Verwendung

- **Zerkleinern:**
  - **Messerscheibe**: Scheibendicke individuell wählbar: rohe Kartoffeln, Gelbe Rüben, Zwiebeln, Paprika, Lauch, Kohl, Kohlrabi gekochte Kartoffeln, gekochter Sellerie
  - **Würfelschneider**: Gemüse, rohe Kartoffeln
  - **Streifenschneider**: Kräuter, Blattsalate (Endiviensalat)
  - **Einsätze zum Raspeln**: Rohkost, Kartoffelpuffer
  - **Einsätze zum Reiben**: Semmeln; Nüsse; Mandeln
  - **Passiervorsatz**: Apfelmus, Kartoffelteig
  - **Fleischwolf mit unterschiedlichen Scheiben:** Fleisch, Fisch, Speck

Küchenmaschine – Großhaushalt

①

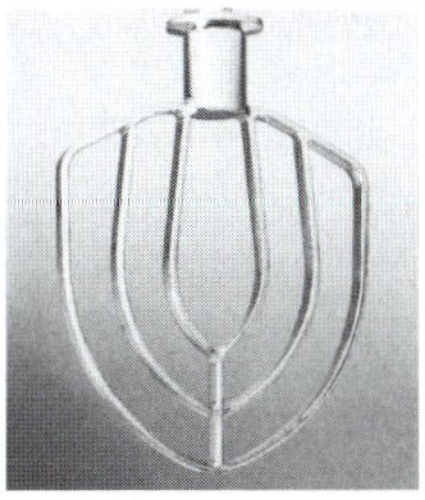

②

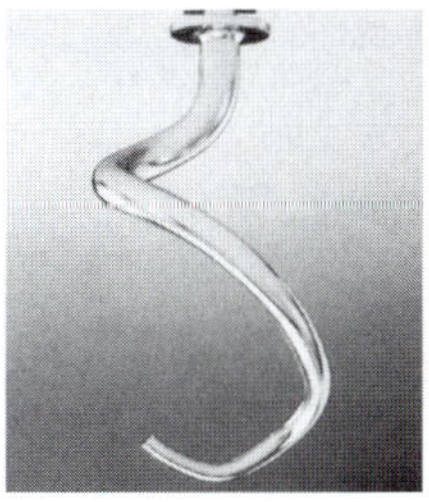

③

- **Vermengen:**
  - **Schlagbesen** (Schneebesen) ①: Schaummasse, Eischnee, Sahne
  - **Rührbesen** ②: Massen, Quark, Mayonnaise
  - **Knetarm** ③: Knetteig, Kartoffelteig, Fleischmasse, Fleischfarce

Küchentechnische Hinweise

- Bedienungsanleitung beachten.
- Für kleinere Arbeiten lohnt sich der Aufwand der großen Maschine nicht. Eine Küchenmaschine für den Privathaushalt mit leistungsstarkem Motor findet dann Verwendung.

Reinigung und Pflege

- Die Reinigung erfolgt je nach Gerät und nach Bedienungsanleitung.
- Die Zusatzteile können meist in der Spülmaschine gereinigt werden.

Umgang mit Geräten in der Küche

Kochgeschirr – Privat- und Großhaushalt

Material

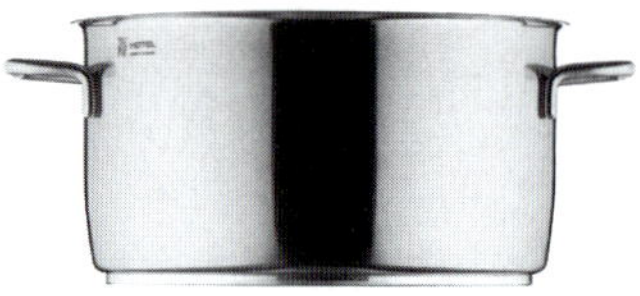

- Kochgeschirre werden aus verschiedenen Materialien hergestellt:

  – Edelstahl, dieser ist besonders gut geeignet

  – Gusseisen

  – Email

  – feuerfestes Glas/Porzellan

Pfannen mit und ohne Zusatzgriff

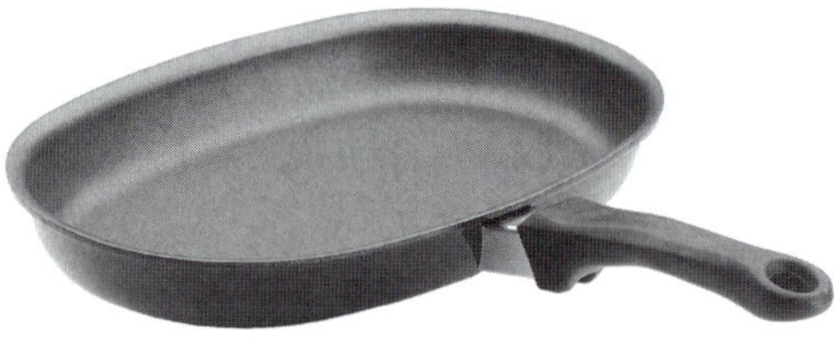

Fischbratpfanne

- Pfannen können zusätzlich antihaftbeschichtet sein, hier ist eine spezielle Kunststoffbeschichtung aufgebracht worden.

  Vorteile:
  – Es wird wenig Fett benötigt.
  – Das Anlegen der Speisen wird verhindert.

  Nachteile:
  – Die Kunststoffschicht kann beschädigt werden.
  – Es muss geeignetes Arbeitsbesteck verwendet werden (z. B. aus Kunststoff – keine Messer oder Metallwender).
  – Es muss geeignetes Reinigungsgerät verwendet werden (z. B. Spülbürste, keine kratzenden Gegenstände).

Anforderungen

Die Größe des Kochgeschirrs im Privathaushalt und im Großbetrieb richtet sich nach den zu verarbeitenden Mengen.

Kochgeschirr soll folgende Bedingungen erfüllen:
- Es muss lebensmittelecht sein.
- Es muss rostfrei sein.
- Es soll gut zu reinigen sein.
- Es muss hitzebeständig sein.
- Es soll spülmaschinenfest sein.
- Topf- und Pfannenboden müssen plan geschliffen und der Plattengröße angepasst sein.

Kochgeschirr – Privat- und Großhaushalt

Anforderungen

- Töpfe mit wärmeleitendem Boden wählen.
- Topfgriffe sollen wärmeisoliert sein.
- Der Schüttrand soll gut verarbeitet sein.
- Topfdeckel sollen fest aufliegen.

Eignung

- Die Symbole auf dem Boden von Töpfen und Pfannen zeigen die Eignung für die unterschiedlichen Kochplatten an.

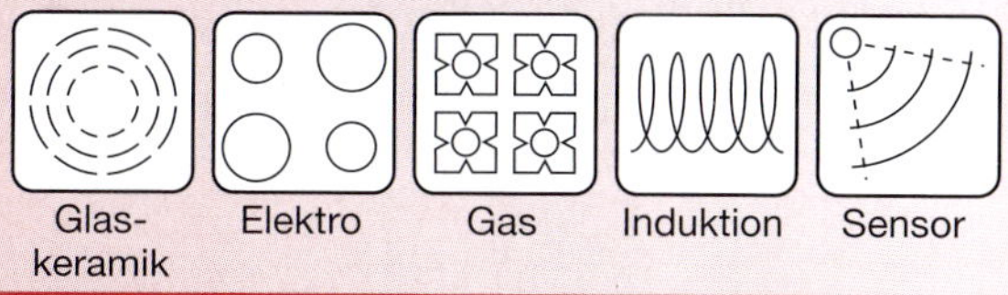

Verwendung

- Töpfe
  z. B.. zum Kochen, Dünsten, Schmoren, Garziehen, Dämpfen
- Pfannen
  z. B. zum Braten, Schmoren, Rösten

Küchentechnische Hinweise

Dem Zweck entsprechende Töpfe und Pfannen verwenden.

- Um Energie zu sparen, muss die Topfgröße der Plattengröße entsprechen.
  (Es gibt Herde, die automatisch die Topfgröße erkennen und entsprechend schalten.)
- Die Energiezufuhr immer rechtzeitig zurückschalten.
- Wenn möglich, die Restwärme ausnutzen.
- Wenn möglich, Dampfdrucktopf einsetzen – dieser spart bis zu 50 % Energie.

Reinigung und Pflege

- Stark verschmutzte Töpfe und Pfannen einweichen.
- Kochgeschirr mit Reinigungsmittellösung, Spültuch, Spülbürste reinigen.
- Bei Bedarf flüssiges Scheuermittel und Topfschwamm benutzen.
- Für Edelstahlkochgeschirr flüssiges Stahlpflegemittel verwenden.
- Kalkflecken mit Essigessenz behandeln.
- Verschmutzte Topfböden mit Topfkratzer reinigen.
- Keine kratzenden und spitzen Gegenstände verwenden.
- Kochgeschirr mit klarem Wasser nachspülen und gründlich trocknen.
- Besondere Vorsicht ist bei der Reinigung von antihaftbeschichteten Kochgeschirren geboten.

Umgang mit Geräten in der Küche

Kochkessel – Großhaushalt

Bauweise

- Kochkessel sind „eingebaute Kochtöpfe“.
- Fassungsvermögen 60 – 100 l.
- Beheizt werden sie mit Gas, Strom oder Heizöl.
- Sie haben doppelte Wände – zwischen ihnen wird Wasser eingeleitet.
- Dampferzeugung durch Erhitzung des Wassers im Innern der beiden Wände. Wasser wird von außen eingefüllt und über Wasserstandsanzeiger und Dampfregulierungshahn überwacht. Die Wärme wird auf das Gargut übertragen.
- Der Boden und die Wände können nur bis 130 °C beheizt werden. Anbraten ist daher nicht möglich, lediglich ein Weitergaren.
- Die Temperatur wird über einen Stufenschalter geregelt – Stufe 1 – 3.
- Kochkessel werden aus Edelstahl gefertigt.
- Sie sind einfach zu reinigen.
- Eine direkte Wasserzufuhr und Auslaufhahn zur einfachen Entleerung sind notwendig.
- Es gibt auch Kochkessel mit Kippvorrichtung.

Verwendung

- Garen von Teigwaren
- Kochen von Suppen, Brühen, Kartoffeln
- Garziehen von Knödeln und Klößen

Küchentechnische Hinweise

- Bedienungsanleitung genau lesen und beachten.
- Wasserstand des Wasserbades vor jedem Arbeitsgang überprüfen.
- Nur destilliertes Wasser verwenden – Kalkablagerung.
- Höchste Stufe nur zum Aufheizen wählen.
- Lange Nachheizzeit – daher kann Garzeit meist reduziert werden.
- Eignet sich gut zum Warmhalten.

Reinigung und Pflege

- Nach dem Entleeren mit warmer Spülmittellösung füllen.
- Kessel nach Bedarf einweichen.
- Mit Bürste, Schwamm und Lappen reinigen. Meist genügt es, die Ränder gründlich zu reinigen.
- Vorsicht beim Auslaufenlassen – Verbrennungsgefahr.
- Mit klarem Wasser nachspülen.
- Trockenreiben.
- Auslaufhahn bis zum nächsten Gebrauch offen lasssen.

Dampfgargerät – Groß- und Privathaushalt

Bauweise Großhaushalt

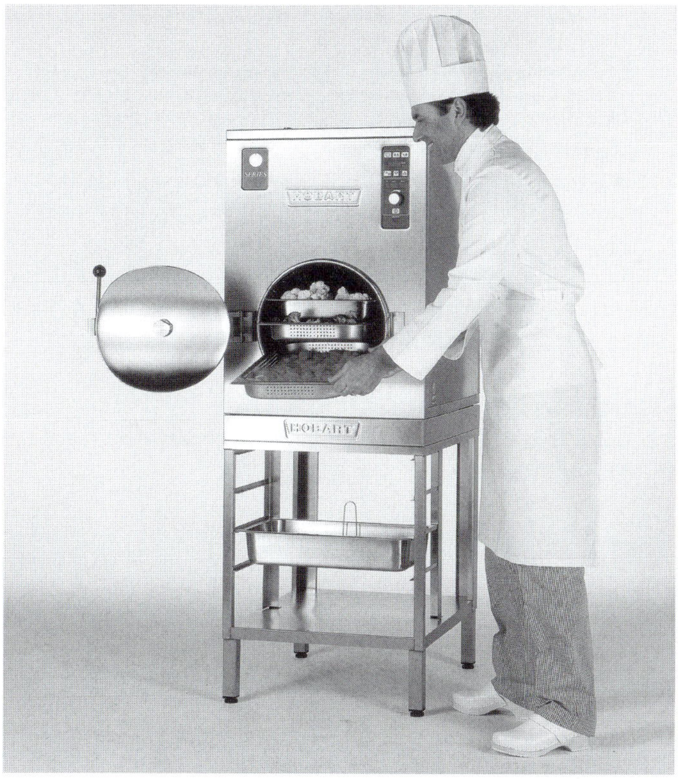

- Das Dampfgargerät ist vergleichbar mit dem Dampfdrucktopf im Privathaushalt (siehe nächste Seite).
- Der Garraum ist waagerecht eingebaut.
- Der Dampf wird außerhalb des Innenraumes erzeugt. Die Temperatur beträgt ca. 120 °C. Der Dampf wird in den Innenraum geleitet. Die erhitzten Innenwände geben die Wärme an die Speisen ab.
- Durch einen Sicherheitsverschluss wird das Gerät verschlossen. Es kann kein Dampf entweichen und das Gerät kann während des Garvorganges nicht geöffnet werden.
- Es können bei 100 °C (= Schonstufe) empfindliche Speisen und bei 120 °C (= Normalstufe) alle anderen Speisen gegart werden. Die Garzeit wird in Minuten eingegeben.
- Speisen können in gelochten und ungelochten Gastronorm-Behältern unter Druck schonend gegart werden.
- Die Ankochzeit entfällt - Garzeiten werden verkürzt – Speisen werden gleichmäßig erhitzt.
- Nach Ende der Garzeit wird durch Einsprühen von kaltem Wasser auf ca. 92 °C abgekühlt. Dann kann das Gerät geöffnet werden.

Bauweise Privathaushalt

- Der Dampfgarer für den Privathaushalt wird von verschiedenen Herstellern als Einbaugerät (in Hoch- oder Unterschrank) oder Standgerät angeboten.
- viele Programme für mehrere Garstufen (z. B. für Gemüse, Fisch, Fleisch, Universal)
- mehrere Einschubebenen (ca. 4)
- Wassertank (ohne Festanschluss für Wasser)
- Wrasenkühlsystem
- ermöglicht gleichzeitiges schonendes Garen unterschiedlicher Gerichte (kein Druckgaren, keine Bräunung)

- Herstellung kompletter Gerichte mit Speisen unterschiedlicher Garzeit
- Garen von Teigwaren, Kartoffeln, Reis
- Dünsten von Obst, Gemüse, Fisch, Fleisch, Geflügel

- Der Deckel darf niemals mit Gewalt geöffnet oder geschlossen werden. **Vorsicht – Verbrennungsgefahr!**
- Garzeiten genau einhalten – Gerichte können bissfest gegart oder auch verkocht werden.

Verwendung

- Innenraum heiß auswischen und nachtrocknen.
- Gummidichtung sorgfältig reinigen und trocknen.
- Gerät bis zum nächsten Gebrauch offen lassen, damit Geruchsbildung und Schimmelbildung vermieden werden.

Umgang mit Geräten in der Küche

Dampfdrucktopf – Privathaushalt

Bauweise

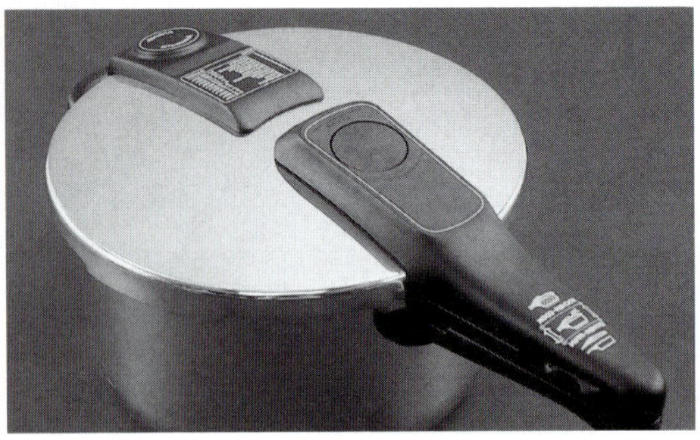

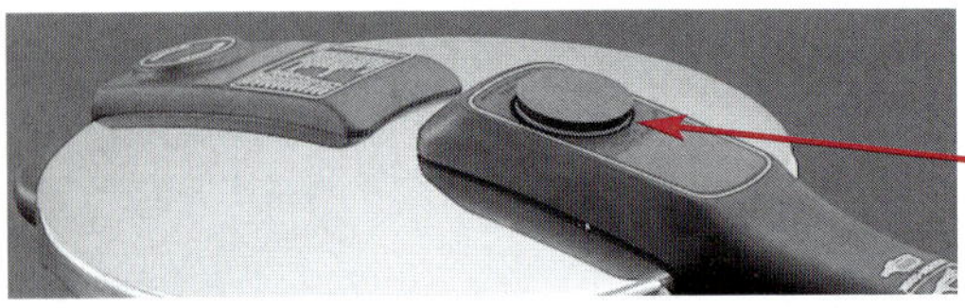

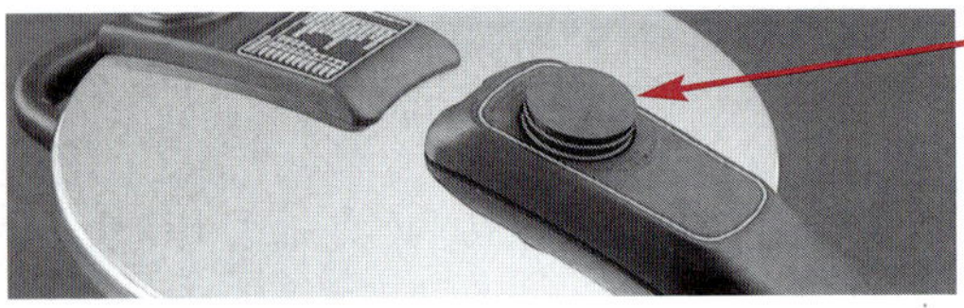

Lebensmittel werden in einem hermetisch (luft- und wasserdicht) verschlossenen Topf unter Druck (0,4 – 0,8 bar) gegart.
(Deckel mit Gummiring und Bajonettverschluss schließt luft- und wasserdicht ab.)

- **Sicherheitsventil**
  Das Sicherheitsventil gibt beim Ankochen und beim Öffnen des Topfes Dampf ab. Ist keine Luft mehr im Topf, wird dieser automatisch verschlossen. Bei zu hohem Druck wird dieser durch das Sicherheitsventil reguliert. Erst wenn aller Druck entwichen ist, kann der Topf wieder geöffnet werden.

- **Druckanzeigestift**
  Druckanzeigestift wird durch Druck im Garraum nach oben gedrückt:

  1. Strich = Garstufe 1 – Schonstufe/Biostufe

  2. Strich = Garstufe 2 – Schnellgaren
  Nach Absinken des Druckes senkt sich der Stift.

- Zum Dampfdrucktopf gibt es verschiedene Einsätze:
  – gelochter Einsatz z. B. für Kartoffeln, Fisch, Gemüse
  – ungelochter Einsatz z. B. für das Garen von 2 unterschiedlichen Speisen
  – Dreifuß, um einen weiteren Einsatz einzustellen

Vorteile

Die Vorteile des Dampfdrucktopfes sind:
- verkürzte Garzeiten
- Erhalt von Nährstoffen
- Energieersparnis von bis zu 50 %
- Zeitersparnis = Kostensenkung
- gleichzeitiges Garen verschiedener Gerichte

Verwendung

- Schongaren
- Schnellkochen
- Braten
- Schmoren
- Sterilisieren

Küchentechnische Hinweise

- Dampfdrucktopf nie unbeaufsichtigt in Betrieb nehmen.
- Bedienungsanleitung genau lesen und beachten.
- Topfgröße zweckmäßig wählen.
- Flüssigkeit nach Bedienungsanleitung einfüllen:
  – Zur Dampfbildung ist nur eine minimale Flüssigkeitsmenge erforderlich.
  – Damit das Ventil nicht blockiert wird, darf die Flüssigkeit nicht zu hoch eingefüllt werden.
  – Bei stark schäumenden Speisen den Topf nur zur Hälfte füllen.

Dampfdrucktopf – Privathaushalt

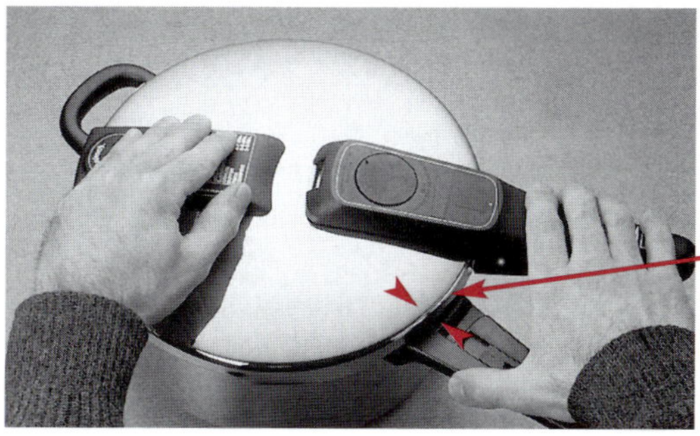

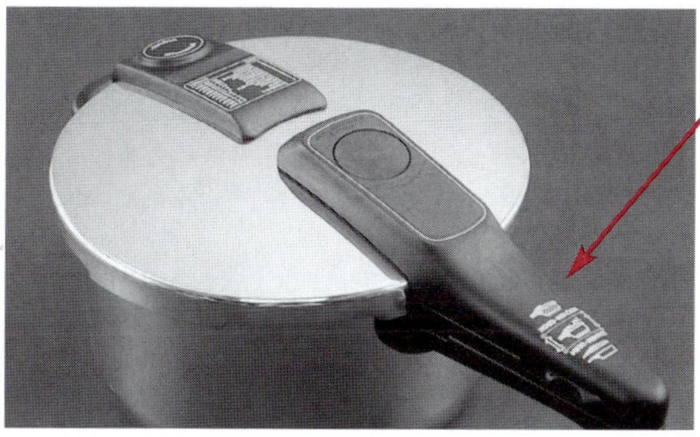

- Vor jedem Gebrauch ist eine Sicherheitsprüfung durchzuführen:
  - Dichtungsring prüfen,
  - Beweglichkeit der Ventile prüfen.
- Der Deckel muss richtig geschlossen werden:
  - beide Pfeile (auf Deckel und Topf) müssen genau übereinstimmen,
  - beide Griffe übereinander drehen, bis der Öffnungsschieber zuschnappt.
- Garstufe einstellen.
- Bei starker Hitze ankochen.
- Druckanzeiger beobachten, kurz bevor der erste Ring zu sehen ist, muss die Temperatur zurückgestellt werden.
- Wenn der gewünschte Ring sichtbar ist, beginnt die Garzeit.
- Kurzzeitmesser einstellen.
- Nach Beendigung der Garzeit muss der Topf von der Kochstelle genommen werden.
- Topf nie mit Gewalt öffnen – vor dem Öffnen drucklos machen:
  - **unter mäßig fließendem Wasser**
    (Wasser über den Deckel laufen lassen, bis sich der Kochanzeiger ganz gesenkt hat, Wasser nicht über Griff und Kochkrönchen laufen lassen)
    oder
  - **langsames, vorsichtiges Druckablassen mit Öffnungsschieber**
    (stufenlos in Intervallen den Dampf ablassen, bis sich der Kochanzeigestift ganz gesenkt hat und nicht mehr sichtbar ist)
- Griffe ohne Gewalt auseinander ziehen.

Reinigung und Pflege

- Stark verschmutzte Töpfe und Pfannen einweichen und mit Reinigungsmittellösung, Spültuch, Spülbürste reinigen.
- Bei Bedarf können flüssiges Scheuermittel und Topfschwamm benutzt werden.
- Für Edelstahl sollte flüssiges Stahlpflegemittel genommen werden.
- Kalkflecken mit Essigessenz behandeln.
- Besonders verschmutzte Topfböden mit Topfkratzer reinigen.
- Keine kratzenden und spitzen Gegenstände verwenden.
- Töpfe und Pfannen mit klarem Wasser nachspülen und gut trockenreiben.
- Den Gummiring am Deckel herausnehmen und sorgfältig spülen und trocknen.
- Die Sicherheitsvorrichtungen sorgfältig überprüfen.

Umgang mit Geräten in der Küche

Herd mit Backofen – Privathaushalt

Bauweise

Stufenschaltung

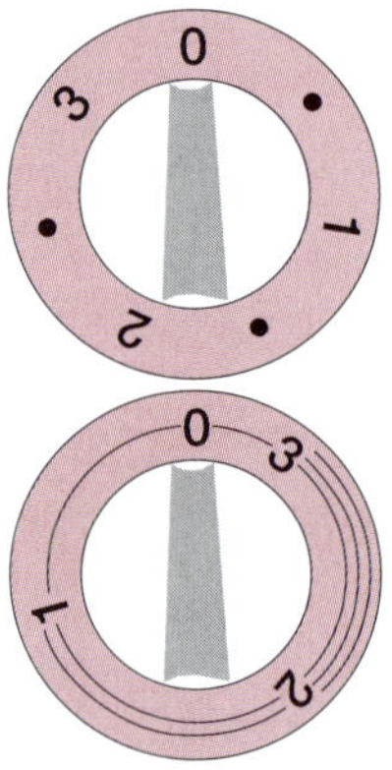

stufenlose Schaltung

- 0
- • (Nachwärme)
- 1 Fortkochstufe (schwache Hitze)
- •
- 2 Bratstufe (mittlere Hitze)
- •
- 3 Ankochstufe (starke Hitze)

Kochstellen
Sie sind in Standgeräte und Kochmulden eingebaut.
Ihr sichtbarer Teil ist aus Gusseisen und ist plangedreht.

Es werden 3 Größen unterschieden: 14,5 cm (= 1 000 W)
18 cm (= 1 500 W)
22 cm (= 2 000 W)
(Die größten Kochstellen haben die größte Heizleitung.)

Es werden unterschieden:

- **Normalkochstellen**, diese sind erhältlich mit:
  - **Stufenschaltung** (6 Leistungsstufen). Das Anbraten und Ankochen erfolgt auf höchster Leistungsstufe. Zum Fortgaren muss auf eine niedrige Leistungsstufe zurückgeschaltet werden.

  oder
  - **stufenloser Schaltung** (die Kochstelle wird in Intervallen aufgeheizt).

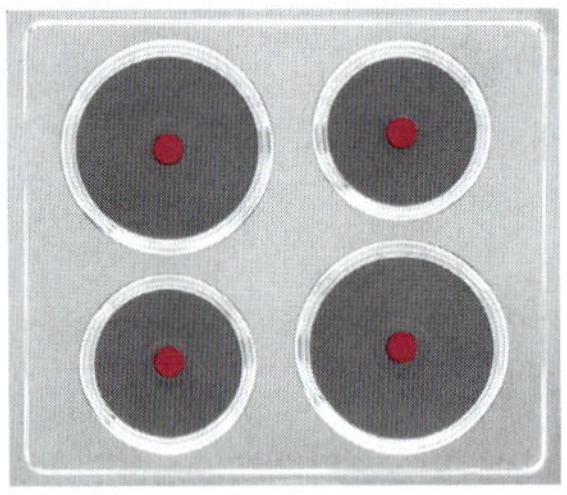

- **Blitzkochstellen**
  (stufenlose- oder mit Stufenschaltung)
  Sie haben eine höhere Leistung (bis zu 500 W mehr) als Normalkochstellen bei Stufe 3 oder Stufe 9! Sie heizen dadurch schnell auf. Sie sind an einem roten Punkt auf der Kochplattenmitte zu erkennen.

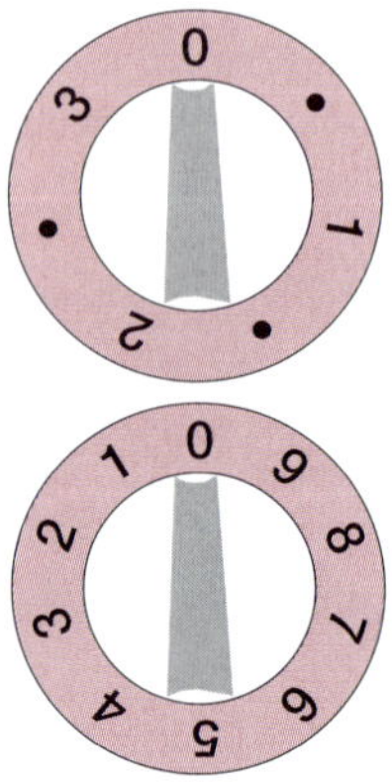

Schmelzen Quellen Erwärmen	Fortkochen kleiner und großer Mengen	Braten	Erhitzen Ankochen
•	1	2	3
1 2	3 4 5	6 7 8	9

Normal- und Blitzkochstellen

Herd mit Backofen – Privathaushalt

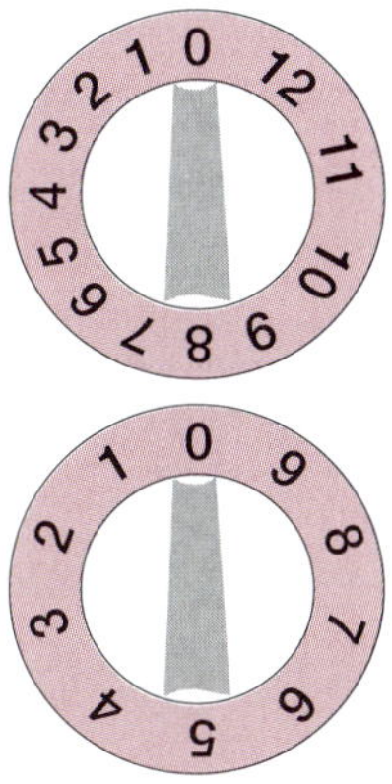

- **Automatikkochstellen**
  Sie regulieren die Heizleistung selbsttätig. Die Einstellung erfolgt stufenlos von 1 bis 12 oder 1 bis 9. Es muss nur der Garbereich (z. B. Dünsten) eingestellt werden. Das Umschalten entfällt.

Schmelzen Quellen Erwärmen	Dünsten Dämpfen, Kochen Schmoren	Braten	Erhitzen großer Mengen
1 2 3 4	5 6 7 8	9 10 11	12
1 2	3 4 5	6 7 8	9

Auch hier haben die größten Kochstellen die größte Heizleistung!
14,5 cm ⌀ = 1000 – 2000 W
18,0 cm ⌀ = 1500 – 1700 W
22,0 cm ⌀ = 1800 – 2100 W

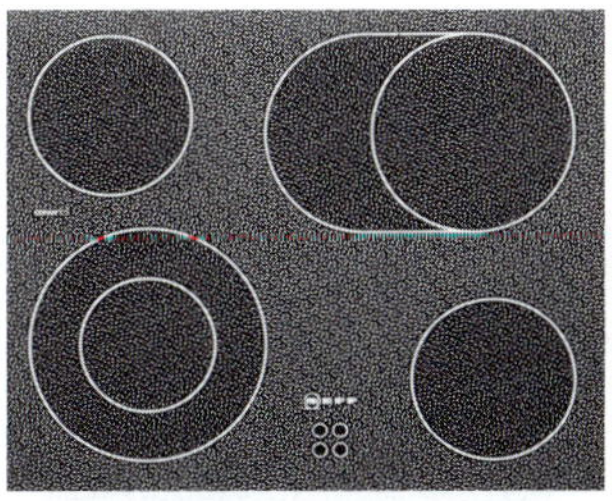

Ceranfeld mit Zweikreiszonen

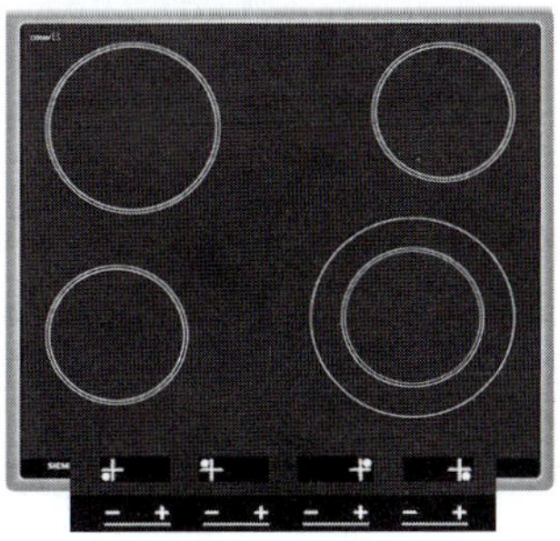

Ceranfeld mit Touchfeld
(Touchfeld vergrößert dargestellt)

- **Kochfeld (Ceranfeld) mit normaler Knopfbedienung**
  Es besteht aus einer von unten beheizten Glaskeramikplatte. Die Kochzonen sind gekennzeichnet.
  Die jeweilige Einstellung ist von der Auswahl des Kochgeschirrs abhängig.

- **Kochfeld mit integriertem Einstellbereich**
  Durch Berühren des sog. Touchfeldes werden die einzelnen Zonen geschaltet.

Hinweis:

- Es gibt außer den konventionellen Kochstellen auch **Halogen- und Induktionskochfelder** (Halogenkochfeld mit kurzwelliger Infrarotstrahlung, Induktionskochfeld durch Magnetspulen unter den Kochzonen, s. auch S. 27). Auch eine kombinierte Ausstattung ist möglich.

Herd mit Backofen – Privathaushalt

Backofen

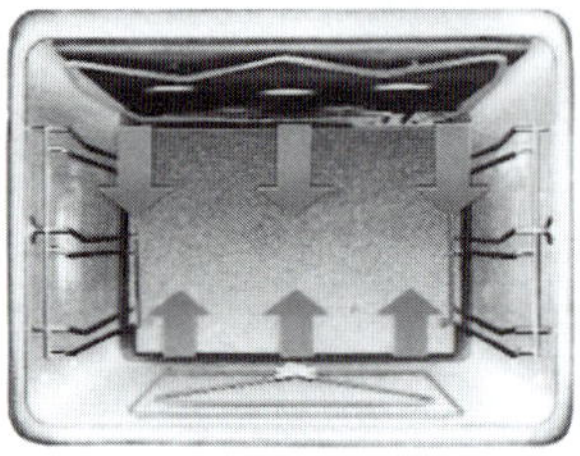

Ober- und Unterhitze

Umluft

Nach Art der Beheizung unterscheidet man:

- **Ober- und Unterhitze** – Wärmestrahlung von oben und unten.
- Es kann nur ein Blech eingeschoben werden.
- Aus Energiespargründen braucht in den meisten Fällen nicht vorgeheizt zu werden!

- **Umluft** – Wärme wird hinter dem Ventilator an der Rückwand erzeugt und mit seiner Hilfe in den Backofen abgegeben.
- Gleichmäßige Wärme im ganzen Backofen.
- Durch die Warmluftführung können mehrere Bleche eingeführt werden.
- Backtemperatur liegt ca. 20 °C niedriger als beim konventionellen Herd – Energieersparnis.
- Kein Vorheizen erforderlich.

Hinweis:

- Manchmal ist die Wahl von Ober- und Unterhitze besser! Gebäck trocknet nicht so schnell aus.

- **Kombinierte Ausstattung** Diese Backöfen weisen beide Möglichkeiten auf, zusätzlich aber auch die Einzelschaltung von Ober- bzw. Unterhitze.

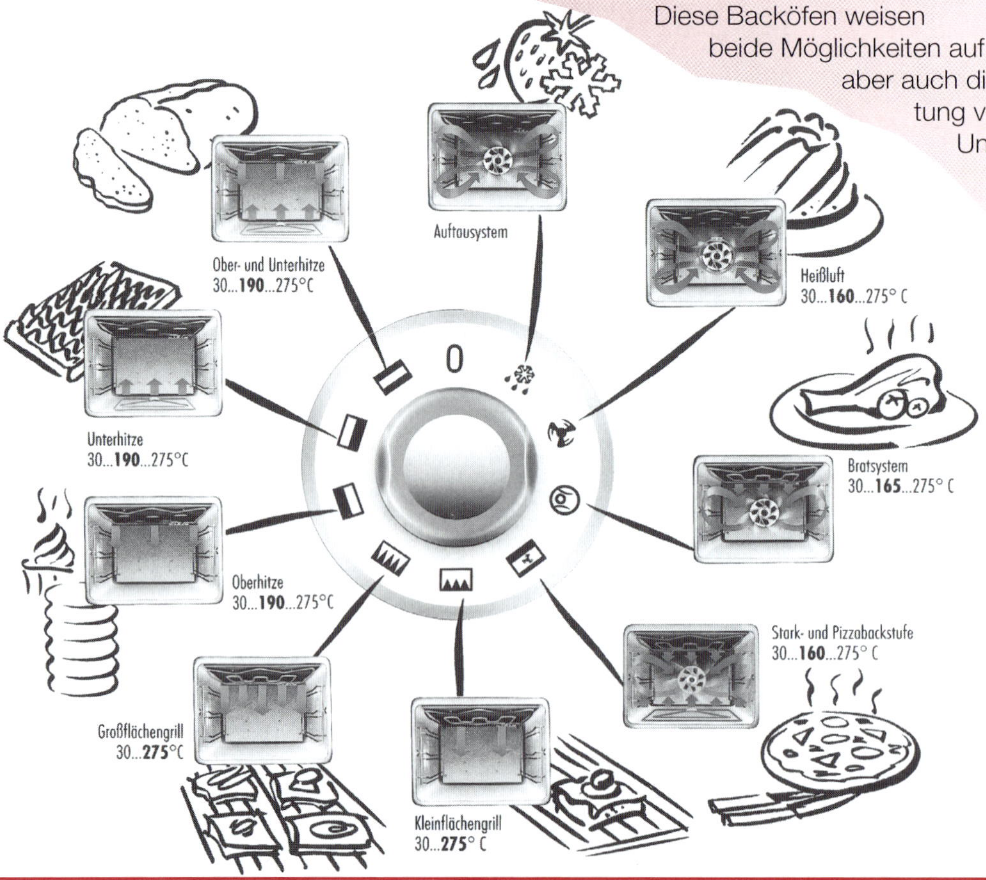

Hinweis:

- **Backöfen mit integrierter Mikrowelle** sind in der Anschaffung sehr teuer.
- Nur bei häufigem Gebrauch lohnt diese Anschaffung.

Herd mit Backofen – Privathaushalt

Verwendung

- **Kochstelle – Garen** (z. B. Kochen, Dünsten, Braten, Schmoren) von Nahrungsmitteln
- **Backofen – Backen und Braten** von Lebensmitteln

Küchentechnische Hinweise

- **Auf die richtige Temperatur achten.**

  Energieersparnis

  Nur bei richtiger Temperatur ist das Backergebnis gut:
  – zu hoch – Gebäck wird dunkel
  – zu niedrig – Gebäck wird klitschig

- **Die richtige Einschubhöhe wählen.**

  Gebäck muss immer in der Mitte stehen:
  – flaches Gebäck – mittlere Schiene
  – hohes Gebäck – untere Schiene

- **Gebrauchsanweisung des Herdes beachten.**

  Jeder Herd arbeitet anders.

Hinweis:

- **Back- und Brattemperaturen im Backofen (Vergleich)**

Elektroherd	Elektroherd	Gasherd
		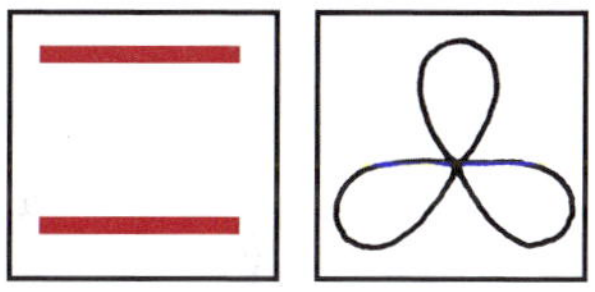
140 °C	120 °C	Stufe 1
160 °C	140 °C	Stufe 2
180 °C	160 °C	Stufe 3
200 °C	180 °C	Stufe 4
220 °C	200 °C	Stufe 5
240 °C	220 °C	Stufe 6
260 °C	240 °C	Stufe 7
280 °C	260 °C	Stufe 8

Schwache Hitze: 150 °C
Mittelhitze: 175 bis 200 °C
Starke Hitze: über 200 °C

Reinigung und Pflege

- Kochfeld und Backofen müssen nach jedem Gebrauch gründlich mit Spülmittellösung gereinigt werden.
- Keine kratzenden und spitzen Gegenstände benutzen.
- Besonders verschmutzte Stellen mit Topfkratzer reinigen.
- Das Ceranfeld kann zusätzlich mit einem Spezialschaber (für grobe Verschmutzungen) gereinigt werden.

Herd mit Backofen – Großhaushalt

Bauweise

①

②

Kochstelle

- Die Kochstelle hat viereckige (evtl. auch runde) Platten aus Gusseisen ① oder ist ein Glaskeramikkochfeld ②. Die Platten können quadratisch oder rechteckig (je 30 X 30 cm oder 40 X 50 cm) sein und werden mit Strom oder Gas betrieben.
- Die Kochstelle kann mit zwei bis acht Platten ausgestattet sein. Die Größe hängt von der Zahl der Essensportionen ab und vom Vorhandensein anderer Zusatzgeräte.

Backofen

- Der Backofen gleicht dem des Privathaushaltes (siehe S. 24).

Hinweis:

- Im Großbetrieb findet auch der Hockerkocher Verwendung.
Dies ist ein Zusatzherd von etwa 50 cm Höhe mit Gas- oder Elektroheizung. Töpfe bis 60 l Inhalt können verwendet werden, ebenso Pfannen.
Plattendurchmesser ca. 400 mm, meist fahrbar und mit höhenverstellbaren Füßen.

Verwendung

- Kochstelle – Garen (z. B. Kochen, Dünsten, Braten, Schmoren) von Nahrungsmitteln
- Backofen – Backen und Braten von Nahrungsmitteln

Küchentechnische Hinweise

- **Elektroplatten** haben lange Anheizzeiten:
  - hoher Energieaufwand
  - gutes Warmhaltevermögen
- **Gas-Kochstellen heizen schnell auf:**
  - spart Zeit
  - kein Warmhalten möglich
  - Hitze schwer zu regulieren

Herd mit Backofen – Großhaushalt

Reinigung und Pflege

- Eine tägliche Reinigung mit Spülmittellösung ist erforderlich.
- Speisereste müssen sofort entfernt werden.

Hinweise:

- Die Kochstelle und auch der Backofen werden immer mehr von energie- und zeitsparenden Geräten, z. B. dem Kombidämpfer, siehe S. 30, verdrängt.
- Induktionstechnik
  - Seit einigen Jahren wird auch schon mit der Induktions-Herdplatte gearbeitet. Im Unterschied zu den herkömmlichen Systemen wird die Wärme nicht an der Platte, sondern direkt im Topfboden erzeugt. Ein Generator wandelt den Strom um und erzeugt in der Kupferdrahtspirale (dem so genannten Induktor) ein magnetisches Wechselfeld, das für die Wärmeerzeugung im Topfboden sorgt.
  - Die Oberfläche der Kochstelle besteht aus Glaskeramik. Die Platte bleibt während des Kochens kalt und dient nur als Standfläche für das Kochgeschirr.
  - Induktionskochen funktioniert nur bei Gefäßen mit besonderen (ferromagnetischen bzw. eisenhaltigen) Böden.

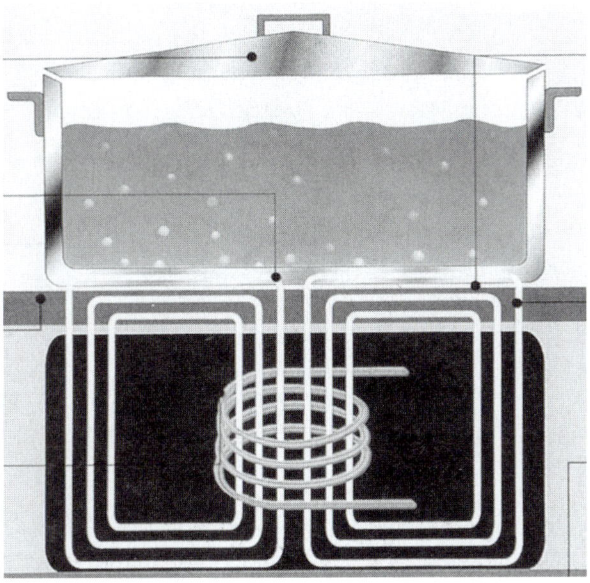

Induktions-Herdplatte

Umgang mit Geräten in der Küche

Mikrowellengerät – Privat- und Großhaushalt

Bauweise

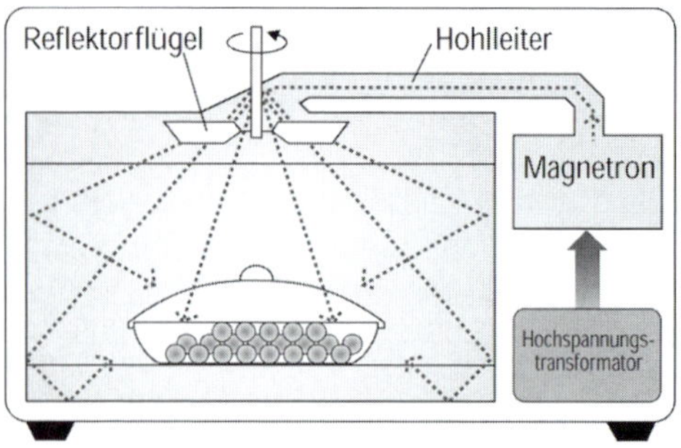

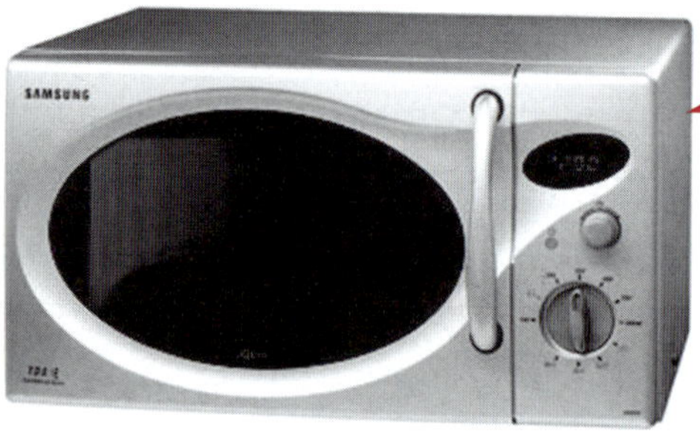

- Das Garen erfolgt durch elektromagnetische Wellen.
- In einem Gehäuse werden die Mikrowellen durch ein Magnetron (Sender) erzeugt und in den Garraum weitergeleitet.
- Die Mikrowellen dringen in das wasserhaltige Kochgut ein und erhitzen es von innen nach außen.
- Die Kochgefäße erwärmen sich nur soweit, wie das Kochgut Wärme abgibt.
- Der Garraum ist mit Metall ausgekleidet. Die auftreffenden Mikrowellen werden reflektiert und auf das Kochgut zurückgeworfen.
- Bei Geräten für den **Privathaushalt** können verschiedene Leistungsstufen gewählt werden, z. B.
  500 – 800 Watt – Erhitzen, Ankochen
  300 – 500 Watt – Fortkochen, Stocken
  200 Watt – Auftauen
  100 Watt – Schmelzen
- Meist wird das Gerät über eine Zeitschaltuhr in Betrieb gesetzt.
- Im **Großhaushalt** und in der **Gastronomie** haben die Geräte einen bis zu dreifachem Anschlusswert von Geräten für den Privathaushalt (etwa 2000 W). Diese sind auch oft als Kombigeräte mit Infrarotstrahlen zur Erzeugung von Bräunung im Einsatz.
- Mikrowellengeräte können auch als Kombinationsgeräte angeschafft werden. Diese haben z. B. Grill, Heißluft, Ober- und Unterhitze.

Verwendung

- **Privathaushalt:**
  - Auftauen von gefrorenen Nahrungsmitteln und Fertiggerichten
  - Erwärmen von Speisen und Getränken
  - Schmelzen, z. B. Schokolade, Butter, Kuchenüberzug, Gelatine
- **Großhaushalt:**
  - Erwärmung von Fertiggerichten in Kunststoffverpackung
  - Auftauen und Erwärmen (nur für kleinere Betriebe bis 100 Essen)
  - Großbetriebe verwenden häufig und gern Mikrowellentunnels (z. B. 300 Portionen von 400 g je Stunde bei Durchlaufzeit von 9 min je Portion).

Mikrowellengerät – Privat- und Großhaushalt

Küchentechnische Hinweise	
	• Keine Metallgeschirre verwenden - geeignet sind: Porzellan, Glas, Keramik, hitzebeständige Kunststoffe mit Deckel. • Es kann ohne Zugabe von Flüssigkeit im eigenen Saft gegart werden. • Garzeit ist sehr kurz. Sie richtet sich nach Art, Menge und Zustand der Lebensmittel. • Vitamine, Mineralstoffe bleiben weitgehend erhalten. • Die Zubereitung ist energiesparend. • Speisen immer abdecken, sie verschmutzen den Innenraum und trocknen aus.
Pflege und Reinigung	• Bedienungsanleitung beachten! • Das Abdecken der Speisen während des Garvorganges schützt den Garraum vor Verschmutzung. • Garraum immer sauber halten, besonders Tür und Dichtungen. • Gerät immer feucht mit Spülmittellösung auswischen und nachtrocknen. Keine Scheuermittel verwenden! • Reparaturen nur durch Fachleute vornehmen lassen (Sicherheit!).

Kombidämpfer – Großhaushalt

Bauweise

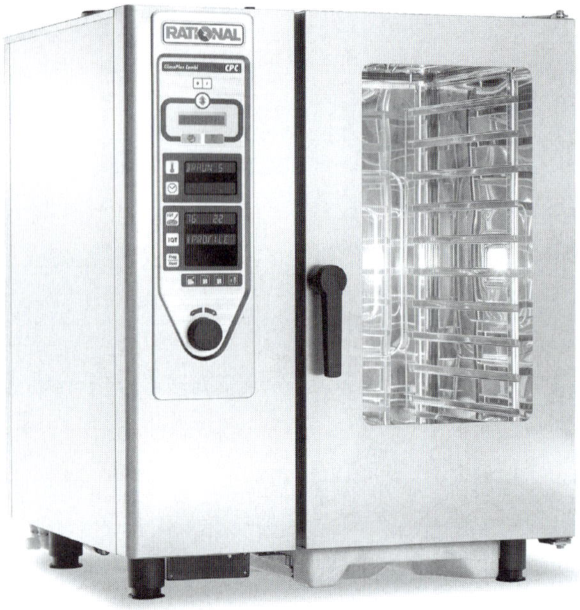

- Kombidämpfer sind in verschiedenen Ausführungen im Handel, je nach Größe des Betriebes als Standgerät oder Tischgerät.
- Kombidämpfer benötigen für die zusätzliche Dampferzeugung einen Wasseranschluss.
- Durch die Luftbewegung (erhitzte Luft wird durch Ventilatoren in Bewegung gebracht) kann auf verschiedenen Ebenen gegart werden.
- Auf mehreren Ebenen können unterschiedliche Gastronorm-Behälter (s. S. 32) eingeschoben werden.
- Es gibt unterschiedliche Möglichkeiten der Einstellungen und der Programmierung.
- Im geschlossenen Garraum können die Garverfahren auf verschiedene Art und Weise angewandt werden.
- Kombidämpfer verfügen über zwei Gar-Energien:

Dampf	+	Heißluft
feuchte Hitze	+	trockene Hitze

- Diese zwei Garmedien können wahlweise
  - einzeln,
  - nacheinander oder
  - kombiniert angewandt werden.

Bei einigen Kombidämpfern stehen diverse Betriebsarten zur Verfügung.

Reinigung und Pflege

- Tägliche Reinigung des Gerätes ist aus hygienischen Gründen notwendig.
- Nach jedem Gebrauch kontrollieren, ob sich Speisereste im Gerät befinden. Diese sofort entfernen, da sie sonst einbrennen und nur schwer zu entfernen sind.
- Tägliche Reinigung mit heißem Wasser und Spülmittelzusatz. Mit klarem Wasser nachwischen und trocknen.
- Grundreinigung mit Spezialreinigern. Diese enthalten spezielle Fettlöser. Sie dürfen jedoch nur mit Mundschutz und Schutzkleidung verwendet werden. Mit Spezialreinigern sparsam und vorsichtig umgehen! Umweltschutz!

Kombidämpfer – Großhaushalt

Überblick über den Einsatz des Kombidämpfers

Betriebart	Erklärung (Definition)	Garungsarten	Beispiele
Dämpfen = feuchte Hitze **statt bisher** Kochen mit Wasser in Töpfen und Kesseln	• Die Gartemperatur in dieser Betriebsart ist konstant auf 100 °C eingestellt. • Schonendes Garen unter Dampfeinwirkung. • Garen der Rohprodukte erfolgt ohne Zugabe von Wasser (Ausnahme: Reis).	Dämpfen, Dünsten, Blanchieren, Pochieren, Garziehen, Quellen, Vakuumgaren	Suppeneinlagen, Gemüse, Fleisch (als Frischware oder TK), Convenienceprodukte, Obst, verschiedene Desserts
Heißluft = trockene Hitze **statt bisher** Braten im Kipper oder in der Pfanne, Backen im Backofen	• Die Temperatur kann wahlweise von 30 °C bis 300 ° eingestellt werden. • Garen unter trockener Hitze mit Heißluftumwälzung.	Braten, Grillen, Backen, Gratinieren usw.	Kurzgebratenes: z. B. Fleischküchlein, Steaks, Schnitzel, Hähnchenkeulen
Kombidämpfen = feuchte und trockene Hitze **statt bisher** Braten im Heißluftofen, im Kipper, in der Pfanne, Backen im Backofen	• Die beiden Garmedien Dampf und Heißluft können einzeln, nacheinander oder kombiniert eingesetzt werden. • Temperatur von 30 °C bis 300 °C stufenlos einstellbar. • Optimale Feuchtigkeit im Garraum, dadurch wird ein Austrocknen des Garguts verhindert.	Kombidämpfen, Kombibraten, Kombibacken, Gratinieren	Alle Langzeitbraten, Geflügel, Haxen, Rindsrouladen, Blätterteig, Brandteig, Brotteige, Hackbraten, Aufläufe
Variodämpfen = feuchte Hitze **statt bisher** Garen in Töpfen, Kesseln, Wasserbädern	• Die Temperatur liegt im niedrigen Bereich von 30 °C bis 99 °C. • Sanftes Garen. • Gewählte Temperatur wird im gesamten Garraum konstant gehalten.	Brühen, Garziehen, Pochieren, Blanchieren, Quellen, Vakuumgaren, Auftauen, Regenerieren (Wiedererwärmen), Konservieren	Eierstich, Klößchen, Geflügel, Fleisch, Beinschinken, Karamellcreme, Mohr im Hemd, Konserven
Regenerieren = feuchte und trockene Hitze **statt bisher** Aufwärmen und Warmhalten	• Die Temperatur ist wählbar von 30 °C bis 300 °C. Zeit und Temperatur werden produktbezogen gewählt (Bedingungen und Einstellungen sollten getestet und die Werte aufgeschrieben werden). • Wiedererwärmen vorgekochter Speisen, die gekühlt gelagert werden – die besonderen Erfordernisse des Wiedererwärmens werden berücksichtigt. • Kein Austrocknen des Gargutes. • Keine Bildung von Wasserrändern.	Aufwärmen verschiedener Speisen	Tellerservice, Plattenservice, großvolumige Speisen, z. B. Klöße, Schweinebraten, Convenienceprodukte
Arbeiten mit Kerntemperatur **statt bisher** Braten im Backofen, im Topf	• Temperatur wird mithilfe eines Thermometers im Fleisch selbst gemessen, dadurch ist automatisches Garen möglich. (Werte sind den Tabellen der Bedienungsanleitung zu entnehmen.)	Braten	Langzeitbratenstücke wie: Rinderbraten, Hammel, Keule, Haxen, Schinken im Brotteig, Gänse, Truthahn

Gastronorm-Behälter (GN-Behälter) – Großhaushalt

Allgemeines

Die Großküchengargeräte und viele weitere Großküchengeräte entsprechen heute in ihren Abmessungen meist den Gastronorm (GN) – Behältermaßen.
Die Lagerhaltung, der Transport und die Kochraumnutzung werden durch diese einheitlichen Maße wirtschaftlicher und einfacher.

Beispiele für die Verwendung der Gastronorm-Behälter passend für:

- Kombidämpfer

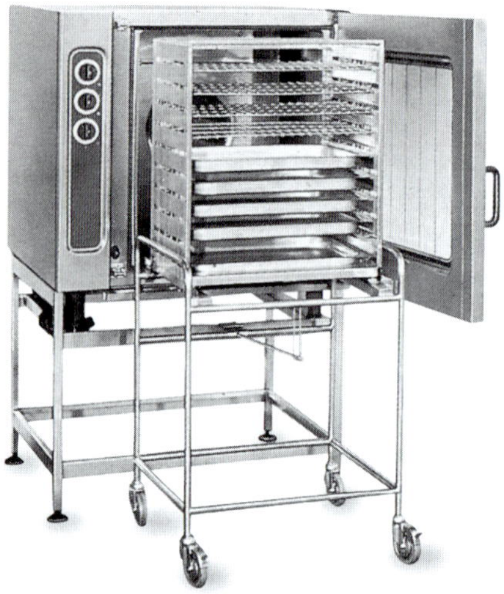

- Dampfdruckgeräte

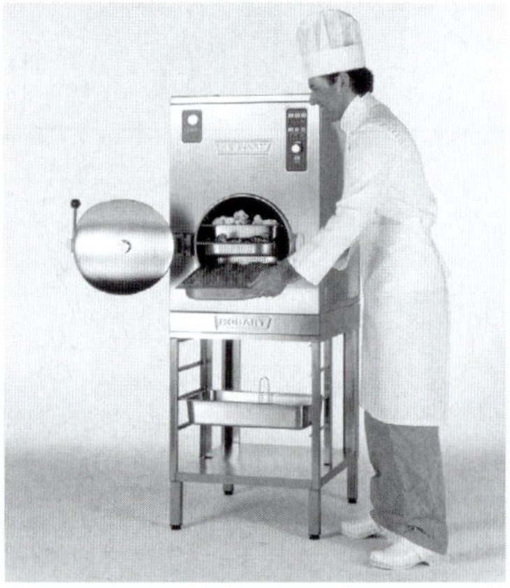

- Thermoport (Wärmewagen) für Ausgabetheke

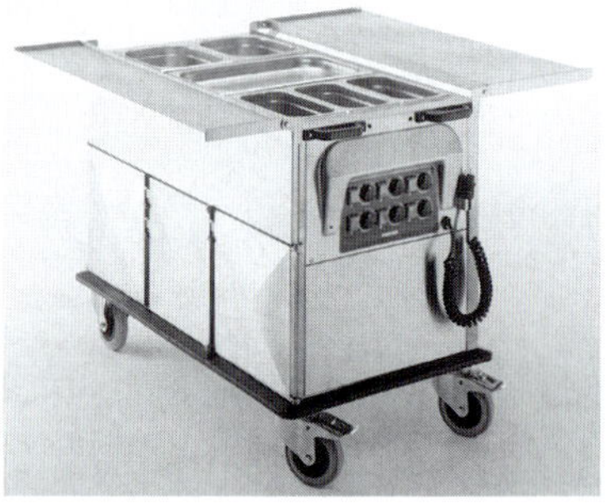

- Wärmewagen

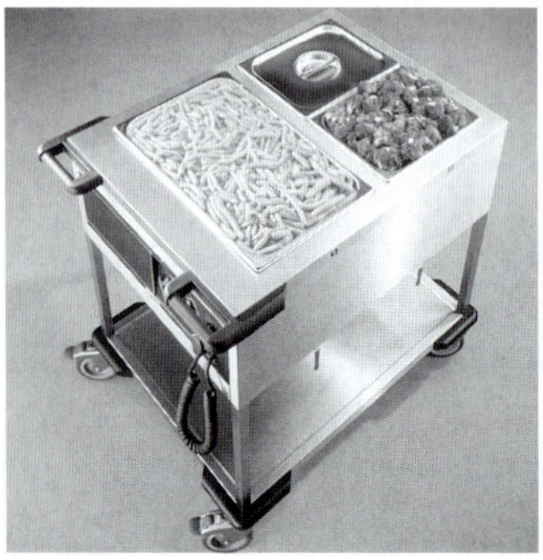

- Kochschränke
- Backofen (= $^{2}/_{1}$ Gastro-Norm)
- Kochkessel-Einsätze

Gastronorm-Behälter (GN-Behälter) – Großhaushalt

Behälter

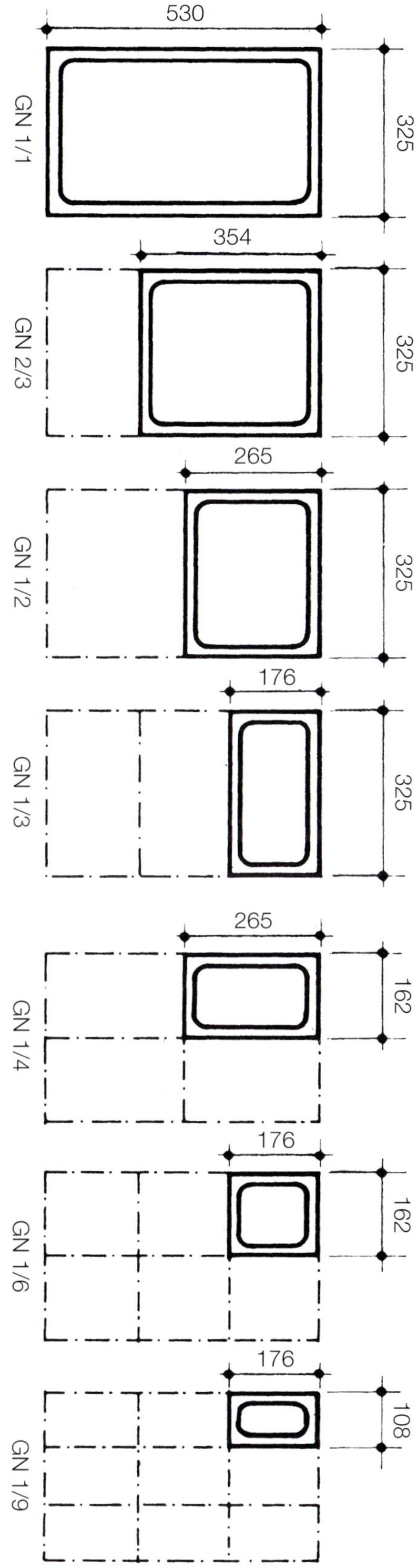

Das Grundmaß der Gastronorm ist 530 x 325 mm.
Veränderte Größen werden durch Verdoppelung oder Teilung der Seiten-/Längen berechnet.

- Für den Gebrauch im Kombidämpfer eignen sich sämtliche GN-Behälter in den unterschiedlichen Größen.
- Die GN-Behälter sind in verschiedenen Tiefen (20 mm – 40 mm – 65 mm – 95 mm – 100 mm – 150 mm) im Handel.
- Sie können – je nach Verwendung – gelocht und ungelocht sein.
  Gelocht z. B. für Hefeklöße, Salzkartoffeln, Pellkartoffeln, Gemüse ohne Fond, Beilagen.
- Die Behälter sind meistens aus Edelstahl – rostfrei.
- Behälter können auch granitemailliert sein. Diese haben als Vorteile:
  - bessere Wärmeleitung,
  - bessere Backqualität (Backgut geht besser auf),
  - kein Ankleben,
  - geringer Fettverbrauch,
  - kein Verlust beim Portionieren – die Ecken sind voll ausgeformt.
- Je höher die Teigmasse ist, umso besser ist die Verwendung von emaillierten Behältern.
- Kurzbratenstücke erhalten ähnliches Bratergebnis wie beim Braten in der Kippbratpfanne.
- Roste – hochglanzvernickelt – finden Verwendung für Langzeitbratenstücke, Kurzgebratenes, Toast, Gratinieren, Auftauen, Backen in Kasten- oder Springformen, Konservieren.

Reinigung und Pflege

- GN-Behälter, Bleche und Roste können in der Spülmaschine gereinigt werden.

Kippbratpfanne – Großhaushalt

Bauweise 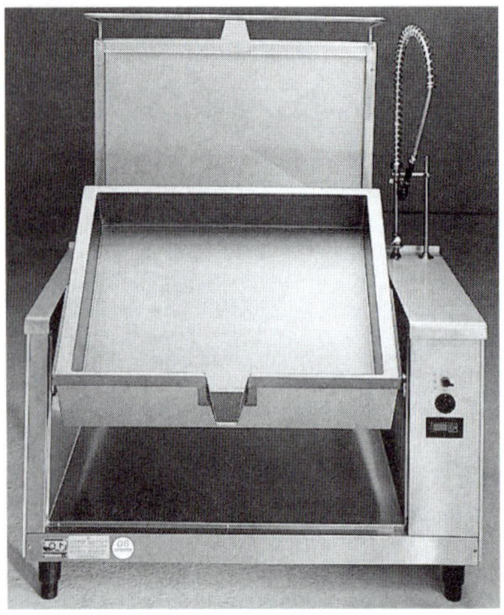	• Kippbratpfannen haben einen Boden aus Gusseisen (guter Wärmeleiter und günstig durch den rauen Pfannenboden - Chromnickelstahlpfannen dagegen haben sich nicht bewährt, weil auf dem glatten Boden die Bratgerichte ankleben). • Sie werden mit Strom oder Gas beheizt. • Die Temperatur wird über Regler eingestellt – 100 – 250 °C. • Sie können bei Bedarf gekippt werden (Pfanne ist zwischen zwei Säulen so gelagert, dass sie gekippt werden kann), dadurch können Flüssigkeiten gut entleert werden (eine Auslaufnase ermöglicht dies). • Die Bratfläche der Kippbratpfannen ist unterschiedlich groß (z. B. 440 x 500 mm, 700 x 500 mm).
Verwendung	• Braten, z. B. Schnitzel, Fleischküchlein, Fisch • Schmoren, z. B. Rouladen, Gulasch, Kohlrouladen • Backen, z. B. Apfelküchlein, Pfannkuchen, Kartoffelnudeln • Garziehen, z. B. Knödel, Klöße • Kochen, z. B. Soßen, Nudeln, Eintöpfe, Suppen • Dünsten, z. B. Gemüse, Fisch, Fleisch
Küchentechnische Hinweise	• Gut vorheizen, damit die Temperatur beim Einlegen der Speisen nicht zu stark absinkt. • Hitze ist im inneren Bereich am stärksten. Bratgut muss immer wieder umgelegt werden. • Temperatur rechtzeitig zurückschalten. Nachwärme ausnutzen. • Keine zu großen Mengen auf einmal einlegen. • Flüssigkeit, die sich gebildet hat, abgießen und am Ende wieder verwenden. • Beim Kippen mit Flüssigkeiten sehr vorsichtig arbeiten – Verbrennungsgefahr! Rückstände aus dem Fett nehmen. Sie werden schnell schwarz.
Reinigung und Pflege	• Leere, gebrauchte Pfanne sofort mit heißem Wasser füllen (= einweichen). • Pfanne mit Spülwasser, Schwamm, Bürste oder Lappen reinigen. • Die restlose Entleerung des Spülwassers ist durch die Auslaufnase möglich. • Die Pfanne muss immer gründlich getrocknet werden. • Kratzende Reinigungsmittel und Reinigungsgeräte vermeiden.
Hinweis:	• Neu auf dem Markt ist die Elektro-Griddlepfanne. Dies ist ein Multifunktionsgerät zum Braten, Kochen, Dünsten und Garen. Sie verbindet die günstigen Eigenschaften der Bratplatte mit dem Volumen einer Bratpfanne (ca. 21 – 33 l). Die Wanne ist ca. 100 mm abgesenkt. Sie eignet sich besonders für Gulasch, Geschnetzeltes, Bratkartoffeln usw.

Fritteuse – Großhaushalt

Bauweise

Fritteusen im Großbetrieb sind meist fest in Kochblöcke eingebaut.

- Sie sind aus Edelstahl.
- Sie werden elektrisch beheizt.
- Die Temperatur wird über Temperaturfühler im Fett reguliert (Temperaturwahl durch Schalter).

Verwendung

- Garen im Fettbad = Frittieren, z. B. Fleisch, Fisch, Gebäck, Obst, Gemüse, Kartoffeln

Küchentechnische Hinweise

- Nicht ohne Fett aufheizen!
- Spezielle, wasserfreie Fette verwenden.
- Verbrauchtes Fett vollständig wechseln und umweltgerecht entsorgen.
- Fettmenge beachten – Angaben „min." und „max." auf der Fritteuse beachten.
- Fett nicht überhitzen. Es kann sich durch Überhitzung selbst entzünden.
- Fritteuse nicht unbeaufsichtigt lassen.
- **Fettbrand muss erstickt werden** – großer Deckel oder Löschdecke.
- Fettbrand nie mit Wasser löschen – Wasser wird zu Dampf – spritzt.

Reinigung und Pflege

- Fritteuse muss abgeschaltet sein.
- Fett abkühlen lassen und entleeren.
- Vorsichtig warmes Wasser mit Spülmittel einfüllen.
- Bei starker Verschmutzung einwirken lassen.
- Mit Bürste und Lappen reinigen.
- Mehrmals mit klarem Wasser nachspülen.
- Gründlich nachtrocknen.

Kühl- und Gefriereinrichtungen – Privathaushalt

Bauweise

Standgerät

Kühlschränke

- **Absorber-Kühlschränke**
  - Sie werden durch einen Heizwiderstand, den Kocher, betrieben und arbeiten fast geräuschlos.
  - Der Stromverbrauch ist 3 bis 4 mal höher als bei vergleichbaren Kompressorgeräten.
  - Ihr Rauminhalt beträgt höchstens 100 l.
  - Sie finden Verwendung besonders für Büro, Appartements, Campingwagen.

- **Kompressor- Kühlschränke**
  - Der Kältekreislauf wird durch einen Elektromotor betrieben.
  - Sie brauchen weniger Strom.
  - Die Geräteauswahl ist groß.
  - Kühlschränke in Sichthöhe erleichtern die Handhabung.
  - Kühlschränke können mit einem Sternefach (Gefrierfach) ausgestattet sein. Diese Fächer haben Minustemperaturen und sind mit Sternsymbolen gekennzeichnet:

(✻) mind. – 6 °C und kälter; Tiefkühl-Lagerfach
(✻✻) mind. – 12 °C und kälter; Tiefkühl-Lagerfach
(✻✻✻) mind.– 18 °C und kälter; Tiefkühl-Lagerfach
} **nur zum Lagern von gefrorenem Gut**

(✻✻✻✻) – 18 °C und kälter; Gefrierfach und Tiefkühl-Lagerfach

Nutzinhalt

Der Nutzinhalt richtet sich nach Haushaltsgröße, Ess- und Einkaufsgewohnheiten, Gästebewirtung usw.

Richtwert

- Für einen 1 bis 2-Personen-Haushalt rechnet man ca. 120 Liter, für jede weitere Person 60 Liter dazu.

Kühlschranktypen

- **Standgeräte**
  - Sie können frei aufgestellt werden.
  - Sie haben unterschiedliche Höhen.
  - Sie sind nicht dekorfähig.

- **Unterbaugeräte**
  - Diese Geräte können unter eine Arbeitsfläche geschoben werden.
  - Sie sind dekorfähig.

- **Einbaugeräte**
  - Sie werden in einen dafür vorgesehenen Schrank eingebaut oder in eine Möbelfront integriert.
  - Sie sind dekorfähig.

Kühl- und Gefriereinrichtungen – Privathaushalt

Gefriertruhe

Gefriergeräte

- **Gefriertruhen**
  - Sie haben Größen von 150 – 550 Litern.
- **Gefrierschränke**
  - Sie haben etwa 60 – 450 Liter Nutzinhalt.
  - Sie können als Stand-, Unterbau- oder Einbaumodell gewählt werden.

- **Kühl-Gefrierkombinationen**
  - Sie haben oben das Kühlteil und unten das Gefrierteil.
  - Der Nutzinhalt ist unterschiedlich, Gefrierteil bietet ca. 50 – 130 Liter Nutzinhalt.

Reinigung und Pflege

- Die Reinigung der Kühlsysteme ist mit besonderer Sorgfalt durchzuführen. Die genauen Anweisungen stehen in der jeweiligen Bedienungsanleitung.

Umgang mit Geräten in der Küche

Kühl- und Gefriereinrichtungen – Großhaushalt

Bauweise

①

②

③

Kühlung

- Für die Tagesvorräte ist in jeder Küche eine Kühleinrichtung ①② notwendig.

- **Der Raumbedarf ist abhängig von:**
  - der Versorgungslage (wie oft wird geliefert)
  - den weiteren Lagermöglichkeiten
  - der Art der weiteren Vorräte (Dauervorräte, Konserven, Tiefkühlware)
  - dem Verpflegungssystem (Frischkost, Tiefkühlware, sterilisierte Ware)

- Großküchen verfügen meist über einen **Kühlraumblock** aus mindestens zwei Kühlräumen und einem Tiefkühlraum.
  - Der Kühlraumblock muss – wie die gesamte Küche – in eine reine und eine unreine Seite aufgeteilt werden.

- Ab 500 Personen sind **Kühlräume** erforderlich. (Je Quadratmeter können 200 kg Kühlware oder 500 kg Tiefkühlware gelagert werden.)

- Nach dem Lebensmittelrecht ist es nicht erlaubt, erdbehaftete Waren (Gemüse, Kartoffeln) gemeinsam mit z.B. Fleischteilen zu lagern. Auch Molkereiprodukte müssen getrennt gelagert werden.

- **Kühl- und Tiefkühlzellen** ③ sind begehbare fertige Einheiten. Sie werden im Baukastensystem erstellt.

Nutzinhalt

- **Kühlschränke und Tiefkühlschränke** für den Großbetrieb gibt es bis zu einem Nutzinhalt von 800 l.

- **Kühl- und Tiefkühlboxen** haben ein Fassungsvermögen von 70 l und mehr.

- **Kühlschrankanlagen** werden aus mehreren Kühlfächern mit einem Fassungsvermögen von je 250 – 300 l zusammengefügt.

- **Tiefkühltruhen** sind im Energieverbrauch sparsamer als Tiefkühlschränke. Die Handhabung ist aufwendiger (Such- und Ladearbeit).

Kühl- und Gefriereinrichtungen – Großhaushalt

Kühlung fertiger Speisen

- Im Großbetrieb wegen Rationalität, Senkung der Betriebskosten usw. Das System von „Kochen und Schnellkühlen" gewinnt an Bedeutung.

  Der Weg ist folgender:

Garen der Speisen im herkömmlichen Sinn

↓

Abfüllen in GN-Behälter

↓

Rück-/Schockkühlen

↓

Lagern bei + 3 °C und 90 % Luftfeuchtigkeit

↓

Transport zu Kantinen, Altenheimen usw.

In den Kantinen, Altenheimen usw:

↓

Regenerieren der GN-Behälter

↓

Speisesaal, Cafeteria

Durch dieses System wird Folgendes erreicht:

- zeitunabhängiges Produzieren
- Reduzierung der Abfälle
- optimale Hygiene
- gleich bleibende Qualität
- Energieeinsparung
- Regenerierung

Somit werden die Rationalität erhöht und die Betriebskosten werden gesenkt.

Reinigung und Pflege

- Die Reinigung der Kühlsysteme ist mit besonderer Sorgfalt durchzuführen. Die genauen Anweisungen sind der jeweiligen Betriebsanleitung und den Regeln des Großhaushalts zu entnehmen.

Umgang mit Geräten in der Küche

Spülmaschine – Privathaushalt

Bauweise

Im Privathaushalt werden folgende Spülmaschinentypen unterschieden:

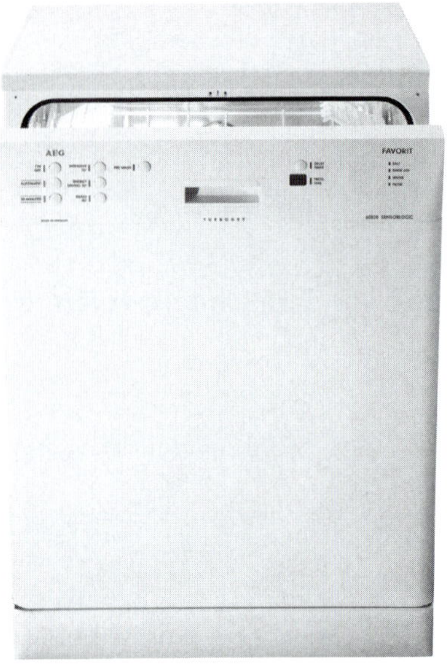

- **Standgeräte**
  - Sie können frei aufgestellt werden.
  - Sie sind mit einer Arbeitsplatte versehen.
  - Diese Geräte sind auch zum Unterbau geeignet.

- **Unterbaugeräte**
  - Es sind Standgeräte ohne Arbeitsplatte.
  - Sie können unter eine durchgehende Arbeitsplatte gestellt werden.

- **Einbaugeräte**
  - Sie werden in Schränke in bequemer Arbeitshöhe eingebaut.
  - Sie können mit Dekorplatte versehen werden.

Spülmaschine – Privathaushalt

- **Spülkombination** (auch Spülzentrum genannt)
  – Es handelt sich um eine Kombination von Unterschrank mit Einbeckenspüle, Abtropffläche, Unterbaugerät (zusammen ca. 100 cm bis 110 cm breit).

Hinweise:

- Alle Modelle werden von **vorne beschickt**.
- Die meisten Modelle verfügen über **Aqua Stop:** ein Sicherheitssystem bei Geschirrspülern zur Vermeidung von Wasserschäden. Kontrolle des Wasserstandes durch Sensoren, bei Verdacht auf Wasserverlust wird die Wasserzufuhr gestoppt.
- Das **Fassungsvermögen** wird in Maßgedecken angegeben.
- Die Größe der Haushaltsmaschinen fasst 10 – 14 Maßgedecke (entspricht dem täglichen Verbrauch eines 4-Personen-Haushaltes).
- **1 Maßgedeck ist:**

1 Suppenteller	1 ovale Platte
1 flacher Teller	2 runde Schüsseln
1 Kuchenteller	1 Schale
1 Untertasse	3 – 4 Vorlegebesteckteile
1 Tasse	
1 Trinkglas	
1-mal Besteck (5 Teile)	

Reinigung und Pflege

- Die Spülmaschine reinigt sich während des Spülens selbst.
- Eine Verwendung von speziellen Spülmaschinenreinigern ist bei richtiger Dosierung von Reiniger und Klarspülmittel nicht notwendig.
- Im Sieb setzen sich Speisereste fest. Es muss regelmäßig gereinigt werden.
- Dichtungsgummi und Rand der Spülmaschinentür müssen regelmäßig gereinigt werden.
- Zulaufsieb am Wasserhahn kontrollieren!
- Klarspülmittel bei Bedarf nachfüllen.
- Regeneriersalz rechtzeitig nachfüllen (wird in der Anzeige angezeigt – Bedarf richtet sich nach der Wasserhärte).

Geschirrspüleinrichtungen – Großhaushalt

Bauweise

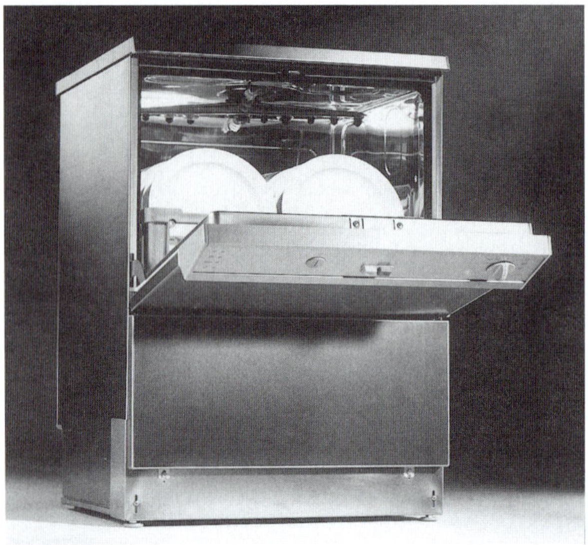

Im Großhaushalt stehen je nach Geschirranfall unterschiedliche Geräte zur Verfügung:

Frontbeschickte Maschinen

- Es handelt sich um Einschubautomaten, Gläserspülautomaten, die aber nur für kleine Gastronomieküchen ausreichen.
- Wie bei den Haushaltmaschinen werden ein oder zwei Geschirrkörbe von vorn eingeschoben.
- Die Laufzeit ist stark verkürzt, da nicht für jeden Spülgang das gesamte Wasser erneuert und wieder aufgeheizt werden muss (das Wasser bleibt in einem Tank unterhalb des Spülraumes für den nächsten Spülgang). Zum Klarspülen wird jeweils etwas Frischwasser aufgenommen.
- Die Spülzeit beträgt 2 – 5 Minuten (= pro Stunde einige hundert Teller).

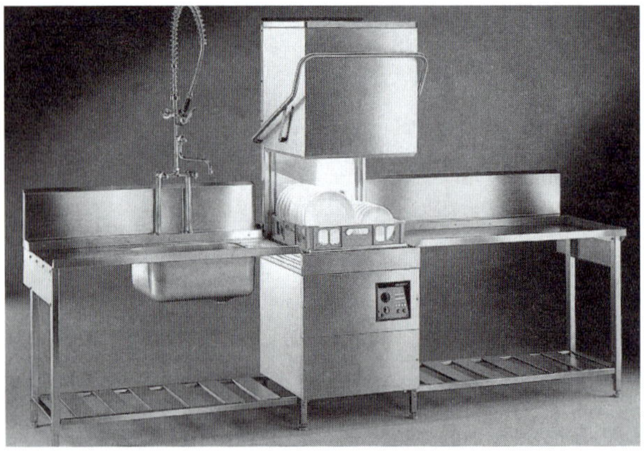

Korbspülmaschinen

Hier werden unterschieden:

- **Durchschub – Spülmaschinen**
  - Die gefüllten Körbe werden von Hand eingeschoben und wieder herausgenommen.
  - Für die Beschickung sind Zu- und Ablauftische erforderlich.
  - Vor Einstellen des Geschirrs in die Maschine sind die Speisereste abzuleeren, dazu dient ein Becken mit Schlauchbrause und Abfalltonne.
  - Der Tankinhalt und die Heizleistung sind im Allgemeinen doppelt so hoch wie bei der frontbeschickten Maschine.
  - Das Programm läuft in 1 – 2 Minuten ab.
  - Die Spülleistung erhöht sich bis zu tausend Teller pro Stunde.

- **Durchlaufautomaten**
  - Die Geschirrkörbe werden selbsttätig durch die Spülzonen transportiert.
  - Die Spülleistung beträgt etwa 2 000 Teller pro Stunde.

Spülmaschine/Geschirrspüleinrichtungen – Großhaushalt

- **Topfspülautomaten**
  - Sie sind speziell für Töpfe, Bleche, Küchenmaschinenteile usw. entwickelt worden.
  - Sprühdruck und Reinigungswirkung sind wesentlich höher als beim Intensivprogramm üblicher Spülmaschinen.

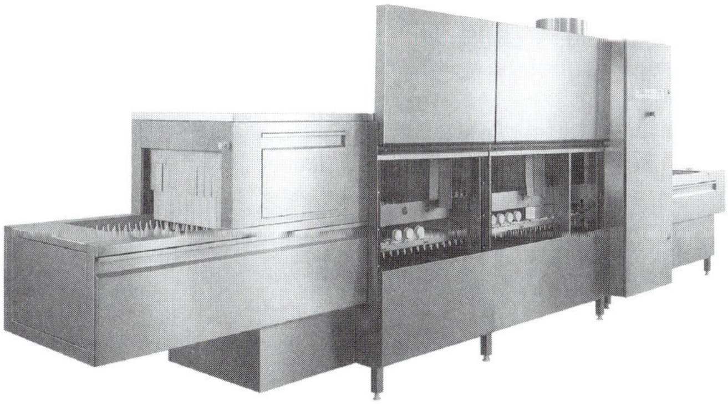

- **Bandspülautomaten**

  Die Geschirrteile durchlaufen auf endlosem Transportband die Spülzonen.
  - Das Transportband hat Fingerelemente zum Einordnen des unterschiedlichen Geschirrs oder Mitnehmer zum Aufsetzen der Geschirrkörbe.
  - Die Frischwasserzufuhr erfolgt nur in der Nachspülzone.
  - Je nach Größe der Maschine (4 – 9 m Länge, knapp 1 m Breite) beträgt die Spülleistung 2 000 – 10 000 Teller pro Stunde.
  - Wegen der hohen Leistungsaufnahme (40 – 100 kW) lohnt sich die Wärmerückgewinnung.

Reinigung und Pflege

- Bei der Vielzahl der Modelle hat die Reinigung nach der Betriebsanleitung der Maschine zu erfolgen.

Allgemeines

Regeln zur Unfallverhütung

Kenne die Sicherheitszeichen und Gefahrensymbole!

Verbotszeichen

Verbot, das Wasser zu trinken

Rauchen verboten

Feuer, offenes Licht und Rauchen verboten

Für Fußgänger verboten

Verbot, mit Wasser zu löschen

Gebotszeichen

Augenschutz tragen

Kopfschutz tragen

Gehörschutz tragen

Atemschutz tragen

Schutzschuhe tragen

Handschuhe tragen

Warnzeichen

Warnung vor feuergefährlichen Stoffen

Warnung vor Explosivstoffen

Warnung vor giftigen Stoffen

Warnung vor ätzenden Stoffen

Warnung vor gefährlicher elektrischer Spannung

Rettungszeichen

Erste Hilfe

Richtungspfeil

Notausgang

Rettungsweg, rechts

Rettungsweg, links

Gefahrensymbole

T Giftig oder T+ Sehr giftig

Xi Reizend oder Xn Mindergiftig

C Ätzend

F Leicht oder F+ Hochentzündlich

E Explosionsgefährlich

O Brandfördernd

Regeln zur Unfallverhütung

Halte Sicherheitsvorschriften ein!	• Informiere dich, wo ein Verbandkasten, die Notrufnummern und der Notausgang zu finden sind. • Erlerne „Erste Hilfe“ – nicht nur zu deinem Schutz.
Benutze die vorgeschriebenen Schutzkleidungen und Schutzeinrichtungen!	• Achte auf rutschsichere, feste Schuhe. • Benutze nur Trittleitern mit Rutschschutz und Spanngelenk. • Verwende bei der Bedienung von Geräten und Maschinen alle notwendigen Schutzvorrichtungen. • Je nach Art der Arbeit Handschutz tragen.
Gib mit deinem Verhalten ein Beispiel! Denke nach!	• Verwende nur Maschinen und Geräte, die in Ordnung sind! (Defekte Geräte von Fachpersonal reparieren lassen.) • Vor dem Reinigen von elektrischen Geräten immer den Stecker aus der Steckdose ziehen. (Stromkontakt unterbrechen!) • Benutze nur intakte, zweckmäßige Arbeitsmittel, nie unsachgemäße Geräte mit ähnlicher Funktion. • Spitze Gegenstände, z. B. Messer, immer nach unten gerichtet tragen. • Bewahre Gegenstände und Materialien so auf, dass Unbefugte und Kinder diese nicht erreichen können.
Nimm mit deinen Sinnen wahr: Sehen, Fühlen, Riechen, Hören!	• Achte auf saubere, trockene und fest liegende Fußbodenbeläge. • Fett nie mit geschlossenem Deckel erhitzen. • Heißes Fett nicht mit Wasser in Verbindung bringen. • Brennendes Fett mit Deckel ersticken. • Arbeite ohne Hektik, aber flott und zügig. • Achte auf Unfallgefahren durch andere Personen.

Prüf- und Schutzzeichen

Lies vor Inbetriebnahme eines Gerätes genau die Anweisung!	• Beachte die Angaben des Herstellers! • Kaufe nur Elektrogeräte mit Prüfzeichen!	
VDE = Verband Deutscher Elektrotechniker e. V.		Sicherheit im Elektrobereich
GS-Zeichen = Geprüfte Sicherheit		technische Geräte geprüft nach sicherheitstechnischen Anforderungen
CE-Zeichen = Konformitätszeichen der Europäischen Union		Der Produzent erklärt damit lediglich, dass er bestimmte europäische Vorschriften kennt und sich danach richtet. Es wird nicht kontrolliert.
VDE-Funkschutzzeichen = funkentstört		Rundfunkgeräte und Fernseher werden durch Haushaltsgeräte nicht gestört.
TÜV = Technischer Überwachungsverein		mechanische und technische Sicherheit – nach Prüfung wird Plakette verliehen
Spritzwassergeschützt (Schutzzeichen des VDE)		Schutz vor Stromschlag
Schutzisolierung Doppelisolierung von Elektrogeräten		Schutz vor Stromschlag

Hinweis:

Jedes Elektrogrät muss heute mit einem Typenschild versehen sein, auf dem wichtige Angaben enthalten sein müssen:

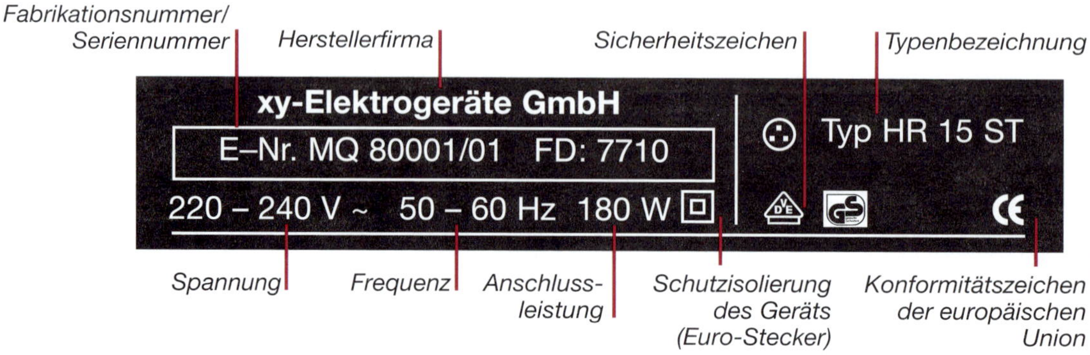

Regeln für umweltbewusstes Verhalten

Spare Wasser und Energie!

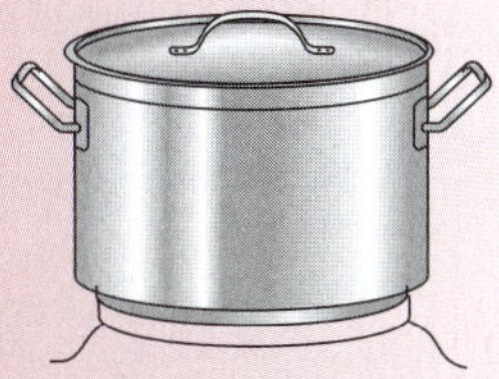

- Tropfende Wasserhähne sofort abdichten.
- Durchlaufbegrenzer an Wasserhähnen und Toiletten installieren.
- Spare besonders heißes Wasser – eine gleich bleibende Temperatur von 40 bis 50 °C ist ausreichend.
- Warmwassergeräte regelmäßig kontrollieren und bei Bedarf entkalken.
- Heizquellen rechtzeitig zurück- oder ausschalten.
- Elektrogeräte nicht unnötig in Betrieb setzen und halten.
- Kühl- und Gefriergeräte nicht unnötig öffnen oder geöffnet lassen und regelmäßig reinigen. Bei Bedarf abtauen.
- Geschirrspülmaschinen nur voll bestückt in Betrieb setzen.
- Bewusster Umgang mit Kochstellen (s. S. 22 ff.)
- Kochfeldgröße und Topfgröße müssen gleich sein.
- Gut wärmeleitendes Kochgeschirr verwenden.
- Fest schließende Deckel verwenden.
- Dampfdrucktopf einsetzen.
- Topfgröße der Lebensmittelmenge anpassen.
- Wenn das Garverfahren es möglich macht, mit geschlossenem Topf garen.
- Nachwärme nutzen.

Spare Material und hilf dadurch die Umwelt schützen!

- Lebensmittel gründlich, aber sparsam putzen (Sparschäler).
- Reste vermeiden oder weiterverwenden.
- Bei Sonderangeboten größere Mengen kaufen und damit Vorräte anlegen.
- Nur biologisch abbaubare Reinigungs- und Pflegemittel verwenden.
- Dosiere Reinigungs- und Pflegemittel sparsam. Oft genügt weniger als die angegebene Menge.
- Eine saubere Arbeitsweise erspart Reinigungs- und Pflegemittel.
- Durchdachte Arbeitsweisen helfen Energien und Lebensmittel sparen.

Spare Verpackungen!

- Nachfüllpackungen kaufen.
- Möglichst Frischwaren ohne Verpackung kaufen.
- Auf unnötige Verpackungen verzichten.
- Verwende Mehrwegartikel (Pfandflaschen und -gläser).

Abfallprodukte sortieren!

- Nutze vorhandene Container.
- Informiere dich bei deiner Abfallberatungsstelle über die Abfallsortierung und richte dich danach (z. B. grüner Punkt).

Hygiene in der Küche

Grundlagen

Jeder, der mit Lebensmitteln zu tun hat, trägt große Verantwortung für das Wohlergehen und die Gesundheit der Gäste. Schon kleine Nachlässigkeiten können zum Verderb der Speisen führen, die Lebensmittelvergiftungen zur Folge haben.

Lebensmittelverderb und Lebensmittelvergiftungen können entstehen durch:

- **Kleinstlebewesen** (= Mikroorganismen).
  Unerwünschte Mikroorganismen lassen Lebensmittel sauer werden, faulen, gären, verschimmeln.
  Zu den Mikroorganismen zählen z. B. Bakterien, Hefen, Schimmelpilze.
  (Es gibt auch nützliche Mikroorganismen, z. B. Milchsäurebakterien für Joghurt- und Sauerkrautherstellung, Edelschimmelpilze für Camembert.)

- **Vorratsschädlinge**
  Sie verunreinigen die Lebensmittel, übertragen Krankheiten durch Keime und wirken Ekel erregend. Es sind z. B.: Ameisen, Schaben, Ratten, Mäuse, Mehlmotte, Dörrobstmotte.

Die hygienischen Anforderungen dienen dem Schutz der Gesundheit. Sie sind durch Gesetze und Verordnungen geregelt, z. B.

- **Lebensmittelhygieneverordnung (LMHV) vom 05. August 1997,**
- **Lebensmittel- und Bedarfsgegenständegesetz (LMBG) vom 09. September 1998,**
- **Infektionsschutzgesetz vom 01. Januar 2002.**

Besonderheiten im Großhaushalt

Die **Lebensmittelhygieneverordnung** (LMHV) ist im Großhaushalt besonders zu beachten. Sie gilt für die hygienischen Anforderungen an das gewerbsmäßige Herstellen, Behandeln und Inverkehrbringen von Lebensmitteln (mit Ausnahme des Gewinnens von Lebensmitteln).

Sie legt fest:

- **die Anforderungen an die Betriebsstätten**, z. B. Reinigung, Desinfektion von Handwaschbecken, Toiletten, Be- und Entlüftung, Beleuchtung, Umkleidemöglichkeiten für das Personal.
- **die Anforderungen an Räume, Vorrichtungen und Geräte** in Betriebsstätten, z. B. Fußböden, Wandflächen, Decken, Fenster, Türen, Oberflächen von Einrichtungen, die mit Lebensmitteln in Berührung kommen.
- **die Anforderungen an Gegenstände und Ausrüstungen**, die mit Lebensmitteln in Berührung kommen, z. B. ihre Sauberkeit, Desinfektion, Überwachung der Temperatur, Behälter für Abfälle usw.
- **die Anforderungen beim Umgang mit Lebensmitteln und an das Personal,** z. B. Warenannahme, Überprüfung nach Schädlingen, verdorbenen Stoffen, Verunreinigungen, Temperaturen, Mindesthaltbarkeitsdatum, Personalhygiene.

HACCP-Konzept

Das HACCP-Konzept ist ein System der Eigenkontrollmaßnahmen (betriebseigene Maßnahmen). Es sollte auch im Hinblick auf das Produkthaftungsgesetz zur persönlichen und betrieblichen Absicherung in das Unternehmen eingeführt werden.

H = Hazard = Gefahr, Risiko
A = Analysis = Analyse
C = Critical = kritische
C = Control = Kontrolle
P = Points = Punkte

Übersetzt bedeutet dies: Gefahrenanalyse zur Ermittlung kritischer Lenkungspunkte. Es werden mit einem solchen System Gefahren und Risiken erfasst, analysiert und überwacht.

Hygiene in der Küche

Wichtige Hygieneregeln

Regel	Begründung
• **Körper und Kleidung sind sauber zu halten!**	Neben dem Aspekt der Ästhetik wird dadurch eine negative Beeinflussung der Speisen, z.B. durch Übertragung von Schmutz- und Mikroorganismen, vermieden.
• **Vor Arbeitsbeginn sind Handschmuck und Armbanduhr abzulegen!**	Gründliche Reinigung der Hände bis in die Armgelenke ist sonst nicht möglich.
• **Vor Arbeitsbeginn und nach jedem Toilettenbesuch sind die Hände zu waschen!**	Hände müssen beim Umgang mit Lebensmitteln unbedingt hygienisch sauber sein.
• **Beim Husten und Niesen muss man sich von Lebensmitteln abwenden und anschließend gründlich die Hände waschen!**	Die Keime können zu Lebensmittelvergiftungen führen. Durch das Niesen entstehen Tröpfchen, mit denen Mikroorganismen auf das Lebensmittel gelangen.
• **Wunden an Händen und Armen sind sorgfältig zu verbinden und mit wasserundurchlässigem Verband zu versorgen!**	Wunden können mit Bakterien infiziert sein, die zu Lebensmittelvergiftungen führen. Gegebenenfalls muss kurzzeitig der Arbeitsplatz gewechselt werden.
• **Bei der Küchenarbeit ist immer eine Kopfbedeckung zu tragen!**	Es muss verhindert werden, dass Haare und Verunreinigungen in die Speisen gelangen.
• **Rauchen ist in Küchen verboten!**	Asche und Zigarettenteile können in Lebensmittel gelangen.
• **Der gesamte Küchenbereich einschließlich der Wirtschaftsräume ist sauber zu halten!**	Der Grundsatz peinlicher Sauberkeit und Hygiene steht an oberster Stelle, um alle Lebensmittelvergiftungen zu vermeiden.
• **Häufige Zwischenreinigung sorgt für hygienischen Küchenbetrieb!**	Angetrocknete Verschmutzungen sind schwer zu reinigen und zu desinfizieren. Es bleiben leicht Reste haften, die mit dem Auge nicht erkennbar sind.
• **Leicht verderbliche Lebensmittel sind immer gekühlt aufzubewahren!**	Durch sorgfältige Kühlung kann Keimentwicklung verhindert werden.
• **Übertragung von Schmutz und anderen fremden Stoffen auf Lebensmittel und auf die Kücheneinrichtung ist zu vermeiden!**	Das Lebensmittel würde negativ beeinflusst – gleich ob dieses geschmacklich oder geruchlich feststellbar ist oder nicht.
• **Gegarte Speisen und alle Lebensmittel, die nicht mehr gegart werden, dürfen nicht mit der Hand oder ohne Handschuhe angefasst werden!**	Auch auf sauberen Händen sind Keine vorhanden, die direkt oder indirekt auf Speisen übertragen werden.
• **Lebensmittel sind vor Insekten und tierischen Schädlingen zu schützen!**	Direkt oder indirekt können Krankheitserreger (Mikroorganismen) auf die Speisen gelangen.
• **Gefährliche oder giftige Stoffe, z. B. Reinigungs- oder Desinfektionsmittel, sind sorgfältig außerhalb der Küche aufzubewahren!**	Auch durch Verwechslung können leicht Unfälle geschehen.

Hygiene in der Küche — Personalhygiene

Neben den schon erwähnten Punkten ist noch zu beachten:

- Betriebsfremden Personen ist der Aufenthalt in den Betriebsräumen untersagt!
- Überwachung der eigenen Gesundheit ist für die Mitarbeiter Pflicht. Sie müssen frei von ansteckenden Krankheiten sein.
- Arbeiten mit Lebensmitteln und entsprechenden Geräten sollten bis zur Abklärung durch einen Arzt unterbleiben, wenn Mitarbeiter an folgenden Beschwerden leiden:
  - Durchfall,
  - Übelkeit und Erbrechen,
  - eiternde Wunden oder Hautausschläge,
  - starke Erkältung mit eitrigem Ausfluss aus Nase oder Rachenraum.

Hygiene in der Küche — Lebensmittelhygiene

- **Lagertemperaturen einhalten – folgende Temperaturen sollten nicht überschritten werden:**

Fleisch, frisch	+ 4 °C
Fisch, frisch	+ 2 °C
Geflügel, frisch	+ 4 °C
Fleischerzeugnisse	+ 7 °C
Milcherzeugnisse	+ 10 °C

- Fertig zubereitete Speisen, die nicht sofort ausgegeben werden, müssen innerhalb von 3 Stunden auf + 10 °C abgekühlt werden.
- Leicht verderbliche Produkte, z.B. Milchprodukte, Salate mit Mayonnaise, rohe Hackfleischprodukte, Pilzspeisen, kalt aufgeschlagene Süßspeisen, sind am Herstellungstag zu verwenden.
- Gegenseitige negative Beeinflussung der Speisen und Lebensmittel muss vermieden werden.
- Eier getrennt in einem abdeckbaren Behälter im Kühlraum aufbewahren.
- Lebensmittel und Speisen abgedeckt oder in geeigneter Verpackung lagern.
- Keine Schachteln oder sonstige Verpackungen auf der Arbeitsfläche lagern.
- Vorschriften der Hühnerei-Verordnung (Schutz vor Salmonelleninfektionen) beachten, z. B.: Abtötung der Salmonellen durch ausreichende Erhitzung (mind. 70 °C in der gesamten Speise) sicherstellen.
- Vorschriften der Hackfleisch-Verordnung (durch das Zerkleinern von Fleisch entsteht eine große Oberfläche, die für das Wachstum der Mikroorganismen gute Bedingungen bietet) beachten,
  z. B.: Rohe Erzeugnisse dürfen nur am Tag ihrer Herstellung in den Verkehr gebracht werden (ausgenommen z. B. Bratwürste und Schaschlik).
  Ab dann müssen die rohen Erzeugnisse weiterverarbeitet, z. B. durcherhitzt werden.

Hygiene in der Küche — Speisenherstellung

- Reine und unreine Arbeiten trennen!
- Geflügel nur in Siebeinsätzen auftauen!
- Rohe und gegarte Speisen trennen!
- Nicht mehr verwenden:
  - schimmelige oder verdorbene Lebensmittel,
  - Lebensmittel, die sich in Farbe, Geschmack, Geruch verändert haben,
  - Dosen mit Bombagen,
  - Konserven, die längere Zeit offen aufbewahrt wurden,
  - Konservengläser, die sich selbst geöffnet haben,
  - Lebensmittel, deren Mindesthaltbarkeitsdatum überschritten ist.

Hygiene in der Küche — Reinigung

- **Klärung der Begriffe:**

➩ Reinigung	= Entfernung von Schmutz und anhaftenden Materialteilen
➩ Desinfektion	= Gezielte Beseitigung von unerwünschten Kleinstlebewesen (= Mikroorganismen), z. B. Fäulniserreger, Eiweißzersetzer
➩ Sterilisation	= Vernichtung aller Kleinstlebewesen (= Mikroorganismen) mit dem Ziel, alle Keime zu vernichten (= absolute Keimfreiheit).

- Alle Räume, Arbeitsmittel und Arbeitsgeräte sind peinlichst sauber zu halten, um eine Übertragung schädlicher Mikroorganismen zu vermeiden!
- Arbeitstische müssen mit leicht abwaschbaren, glatten Platten oder Belägen versehen sein!
- An der Spülmaschine ist eine klare Einteilung von Schmutz- und Reinzonen zu beachten!
- Spüllappen aus Textilien sollten nicht verwendet werden (ausgenommen Einwegtücher)!
- Geschirrtücher nach der Benutzung trocknen und zur Wäsche geben!
- Entsorgung von Abfällen in geschlossenen Behältern, Öffnen und Schließen ohne Handbetätigung!

Vorbereitende Arbeiten durchführen

Küchensprache

Abbrennen	Masse (z. B. Mehl- oder Grießbrei, Brandteig) bei ständiger Wärmezufuhr so lange rühren, bis sich der Kloß vom Topfboden löst.
Ablöschen	Zugießen von Flüssigkeit, z. B. bei Einbrenne/Mehlschwitze, Braten, Karamellherstellung.
Abschrecken	Gekochte oder erhitzte Nahrungsmittel kurz mit kaltem Wasser überbrausen oder rasch ins kalte Wasser eintauchen, um das Verkleben zu verhindern oder das Schälen zu erleichtern.
Anbraten	Nahrungsmittel in heißem, wasserfreiem Fett allseitig bräunen. Das Eiweiß gerinnt, Saftverlust wird vermieden.
Andünsten	Nahrungsmittel in meist wasserhaltigem Fett bei mäßiger Hitze ohne Bräunung erhitzen, eventuell mit wenig Flüssigkeit aufgießen (im eigenen Saft garen).
Aufgießen	Erforderliche Flüssigkeit nach und nach kalt oder heiß, je nach Rezept, zugeben.
Aufschlitzen	Z. B. Vanilleschote mit spitzem Messer längs einschneiden.
Auskratzen	Z. B. bei eingeschnittener Vanilleschote das Mark mit einem Messer herausstreifen.
Ausnehmen	Entfernen von Eingeweide/Innereien bei Geflügel und Fisch.
Auspressen	Unter Druck flüssige und feste Anteile trennen (z. B. Apfelsine).
Ausziehen	Z. B. Strudelteig mit beiden Händen gleichmäßig sehr dünn ziehen.
Beizen	Einlegen von Nahrungsmitteln vor dem Garen in eine Mischung, z. B. aus Essig, Buttermilch, Wein und Gewürzen. Dadurch wird z. B. Fleisch mürbe (zart) und je nach Jahreszeit 3 – 8 Tage gekühlt haltbar.
Beträufeln	Etwas vorsichtig mit Saft, z. B. Zitronensaft, begießen.
Binden (Andicken)	Andicken von Nahrungsmitteln durch Zugabe von Bindemitteln (fertiger Soßenbinder oder mit kaltem Wasser angerührtes Mehl = Mehlteiglein). Durch langes Nachkochen lässt die Bindekraft wieder nach.

Küchensprache

Blanchieren	Kurzes Vorgaren (höchstens 2 – 3 Min.) von vorbereitetem Obst oder Gemüse bei ca. 100 °C durch Kochen oder Überbrühen. (Ein Gitterkorb erleichtert diese Arbeit sehr.) Blanchieren dient: – nach Bedarf der Vorbereitung zum Einfrieren, – dem Lösen von Bitterstoffen (z. B. Rosenkohl), – dem Elastischmachen (z. B. Krautblättern), – dem leichteren Ablösen und Häuten (z. B. Tomaten, Pfirsiche), – dem Erhalt der Farbe (z. B. Erbsen, Äpfel), – der Abtötung von Kleinstlebewesen (Mikroorganismen).
Butterflocken	Sehr kleine Butterstückchen, die z. B. auf einem Auflauf verteilt werden.
Dampfentsaften	Obst oder Gemüse längere Zeit im Siebkorb im Wasserdampf erhitzen. Dadurch wird Saft zur Haltbarmachung gewonnen.
Einbrenne/ Mehlschwitze	Mehl in heißem Fett hell bis kräftig braun rösten/schwitzen, von der Kochstelle nehmen, mit kalter Flüssigkeit nach und nach aufgießen, dabei ständig rühren, auf die Kochstelle zurückstellen und 2 – 3 Minuten garen lassen. Vorsicht, Klumpenbildung!
Entfetten	Entfernen von Fett, das sich während des Kochens oder während des Erkaltens auf Suppen oder Soßen gebildet hat. Bei heißen Brühen oder Soßen vorsichtig abschöpfen, bei fetten, kalten Brühen oder Soßen vorsichtig die erkaltete Fettschicht abheben.
Entsaften	Trennen von festen und flüssigen Bestandteilen, z. B. bei Obst und Gemüse (durch Ausdrücken, Auspressen, Zentrifugieren, Dampfentsaften, Kochen, Filtrieren).
Gelee	a) Süßspeise, bei der Fruchtsäfte, Wein oder Mischungen aus beiden und Zucker mit Gelatine gesteift werden. b) Brotaufstrich aus Fruchtsaft und Zucker. Zuckeranteil mindestens 60 % (sonst Bezeichnung Brotaufstrich), Gelier- und Verdickungsmittel Pektin.
Gelierprobe	Abnehmen einer kleinen Konfitüren- oder Geleemenge, diese abkühlen lassen. Dabei sollte die Masse fest werden. Wird die Masse nicht fest, nochmals Zucker zugeben und länger kochen lassen. Erneut Probe machen!
Glasieren (Überglänzen)	Überziehen von Lebensmitteln mit eingedickter Soße, Zuckerglasur oder Fettglasur.
Gratinieren (Überbacken)	Krustig überbacken – unter Bräunung.
Jus	Jeder reine Saft, z. B. ungebundener Bratensaft, Zitronensaft.

Vorbereitende Arbeiten durchführen

Küchensprache

Karamellisieren	Erhitzen von Zucker mit verschiedener Bräunung; dunkelbraun gebrannt als Speisefarbe zu verwenden (Zucker wird geschmacksneutral), leicht gebräunt zu süßen Speisen. (Evtl. anschließend mit heißem Wasser ablöschen und so lange leicht kochen lassen, bis sich alles gut gelöst hat.)
Konfitüre	Fruchtaufstrich aus frischen Früchten oder Fruchtpulpen aus einer oder mehreren Fruchtarten außer Zitrusfrüchten und einem Zusatz von Pektin. Man unterscheidet: • „Konfitüre einfach“ 35 g Fruchtanteil je 100 g und Gesamtzuckergehalt mindestens 50 % • „Konfitüre extra“ mindestens 45 g Fruchtanteil je 100 g und Gesamtzuckergehalt mindestens 60 %
Legieren	Binden und Verbessern von Speisen mit Eigelb. Dazu Eigelb mit Rahm, Milch oder Wasser verrühren und zur Speise rühren. Nicht mehr kochen lassen!
Marinade	Siehe Beizen (Einlegen von Nahrungsmitteln). Gewürzte Flüssigkeiten zum Verbessern des Geschmacks (z. B. Salate), zur Haltbarmachung (z. B. begrenzte Zeit Fischmarinaden), zum Mürbemachen des Fleisches (z. B. Wild, Sauerbraten), um Farbe zu geben oder zu erhalten (z. B. Blaukraut, Äpfel).
Marmelade	Brotaufstrich aus Zitrusfrüchten mit Fruchtfleisch (mind. 7,5 %) und Schalen (unbehandelt) und einem Zusatz von Pektin und Zucker.
Massen	Überwiegend weiche, schaumig gerührte oder geschlagene Mischungen, z. B. zur Herstellung von feinen Backwaren.
Panieren	Umhüllen eines meist kleineren Nahrungsmittels mit einer Panierung. Erst in Mehl, dann in verschlagenem Ei und zuletzt in Semmelbröseln wenden. Panierte Nahrungsmittel in Fett ausbacken. Man paniert Nahrungsmittel, um sie saftig zu erhalten und ihnen Geschmacksstoffe zuzugeben.
Portionieren	Aufteilen in entsprechende Mengen oder auf die entsprechende Personenzahl.
Puddings	Süße oder salzige Speisen, in einer festschließenden Puddingform im Wasserbad gegart, die heiß gestürzt und sofort gereicht werden.
Ragouts	Speisen aus kleinen, garen Fleischstückchen oder Fischstückchen, evtl. mit Zutaten, in gebundener Soße.
Reduzieren	Intensives Einkochen, um den Geschmack zu verstärken und die Flüssigkeit zu verringern. Konzentration wird höher.
Schaumigrühren	Einrühren von Luft zum Lockern.
Schaummasse	Schaumiggerührte, eireiche, meist fetthaltige Masse, die durch eingerührte Luft gelockert wurde.
Schmelzen	Verflüssigen von festen Lebensmitteln bei schwacher Hitze (z. B. Schokolade, Gelatine nach Einweichen, Fett).

Küchensprache

Schwenken	Rohe oder gegarte Lebensmittel in Fett, Kräutern, Soße schwenken (leicht schütteln).
Spicken	Anreichern von mageren Nahrungsmitteln (Fleisch) mit Speck. Dazu werden Speckstreifen mit einer Spicknadel in das Fleisch eingezogen.
Stauben	Binden von Nahrungsmitteln durch Bestauben mit Mehl und Verrühren. Dann wenig Flüssigkeit zugeben und aufkochen lassen.
Sterilisieren	Keimfrei machen durch Erhitzen (Temperatur mind. 100 °C über einen bestimmten Zeitraum). Nahrungsmittel werden dadurch haltbar.
Stocken	Eiermasse durch Hitze (bis 90 °C) zum Gerinnen bringen (fest werden lassen), z. B. mit Fett in der Pfanne, im Wasserbad oder in heißer Luft.
Sud	Gewürzte Kochbrühe von Nahrungsmitteln.
Teige	Zähe, knet-, roll- oder formbare Mischungen, z. B. zur Herstellung von Brot und feinem Gebäck.
Toasten	Nahrungsmittel ohne Fett beidseitig goldbraun rösten (Toaster).
Tranchieren	Form- und sachgerechtes Zerlegen und Portionieren von gegartem Fleisch aller Art.
Wässern	Einlegen in kaltes Wasser.
Wasserbad	Gefäß mit kochendem Wasser, in das ein kleineres mit dem entsprechenden Lebensmittel gestellt wird.
Warmhalten	Speisen und Getränke bei einer Temperatur von 70 – 80 °C heiß halten.
Wurzelwerk (Suppengrün)	1 dicke Scheibe oder 1/4 Knolle Sellerie, 1 mittelgroße Gelbe Rübe, 1 Petersilienwurzel, 1 kleine Stange Lauch.
Zerlegen	Aufteilen von größeren Teilen in verschieden große Stücke, je nachdem, wie sie weiterverarbeitet werden sollen.
Ziehenlassen	Garen in Flüssigkeit bei 75 – 95 °C.

Vorbereitende Arbeiten durchführen

Arbeitsplatzgestaltung

Nahrungszubereitung

Arbeit vorbereiten	Ablauf planen Arbeitsplatz vorbereiten Arbeitsmittel und Arbeitsgeräte bereitstellen (Lebensmittel)
Arbeit durchführen	Gerichte nach Rezeptvorgabe erstellen
Nacharbeit	Reinigungsarbeiten Ordnungsarbeiten

Arbeit vorbereiten

– Rezepte genau lesen	• Arbeitserfolg
– Reihenfolge und Zeit planen	• rationelles Arbeiten
– Hygiene befolgen (Arbeitskleidung, persönliche Hygiene, Hygiene des Arbeitsplatzes)	• Erhalt der Gesundheit, s. S. 48 ff.
– Arbeitsplatz vorbereiten	• rationelles Arbeiten
– Greifraum beachten	• Ersparnis von Kraft und Zeit

Es werden unterschieden:

Senkrechter Greifraum

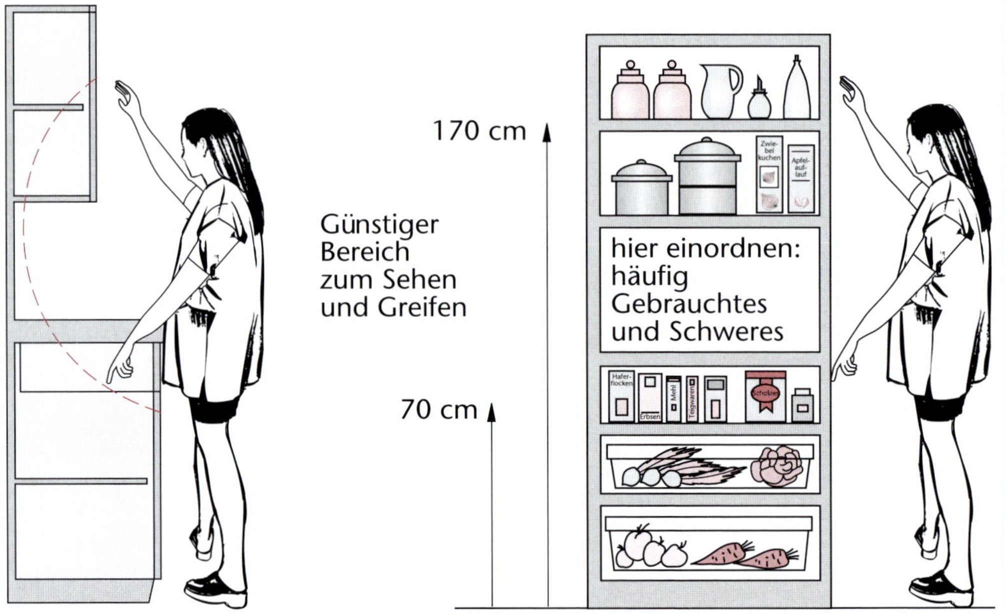

- Innerhalb dieses Greifraums alle Arbeitsmittel aufbewahren, die häufig gebraucht werden.

Vorbereitende Arbeiten durchführen

Arbeitsplatzgestaltung

Waagerechter Greifraum

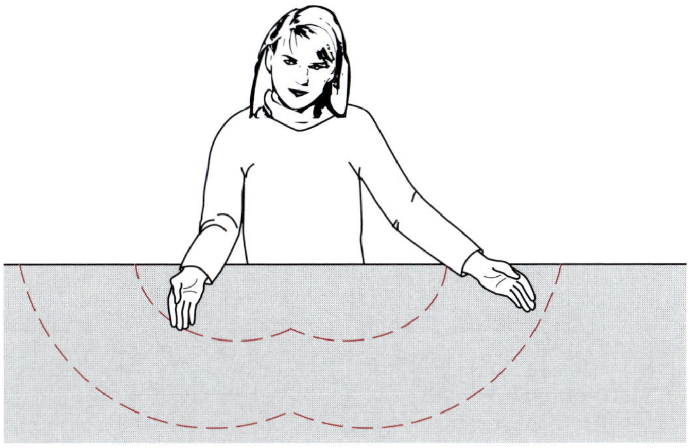

- **Äußerer Greifraum:**
  für Dinge, die wenig oder später gebraucht werden.
- **Innerer Greifraum:**
  für Dinge, die viel und sofort gebraucht werden.
- Kraftersparnis
- Arbeitserleichterung

Arbeiten, die im Sitzen zweckmäßig erledigt werden können, sollten auch im Sitzen erledigt werden!

Lichteinfall

Tageslicht oder künstliches Licht sollte von vorne und von links auf den Arbeitsplatz fallen.

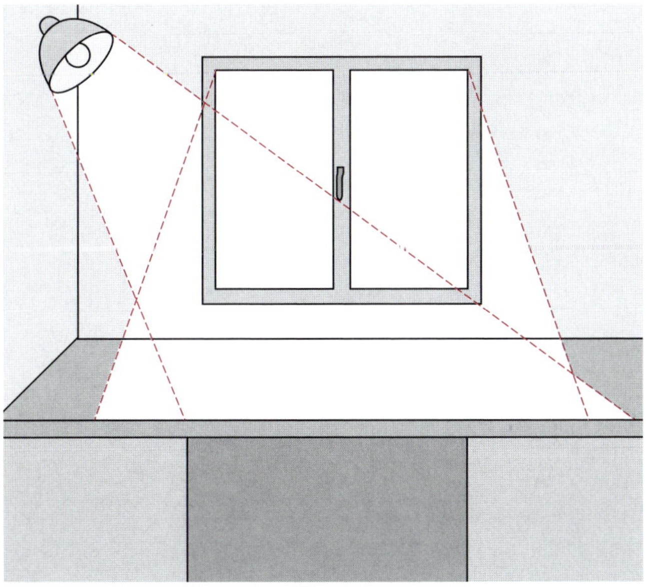

- schattenfreies Licht am Arbeitsplatz
- gute Beleuchtung am Arbeitsplatz
- Schonung der Augen

Arbeitsmittel und Arbeitsgeräte bereitstellen

- z. B.
  - Abfallschüssel vorbereiten
  - Ablagen vorbereiten
  - Schneidegeräte und -bretter bereitstellen
  - Maschinen und Geräte zusammensetzen
  - Formen, Pfannen, Bleche, Töpfe bereitstellen
  - Tablett, Kurzzeitwecker herrichten
  - usw.

Vorbereitende Arbeiten durchführen

Wiegen und Messen

Allgemeines

Lebensmittel bereitstellen

– abwiegen
mit der Waage

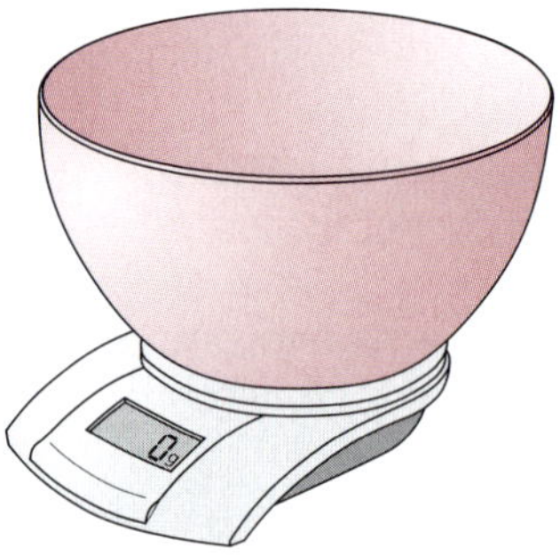

- Nur genau berechnete und gewogene Mengen führen zu einem guten und schmackhaften Ergebnis.

– abmessen
mit dem Messbecher oder Litermaß

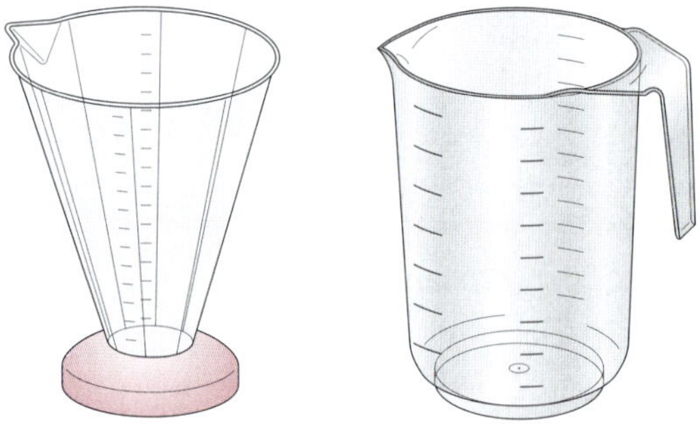

- Litermaß: Inhalt 1 Liter
  Messbecher: Inhalt 1/2 Liter
- Behältnisse aus Edelstahl für heiße Zutaten
- Behältnisse aus Kunststoff für alle anderen Lebensmittel

mit der Tasse

- Inhalt etwa 1/8 l (125 ml)
  (als Maß z. B. 1 Tasse Reis, 2 Tassen Wasser – gleiche Tassen verwenden)

mit dem Löffel

- Löffelmaße sind ungenau

– Esslöffel

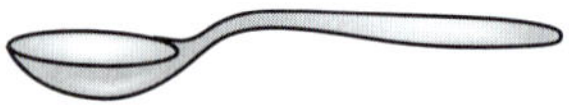

- 1 EL: ca. 10 – 15 g (gestrichen voll)

– Teelöffel

- 1 TL: ca. 3 – 5 g (gestrichen voll)

– teilen mit
dem Messer, z. B.

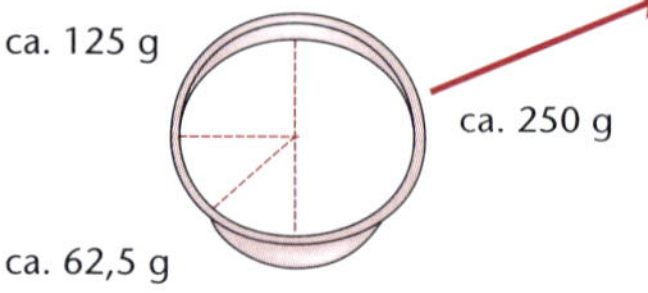

- 500 g Margarine

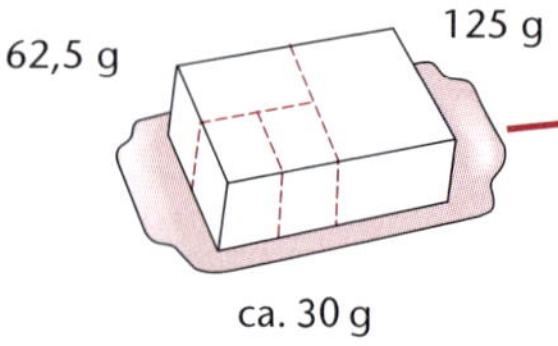

- 250 g Butter

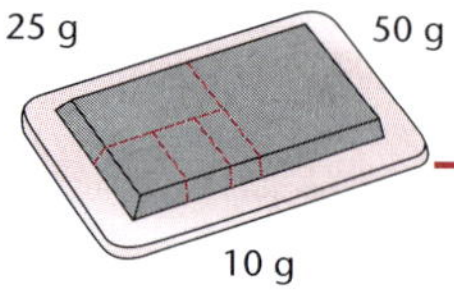

- 100 g Schokolade

Wiegen und Messen

Spezielles

Maße und Gewichte

Liter	Milliliter/Kubikzentimeter	Zentiliter
1 l	= 1000 ml/cm³	= 100 cl
3/4 l	= 750 ml/cm³	= 75 cl
1/2 l	= 500 ml/cm³	= 50 cl
3/8 l	= 375 ml/cm³	= 37,5 cl
1/3 l	= 333 ml/cm³	= 33,3 cl
1/4 l	= 250 ml/cm³	= 25 cl
1/8 l	= 125 ml/cm³	= 12,5 cl
1/10 l	= 100 ml/cm³	= 10 cl

Durchschnittliches Gewicht einiger Lebensmittel
1 Stück wiegt etwa

Apfel, mittelgroß	125 g
Banane, mittelgroß	200 g
Orange, mittelgroß	200 g
Tomate, mittelgroß	50 g
Zwiebel, mittelgroß	50 g
Paprikaschote, mittelgroß	150 g
Essiggurke, mittelgroß	30 g
Scheibe Toastbrot	20 g
Weizenvollkornbrot	30 g
Brötchen	30 – 50 g
Schnitzel	125 g
Scheibe Wurst, Ø 10 cm	20 – 25 g
Bratwurst, mittelgroß	150 g
Scheibe gekochter Schinken	50 g
Scheibe roher Schinken, dünn	20 g
Scheibe Edamer	30 g

Gewicht von Eiern

Hühnerei, S	unter 53 g
Hühnerei, M	53 g bis unter 63 g
Hühnerei, L	65 g bis unter 73 g
Hühnerei, XL	73 g und darüber
Eigelb	17 – 20 g
Eiklar	30 – 35 g

Tassenmaße

Auch hier sind die Größen der Gefäße unterschiedlich. Es können nur Durchschnittswerte angegeben werden.

Kaffeetasse / Teetasse	1/8 l	125 ml
Becher		180 ml
Suppentasse		150 ml
Suppenteller	1/4 l	250 ml

Löffelmaße

Lebensmittel	1 EL ≙ g	1 TL ≙
Flüssigkeiten, z.B. Wasser, Brühe, Milch, Saft, Wein	15	5
Backpulver (1 P. = 18 g)	10	3
Crème Fraîche (10 % Fett)	15	5
Grieß	12	3
Haselnüsse, gemahlen	7	2
Joghurt (3,5 % Fett)	17	6
Käse, gerieben	8	3
Kaffee, gemahlen	6	2
Kaffee, löslicher	3	1
Kakao	6	2
Mandeln, gerieben	8	3
Mehl, Type 405	10	3
Öl	12	4
Puderzucker	10	3
Salatmayonnaise	15	5
Salz	15	5
Sahne, sauer (10 % Fett)	17	6
Schlagsahne (30 % Fett)	15	5
Semmelbrösel	10	3
Speisestärke	9	3
Tee, schwarz	6	2
Tomatenketchup	19	5
Tomatenmark	18	5
Vanillezucker (1 P. = 10 g)	15	5
Zucker	15	5

Löffelmaße sind nur „Ca.–Angaben“.
Löffelmaße sind nur für kleine Zutatenmengen geeignet (z. B. Gewürze).
1 Standardesslöffel (EL) ≙ ca. 15 cm³ /15 ml,
1 Standardteelöffel (TL) ≙ ca. 5 cm³ / 5 ml.
Die Angaben sind Mittelwerte, da die unterschiedlichen Löffelgrößen und die jeweilige Beschaffenheit des Lebensmittels nicht berücksichtigt werden können.
Das Gewicht bezieht sich bei flüssigen, pastösen und trockenen Lebensmitteln auf einen gestrichenen Esslöffel (EL) bzw. Teelöffel (TL).
Die Menge von 1 „gestrichenem“ Esslöffel ≙ ca. 3 „gestrichenen“ Teelöffeln.

Messen und Wiegen

Grundmengen für eine Portion

Suppe	Vorspeise	200 – 250 ml/g
	Hauptgericht	375 – 500 ml/g
Fleisch	mit Knochen	125 – 150 g
	ohne Knochen	100 – 125 g
Geflügel	mit Knochen	200 – 250 g
	ohne Knochen	100 – 150 g
Fisch	ganz	200 – 250 g
	Filet	125 – 180 g
Soße	Bratensoße	70 – 100 ml/g je nach Beilage
	Gericht in Soße	100 – 125 ml/g
Kartoffeln, geschält	Beilage (z.B. Salzkartoffeln)	150 – 200 g
	Klöße	200 – 250 g
	Bratkartoffeln	200 – 250 g
Teigwaren, roh	Beilage	50 – 70 g
	Hauptgericht	80 – 100 g
	Suppeneinlage	15 g
Reis, roh	Beilage	40 – 50 g
	Hauptgericht	60 – 70 g
	Suppeneinlage	15 g
Gemüse, geputzt	Beilage	200 – 250 g
	Blattsalat	50 – 100 g
	Salat von rohem Gemüse	125 – 150 g
	Salat von gekochtem Gemüse	150 – 200 g
Süßspeisen	Brei und Flammeri als Dessert	125 – 150 g/ml
	Brei als Hauptgericht	250 – 300 g/ml
	Pudding	120 g
	Creme	60 – 100 g
	Auflauf als Hauptgericht	230 – 300 g
	Auflauf als Dessert	120 – 150 g
	Quarkspeise	125 – 150 g
Obst	frisch, ungeschält, Dessert	150 – 200 g
	Kompott und Mus	125 – 150 g
	geschält, Kompott, Dessert	30 – 50 g
Sahne	Garnitur für Dessert	5 – 15 g/ml
Soße	für Dessert	30 – 50 g/ml
Getränke	Kaffee – 1 Tasse ≙ 125 ml	7 g/Tasse = 1 TL, gehäuft
	Mokka	25 g/Tasse = 2 EL, gehäuft
	Tee, schwarz	5 g/Tasse = 1 EL, gehäuft
	Kakao	10 g/Tasse = 1 EL, gehäuft
	Milch	200 ml
	Saft	200 ml

Lebensmittel vorbereiten

Nach dem Abwiegen werden die Lebensmittel vorbereitet:	
• Welke Teile entfernen.	• z. B. Außenblätter • z. B. Blätter am Rettich, Blumenkohl Rhabarber (Blätter, Stielenden)
• Nicht essbare Teile entfernen.	• Petersilie, Oregano, Dill usw. (grobe Stiele) • z. B. Kopfsalat (Außenblätter, welke Blätter, sparsam) Zwiebeln (äußere Schale)
Lebensmittel waschen	
• Vorwaschen	• wenn Lebensmittel sofort geschält werden, verschmutzt das eigentlich Saubere wieder (durch den Schälvorgang)
• Waschen	
• im Ganzen waschen	• Vitamin- und Mineralstoffverlust wird vermindert
– Wurzelgemüse müssen nach Bedarf mit der Bürste gründlich gereinigt werden.	• z. B. Sellerie, Gelbe Rüben, Petersilienwurzel
– Einige Lebensmittel müssen zerteilt werden, um den Schmutz zu entfernen.	• z. B. Lauch der Länge nach teilen, Salat in Blätter teilen
– Unter kaltem, fließendem Wasser waschen.	• schnelles Reinigen mit geringem Auslaugen (z. B. Fisch, Fleisch)
– In kaltem, stehendem Wasser waschen.	• empfindliche Lebensmittel werden geschont – kaltes Wasser löst Nährstoffe nicht so schnell wie warmes Wasser (z. B. Erdbeeren, Kresse)
– Einige Lebensmittel müssen im kalten Wasser liegen bleiben.	• z. B. Matjesfilet, damit es nicht so salzig schmeckt (Wasser laugt aus) • z. B. Kartoffeln (Wasser verhindert das Braunwerden)
– Kurz in warmem Wasser waschen.	• teilweise mit Reiben – gründliches Entfernen von Schmutz und Rückständen (z. B. Salate, Obst und Gemüse, die mit Schale gegessen werden)
– Evtl. noch einmal nachwaschen.	• Restschmutz erntfernen, der beim Schälen entstanden ist, z. B. Kartoffeln
Hinweise:	
• Bei Erdbeeren z. B. Stielansatz nach dem Waschen entfernen.	• Saft tritt aus
• Bei Kirschen Stiele und Kerne nach dem Waschen enffernen.	• Saft tritt aus
Lebensmittel schälen	• mit Sparschäler (bewegliche Klinge, Schäler auch für Linkshänder) oder eventuell mit kleinem Küchenmesser
• Immer dünn schälen.	• die wichtigsten Nährstoffe sind direkt unter der Schale
• Spiralförmig schälen.	• rationelle Arbeitsmethode, z. B. Apfel, Kohlrabi
• Wenn möglich, von oben nach unten schälen.	• spart Kraft und ist rationeller
• Einige Lebensmittel erst nach dem Garen schälen.	• z. B. Rote Rüben, sie „bluten“ sonst aus
• Einige Lebensmittel kurz in einen Topf mit kochendem Wasser legen (Blanchieren).	• das Abziehen wird erleichtert (z. B. Tomaten, Pfirsiche)
Hinweise:	
• Einige Lebensmittel sollten nach dem Schälen nochmals gewaschen werden.	• z. B. Gelbe Rüben, Kartoffeln, Sellerie
• Nach dem Schälen muss eine eventuelle Lebensmittelbräunung verhindert werden.	• durch Beträufeln mit Zitronensaft oder Essig, z. B. Äpfel, Bananen, Sellerie

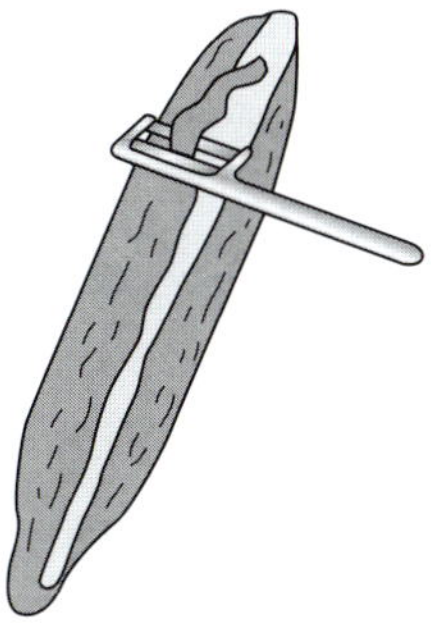

Vorbereitende Arbeiten durchführen

Lebensmittel zerkleinern

Von Hand

Grundsätzliches:

- Lebensmittel erst kurz vor der Verarbeitung zerkleinern.
- Die richtige Messerwahl sichert ein gutes Ergebnis.
- Immer auf einem Schneidebrett arbeiten (Kraftersparnis).
- Rationell und unfallsicher arbeiten.
- Zerkleinerte Lebensmittel abdecken, so bleiben Vitamine und Mineralstoffe erhalten.
- Der hygienische Aspekt muss immer berücksichtigt werden.

Scheiben	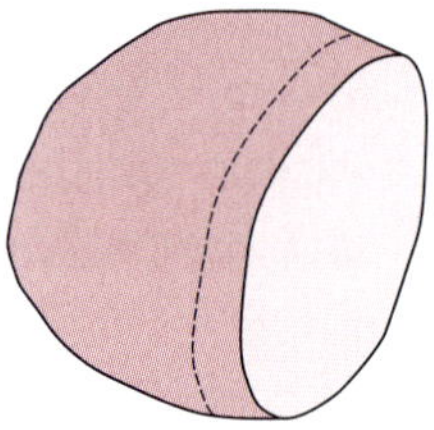	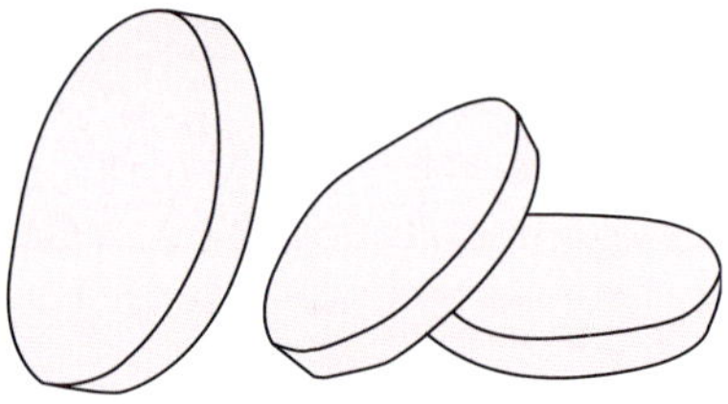
Streifen	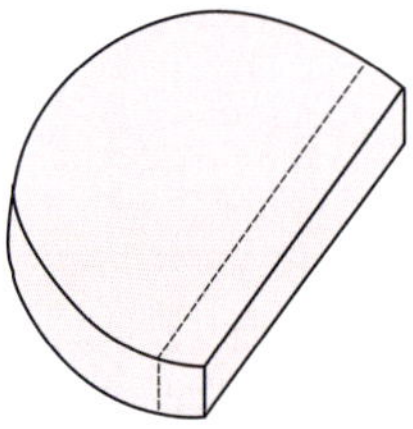	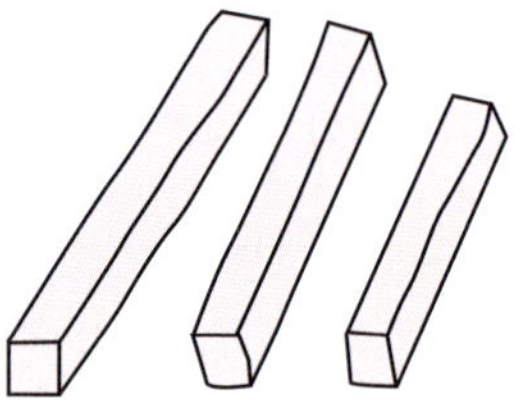
Würfel	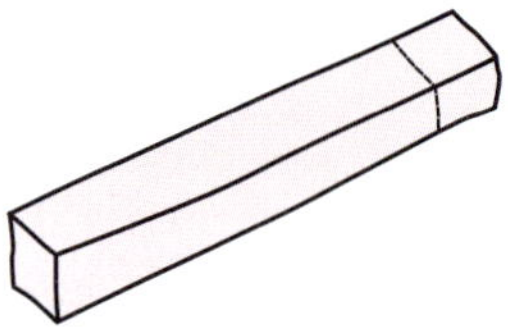	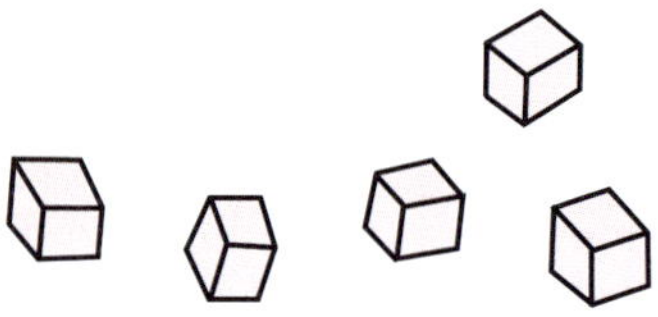
Halbieren	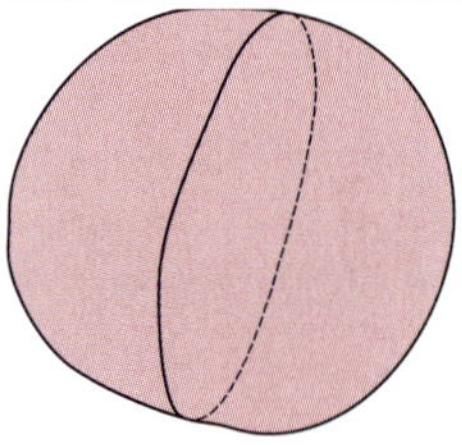	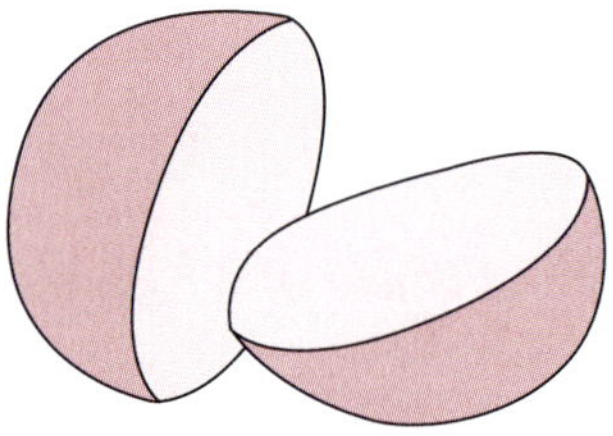
Vierteln	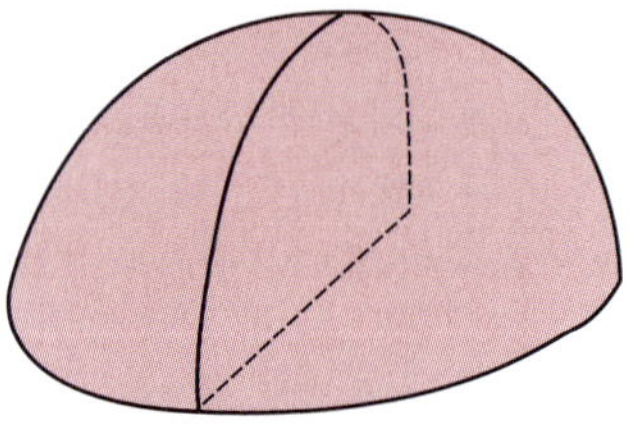	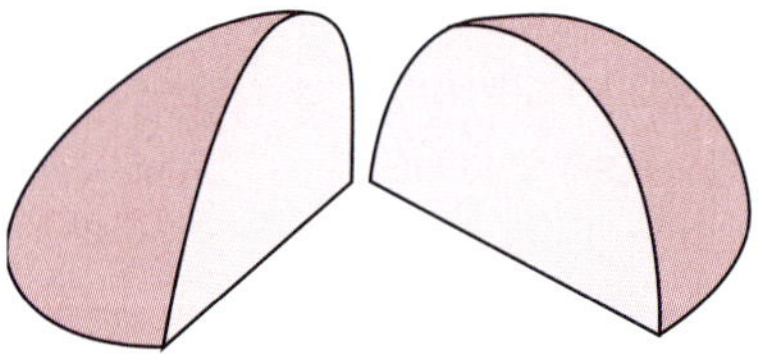
Achteln	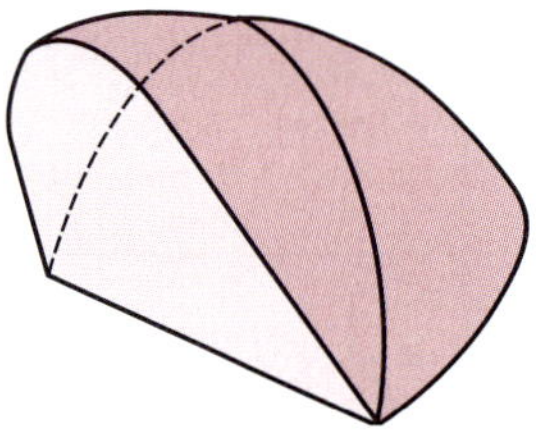	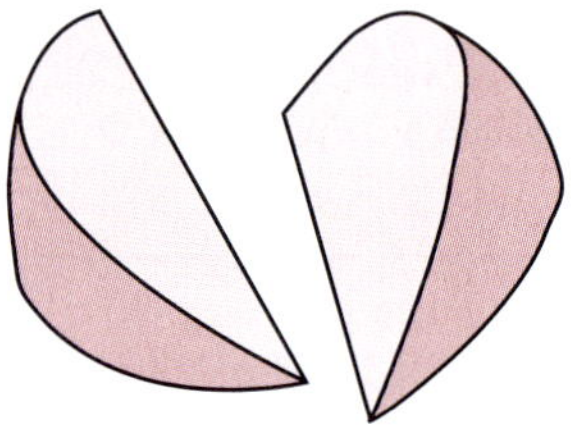

Hinweis: Um rationell zu arbeiten, werden große Mengen, wenn möglich, immer mit dem/der entsprechenden elektrischen Gerät oder Maschine zerkleinert.

Lebensmittel zerkleinern

Von Hand

	Beachte:	
Zwiebeln	**Würfel:** **1. Auflagenschnitt** – Zwiebel enthäuten – Wurzeln stehen lassen – der Länge nach halbieren	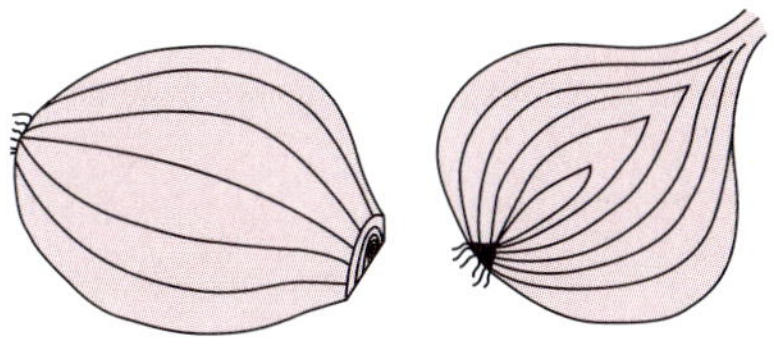
	2. Scheibenschnitt – so in Scheiben schneiden, dass der Wurzelansatz nicht zerschnitten wird	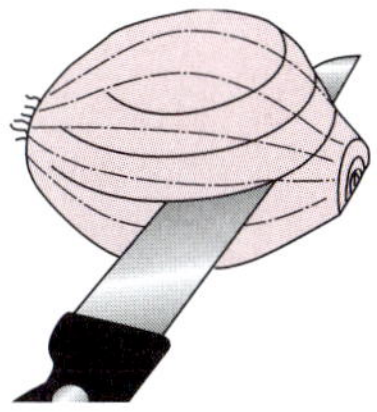
	3. Streifenschnitt – Schnittseite auf das Brett legen – in Streifen schneiden	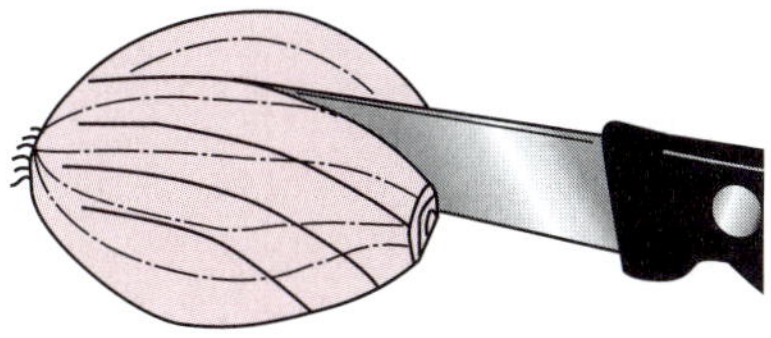
	4. Würfelschnitt – in Würfel schneiden	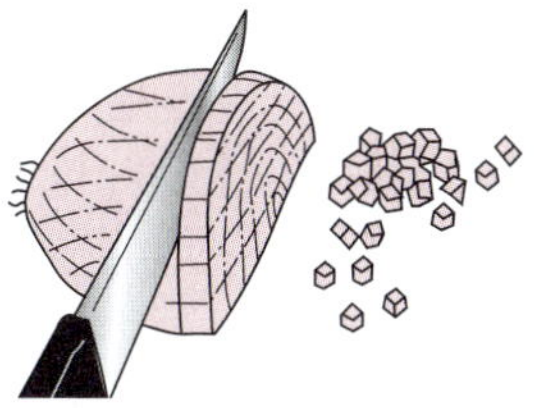
	Ringe: – Zwiebel enthäuten – Wurzeln mit Wurzelansatz abschneiden – von der Spitze her in Ringe schneiden	
Schnittlauch	– zu Röllchen schneiden – **„Krallengriff“** verwenden (Finger senkrecht anwinkeln)	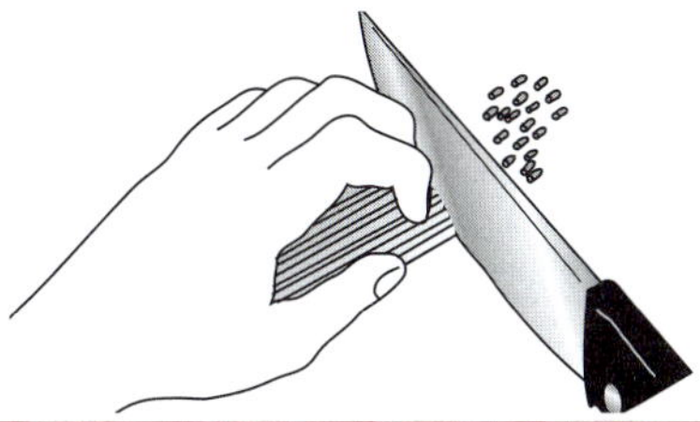
Petersilie und Kräuter	– eng zusammennehmen – erst grob schneiden – dann fein hacken oder schneiden	• großes Messer besser als kleines Wiegemesser (zu hektische Bewegungen)
	– kurz vor dem Anrichten über das Gericht streuen (nicht mehr mitkochen)	• Farbe verblasst

Vorbereitende Arbeiten durchführen

Lebensmittel zerkleinern

Weitere Techniken

Reiben (=Raffeln)		• mit Reibe kleinste Zerkleinerung, breiartig – z. B. Kartoffeln, Gelbe Rüben
Raspeln		• Reibe mit gelochter Fläche ergibt streifenartige Teile – z. B. Gelbe Rüben, Schokolade
Hacken		• Wiegemesser oder Messer, sehr fein zerkleinerte Teile – z. B. Kräuter, Nüsse, Schokolade • Hackmesser/Küchenspalter zum Zerteilen von größeren Fleischstücken mit Knochen, z. B. Koteletts
Mahlen	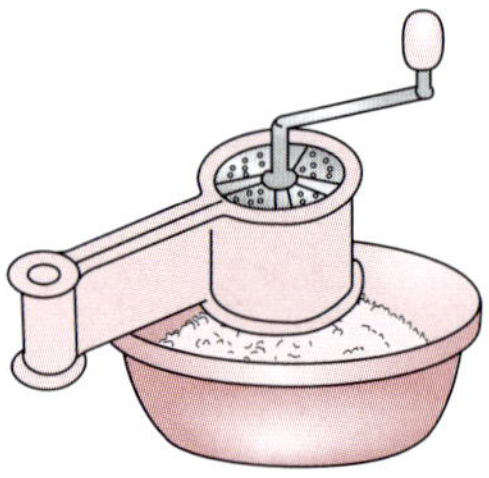	• mit Mahlwerk zu feinsten Teilen – pulverartig – z. B. Kaffee, Nüsse, Getreide
Passieren		• meist gegarte Lebensmittel durch Sieb oder gelochte Metalleinsätze drücken – z. B. Obst, Soße
Pürieren		• zu Brei zerdrücken, zerstampfen – z. B. Äpfel, Gemüse, Kartoffeln
Durchdrehen	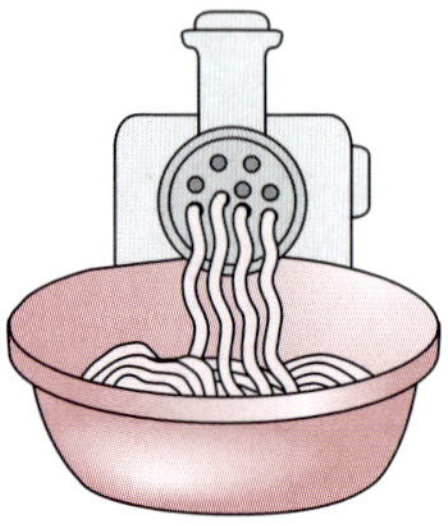	• mit Fleischwolf zerkleinern – z. B. Fleisch, Gemüse

Zutaten mischen

Schlagen	Einarbeiten von Luft mit dem Schneebesen - von Hand oder mit Rührgerät oder Küchenmaschine – hohe Gefäße verwenden – keine Aluminiumschüsseln verwenden – nicht auf den Schüsselrand klopfen (Handkante)	• z. B. Eischnee, Schlagsahne, Schaummasse • Spritzgefahr • Speisen werden grau • Materialschonung
Vermengen	Mindestens 2 Nahrungsmittel vermischen – vorsichtiges Mischen mit immer 2 Arbeitsgeräten – Schütteln oder Schwenken in größerem, weitem Gefäß	 • z. B. Salatbesteck • z. B. Petersilienkartoffeln
Mixen	Vermengen von Flüssigkeiten oder Vermengen von Zutaten unter gleichzeitigem Zerkleinern – im Mixer	 • z. B. Bananenmilch
Unterheben	Vorsichtiges Hinzufügen eines Nahrungsmittels zu einem anderen – mit Schneebesen oder Teigschaber – lockere Masse auf die feste Masse geben	 • z. B. Eischnee unter eine Masse • Sahne unter die Crememasse
Rühren	Vermengen von Lebensmitteln mit intensiven Bewegungen zu einer Masse	• z. B. Rührmasse
Kneten	Vermengen von Zutaten mit Kraft (von Hand oder mit Knethaken) – einheitlicher fester oder weicher Teig entsteht	 • z. B. Strudelteig, Hefeteig, Nudelteig, Brotteig

Vorbereitende Arbeiten durchführen

Hinweise zur Nahrungszubereitung

Fleischteige (Hackfleisch, rohe Eier) nicht roh abschmecken, sondern kleines Fleischküchlein braten und dann probieren.	• Salmonellen werden ab ca. 70 °C abgetötet
Rohe Teige, die mit Eiern hergestellt werden, nicht abschmecken oder probieren.	• Salmonellengefahr
Fleischteigmenge kann durch Zugabe von Haferflocken oder gegartem Reis wertvoller gemacht werden.	• Fleischreduktion, vollwertige Ernährung
Roh gerührte Creme nicht bei Zimmertemperatur stehen lassen, sondern gekühlt, jedoch nicht länger als einen Tag aufbewahren. Alternative: Roh gerührte Creme oder Ähnliches ohne Eigelb und Eiklar (Eischnee) herstellen, dafür Zucker mit Fruchtsaft/Früchten verrühren und 1/2 Becher Sahne statt Eischnee verwenden.	• Salmonellengefahr
Bei Soßen und Suppen je nach Bedarf Flüssigkeit oder Brühe zugeben.	• Menge, Beschaffenheit
Vanillinzucker kann ersetzt werden durch in Zucker eingelegte Vanilleschoten. Dabei nimmt der Zucker Vanillegeschmack an.	• umweltfreundlich, rationell
Möglichst viele frische Vollwertprodukte verwenden (meist verlängert sich die Garzeit etwas).	• vollwertige Ernährung
Mit Würzmittel sparsam umgehen, besser Kräuter verwenden.	• gesunde Ernährung
Gerichte je nach Jahreszeit mit frischen Kräutern würzen und garnieren.	• gesunde Ernährung
Angerührtes Mehl (= Mehlteiglein) kann durch die Verwendung von Soßenbindern entfallen (dabei auf Farbe achten).	• rationelles Arbeiten, aber teuer

Garverfahren

Kochen

↓

bei ca.
100 °C

Garen in viel Flüssigkeit (Gargut bedeckt)

↓

z. B. Brühen, Suppen, Eier, Nudeln, Geflügel

↓

Viele Nähr- und Geschmacksstoffe gehen in die Flüssigkeit über (Eiweiß gerinnt, Stärke verkleistert). Flüssigkeit nach Möglichkeit mitverwenden.

Dämpfen

↓

bei ca.
100 °C

Garen im Wasserdampf (Siebeinsatz oder Locheinsatz)

↓

z. B. Gemüse, Kartoffeln, Fisch

↓

Schonendes Garverfahren, Nährstoffe bleiben erhalten, formschonend.

Garziehen (Quellen)

↓

bei ca.
70 – 95 °C
(unter dem Siedepunkt)

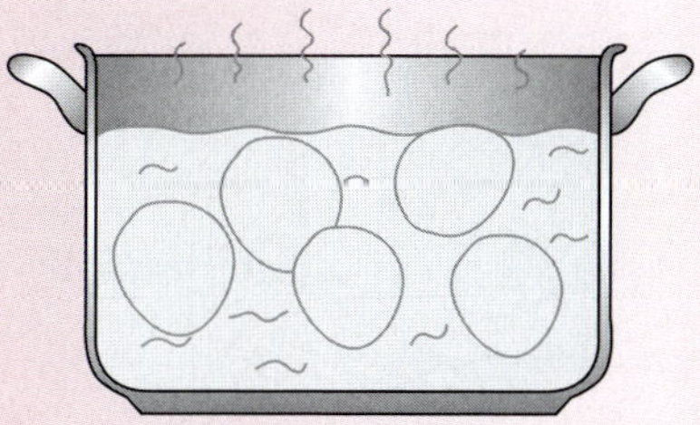

Garen in viel Flüssigkeit (Wasser)

↓

z. B. Reis, Grieß, Sago, Klöße, Fisch, Teigwaren

↓

Erhält bei empfindlichen Lebensmitteln die Form. Ein Teil der Nährstoffe geht in die Flüssigkeit über. Schonende, energiesparende Garmachungsart.

Dünsten

↓

bei ca.
95 – 100 °C

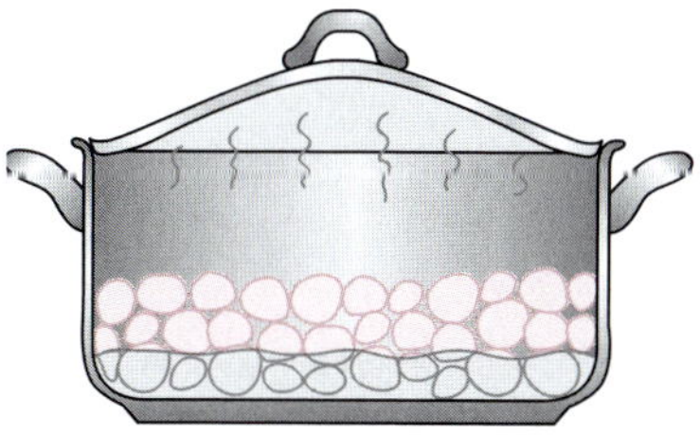

Garen im Topf, Tontopf, feuerfestem Glas (in wenig Fett andünsten, anschließend im eigenen Saft – bei Bedarf mit wenig Flüssigkeit zugedeckt gar dünsten)

↓

z. B. zartes Gemüse, Obst, Fisch, Reis, empfindliches Fleisch

↓

Schont die Nährstoffe (Vitamine und Mineralstoffe). Aromastoffe bleiben erhalten. Fettarme Zubereitung (leicht verdaulich – Schon- und Krankenkost). Nur geringe Salzzugabe nötig.

Garen und zu Tisch bringen

Garverfahren

Schmoren

bei ca.
100 – 180 °C

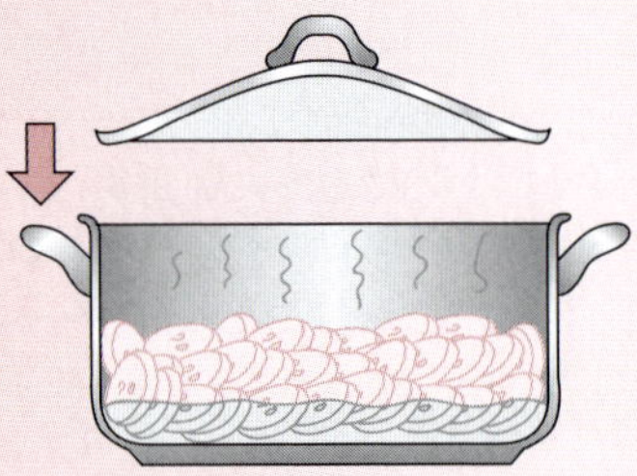

Kombiniertes Garverfahren: in heißem Fett in offenem Gefäß stark anbraten, würzen, in geschlossenem Topf nach Zugabe von wenig heißer Flüssigkeit weitergaren

z. B. große Braten, Rouladen, Gulasch

Es bilden sich beim Anbraten geschmacksgebende Röststoffe. Das Eiweiß gerinnt, der Saft bleibt erhalten. Die Flüssigkeit bildet die Grundlage für eine Soße.

Stocken (Garen im Wasserbad)

bei ca.
80 – 100 °C

Garen in einem kleinen Gefäß, das in einem großen Topf mit siedendem Wasser steht

z. B. Eiermassen, Süßspeisen

Schonendes Garen ermöglicht Stürzen.

Hinweis:

Inneres Gefäß darf nicht schwimmen.

Braten

im Backofen
bei ca. 150 – 250 °C

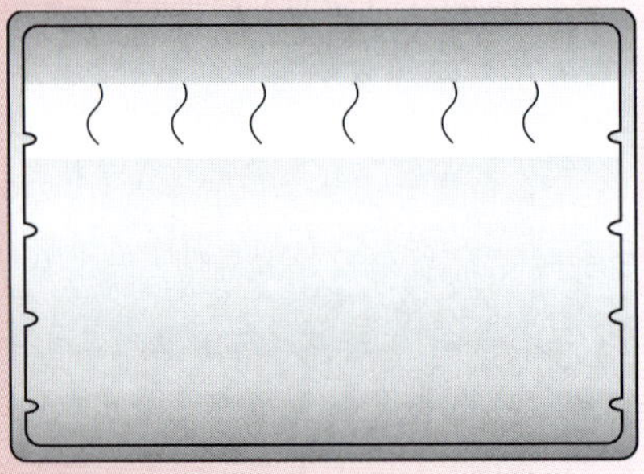

Garen in wenig Fett unter Bräunung und trockener Hitze

z. B. Geflügel im Ganzen, große Wild- und Fleischstücke

Durch Bräunung und Krustenbildung kräftiger Geschmack, auch bei der Soße. Beim Einsatz von Bratenschlauch bleibt der Backofen sauber. In Alufolie entsteht keine Bräunung, dadurch schonendes Garen – schonkostgeeignet.

Backen

im Backofen
bei ca. 150 – 250 °C

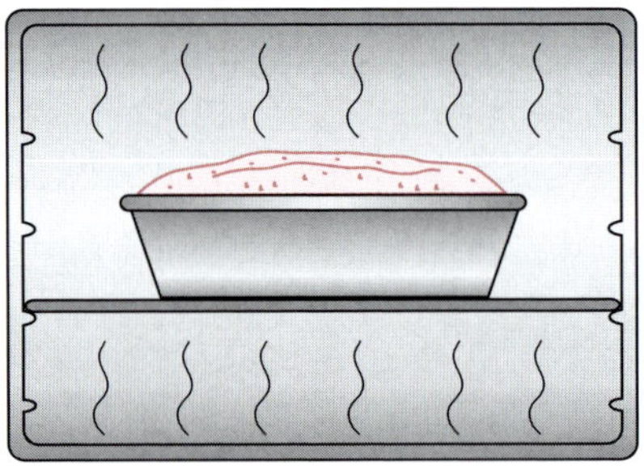

Garen in trockener Hitze unter Bräunung

z. B. Teige (Gebäck)

Backen auf dem Blech oder in der Form. Backgut wird gebräunt. Auf Vorheizen kann größtenteils verzichtet werden.

Überbacken

im Backofen
bei ca. 150 – 250 °C

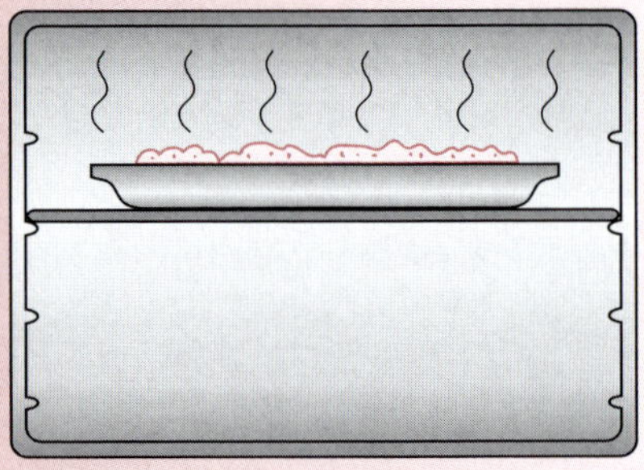

Überbacken in trockener Hitze

z. B. gegarte Aufläufe, Toasts

Gericht bekommt eine Kruste oder Käse wird geschmolzen.

Garverfahren

Grillen

↓

bei ca. 300 °C

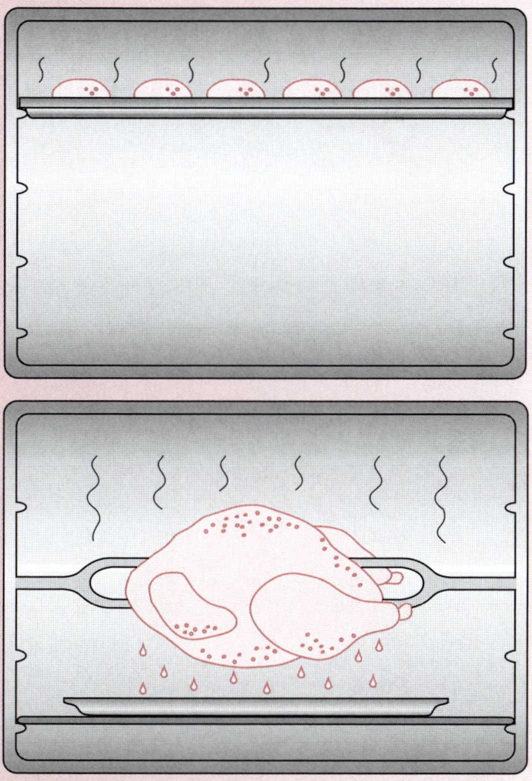

Garen unter Bräunung durch Strahlungswärme, Kontaktwärme

↓

z. B. kleine Fleischstücke (Portionsstücke), Spieße, Innereien, Fisch, Kartoffeln, Gemüse (wie Tomaten, Zwiebeln, Mais) (obere Schiene)

↓

schonend, schnell, mit Bräunung

↓

Am Drehspieß werden große Stücke gegrillt.

Frittieren

↓

bei ca. 160-220 °C
(niedrige Temperatur bei panierten Stücken, höhere Temperatur bei unpanierten Stücken – Temperatur auch abhängig von der Art des Fettes)

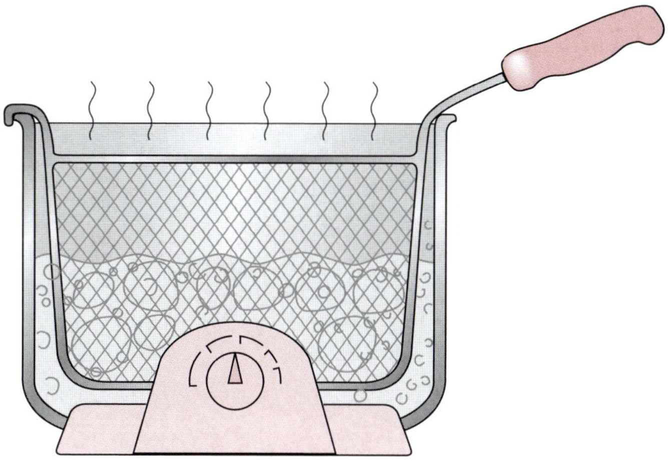

Garen unter Bräunung im Fettbad (schwimmend)

↓

z. B. Kartoffelerzeugnisse, Fleischstücke (Portionsstücke), Fisch, Geflügelteile, Teige (süß und salzig)

↓

Schwer verdaulich, hoher Energiegehalt (Fettgehalt), zu oft verwendete und überhitzte Fette sind gesundheitsschädlich (Peroxidbildung) - schmackhaft, gebräunt.

Garen und zu Tisch bringen

Garverfahren

Garen im Mikrowellengerät

↓ durch elektromagnetische Wellen

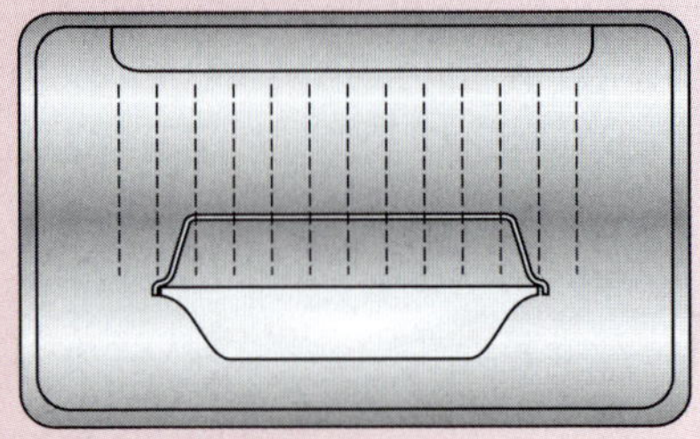

z. B. Auftauen, Erhitzen von kleinen Mengen, Garen kleiner Mengen (Lebensmittel ohne eigene Zellflüssigkeit lassen sich nur mit Flüssigkeit garen.)

↓ Kombinierte Geräte ermöglichen Bräunung sowie Backen und Grillen mit Zuschaltung der Mikrowelle.

↓ Zeit- und Energieersparnis – schonende Zubereitung

- Gargut wird von innen nach außen gegart, genau anders herum als bei herkömmlichen Garverfahren.
- Flüssigkeiten im Innern erhitzen sich durch die Wellen!
- Die Garzeit ist sehr kurz.
- Bei Erhitzen von Portionen – Einsparung von Töpfen!
- Auf das richtige Geschirr achten. Es darf nicht reflektieren, wie z. B. Edelstahl.
- Geeignete Geschirre: Porzellan, Glas, Pappe, Mikrowellengeschirr

Braten in der Pfanne

↓ bei ca. 120 – 200 °C

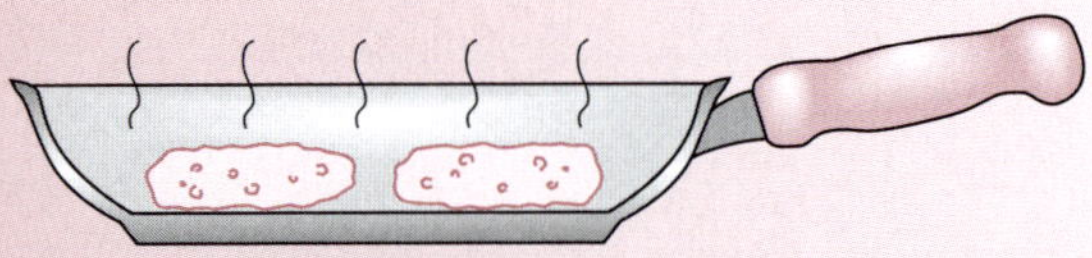

(niedrige Temperatur bei panierten Stücken, höhere Temperatur bei unpanierten Stücken, Temperatur auch abhängig von der Art des Fettes)

↓ Garen unter Bräunung in wenig heißem Fett ohne Deckel

↓ z. B. zarte Lebensmittel, kleine Teile (Portionsstücke) von Fleisch, Fisch, Eier

↓ Hohe Anfangstemperatur des Fettes lässt Eiweiß gerinnen. Fleischsaft bleibt erhalten.

Dampfdruckgaren

↓ bei ca. 110 – 123 °C

Garen im Dampfdrucktopf oder Dampfgarer (Betriebsküche)

↓ z. B. alle Lebensmittel mit langer Garzeit, wie Fleisch, Gemüse, Suppen, Geflügel

↓ Schonendes, zeit- und energiesparendes Garen (durch Überdruck). Hinweise des Herstellers genau beachten.

Garverfahren

Garen und Braten in der Kippbratpfanne

bei ca. 50 – 300 °C

↓

(niedrige Temperaturen nur bei panierten Stücken, höhere Temperaturen bei unpanierten Stücken)

↓

Garen durch Braten, Backen, Dünsten

↓

z. B. **Braten und Backen** von Fleisch, Fisch, Kartoffeln, Eierspeisen, Pfannkuchen, Kaiserschmarren;
Dünsten von Gemüse;
Garen von Soßen, Gulasch, Gulaschsuppe, Schinkennudeln

↓

(wichtigstes Zusatzgerät in der Großküche – bereits ab Mengen von 30 Portionen lohnend)

Garen im Kombidämpfer

bei 30 – 300 °C
Diverse Garverfahren:
- Garen mit Dampf,
- Garen mit Heißluft,
- Kombination von beiden Backen
- Braten

↓

- Verschiedene Garverfahren lassen sich nacheinander abwickeln (viele Kombinationsprogramme sind möglich).
- Wirtschaftliches Arbeiten z. B. durch Auftauen – Braten – Warmhalten.
- Energiesparendes Arbeiten!

Kräuter – Gewürze – Würzmittel

Kräuter

- Wir unterscheiden nach der Verwendung Küchenkräuter und Heilkräuter. Überschneidungen sind möglich. Viele Küchenkräuter haben auch eine heilende oder gesundheitsfördernde Wirkung.
- Kräuter regen den Appetit und die Verdauung an. Sie enthalten Vitamine und Mineralstoffe und werten so die Speisen auf.
- Sie werden frisch, getrocknet oder gefroren angeboten.
- Getrocknete Kräuter verlieren Farbe und Aroma.
- Getrocknete Kräuter sollten vor der Verwendung verrieben werden, damit sich Geschmacks- und Aromastoffe besser entfalten können.
- Kräuter sind die Blätter oder Stängel der verschiedenen Pflanzen, z. B. Petersilie, Schnittlauch.
- Die eigentlichen Geschmacksträger bei den Kräutern sind die ätherischen Öle.

Übersicht und Verwendung der wichtigsten Kräuter

Basilikum	Zu Gemüsesuppen, Soßen, Pesto, Tomaten
Bohnenkraut	Zu Hülsenfrüchten, Eintöpfen, Rinderbraten
Borretsch	Nur frisch zu Soßen, Kartoffeln, Kräuterbutter
Dill	Zu Soßen, Eiern, Kartoffeln, Quark, Kräuterbutter, Gurken
Estragon	Zu Suppen, Soßen, Senf, Essig, Kräuterbutter
Gartenkresse	Für Brotaufstriche, Rohkost, Salate, Kräuterbutter
Kerbel	Zu Rührei, Cremesuppen, Sahnesoßen
Liebstöckel (Maggikraut)	Zu Eierspeisen, Suppen, Salaten (sparsam verwenden)
Majoran	Zu Kartoffelspeisen, Gulasch, Hackfleischgerichten, Eintöpfen
Oregano	Hauptsächlich zu Speisen aus dem Mittelmeerraum, Pizza, Nudelgerichten, sonst Verwendung wie Majoran
Petersilie	Zu fast allen salzigen Gerichten; eignet sich gut zur Dekoration
Salbei	Zu Kalbsschnitzeln, Geflügelfüllungen, Nudeln, Hackfleischgerichten, Leber (sparsam verwenden)
Schnittlauch	Zu Salaten, Suppen, Brühen, Soßen, Kartoffeln, Eiern, Quark, Kräuterbutter, zur Dekoration
Thymian	Zu Fisch, Fleisch, Soßen, Kartoffeln, Eintöpfen
Zitronenmelisse	Zu Joghurt, Obstsalat, Rohkost, Salaten

Kräuter – Gewürze – Würzmittel

Gewürze

- Gewürze sind frische, getrocknete, ganze oder gemahlene Pflanzenteile, z. B. aus:
  - Samen
  - Wurzeln
  - Früchten
  - Blättern
  - Blüten
  - Rinden
  - Zwiebeln der Gewürzpflanzen
- Gewürze enthalten:
  - ätherische Öle
  - natürliche Farbstoffe
  - kaum Nährstoffe
- Ihre Wirkung ist:
  - geschmacks- und geruchsverbessernd
  - appetitanregend
  - verdauungsfördernd
  - teilweise blutdrucksteigernd
  - färbend
  - dekorativ

Übersicht und Verwendung der wichtigsten Gewürze

Samen und Samengewürze	
Anis	Zu Kompotten, Backwaren, Likör, Gerichten der asiatischen Küche
Kardamom	Zu Lebkuchen, Kuchen, Pasteten
Koriander	Zu Brot, Beizen, Pasteten, Marinaden
Kümmel	Zu Brot, Sauerkraut, Schweinebraten, Ragouts, Käse, Gemüse
Mohn	Zu Nudeln, Kuchen, Brot
Muskatnuss	Zu Kartoffelgerichten, Suppen, Gemüse
Muskatblüte (Mazis)	Zu Soßen, Currygerichten, Fischgerichten
Fruchtgewürze	
Cayennepfeffer	Zu Suppen, Soßen, Salaten (sparsam verwenden)
Chilipulver	Zu Suppen, Soßen, Salaten (sparsam verwenden)
Paprika	Zu Suppen, Soßen, Fleisch, Geflügel, Fisch, Käse, Buttermischungen
Pfeffer	Zu fast allen salzigen Gerichten
Vanille	Zu Kuchen, Gebäck, Süßspeisen, Eis, Cremes, Aufläufen
Wacholder	Zu Wild, Sauerkraut, Marinaden und Beizen

Kräuter – Gewürze – Würzmittel

Übersicht und Verwendung der wichtigsten Gewürze

Blattgewürze	
Lorbeer	Zu Blaukraut, Marinaden, Beizen
Rosmarin	Zu Geflügel, Lamm, Wild, Tomaten, Gemüse
Blütengewürze	
Kapern	Zu Fischspeisen, Eierspeisen, Königsberger Klopsen, Remouladensoße
Nelken	Zu Fleisch, Marinade, Kompotten, Süßspeisen
Safran	Zu Reisgerichten, Suppen, Soßen, Kuchen
Rindengewürze	
Stangenzimt	Zu Süßspeisen, Lebkuchen, Glühwein, Kompotten
Zwiebelgemüse	
Zwiebel	Zu fast allen Fleischgerichten, Salaten, Marinaden (Standardgewürz!)
Knoblauch	Zu vielen Nationalgerichten, Pizza, Fleischgerichten, Soßen

Gewürzmischungen

sind Mischungen aus Gewürzen und/oder getrockneten Kräutern.

Beispiele:

- **Curry** besteht aus ca. 15 Gewürzen wie: Pfeffer, Anis, Ingwer, Nelken, Kurkuma, Zimt, Kardamom, Muskatblüte, Koriander. Das Mengenverhältnis bestimmt den Geschmack der Mischung.
- **Pizzagewürz** besteht aus z. B. Basilikum, Oregano, Thymian.
- **Lebkuchengewürz** besteht aus z. B. Zimt, Nelken, Mazis, Anis, Piment, Koriander.

Würzmittel

Würzmittel werden den Speisen zugefügt, um ihnen einen charakteristischen Geschmack und Geruch zu geben. Die Grundlage bilden Kochsalz, pflanzliches Eiweiß, Wasser, Hefeextrakt, Geschmacksverstärker und andere Geschmackskomponenten.

- **Salz** ist das bekannteste und billigste Würzmittel. Es darf nur sparsam verwendet werden, da es in größerer Menge gesundheitsschädigend wirkt. Salz kann auch als Konservierungsmittel verwendet werden. In vielen fertigen Lebensmitteln ist Salz enthalten, z. B. in Brot, Käse, Konserven.
- **Spezielle** Würzmittel werden für ganz bestimmte Gerichte angeboten, z. B. für Grillgerichte, Fischgerichte usw.
- **Würzsoßen:** Soßen zum Würzen bestehen je nach Art aus Obst, Gemüse, Kräutern, Gewürzen, z. B.
  - Worcestersoße (Curry, Essig, Sherry und zahlreiche andere Gewürze)
  - Ketchup (Tomaten, Pilze, Gewürze, Zucker und andere Zutaten, je nach Geschmacksrichtung)
  - Tabascosoße (eine der schärfsten Soßen)
  - Barbecuesoße
  - Sojasoße
  - Pfeffersoße

Kräuter – Gewürze – Würzmittel

Würzmittel	**Säuren**, z. B. – **Zitronensäure** – **Essig** Essig muss mit der Produktkennzeichnung versehen sein. Füllmenge und Säuregrad müssen angegeben sein. Er ist in unterschiedlichen Geschmacksrichtungen erhältlich, z. B.: – Weinessig Branntweinessig – Obstessig – Kräuteressig – Balsamico-Essig – Himbeeressig – Essigessenz (nur mit Vorsicht verwenden und immer nur verdünnt: 25 %ig im Haushalt, – 70 bis 80 %ig für den gewerblichen Gebrauch) • **Extrakte** können als Grundlage für Brühen, Soßen und zum Würzen von Gemüse-, Fleisch-, Fischgerichten verwendet werden. Je nach Art des Extraktes enthalten sie unterschiedliche Bestandteile, meist viel Salz und Fette. Sie werden in unterschiedlichen Formen angeboten, z. B. als: – Paste (wie Senf: Senfsamenschrot mit verschiedenen Zusätzen, Abwandlungen mit Tomaten, Kräutern, Gewürzen usw.) – Pulver, – Würfel, – Flüssigwürze
Regeln bei der Verarbeitung	• Sparsam würzen! Der Eigengeschmack der Speisen soll erhalten bzw. verstarkt werden. • Sparsam mit Kochsalz umgehen! Salz durch Kräuter und Gewürze ersetzen! (Kochsalz bedeutet eine Belastung für den Kreislauf!) • Damit die ätherischen Öle und die Aromastoffe nicht verloren gehen, sollen Kräuter und Gewürze in fest verschlossenen, dunklen Gefäßen kühl und trocken lagern! • Beim Einfrieren beachten, dass einige Kräuter und Gewürze das Aroma verlieren, bei anderen das Aroma verstärkt wird! • Zu jedem Gericht die passenden Kräuter und Gewürze auswählen! Um die **Kräuter** in der Ernährung optimal einzusetzen, ist zu beachten: • Kräuter möglichst frisch verwenden. Sie eignen sich auch gut zur Dekoration! • Kurz vor der Verwendung kurz, unzerkleinert, kalt waschen! • Kräuter unzerkleinert kurz waschen (Vitaminverlust)! • Kräuter für die Garnitur erst kurz vor dem Anrichten zerkleinern und über die Speise geben! **Gewürze** verlieren schnell an Aroma. • Nur in kleinen Mengen einkaufen und nicht lange lagern! • Gewürze möglichst frisch gemahlen bzw. zerkleinert verwenden! • Gewürze möglichst selbst mahlen und zerkleinern!

Garen und zu Tisch bringen

Anrichten und Garnieren

Anrichten

Anrichten ist das Einfüllen oder Auflegen der fertigen Speisen in „Anrichtegeschirr“ (= z. B. Teller, Schüsseln, Platten).	• Hygiene • Appetitanregung
Anrichtegeschirr muss sauber und unbeschädigt sein.	• Ästhetik, Hygiene
Heiße Speisen auf vorgewärmtem Geschirr anrichten.	• Wärmeerhalt
Heiße Speisen nicht in Glasschüsseln füllen (Ausnahme: feuerfestes Geschirr).	• Glas springt
Alle Schüsseln nur bis zwei Fingerbreit unter den Rand füllen.	• Ästhetik
Ränder müssen sauber sein (evtl. Nachwischen mit sauberem Tuch).	• Ästhetik und Hygiene
Vorlegebesteck bereitlegen.	• rationelle Arbeitsweise
Wenn es zweckmäßig erscheint, zwei Vorlegeteile dazugeben (z. B. Salatbesteck, Fleischgabel mit Löffel).	• rationelle Arbeitsweise • Arbeitserleichterung
Anrichten von festen Speisen (z. B. Kartoffeln, Nudeln): – mit Löffel oder Schaumlöffel bergartig in Schüssel oder auf Platte geben, – zweiten Löffel oder Teigschaber zu Hilfe nehmen, – Teller-, Platten- oder Schüsselrand freilassen.	 • Arbeitserleichterung • Hygiene, erleichtert Anfassen
Anrichten von flüssigen Speisen für den Tisch (in Schüsseln mit Schöpfer ausfüllen oder evtl. eingießen, wenn ein Gießrand vorhanden ist) – Rand muss sauber sein, – flüssige Speisen für Einzelportionen mit kleinem Schöpfer oder Gießtopf ausfüllen, – zweiten Teller – genügend groß – in die zweite Hand nehmen zum Auffangen von Tropfen, – Schöpfer in der Größe nach Portionsgröße wählen und höchstens bis 1,5 cm unter den Rand einfüllen.	• rationelles Arbeiten • Hygiene • Ästhetik • Hygiene • Ästhetik

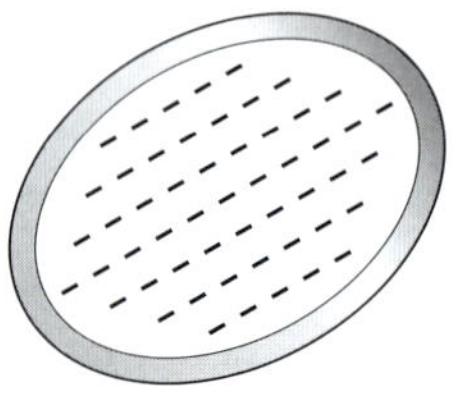
Geradlinige Anrichteweise auf rechteckiger und ovaler Platte

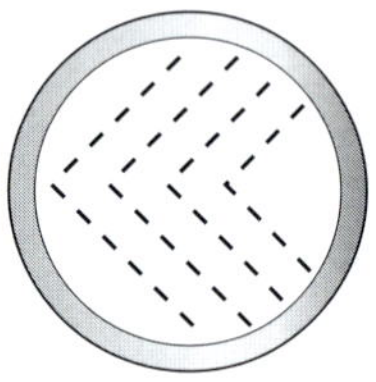
V-förmige Anrichteweise

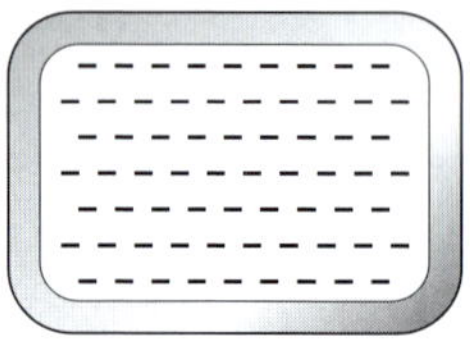
Anrichteweise auf „Lücke“

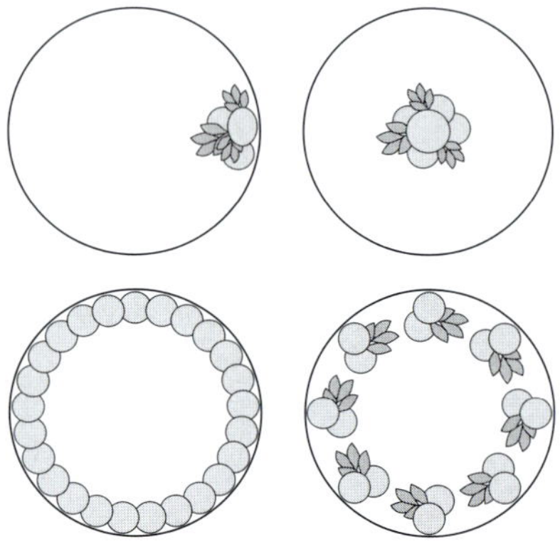

Anrichten und Garnieren

Garnieren

Garnieren ist das Verzieren von fertigen, angerichteten Speisen.	
Bei der Auswahl ist auf abwechslungsreiche Zusammenstellung zu achten in Bezug auf: – Lebensmittelauswahl, – Garmachungsart, – Zubereitungsart, – Art des Anrichtens.	• Appetitanregung, Aussehen
Nicht zu üppig garnieren – mit der Garnitur sparsam umgehen und nur zerkleinerte Lebensmittel über die Speisen geben.	• Gericht nicht abdecken
Farblichen Kontrast schaffen (z. B. durch Kräuter).	• Optik
Möglichst mit Lebensmitteln garnieren, die auch in der Speise enthalten sind bzw. für das Gericht typisch sind (z. B. Orangencreme mit Orangenscheiben, Gurken mit Dill), somit geschmacklich passen bzw. den Geschmack ergänzen (Ausnahme: Petersilie, Schnittlauch usw.).	• Optik
Garnituren sollen essbar sein.	
Garnituren sollen sauber und trocken sein.	• Hygiene

Garniturbeispiele für salzige Gerichte

Suppen z. B. mit gehackten Kräutern Sahne	• Farbkontrast, Aufwertung mit Vitaminen und Mineralstoffen • Verfeinerung
Vorspeisen und Salate z. B. Salatblätter, im Gericht enthaltene Zutaten wie Gurken, Tomaten, Spargelstückchen, Obststückchen, Kräuter, Tupfen von Sahne, Meerrettich, Tomatenmark, Zitronenspalten oder -scheiben	• appetitanregend, ästhetisch, Geschmacksverbesserung
Fleischspeisen aufgeschnitten auf vorgewärmter Platte mit etwas Soße übergießen, garnieren, z. B. mit gedünsteter Tomate, Gemüse, Kartoffelbrei (gespritzt)	• trocknet nicht so leicht aus • spezielle Garnituren haben spezielle Namen, z. B. Jägerart = Pilze
Fischspeisen Zitrone, gehackte Kräuter wie Dill, Petersilie, Kartoffelkugeln	• je nach Fischgericht typische Zutaten
Beilagen z. B. heiße Butter, geröstete Zwiebelringe, gehackte Kräuter, geröstete Semmelbrösel	• Farbkontrast, Verbesserung, Aufwertung

Garen und zu Tisch bringen

Anrichten und Garnieren

Garniturbeispiele für Süßspeisen	
Warme Süßspeisen z. B. Puderzucker, Fruchtstückchen, Frucht- oder Milchsoße	• je nach Gericht, Farbkontrast beachten
Kalte Süßspeisen und Gebäck z. B. Puderzucker, Sahne (mit Spritzbeutel und Spritztülle), Fruchtteile, Schokostreusel, Mandelblättchen Gebäck evtl. mit Guss überziehen oder mit Creme bestreichen auf saubere Platte achten, z. B. Tortenspitze unterlegen	• appetitanregend • Aussehen • Aussehen

Portionieren/Schneiden von Kuchen, Torten und salzigen Gerichten (z. B. Pizza)

Biskuitrolle:		16 – 24 Stücke
Runder Kuchen	(Ø 26 cm)	12 – 14 Stücke
	(Ø 28 cm)	14 – 16 Stücke
Kastenkuchen	(26 – 28 cm Länge)	16 – 20 Stücke
	(30 cm Länge)	20 – 21 Stücke
Blech	(30 × 40 cm)	6 – 24 Stücke

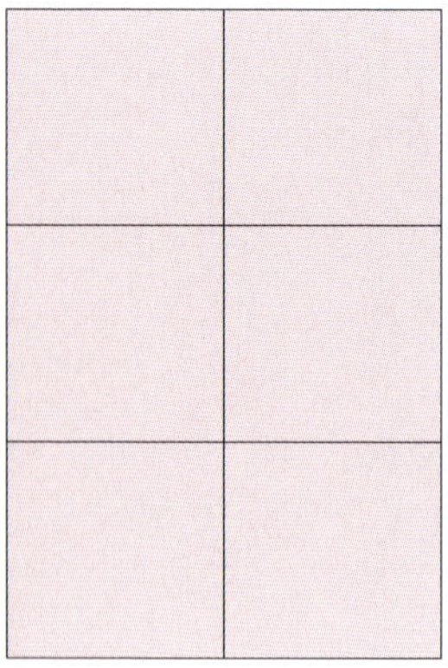
6 Stücke

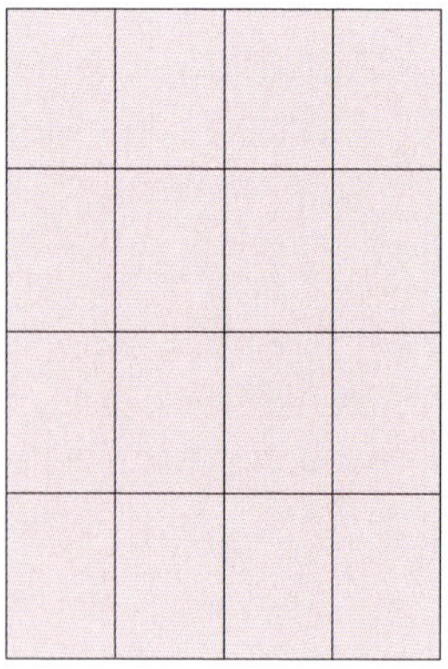
16 Stücke

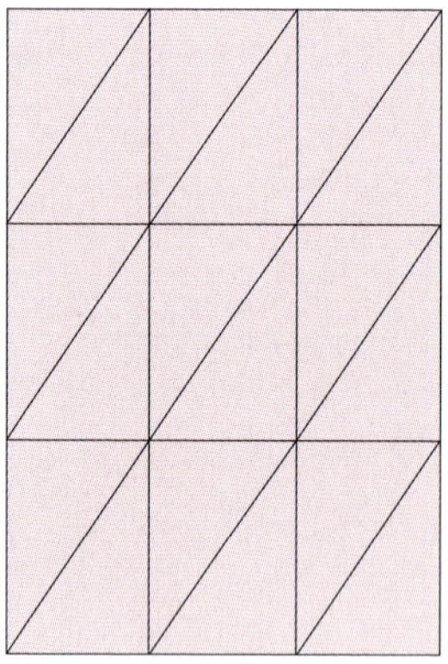
18 Stücke

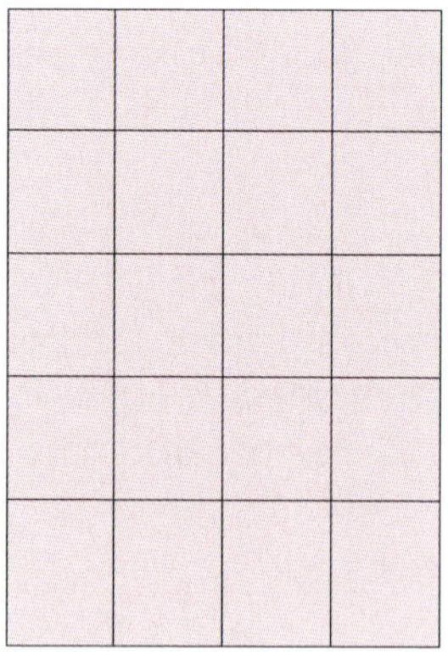
20 Stücke

24 Stücke

Tischdecken

Vorbereitungsarbeiten

Geschirr: bereitstellen – prüfen – nachpolieren	• Geschirr in Farbe und Art dem Anlass entsprechend auswählen.
Bestecke: bereitstellen – prüfen – nachpolieren	• Bestecke entsprechend dem Anlass und der Speisenfolge auswählen.
Gläser: bereitstellen – prüfen – nachpolieren	• Gläser entsprechend dem Anlass und der Speisenauswahl auswählen.
Servietten: vorbereiten – falten	• Servietten müssen farblich passen.
Blumen und Tischschmuck: vorbereiten/binden/ stecken	• Sie müssen sich harmonisch einfügen.
Tischunterlage: vorbereiten	• Tischunterlagen sollten für festliche Anlässe unter das Tischtuch gelegt werden: – das Tischtuch rutscht nicht, – Geräusche werden gedämmt, – es fühlt sich angenehmer an, – der Tisch wird vor Hitze geschont, – verschüttete Flüssigkeit wird aufgesaugt. • Material: – Molton (Baumwolle) oder – beschichtetes Gewebe (beschichteter Kunststoff)
Tischtücher: vorbereiten	• Tischtuch in Material und Farbe dem Anlass entsprechend und zum Geschirr passend auswählen. **Maß des Tischtuchs:** – Tischgröße + 20 – 30 cm Überhang auf jeder Tischseite
Hinweis:	• Kein Geschirrteil, kein Glas, kein Besteckteil usw. kommt ungeprüft auf den Tisch!

Tischdecken

Servietten

Allgemeines

Eine Serviette ist ein Mundtuch.
Sie wird benutzt, um ein Befetten der Gläser mit dem Mund zu verhindern.
Aus hygienischen Gründen legt man heute meist einfache Formen.
Kunstvolle Formen erfordern gestärkte Servietten.
Die gefaltete Serviette wird vom Gast vor dem Gebrauch entfaltet und auf das Knie gelegt.
Die Serviette dient nicht dem Schutz der Kleidung.

Tafelspitz

Zweiteilige Form

– Serviette im Querbruch entfalten
– die oberen Ecken zur Mitte zusammenlegen
– mit dem Zeigefinger in die Spitze des Dreiecks fassen
– mit Daumen und Mittelfinger nach innen zu einer Spitze brechen
– Serviette einsetzen

Diese Form benötigt eine gut gestärkte Serviette, da sie sonst nicht gut steht.

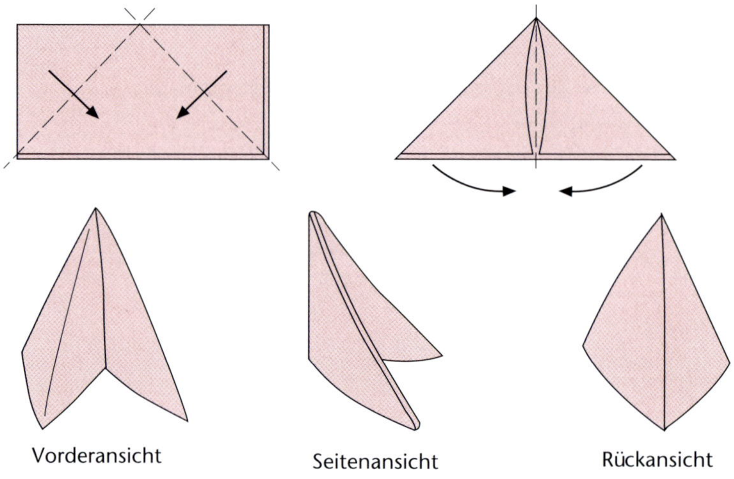

Dreiteilige Form (standfester)

– die linke obere Ecke nach unten zur Mitte legen
– dann schiebt man die rechte obere Ecke zur Mitte hin ein
– das entstehende dritte Dreieck wird nach hinten ausgelegt und gibt die größere Standfestigkeit

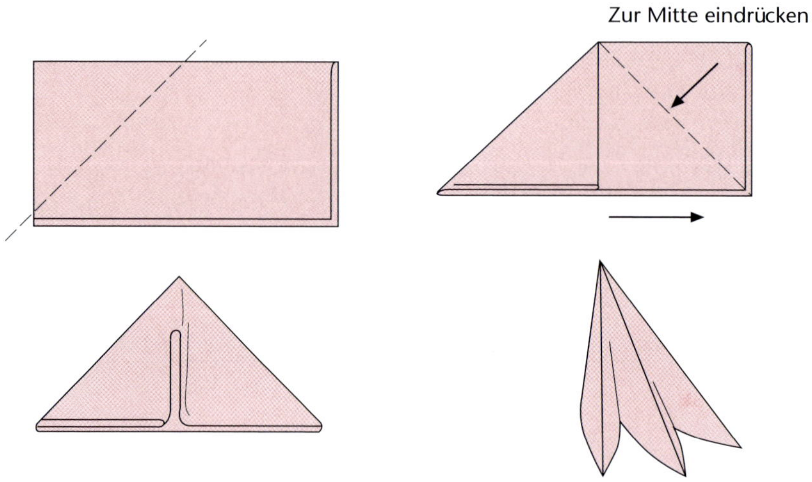

Welle oder Treppe

Einfache Form

- Serviette in einem Querbruch entfalten
- zweimal einklappen

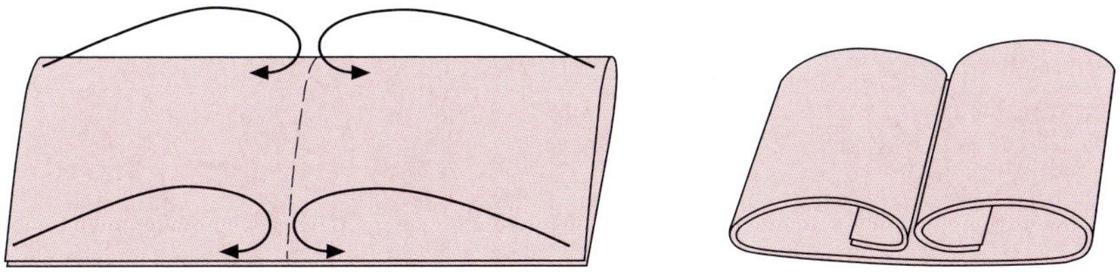

Zweifache Form

- Serviette in den Querbrüchen entfalten
- im rechten Drittel lose zur Mitte legen
- das linke Drittel zweimal nacheinander zur Mitte einschlagen
- die Serviette dabei so drehen, dass sie senkrecht liegt

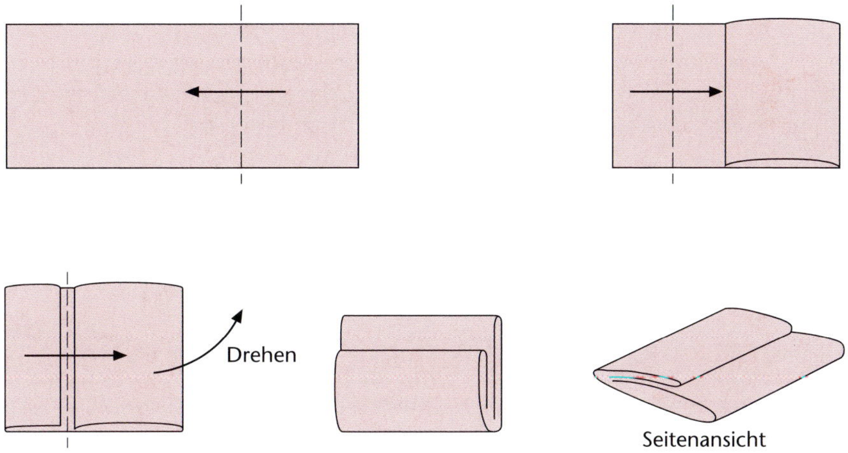

Dreifache Form

- ist die im Restaurant meist angewandte Form
- Serviette in den Querbrüchen öffnen
- die äußeren Drittel jeweils halb zur Mitte einschlagen
- der linke Umschlag wird nochmals zur Mitte umgelegt
- die Form drehen
- die Mitte mit Zeige- und Mittelfinger durch schiebende Bewegung nach oben hin anheben

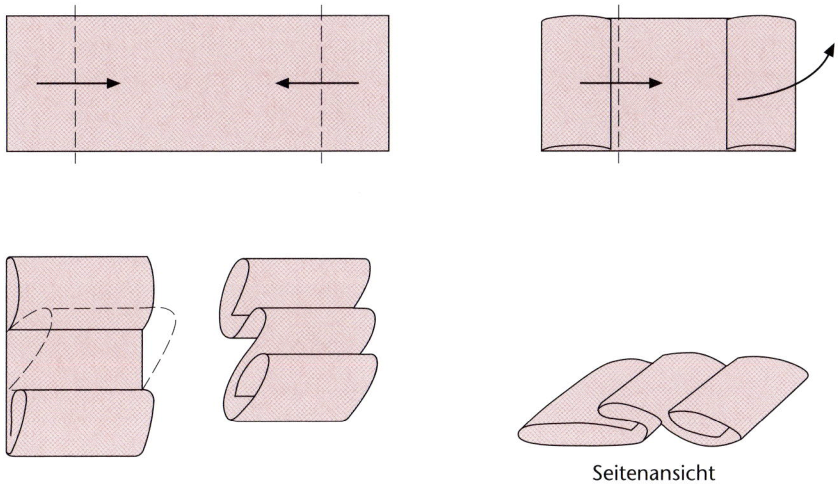

Bischofsmütze

Einfache Form

- Serviette zu einem Dreieck legen
- kreisförmig nach hinten zusammenstecken

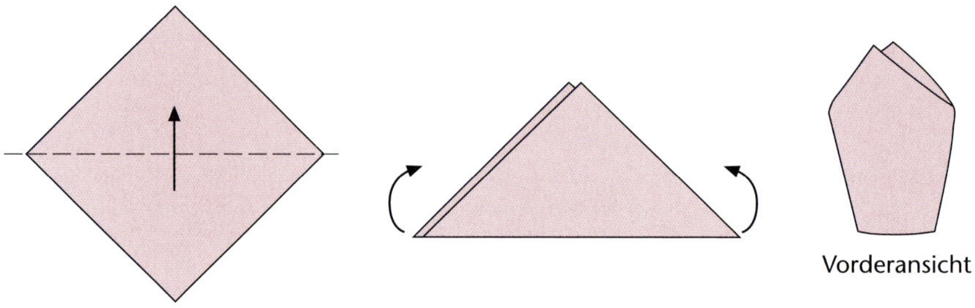

Doppelte Form

- beliebte, einfache hohe Form, steht gut und fest
- Serviette in den Querbrüchen entfalten
- gleichlaufend zur Tischkante legen
- offene Seite soll von dem Legenden weg zeigen
- rechte obere Ecke diagonal zur gedachten Mitte nach unten brechen
- linke untere Ecke nach oben brechen
- es entsteht die rechte Figur

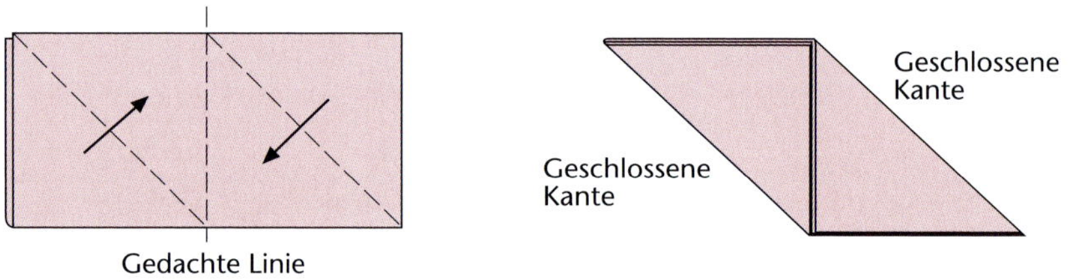

- diese Figur drehen
- gleichlaufend zur Tischkante legen
- zur Hälfte in der Längsrichtung nach oben klappen
- die Zipfel legen sich von selbst aus (evtl. nachhelfen)
- Zipfel zeigen nach oben
- rechte untere Ecke nach vorn in die schräge offene Seitenkante einstecken
- linke untere Ecke nach hinten
- Grundkante ausrunden

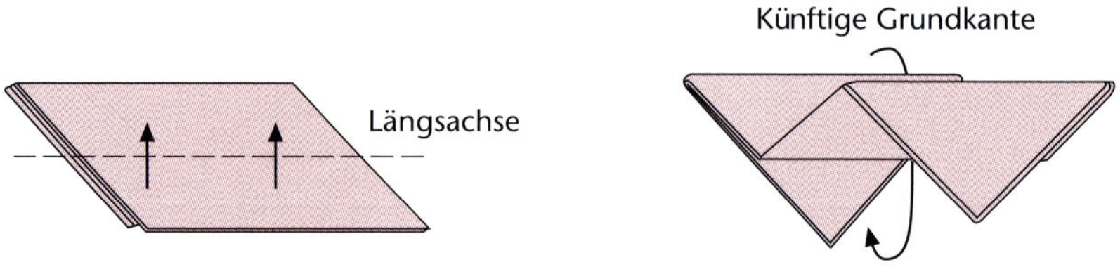

Tischdecken

Servietten

Jakobinermütze

- die Serviette wird mit der Ecke nach vorn hingelegt
- die vordere Ecke wird zur anderen hin umgefaltet
- die Höhe der gefalteten Serviette ist abhängig von der Größe dieses Umschlages
- die Form um die linke Hand zusammendrehen
- die Ecken der Grundseite ineinander schieben

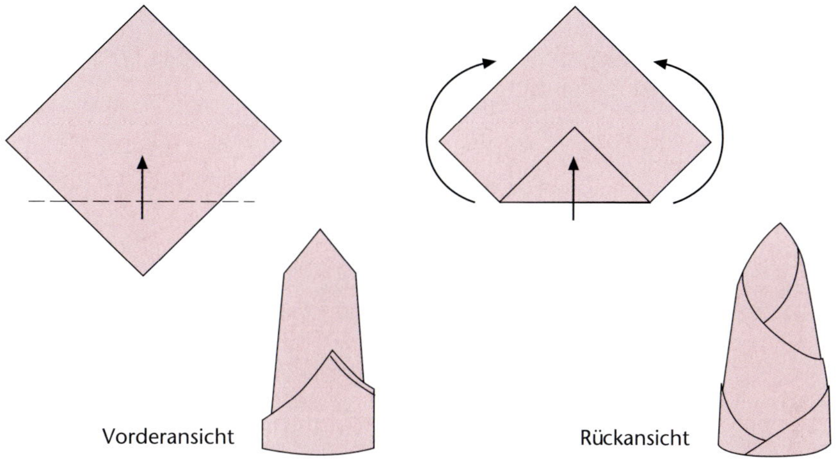

Palmwedel

- der Palmwedel ist eine Serviettenform für Papierservietten
- er eignet sich zu Kaffeegedecken
- die Papierserviette zu einem Dreieck legen
- von der Grundseite zur Spitze wie einen Fächer falten
- Form wenden, dass die Spitze nach unten liegt und nach oben zu einem Wedel geöffnet ist (dabei die Mitte mit dem Zeigefinger festhalten)
- Spitze zusammendrehen
- die Form ist wenig standfest – Grundfläche durch Einschieben der Kuchengabel belasten

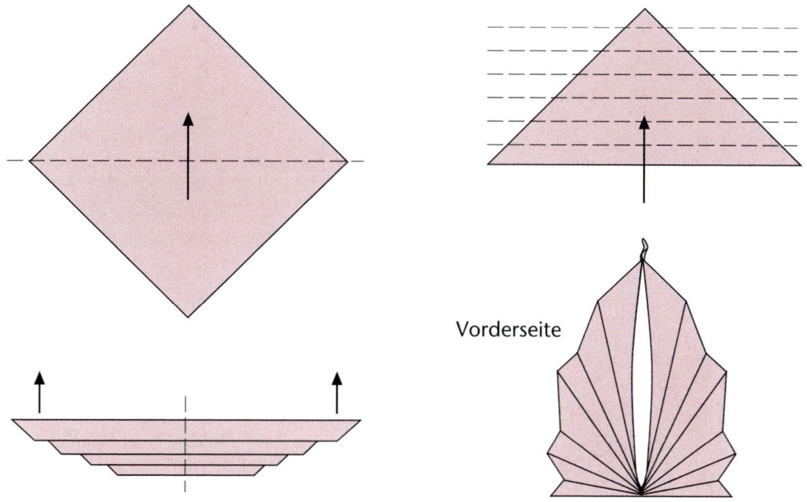

Tischdecken

Servietten

Fächer

Einfstufige Form

- Servietten müssen gut gestärkt sein
- Serviette im Querbruch öffnen
- bis zur Hälfte 4- bis 5-mal in Falten legen und Falten andrücken
- Form in der Mitte in Längsrichtung einlegen
- überstehenden glatten Serviettenteil diagonal nach vorne umschlagen
- nach oben brechen, damit er den Fuß des Fächers bildet
- Fächer öffnen

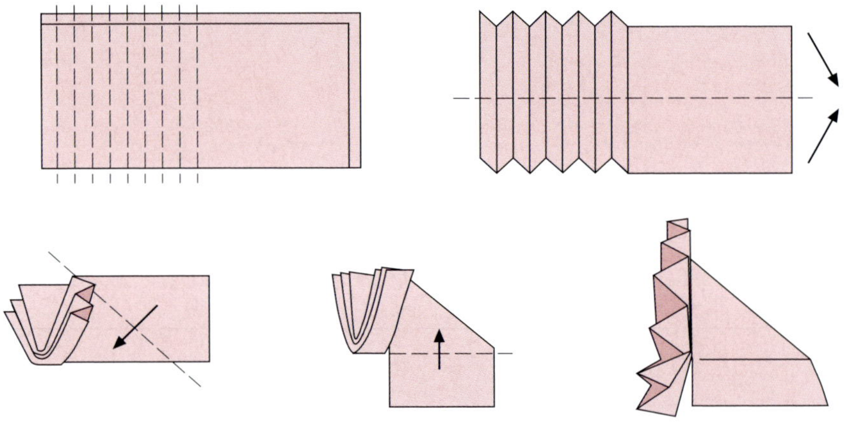

Tischdecken

Eindecken

Allgemeines	
Heiße Platten und Schüsseln werden mit der Handserviette von unten gefasst.	• Unfall-/Verbrennungsgefahr
Finger dürfen keinesfalls ins Geschirr greifen.	• Hygiene
Liegt das Besteck gekreuzt auf dem Teller, wünscht der Gast noch etwas.	
Liegen beide Besteckteile mit Griffen nach rechts parallel, ist der Gast fertig.	
Mit dem Abräumen wird erst begonnen, wenn der letzte Gast mit dem Essen fertig ist.	• Rücksicht • Wahrung der Tischsitten
Einstellen: Platten und Teller von rechts einstellen und ebenso abräumen.	• rationelles Arbeiten **Ausnahme!** Alle Gegenstände, die links stehen, z. B. – Besteckteile, die links liegen, – Teller, die links stehen (z. B. Salatteller, Kompottschälchen, Brotteller), werden von links abgeräumt.
Anbieten und Vorlegen: Dies geschieht von der linken Seite des Gastes.	• Der Gast kann sich mit der rechten Hand bedienen.
Eingießen von Getränken: Getränke werden von der rechten Seite des Gastes eingeschenkt.	• rationelles Arbeiten
Grundgedeck Frühstück: – **Dessertteller** (= Kuchenteller) liegt ca. 1 cm von der Tischkante entfernt. – **Serviette** liegt auf dem Teller oder am Tellerrand links. – **Menümesser** liegt rechts vom Teller, dabei beträgt der Abstand zur Tischkante ca. 1 – 2 cm. – **Tasse mit Untertasse** wird rechts neben der Messerspitze eingedeckt (Tassengriff und parallel dazu der Kaffeelöffel „zeigen auf 4 Uhr“ (= im 45°-Winkel zur Tischkante).	• Das Menümesser liegt in seiner Größe zwischen dem Tafelmesser und dem kleinen Messer (Obstmesser). Die Besteckteile in dieser Größe werden heute als Systembestecke bezeichnet.

Tischdecken

Eindecken

Moltons und Tischtücher auflegen.	• Der Stoffbruch muss parallel zur Tischkante liegen. • Die Bruchlinien müssen bei mehreren zusammengestellten Tischen aufeinander liegen. • Die Tischtücher müssen faltenfrei liegen.
Mit der Serviette den Gedeckplatz markieren. 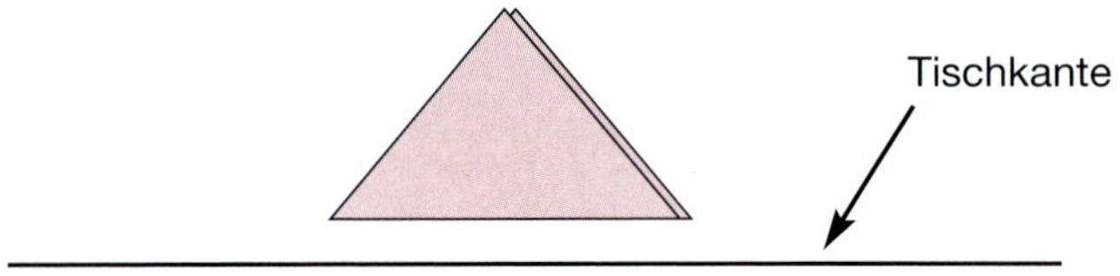 	• Hilfe für das weitere Eindecken
Bestecke auflegen **Grundgedeck 1-Gang-Menü:** Der Mittelpunkt ist die Serviette (oder der Platzteller). Der Abstand von Platzteller und Besteck von der Tischkante beträgt 1 – 2 cm (= daumenbreit). – **Tafelmesser** (= großes Messer) liegt rechts, Schneide zeigt nach innen (nach links). 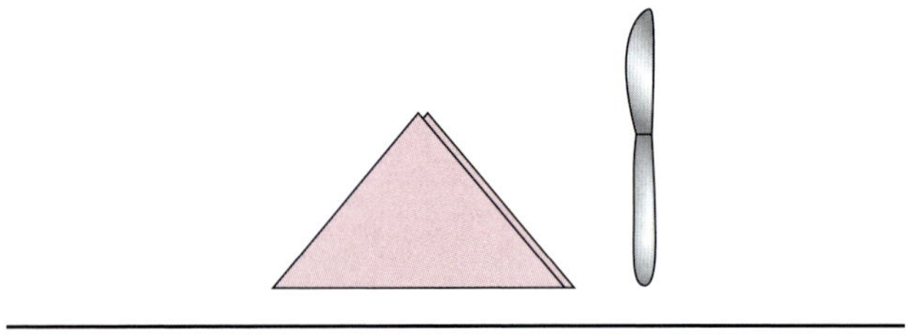	• Dieser Abstand schützt bei unvorsichtigem Vorbeigehen vor Wegziehen. • Alle mit der rechten Hand benutzten Teile liegen rechts.
– **Tafelgabel** (= große Gabel) liegt links, dazwischen muss ein großer Teller Platz haben. 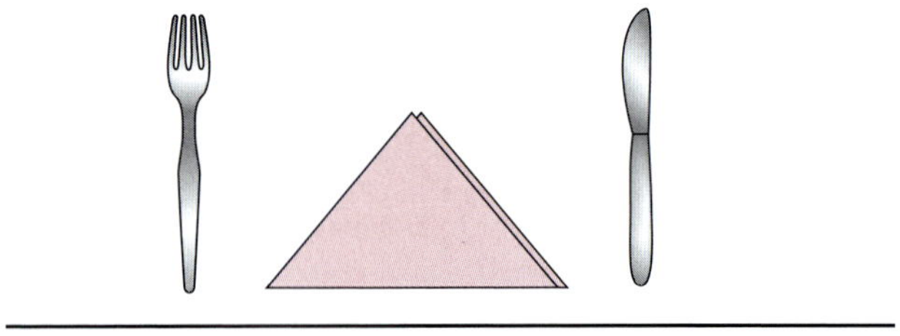	• Alle mit der linken Hand benutzten Teile liegen links.

Tischdecken

Eindecken

Erweitertes Grundgedeck 3-Gang-Menü:
Das Grundgedeck wird erweitert durch:
- **Tafellöffel** (= Suppenlöffel) liegt rechts neben dem Messer.

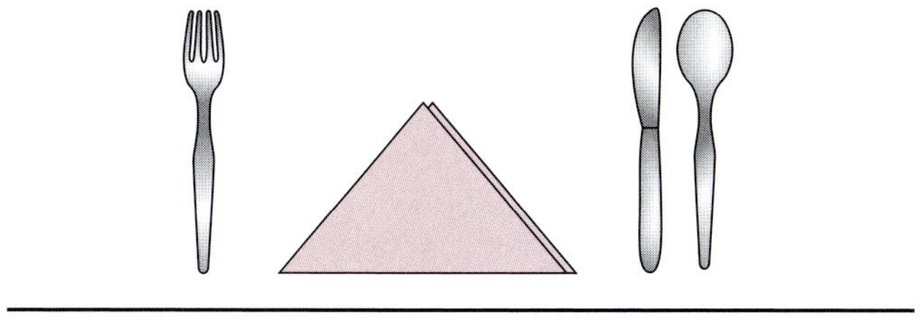

- **Kleine Gabel** (= Dessertgabel) liegt oberhalb des Gedeckplatzes mit dem Griff nach links.

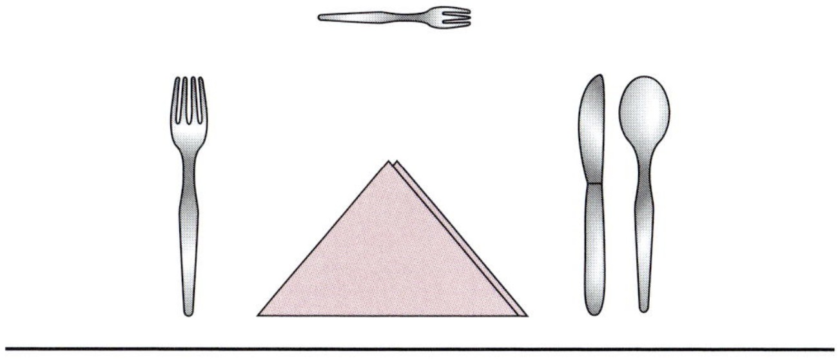

- **Kleiner Löffel** (= Dessertlöffel) liegt oberhalb der Mittelgabel mit dem Griff nach rechts.

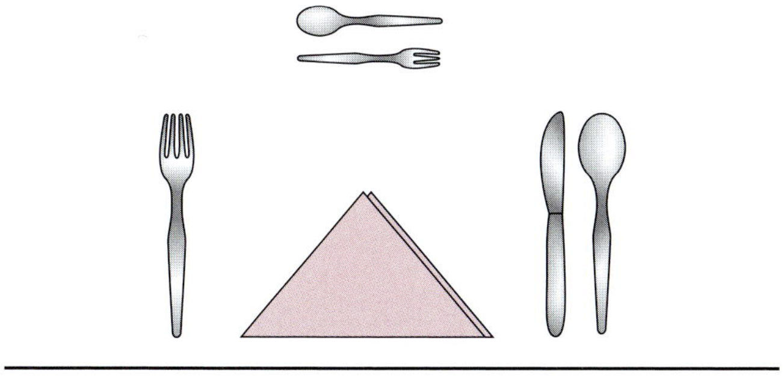

- **Richtglas** wird beim Eindecken als erstes Glas eingestellt, es steht 1 – 2 cm oberhalb der Messerspitze.

- Besteck wird von außen nach innen benutzt.

Garen und zu Tisch bringen

Tischdecken

Blumenschmuck

Allgemeines

Als Blumenschmuck für den Tisch eignen sich kleine Sträuße und Gestecke oder einzelne Blüten.

Zu beachten ist:

- Die Blüten dürfen nicht zu aufdringlich duften.
- Der Blumenschmuck darf nicht zu viel Platz einnehmen.
- Er darf nicht zu hoch sein (die Sicht zum Gegenüber nicht verdecken).
- Der Blumenschmuck soll dem Anlass und der Jahreszeit entsprechen.
- Der Blumenschmuck soll mit den anderen Dekorationsgegenständen wie Bändern, Kerzen usw. harmonieren.

Beispiel

Binden eines symmetrischen runden Straußes

- Als Material werden „einfache" Blumen wie Nelken, Gerbera, Rosen usw. gewählt.

Vorbereitungsarbeiten

Arbeitsmittel und Arbeitsgeräte bereitstellen:

- Blumen nach Art, Farbe, Größe usw. auswählen.
- Schnittblumengefäß auswählen. Die Auswahl richtet sich nach Art, Farbe, Höhe, Anzahl der Blumen. Die Form muss dem Charakter des Materials entsprechen. Je schlichter die Form, desto besser kommen die Blumen zur Geltung.
- Hilfsmittel wie scharfes Messer, Blumenschere, Steck- und Stützdraht bereitstellen.

Arbeitsdurchführung

- Beginn mit der Blume, die später am höchsten stehen soll. Sie bildet die Mitte des Straußes.

- Nächste Blume etwas tiefer stellen.
- Die nächsten beiden Blumen rechts und links von der höchsten anordnen. Sie stehen etwas tiefer als die zweithöchste.
- Die Stängel müssen spiralförmig ausgerichtet sein.
- Die Blumen nun von oben betrachten. Die zweite, dritte und vierte bilden ein gleichseitiges Dreieck, in dessen Mitte die höchste Blume steht.

Tischdecken

Blumenschmuck

- Die nächsten drei Blumen in die Lücken zwischen die vorhandenen Stängel anordnen.

- Es entstehen so immer mehr Lücken, die nacheinander mit Blumen oder Beiwerk gefüllt werden.
- Den Strauß immer wieder überprüfen.
- Den fertigen Strauß mit Bast über der haltenden Hand binden und jeden Stiel schräg anschneiden.
- Vase mit frischem Wasser füllen.
- Strauß einstellen.

Nacharbeiten

- Alle Geräte gesäubert aufräumen.
- Arbeitsplatz sauber und trocken verlassen.

Hinweise:

- Immer im Stehen binden! Die Übersicht über den Strauß ist im Stehen besser.
- Die Blumenstiele immer spiralförmig anordnen. Die Blumen lassen sich so in allen Richtungen gut einordnen. Die Stiele dürfen sich nicht kreuzen. Bei gekreuzten Stielen ist die Wasserversorgung schlechter.
- Rechtshänder halten den Strauß in der linken leicht geschlossenen Hand. Die Blumen werden mit der rechten Hand zugefügt.
- Blumen gegen den Uhrzeigersinn einstecken.

Tischdecken

Blumenschmuck

Beispiel	**Gesteck, rund, symmetrisch** – allseitig zu betrachten, eine Blumenart (vielblütig verzweigt), gesteckt in Steckmasse auf Pinholder
Vorbereitungsarbeiten	• Blumen nach dem Kauf in lauwarmes Wasser (enthält weniger Sauerstoff) stellen; dadurch verstopfen die Leitungsbahnen der Pflanze nicht so schnell. • Arbeitsplatz abdecken • Blumen mit scharfem Messer schräg anschneiden • Arbeitsmittel und -geräte bereitstellen – **runde Schale**, Durchmesser ca. 18 cm – **Steckschwamm** – **Pinholder** mit doppelseitigem Klebeband – **kleinblütige Blumen**, z. B. Chrysanthemen, 10 – 12 verzweigte Stiele – **12 Blätter**, z. B. Alpenveilchen, Haselwurz – **1 Zweig**, der zerschnitten oder aufgeteilt werden kann, z. B. Cotoneaster oder 1 Wedel Lederfarn • Steckschwamm vorbereiten – entsprechende Schüssel mit Wasser füllen – Steckschwamm von dem trockenen Stück abschneiden (ca. 7 – 8 cm) – aufs Wasser legen – muss sich vollsaugen, bis er untergeht
Arbeitsdurchführung	• Pinholder auf trockenem Schalenboden mit Klebeband befestigen – 1,5 cm langen Klebestreifen abschneiden – auf Standfläche des Halters drücken – Halter in die Mitte des trockenen Schalenbodens drücken • voll gesogenen Steckschwamm aus dem Wasser nehmen • auf den Pinholder stecken • Ecken und Kanten des Steckschwamms abschneiden (Vieleck entsteht) • Basis mit Beiwerk ausstecken • Zweige und Blätter rundum einstecken – Farn kann zerteilt werden • Zwischenräume bestecken – etwa 6 cm aufragend • Schale dabei drehen • Berechnung der Maße für das Gesteck – Höhe ergibt sich aus dem Maß der Schale, z. B. Ø 18 cm verdoppelt = 18 x 2 = 36 cm = Länge der höchsten Blüte – nach den Seiten rechts und links: von der Mittelachse etwa 18 cm – fertiges Gesteck = ca. 36 cm – erste Blume als höchste Blume in die Mitte stecken – senkrecht tief in die Steckmasse

Tischdecken

Blumenschmuck

Arbeitsdurchführung

- prüfen, ob der Stiel senkrecht steht
- weitere Blüten kürzer (etwa 1/3) schneiden
- um die Mitte gruppiert stecken
- ganzen Steckschwamm ausnutzen
- in Kanten des Steckschwamms schräg einstecken
- Freiräume durch kürzere Stiele ausfüllen
- mit Abstand betrachten und prüfen
- Gefäß mit Wasser auffüllen

Nacharbeiten

- restliche Abfälle beseitigen
- Arbeitsmittel und -geräte materialgerecht reinigen und aufräumen
- Fußboden trocken und unfallsicher hinterlassen

Hinweise:

- Pflanzen können auch auf Nagelbett/Blumenigel gesteckt werden (schwere Metallplatte mit Messingnägeln)!
- Pflanzen nach Jahreszeit und Anlass wählen!
- Bei Pflanzen mit weichen Stängeln nach Bedarf mit Stützdraht arbeiten!
- Floristendraht gibt es als
  - Stützdraht, um Blumen zu stützen oder in Form zu bringen,
  - Steckdraht (= stabiler als Stützdraht) zum Andrahten und Fixieren, z. B. von Grün und Zubehör, und
  - Wickeldraht zum Wickeln von Kränzen usw.!
- Gestecke können auch in anderen Formen, z. B. asymmetrisch, radial usw., gearbeitet werden!

Aufbau eines Buffets

Dadurch wird die „Marschrichtung“ der Gäste bestimmt
- je nach Art des Buffets hier Vorschläge:
- Die Schüsseln und Platten müssen für die Gäste gut erreichbar sein.
- Sie können in unterschiedlicher Höhe platziert sein.
- Die Reihenfolge entspricht der Menüfolge:

1. Der Tellerstapel mit Besteck und Servietten. Besteck und Servietten können auch am Platz eingedeckt sein oder auf einem eigenen Tisch liegen.
2. Brot und Butter – passt zu fast allen Gerichten
3. Feine Häppchen, Salate, Terrinen, Marinaden, Fischgerichte usw., die als Vorspeise anzusehen sind
4. Suppe oder Eintopf
   Tassen und Löffel können direkt vor der Suppenschüssel platziert sein
5. Kernstück des Buffets
   in der Regel ein Braten, ein Fischgericht, ein vegetarischer Hauptgang.
   Es kann bei einem rustikalen Buffet auch Eintopf oder Auflauf sein.
   Soßen, Dips und Beilagen gehören anschließend.
6. Dessert, Obstkorb, Käseplatte stehen am Ende.
   Teller, Schälchen, Löffel/Gabeln stehen dabei.
7. Besteck und Servietten können auch am Ende stehen.

Buffetpflege

- Abgegessene Platten abräumen
- neue Platten zusammenstellen (evtl. aus den Resten)
- Salatreste in kleinere Schüsseln geben.
- Soßen und Dips nachfüllen.
- Flecken mit Servietten abdecken.

Getränke

Getränke und Gläser stehen zweckmäßigerweise auf einem anderen Tisch.

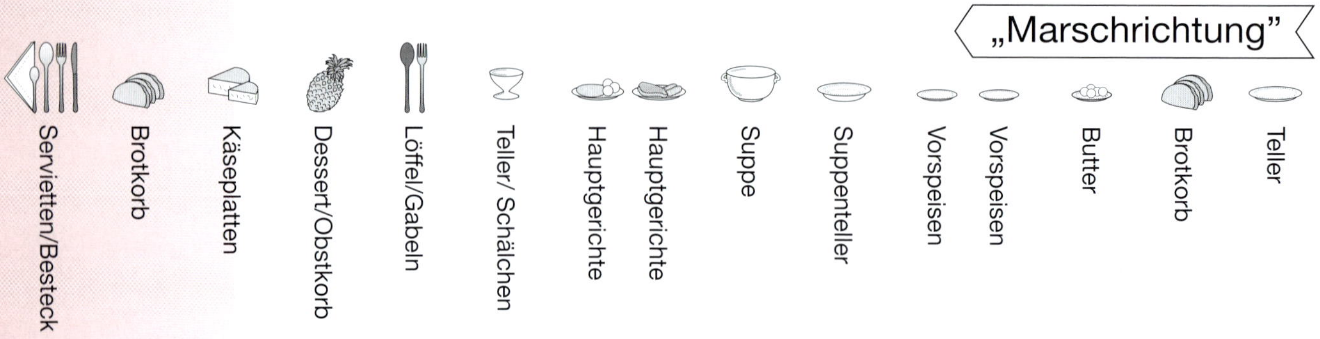

Rezepte

Suppen

	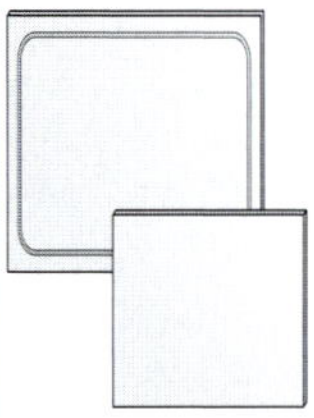		Gemüsemesser Kochmesser Kartoffelschäler Schüssel Litermaß Bratenwender Wiegemesser Suppenschüssel
Durchschlag	Schneidebrett	Topf – 3 l	

	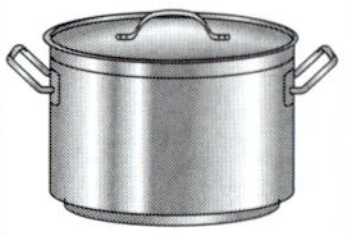	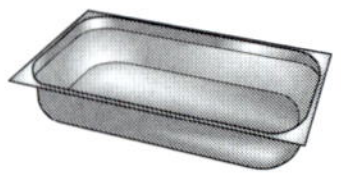	Durchschlag Schneidebrett Gemüsemesser Bratenwender Kartoffelschäler Wiegemesser
Kochmesser	Topf – 7 l	GN-Blech tief	

Gemüsesuppe, klar

Zutaten	Arbeitsschritte (4 Portionen)
500 g verschiedene Gemüse, z. B.: Lauch, Gelbe Rüben, Kohlrabi, Sellerie	• vorbereiten • klein schneiden
1 Zwiebel (ca. 50 g)	• vorbereiten • klein schneiden
20 g Fett (z.B. Margarine)	• **in einem Topf (Größe ca. 3 l) erhitzen** • Zwiebel und Gemüse andünsten
1 1/4 l Brühe **1/2 TL Salz** **1 Pr. Pfeffer**	• zugeben • aufkochen
	• **Garzeit: je nach Gemüse ca. 10 Minuten**
	• abschmecken
1 EL Petersilie oder Schnittlauch (ca. 10 g)	• vorbereiten • zerkleinern • über die angerichtete Suppe streuen
Hinweis:	• Petersilie oder Schnittlauch nicht mitkochen!

Zutaten	Arbeitsschritte (20 Portionen)
2 kg verschiedene Gemüse, z. B.: Lauch, Gelbe Rüben, Kohlrabi, Sellerie	• vorbereiten • klein schneiden
200 g Zwiebel (ca. 4 Stück)	• vorbereiten • klein schneiden
40 g Fett (z. B. Margarine)	• **in einem Topf (Größe ca. 7 l) erhitzen** • Zwiebel und Gemüse andünsten
4 l Brühe **10 g Salz (ca. 2 TL)** **1/2 TL Pfeffer**	• zugeben • aufkochen
	• **Garzeit: je nach Gemüse ca. 15 Minuten**
	• abschmecken • **in GN-Behälter füllen**
20 g Petersilie oder Schnittlauch (ca. 2 EL)	• vorbereiten • zerkleinern • über die angerichtete Suppe streuen
Hinweis:	• Petersilie oder Schnittlauch nicht mitkochen!

	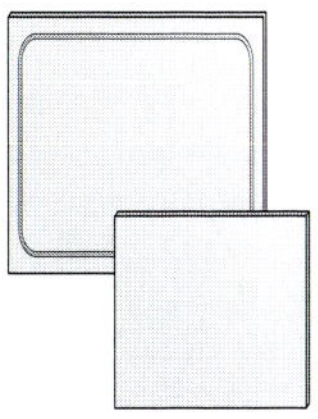		Durchschlag Schüssel Litermaß Bratenwender Suppenschüssel
Dampfdrucktopf	Schneidebrett	Kochmesser	

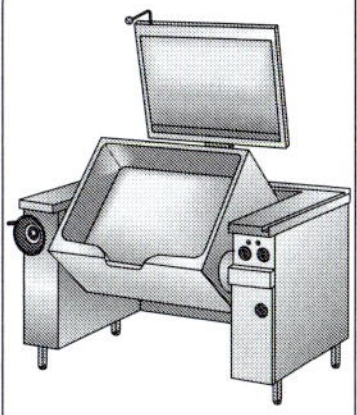	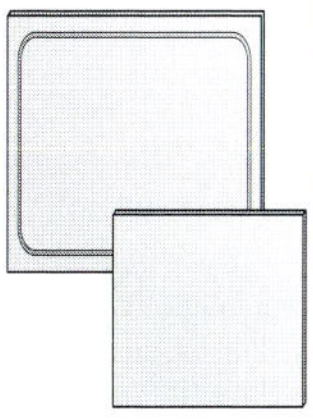	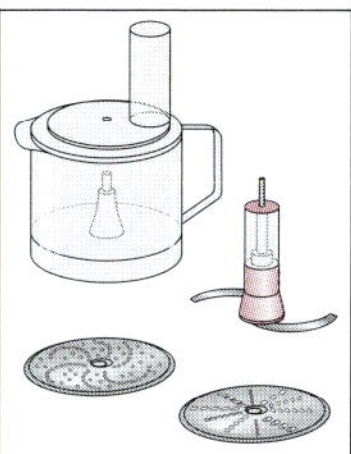	Durchschlag Schüssel Gemüsemesser Kochmesser Bratenwender Litermaß GN-Blech tief
Kippbratpfanne	Schneidebrett	Küchenmaschinenaufsatz mit Schneidscheiben	

Gulaschsuppe

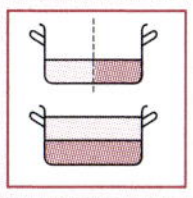  

Zutaten	Arbeitsschritte – 4 Portionen
300 g Rind- oder Schweinefleisch (am Stück)	• in Würfel schneiden (ca. 1 x 1 cm)
4 Zwiebeln (ca. 200 g)	• vorbereiten • **halbe Ringe schneiden**
20 g wasserfreies Fett oder 2 EL Öl	• **in einem Dampfdrucktopf erhitzen** • Fleisch von allen Seiten gut anbraten
	• Zwiebeln zugeben
1 Pr. Thymian **1 Pr. Majoran**	• darüber streuen • unterrühren
1 $1/4$ l Brühe **$1/2$ TL Salz** **1 Pr. Pfeffer** **1 Pr. Paprika**	• zugeben • aufkochen
Nach Belieben: **1 EL Tomatenmark (ca. 20 g)**	• zugeben
	• **im Dampfdrucktopf ca. 25 Minuten garen**
Nach Belieben: **$1/8$ l Sahne**	• zugeben
	• abschmecken
1 EL Schnittlauch oder Petersilie (ca. 10 g)	• vorbereiten • zerkleinern • über die angerichtete Suppe streuen
Hinweis:	• Suppe kann vor der Rahmzugabe durch 30 g angerührtes Mehl (Mehlteiglein) oder Soßenbinder gebunden werden.

Zutaten	Arbeitsschritte – 20 Portionen
	• **Küchenmaschine vorbereiten:** Schnitzelwerk
1,5 kg Rind- oder Schweinefleisch (am Stück)	• in Würfel schneiden (ca. 1 x 1 cm)
1 kg Zwiebeln (ca. 20 Stück)	• vorbereiten • **mit Schnitzelwerk zerkleinern**
150 g Fett	• **in der Kippbratpfanne erhitzen** • Fleisch von allen Seiten gut anbraten
	• Zwiebeln zugeben
ca. $1/2$ TL Thymian **ca. $1/2$ TL Majoran**	• darüber streuen • unterrühren
4 l Brühe **1 TL Salz (ca. 10 g)** **ca. $1/2$ TL Pfeffer** **ca. $1/2$ TL Paprika** **30 g Tomatenmark (ca. 3 EL)**	• zugeben • aufkochen • bei Bedarf Wasser nachgießen
	• **in der Kippbratpfanne ca. 1 Stunde garen** • Garprobe machen
Nach Belieben: **$1/2$ l Sahne**	• zugeben
	• abschmecken • **in GN-Behälter füllen**
20 g Schnittlauch oder Petersilie (ca. 2 EL)	• vorbereiten • zerkleinern • über die angerichtete Suppe streuen

Suppen

	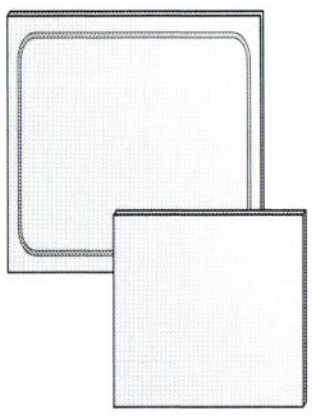		Gemüsemesser Kochmesser Kartoffelschäler Schüssel Litermaß Bratenwender Wiegemesser Suppenschüssel
Durchschlag	Schneidebrett	Topf – 3 l	

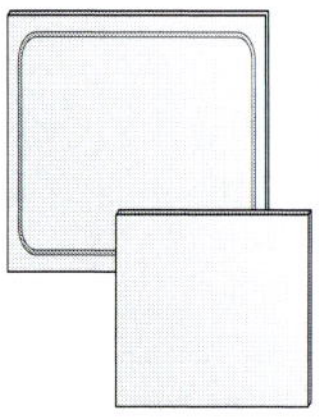		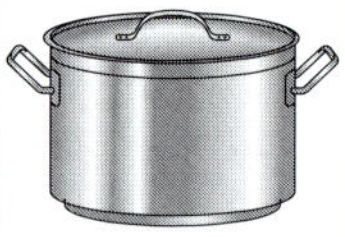	Durchschlag Gemüsemesser Kartoffelschäler Schüssel Litermaß Bratenwender Wiegemesser GN-Blech tief
Schneidebrett	Kippbratpfanne	Topf – 7 l	

Kartoffelsuppe, klar

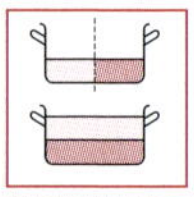

Zutaten	Arbeitsschritte (4 Portionen)
1/2 Scheibe Sellerie (ca. 100 g) 1 Gelbe Rübe (ca. 150 g) 1/2 Stange Lauch (ca. 100 g) (= Wurzelwerk)	• vorbereiten • klein schneiden
1 Zwiebel (ca. 50 g)	• vorbereiten • fein würfeln
500 g Kartoffeln	• vorbereiten (waschen – schälen – waschen) • in Würfel schneiden
20 g Fett (z. B. Margarine)	• **in einem Topf (Größe ca. 3 l) erhitzen** • Zwiebel mit Gemüse andünsten
	• Kartoffelwürfel zugeben • mit andünsten
1 1/4 l Brühe	• zugeben • aufkochen
	• **Garzeit ca. 10 – 15 Minuten**
1/2 TL Salz 1 Pr. Pfeffer 1 Pr. Majoran	• abschmecken
1 EL Petersilie oder Schnittlauch (ca. 10 g)	• vorbereiten • zerkleinern • über die angerichtete Suppe streuen
Hinweise:	• Petersilie oder Schnittlauch nicht mitkochen! • Durch Stauben mit 20 g Mehl direkt nach dem Andünsten kann die Kartoffelsuppe gebunden werden.

Zutaten	Arbeitsschritte (20 Portionen)
200 g Sellerie (ca. 1 Scheibe) 300 g Gelbe Rüben (ca. 2 Stück) 250 g Lauch (ca. 1 Stange) (= Wurzelwerk)	• vorbereiten • klein schneiden
200 g Zwiebeln (ca. 4 Stück)	• vorbereiten • fein würfeln
2 kg Kartoffeln	• vorbereiten (waschen – schälen – waschen) • in Würfel schneiden
40 g Fett (z. B. Margarine)	• **in einem Topf (Größe ca. 7 l) erhitzen** • Zwiebel mit Gemüse andünsten
	• Kartoffelwürfel zugeben • mit andünsten
4 l Brühe	• zugeben • aufkochen
	• **Garzeit ca. 15 – 20 Minuten**
10 g Salz (ca. 2 TL) ca. 1/2 TL Pfeffer ca. 1/2 TL Majoran	• abschmecken • **in GN-Behälter füllen**
20 g Petersilie oder Schnittlauch (ca. 2 EL)	• vorbereiten • zerkleinern • über die angerichtete Suppe streuen
Hinweise:	• Petersilie oder Schnittlauch nicht mitkochen!

	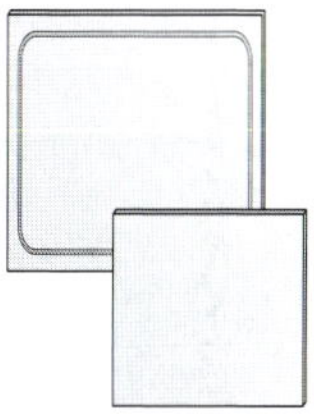		Gemüsemesser Kochmesser Kartoffelschäler Schüssel Litermaß Bratenwender Wiegemesser Suppenschüssel
Durchschlag	Schneidebrett	Topf – 3 l	

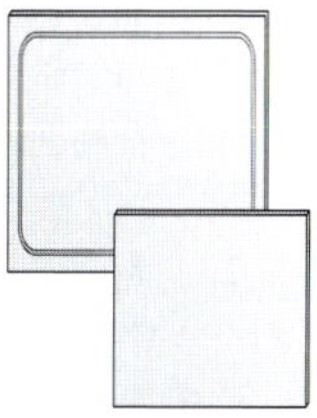		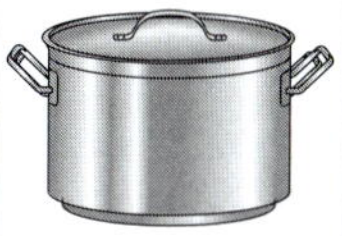	Durchschlag Gemüsemesser Kartoffelschäler Schüssel Litermaß Bratenwender Wiegemesser GN-Blech tief
Schneidebrett	Kochmesser	Topf – 7 l	

Lauchsuppe

Zutaten	Arbeitsschritte 4 Portionen
1 Zwiebel (ca. 50 g)	• vorbereiten • fein würfeln
1 Stange Lauch (ca. 250 g)	• äußere grüne Enden abschneiden • putzen • längs halbieren • gründlich unter fließendem Wasser von der Wurzel aus waschen • vom Grünen zur Wurzel in feine Streifen schneiden • abdecken
2 Kartoffeln (ca. 150 g)	• vorbereiten (waschen – schälen – waschen) • in Würfel schneiden
20 g Fett (z. B. Margarine)	• **in einem Topf (Größe ca. 3 l) erhitzen** • Zwiebel mit Lauch andünsten • Kartoffelwürfel zugeben • mit andünsten
1 1/4 l Brühe 1/2 TL Salz 1 Pr. Pfeffer	• zugeben • aufkochen
	• **bei mäßiger Hitze ca. 10 Minuten kochen** (zwischendurch umrühren)
2 EL Sahne (ca. 30 ml)	• zum Verfeinern
	• abschmecken
1 EL Schnittlauch oder Petersilie (ca. 10 g)	• vorbereiten • zerkleinern • über die angerichtete Suppe streuen
Hinweis:	• Petersilie oder Schnittlauch nicht mitkochen!

Zutaten	Arbeitsschritte 20 Portionen
200 g Zwiebeln (ca. 4 Stück)	• vorbereiten • fein würfeln
1,5 kg Lauch (ca. 6 Stangen)	• äußere grüne Enden abschneiden • putzen • längs halbieren • gründlich unter fließendem Wasser von der Wurzel aus waschen • vom Grünen zur Wurzel in feine Streifen schneiden • abdecken
500 g Kartoffeln	• vorbereiten (waschen – schälen – waschen) • in Würfel schneiden
40 g Fett (z. B. Margarine)	• **in einem Topf (Größe ca. 7 l) erhitzen** • Zwiebel mit Lauch andünsten • Kartoffelwürfel zugeben • mit andünsten
4 l Brühe 10 g Salz (ca. 2 TL) 1/2 TL Pfeffer	• zugeben • aufkochen
	• **bei mäßiger Hitze ca. 10 Minuten kochen** (zwischendurch umrühren)
200 ml Sahne (ca. 1 Becher)	• zum Verfeinern
	• abschmecken • **in GN-Behälter füllen**
20 g Schnittlauch oder Petersilie (ca. 2 EL)	• vorbereiten • zerkleinern • über die angerichtete Suppe streuen
Hinweis:	• Petersilie oder Schnittlauch nicht mitkochen!

Suppen

	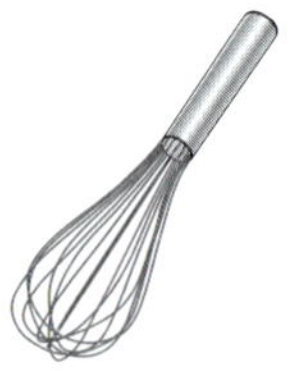		Schöpfkelle Kochlöffel 2 Bratenwender Teigschaber Kuchengitter Wiegemesser Suppenschüssel Kochmesser Schneidebrett Topf – 3 l
Schüssel	Schneebesen	Pfanne	

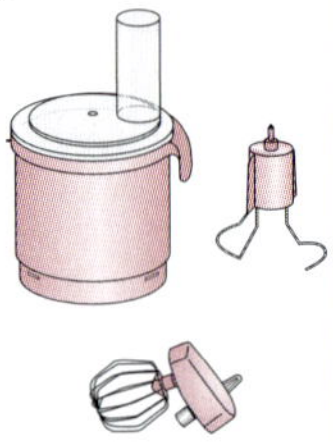	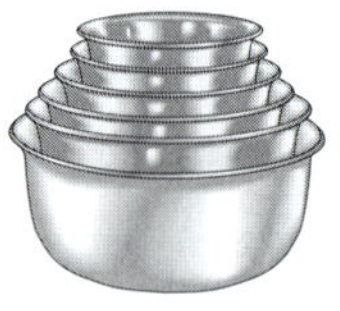		Litermaß Schöpfkelle oder Litermaß 2 Bratenwender Teigschaber Kuchengitter Wiegemesser GN-Blech tief Kochmesser Schneidebrett Topf – 7 l
Küchenmaschinenaufsatz mit Rühr- und Knethaken	Schüssel	Kippbratpfanne	

Pfannkuchensuppe

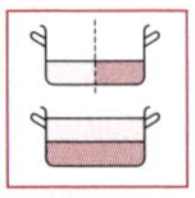  

Zutaten	Arbeitsschritte (4 Portionen)
125 g Mehl	• in Rührschüssel geben
1/2 l Milch	• damit Mehl glattrühren (Schneebesen oder Handrührgerät)
1 Ei (M) 1 Pr. Salz	• zugeben • zu einem glatten Teig verrühren
Fett	• **etwas Fett in der Pfanne erhitzen**
	• mit Schöpfer den Teig sehr dünn in die Pfanne geben • Schicht Teig goldgelb backen • wenn der Rand leicht braun wird mit 2 Bratenwendern wenden • zweite Seite backen • restlichen Teig entsprechend verarbeiten
	• Pfannkuchen auf Gitter auskühlen lassen
	• Pfannkuchen in der Mitte teilen • rollen • in sehr feine Streifen schneiden • **in Schüssel füllen**
1 1/4 l Wasser Brühwürfel (nach Packungsaufschrift)	• in einem Topf (Größe ca. 3 l) zum Kochen bringen • zugeben • abschmecken
	• geschnittene Pfannkuchen erst vor dem Anrichten mit heißer Brühe übergießen
1 EL Schnittlauch oder Petersilie (ca. 10 g)	• vorbereiten • zerkleinern • über die angerichtete Suppe streuen

Zutaten	Arbeitsschritte (20 Portionen)
	• **Küchenmaschine vorbereiten:** Rührschüssel mit Rührwerkzeug
625 g Mehl	• in Rührschüssel geben
1 1/4 l Milch	• damit Mehl glatt rühren
5 Eier (M) 1/2 TL Salz	• zugeben • zu einem glatten Teig verrühren (Teig muss dickflüssig sein)
Fett	• **Fett in der Kippbratpfanne erhitzen**
	• mit Schöpfer oder Messbecher Teig in runder Form in den Kipper geben (gleichmäßig groß) • sehr dünn verteilen • ca. 8 Stück für eine Kipperfüllung • Teig goldgelb backen • mit 2 Bratenwendern wenden • zweite Seite backen • restlichen Teig entsprechend verarbeiten
	• Pfannkuchen auf Gitter auskühlen lassen
	• Pfannkuchen in der Mitte teilen • rollen • in sehr feine Streifen schneiden • **in GN-Behälter füllen**
4 l Wasser Brühwürfelpulver (nach Packungsaufschrift)	• in einem Topf (Größe ca. 7 l) zum Kochen bringen • zugeben • abschmecken
	• geschnittene Pfannkuchen erst vor dem Anrichten mit heißer Brühe übergießen
20 g Schnittlauch oder Petersilie (ca. 2 EL)	• vorbereiten • zerkleinern • über die angerichtete Suppe streuen

	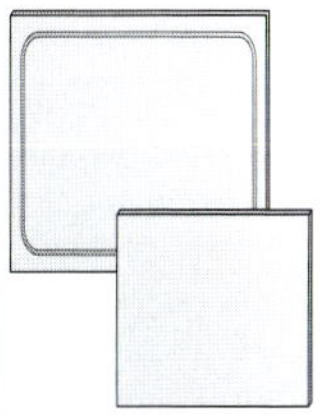		Schneebesen Litermaß Bratenwender Pfanne Teigschaber Kochmesser Suppenschüssel
Gemüsemesser	Schneidebrett	Topf – 3 l	

	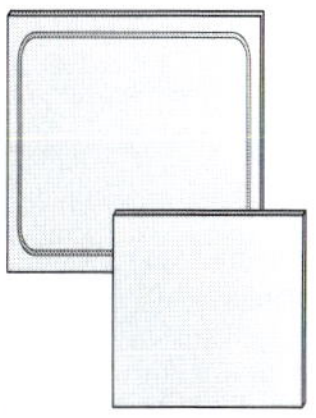		Schneebesen Litermaß Kochlöffel Pfanne Teigschaber Kochmesser GN-Blech tief
Gemüsemesser	Schneidebrett	Topf – 7 l	

Tomatensuppe aus Tomatenmark mit Semmelbröckchen

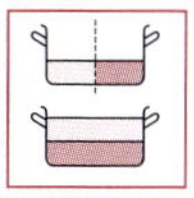

Zutaten	Arbeitsschritte 4 Portionen
1 Zwiebel (ca. 50 g)	• vorbereiten • fein würfeln
20 g Fett (z. B. Margarine)	**Helle Mehlschwitze herstellen:** • **in einem Topf (Größe ca. 3 l) zerlassen** • Zwiebeln glasig dünsten
3 EL Mehl (ca. 30 g)	• zugeben • kurz andünsten
70 g Tomatenmark	• zugeben • kurz mitdünsten • **Vorsicht!** Mark wird schnell dunkel und bitter!
1 1/4 l kaltes Wasser Brühwürfel (nach Packungsaufschrift)	• langsam unter ständigem Rühren (mit Schneebesen) aufgießen • Brühwürfel zugeben • aufkochen • zwischendurch umrühren
1/2 TL Salz 1 Pr. Thymian	• abschmecken
	• **5 – 10 Minuten kochen lassen**
Einlage: 1 Semmel	• in gleichmäßige Würfel schneiden
20 g Fett (z. B. Margarine)	• in eine Pfanne geben • erhitzen
	• Semmelwürfel darin goldbraun anrösten
	• Semmelwürfel getrennt zur Suppe servieren
Nach Belieben: 2 EL Sahne (ca. 30 ml)	• zur Suppe geben
Variation: **Pilzcremesuppe:** anstelle von Tomatenmark:	• 150 g Champignons • säubern • schneiden • zur Mehlschwitze geben • dünsten

Zutaten	Arbeitsschritte 20 Portionen
200 g Zwiebeln (ca. 4 Stück)	• vorbereiten • fein würfeln
80 g Fett (z. B. Margarine)	**Helle Mehlschwitze herstellen:** • **in einem Topf (Größe ca. 7 l) zerlassen** • Zwiebeln glasig dünsten
100 g Mehl	• zugeben • kurz andünsten
400 g Tomatenmark (ca. 2 Tuben)	• zugeben • kurz mitdünsten • **Vorsicht!** Mark wird schnell dunkel und bitter!
4 l kaltes Wasser Brühwürfelpulver (nach Packungsaufschrift)	• langsam unter ständigem Rühren (mit Schneebesen) aufgießen • Brühwürfel zugeben • aufkochen • zwischendurch umrühren
10 g Salz (ca. 2 TL) ca. 1/2 TL Thymian	• abschmecken
	• **5 – 10 Minuten kochen lassen**
Einlage: 5 Semmeln	• in gleichmäßige Würfel schneiden
80 g Fett (z. B. Margarine)	• in eine Pfanne geben • erhitzen
	• Semmelwürfel darin goldbraun anrösten
	• Semmelwürfel getrennt zur Suppe servieren
Nach Belieben: 100 ml Sahne (ca. 6 EL)	• zur Suppe geben • **in GN-Behälter füllen**
Variation: **Kräutersuppe:** anstelle von Tomatenmark:	• viel frische Kräuter • vorbereiten • schneiden • in die fertige Suppe geben

Suppen

	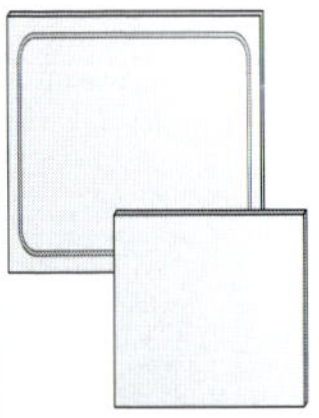	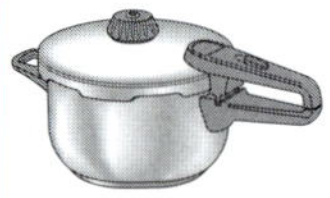	Sieb Kochmesser Kartoffelschäler Schüssel Bratenwender Litermaß Wiegemesser Suppenschüssel
Durchschlag	Schneidebrett	Dampfdrucktopf	

	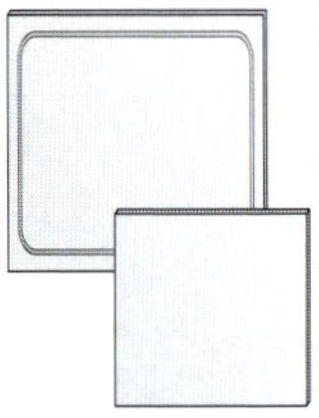		Sieb groß Kochmesser Kartoffelschäler Kochlöffel Schüssel Litermaß Wiegemesser GN-Blech tief
Durchschlag	Schneidebrett	Topf – 7 l	

Wurzelbrühe

Zutaten	Arbeitsschritte – 4 Portionen
1/2 Scheibe Sellerie (ca. 50 g) 1 Gelbe Rübe (ca. 150 g) 1/2 Stange Lauch (ca. 100 g) (= Wurzelwerk)	• vorbereiten • grob zerkleinern
1 Zwiebel (ca. 50 g)	• nur äußere Schale und Wurzeln entfernen • vierteln
20 g Fett (z. B. Margarine)	• **in einem Dampfdrucktopf erhitzen** • Wurzelwerk mit der Zwiebel andünsten
1 1/4 l Wasser (kalt)	• aufgießen
1/2 TL Salz Brühwürfel (nach Packungsaufschrift)	• zugeben • aufkochen
	• **im Dampfdrucktopf ca. 15 Minuten garen**
	• Brühe durch ein Sieb in einen Topf gießen • abschmecken
1 EL Petersilie oder Schnittlauch (ca. 10 g)	• vorbereiten • zerkleinern • über die angerichtete Suppe streuen
<u>Hinweise:</u>	• Im (normalen) Kochtopf 30 Minuten kochen. • Soll das Wurzelwerk in der Suppe bleiben, etwas später klein geschnitten zugeben. • Zwiebeln schälen, waschen, würfeln. • Petersilie oder Schnittlauch nicht mitkochen.

Zutaten	Arbeitsschritte – 20 Portionen
100 g Sellerie (ca. 1 Scheibe) 300 g Gelbe Rüben (ca. 2 Stück) 250 g Lauch (ca. 1 Stange) (= Wurzelwerk)	• vorbereiten • grob zerkleinern
200 g Zwiebeln (ca. 4 Stück)	• nur äußere Schale und Wurzeln entfernen • vierteln
40 g Fett (z. B. Margarine)	• **in einem Topf (Größe ca. 7 l) erhitzen** • Wurzelwerk mit der Zwiebel andünsten
4 l Wasser (kalt)	• aufgießen
10 g Salz (ca. 2 TL) Brühwürfel (nach Packungsaufschrift)	• zugeben • aufkochen
	• **ca. 20 – 30 Minuten garen**
	• Brühe durch ein Sieb in einen Topf gießen • abschmecken • **in GN-Behälter füllen**
20 g Petersilie oder Schnittlauch (ca. 2 EL)	• vorbereiten • zerkleinern • über die fertige Brühe streuen
<u>Hinweise:</u>	• Soll das Wurzelwerk in der Suppe bleiben, etwas später klein geschnitten zugeben. • Zwiebeln schälen, waschen, würfeln. • Petersilie oder Schnittlauch nicht mitkochen.

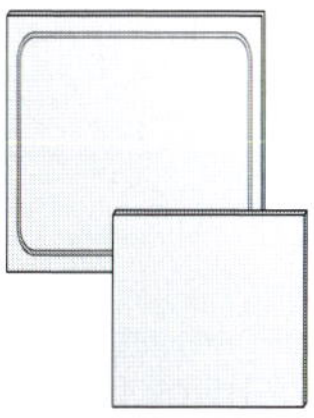			Gemüsemesser Kochmesser Schüssel Pfanne Litermaß Suppenschüssel
Schneidebrett	Topf – 3 l	Passiergerät	

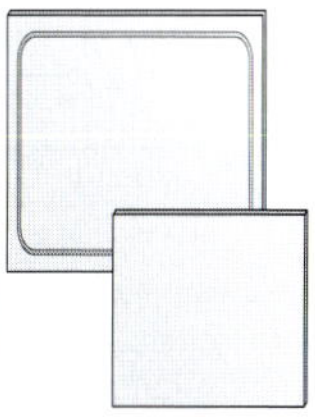	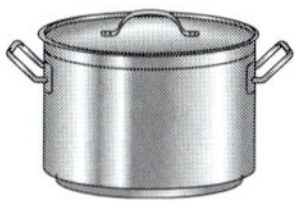	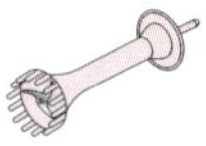	Gemüsemesser Kochmesser Schüssel Pfanne Litermaß GN-Blech tief
Schneidebrett	Topf – 5 l	Pürierstab	

Zucchinisuppe

Zutaten	Arbeitsschritte 4 Portionen
1 Zwiebel (ca. 50 g)	• vorbereiten • fein würfeln
500 g Zucchini	• waschen • mit der Schale in Scheiben oder Würfel schneiden
20 g Fett (z.B. Margarine)	• **in einem Topf (Größe ca. 3 l) erhitzen** • Zwiebel mit Zucchini andünsten
1 EL Mehl (ca. 10 g)	• darüber streuen (= stäuben) • durchrühren
1/2 TL Salz 1 Pr. Pfeffer	• zugeben
1 l Brühe	• aufgießen • bei mäßiger Hitze ca. 15 Minuten köcheln lassen • zwischendurch umrühren
	• mit dem Pürierstab zerkleinern (oder durch die „Flotte Lotte" streichen)
2 EL Sahne (ca. 30 ml)	• zum Verfeinern zugeben
	• abschmecken
1 Brötchen 20 g Fett	• in Würfel schneiden • in einer Pfanne erhitzen • Brötchenwürfel anrösten
	• Brötchenwürfel zur Suppe servieren

Zutaten	Arbeitsschritte 20 Portionen
200 g Zwiebeln (ca. 4 Stück)	• vorbereiten • fein würfeln
2 kg Zucchini	• waschen • mit der Schale in Scheiben oder Würfel schneiden
40 g Fett (z.B. Margarine)	• **in einem Topf (Größe ca. 5 l) erhitzen** • Zwiebeln mit Zucchini andünsten
20 g Mehl (ca. 2 EL)	• darüber streuen (= stäuben) • durchrühren
1 TL Salz (ca. 5 g) 1/2 TL Pfeffer	• zugeben
3 1/2 l Brühe	• aufgießen • bei mäßiger Hitze ca. 15 Minuten köcheln lassen • zwischendurch umrühren
	• mit dem Pürierstab zerkleinern
90 ml Sahne (ca. 6 EL)	• zum Verfeinern zugeben
	• abschmecken • **in GN-Behälter anrichten**
2 Brötchen 40 g Fett	• in Würfel schneiden • in einer Pfanne erhitzen • Brötchenwürfel anrösten
	• Brötchenwürfel zur Suppe servieren

Suppen

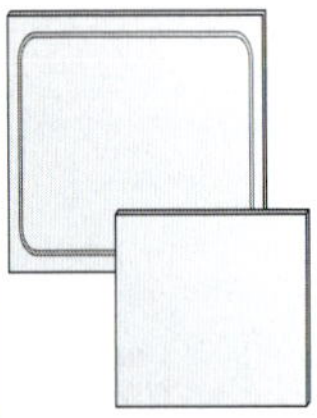			Schneebesen Bratenwender Litermaß Toaster Wiegemesser Suppenschüssel
Schneidebrett	Gemüsemesser	Topf – 3 l	

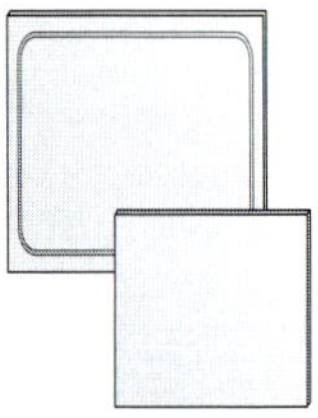			Gemüsemesser Kochmesser Schneebesen Kochlöffel Wiegemesser GN-Blech tief
Schneidebrett	Litermaß	Topf – 7 l	

Zwiebelsuppe

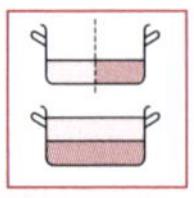

Zutaten	Arbeitsschritte 4 Portionen
500 g Zwiebeln	• vorbereiten • in feine Scheiben (oder halbe Ringe) schneiden
40 g Fett (z. B. Margarine)	• **in einem Topf (Größe ca. 3 l) zerlassen** • Zwiebeln glasig dünsten
3 EL Mehl (ca. 30 g)	• zugeben • kurz andünsten
1 1/4 l kaltes Wasser Brühwürfel (nach Packungsaufschrift)	• langsam unter ständigem Rühren (mit Schneebesen) aufgießen • Brühwürfel zugeben • aufkochen • zwischendurch umrühren
1/2 TL Salz 1 Pr. Pfeffer	• abschmecken
	• ca. 10 Minuten kochen lassen
1 EL Petersilie oder Schnittlauch (ca. 10 g)	• vorbereiten • zerkleinem • über die angerichtete Suppe streuen
<u>Nach Belieben:</u> 4 Scheiben Weißbrot 100 g geriebener Emmentaler	• toasten • auf die **portionierte** Suppe auflegen • geriebenen Käse darüber streuen • im Backofen unter dem Grill überbacken

Zutaten	Arbeitsschritte 20 Portionen
2,5 kg Zwiebeln	• vorbereiten • in feine Scheiben (oder halbe Ringe) schneiden
150 g Fett (z. B. Margarine)	• **in einem Topf (Größe ca. 7 l) zerlassen** • Zwiebeln glasig dünsten
150 g Mehl	• zugeben • kurz andünsten
4 l kaltes Wasser Brühwürfel (nach Packungsaufschrift)	• langsam unter standigem Rühren (mit Schneebesen) aufgießen • Brühwürfel zugeben • aufkochen • zwischendurch umrühren
10 g Salz (ca. 2 TL) ca. 1/2 TL Pfeffer	• abschmecken
	• ca. 10 Minuten kochen lassen • im tiefen GN – Blech anrichten
20 g Petersilie oder Schnittlauch (ca. 2 EL)	• vorbereiten • zerkleinern • über die angerichtete Suppe streuen
<u>Nach Belieben:</u> 20 Scheiben Weißbrot 400 g geriebener Emmentaler	• toasten • auf die **portionierte** Suppe auflegen • geriebenen Käse darüber streuen • im Backofen unter dem Grill überbacken

Hinweis: **Suppeneinlagen werden frisch nur für kleine Mengen hergestellt. Im Großhaushalt werden fast immer Convenienceprodukte verwendet.**

Eierstich

Zutaten	Arbeitsschritte (4 Portionen)
Fett	• kleine Schüssel gut einfetten
2 Eier (M) 4 EL Milch Salz, Muskat 1 TL Petersilie	• gut verquirlen • in das gefettete Gefäß füllen
	• zugedeckt im heißen Wasserbad fest werden lassen • gar ziehen, nicht kochen
	• **Garzeit: 30 Minuten**
	• Ränder lösen und auf ein Brett stürzen
	• in gleichmäßige Würfel schneiden und weiterverwenden

Grießnockerl

Zutaten	Arbeitsschritte (4 Portionen)
40 g Fett	• schaumig rühren
60 g Grieß (grober Hartweizengrieß) 1 Ei (M) Salz, Muskat	• gut unterrühren • Teig quellen lassen
1 1/2 l kochende Brühe	• herstellen
	• Probenockerl mit 2 nassen Teelöffeln formen und einlegen • **10 Minuten ziehen lassen (nicht kochen)** • evtl. Grieß oder Gewürze zugeben
	• restlichen Teig formen (2 nasse Teelöffel) und wie Probenockerl garen

Lebernockerl

Zutaten	Arbeitsschritte (4 Portionen)
40 g Fett (z. B. Margarine)	• schaumig rühren
40 g Semmelbrösel 1 Ei (M)	• unterrühren
1 Zwiebel (klein)	• vorbereiten • fein würfeln • untermengen
1 EL Petersilie	• vorbereiten • fein hacken • untermengen
100 g Leber (durchgedreht) Salz, Pfeffer, Majoran	• untermengen • Teig kalt stellen
1 1/4 l kochende Brühe	• Probenockerl mit 2 nassen Teelöffeln formen und einlegen • **10 Minuten ziehen lassen (nicht kochen)** • nach Bedarf Semmelbrösel oder Gewürze zugeben • probieren – evtl. nachwürzen • restlichen Teig zu Nockerln formen (zwei nasse Teelöffel) • in die kochende Brühe einlegen • **10 Minuten ziehen lassen (nicht kochen)**

Nudelteig

Zutaten	Arbeitsschritte (4 Portionen)
150 g Mehl	• auf Brett sieben • Mehlmulde bilden (etwas Mehl für das Ausrollen zurückbehalten)
Salz, 1 Ei (M), 1 – 2 EL Wasser	• in die Mehlmulde geben • mit Gabel verrühren
	• Zutaten zum glatten Teig verkneten
	• Rolle formen und Teig mit Teigkarte in 2 oder 4 gleichmäßig große Stücke schneiden • Teigstücke mit Schüssel abdecken
	• Teigstücke einzeln auf bemehltem Brett dünn (durchsichtig) ausrollen
	• zum Antrocknen auf saubere Tücher legen
	• ausgerollte, angetrocknete Stücke (Flecken) halbieren • aufeinanderlegen • zum Schneiden zusammenrollen • Suppennudeln sehr dünn schneiden • Bandnudeln ca. 1 cm breit schneiden • Nudeln lockern • **Garzeit beim Kochen: 3 – 10 Minuten**
Hinweise:	• Herstellung ist auch mit Knethaken (Rührgerät) in Rührschüssel möglich. • Bei Herstellung auf Vorrat kein Salz zugeben.

Marinaden/Salatsoßen

Essig-Öl-Marinade

Zutaten	Arbeitsschritte (4 Portionen)
3 EL Öl (ca. 45 ml) 3 EL Essig (ca. 45 ml) 1/2 TL Zucker 1/2 TL Salz 1 Pr. weißer Pfeffer	• alles gut vermischen
1 EL Salatkräuter (ca. 10 g)	• putzen • waschen • zerkleinern
	• Marinade mit Kräutern vermischen • abschmecken, evtl. Wasser zugeben

Zutaten	Arbeitsschritte (20 Portionen)
1/8 l Öl 1/8 l Essig 10 g Zucker (ca. 2 TL) 10 g Salz (ca. 2 TL) 1/2 TL weißer Pfeffer	• alles gut vermischen
20 g Salatkräuter (ca. 2 EL)	• putzen • waschen • zerkleinern
	• Marinade mit Kräutern vermischen • abschmecken

Salatsoße mit Joghurt

Zutaten	Arbeitsschritte (4 Portionen)
4 EL Joghurt (ca. 60 g) 2 EL Essig oder Zitronensaft (ca. 30 ml) 1 Pr. Salz 1 Pr. Zucker	• alles gut vermischen
1 EL Salatkräuter, getrocknete oder TK-Kräuter (ca. 10 g)	• putzen • waschen • zerkleinern
	• Salatsoße mit Kräutern vermischen • abschmecken

Zutaten	Arbeitsschritte (20 Portionen)
250 g Joghurt (1 gr. Becher) 1/8 l Essig oder Zitronensaft 1/2 TL Salz 1/2 TL Zucker	• alles gut vermischen
20 g Salatkräuter, getrocknete oder TK-Kräuter (ca. 2 EL)	• putzen • waschen • zerkleinern
	• Salatsoße mit Kräutern vermischen • abschmecken

Salatsoße mit Sauerrahm/Sahne

Zutaten	Arbeitsschritte (4 Portionen)
3 EL Sauerrahm/Sahne (ca. 45 ml) 2 EL Zitronensaft oder Essig (ca. 30 ml) 1 Pr. Zucker 1 Pr. Salz 1 Pr. weißer Pfeffer	• alles gut vermischen
1 EL Salatkräuter, getrocknete oder TK-Kräuter (ca. 10 g)	• putzen • waschen • zerkleinern
	• Salatsoße und Kräuter vermischen • abschmecken
Hinweis:	• Bei getrockneten oder TK-Kräutern entfällt das Vorbereiten!

Zutaten	Arbeitsschritte (20 Portionen)
300 ml Sauerrahm/Sahne (ca. 1 1/2 Becher) 1/8 l Zitronensaft oder Essig 1/2 TL Zucker 5 g Salz (ca. 1 TL) 1 Pr. weißer Pfeffer	• alles gut vermischen
20 g Salatkräuter, getrocknete oder TK-Kräuter (ca. 2 EL)	• putzen • waschen • zerkleinern
	• Salatsoße und Kräuter vermischen • abschmecken
Hinweis:	• Bei getrockneten oder TK-Kräutern entfällt das Vorbereiten!

		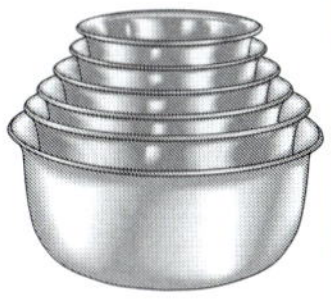	Schneebesen Schneidebrett Durchschlag Wiegemesser Salatschüssel
Gemüsemesser	Kochmesser	Schüssel	

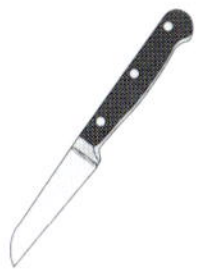		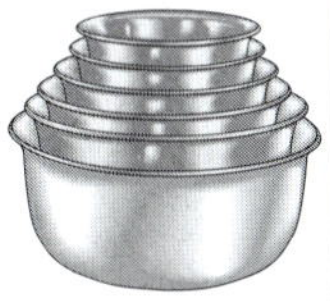	Schneebesen Messbecher Schneidebrett Durchschlag Wiegemesser Salatschüssel
Gemüsemesser	Kochmesser	Schüssel	

Blattsalate (Kopfsalat, Friséesalat, Radicchiosalat)
(Essig–Öl-Marinade)

Zutaten	Arbeitsschritte 4 Portionen
Marinade 3 EL Öl (ca. 45 ml) 3 EL Essig (ca. 45 ml) 1/2 TL Zucker 1/2 TL Salz 1 Pr. weißer Pfeffer	**Marinade herstellen:**
1 EL Salatkräuter, Schnittlauch, getrocknete oder TK-Kräuter (ca. 10 g)	• putzen • waschen (putzen, abzupfen) • zerkleinern
1 Zwiebel (ca. 50 g)	• vorbereiten • fein würfeln
	• alles gut vermischen • abschmecken
200 g Blattsalat	• große Schüssel mit kaltem Wasser vorbereiten • Salat putzen, abblättern • waschen (nach Bedarf mehrmals waschen, bis das Wasser sauber bleibt) • im Durchschlag abtropfen lassen
	• abdecken
	• Salatblätter erst kurz vor dem Servieren an den Rippen einschneiden und in mundgerechte Stücke reißen • Salat vorsichtig mit Marinade mischen
	• abschmecken • anrichten • garnieren

Zutaten	Arbeitsschritte 20 Portionen
Marinade 1/8 l Öl 1/8 l Essig 10 g Zucker (ca. 2 TL) 10 g Salz (ca. 2 TL) ca. 1/2 TL weißer Pfeffer	**Marinade herstellen:**
20 g Salatkräuter Schnittlauch, getrocknete oder TK-Kräuter (ca. 2 EL)	• putzen • waschen (putzen, abzupfen) • zerkleinern
150 g Zwiebeln (ca. 3 Stück)	• vorbereiten • fein würfeln
	• alles gut vermischen • abschmecken
800 g Blattsalat	• große Schüssel mit kaltem Wasser vorbereiten • Salat putzen, abblättern • waschen (nach Bedarf mehrmals waschen, bis das Wasser sauber bleibt) • im Durchschlag abtropfen lassen
	• abdecken
	• Salatblätter erst kurz vor dem Servieren an den Rippen einschneiden und in mundgerechte Stücke reißen • Salat vorsichtig mit Marinade mischen
	• abschmecken • anrichten • garnieren

		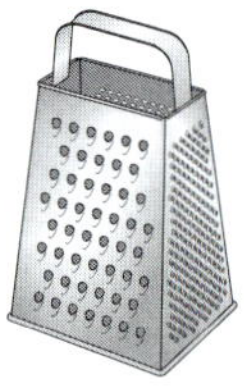	Durchschlag Schneidebrett Schüssel Wiegemesser Schneebesen Salatschüssel
Gemüsemesser	Kochmesser	Allzweckreibe	

		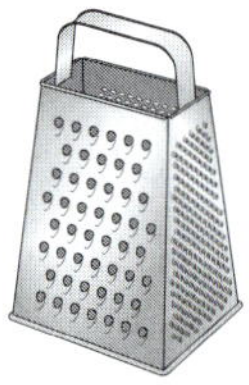	Durchschlag Schneidebrett Schüssel Wiegemesser Schneebesen Salatschüssel
Gemüsemesser	Kochmesser	Allzweckreibe	

Bunter Salat
(Essig–Öl–Marinade)

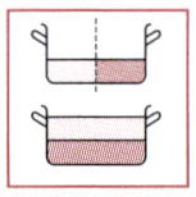

Zutaten	Arbeitsschritte 4 Portionen
Marinade siehe Seite 104	**Essig-Öl-Marinade herstellen und abschmecken**
ca. 100 g Blattsalat (z.B. Radicchio, Eisberg)	• putzen • waschen • zerkleinern • im Durchschlag abtropfen lassen • abdecken
2 Tomaten (ca. 100 g)	• waschen • Stielansatz entfernen • in dünne Scheiben schneiden (oder achteln) • in Schüssel geben • abdecken
1 Paprikaschote (ca. 100 g)	• waschen • putzen • schneiden • zu den Tomaten geben • abdecken
1/2 Gurke (ca. 200 g)	• waschen • schälen • hobeln oder in Scheiben schneiden • zu den anderen Zutaten geben • abdecken
	• zerkleinerten Salat zu den anderen Zutaten geben
	• Zutaten vorsichtig mit Marinade mischen • abschmecken
	• anrichten • garnieren

Zutaten	Arbeitsschritte 20 Portionen
Marinade siehe Seite 104	**Essig-Öl-Marinade herstellen und abschmecken**
ca. 400 g Blattsalat (z. B. Radicchio, Eisberg)	• Schüssel mit kaltem Wasser vorbereiten • Salat putzen • waschen (nach Bedarf mehrmals waschen, bis das Wasser sauber bleibt) • zerkleinern • im Durchschlag abtropfen lassen • abdecken
200 g Tomaten (ca. 4 Stück)	• waschen • Stielansatz entfernen • in dünne Scheiben schneiden (oder achteln) • in Schüssel geben • abdecken
300 g Paprikaschoten (ca. 3 Stück))	• waschen • putzen • schneiden • zu den Tomaten geben • abdecken
400 g Salatgurke (ca. 1 Stück)	• waschen • schälen • hobeln oder in Scheiben schneiden • zu den anderen Zutaten geben • abdecken
	• zerkleinerten Salat zu den anderen Zutaten geben
	• Zutaten vorsichtig mit Marinade mischen • abschmecken
	• anrichten • garnieren

		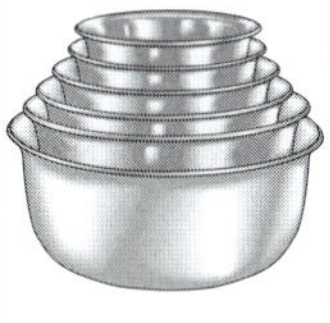	Schneidebrett Durchschlag Wiegemesser Schneebesen Salatschüssel
Gemüsemesser	Kochmesser	Schüssel	

		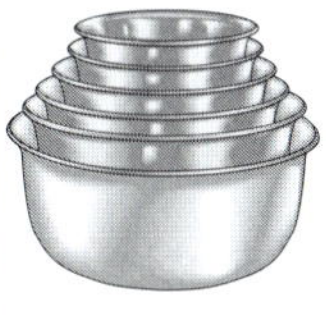	Schneidebrett Durchschlag Messbecher Wiegemesser Schneebesen Salatschüssel
Gemüsemesser	Kochmesser	Schüssel	

Endiviensalat
(Essig–Öl–Marinade)

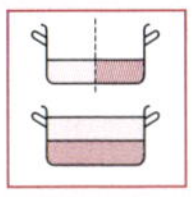  

Zutaten	Arbeitsschritte — 4 Portionen
Marinade 3 EL Öl (ca. 45 ml) 3 EL Essig (ca. 45 ml) 1/2 TL Zucker 1/2 TL Salz 1 Pr. weißer Pfeffer	**Marinade herstellen:**
1 EL Salatkräuter (ca. 10 g)	• putzen • waschen (putzen, abzupfen) • zerkleinern
1 Zwiebel (ca. 50 g)	• vorbereiten • fein würfeln
	• alles gut vermischen • abschmecken
1 Endiviensalat (ca. 200 g)	• äußere Blätter nach Bedarf entfernen (sorgfältig, aber sparsam putzen) • Kopf vierteln • am Strunk halten und gründlich mehrmals in Schüssel mit kaltem Wasser tauchen, bis Schmutz und Erde entfernt sind (nach Bedarf Wasser erneuern) • Viertel von außen zur Wurzel hin in feine Streifen schneiden (Salat hält beim Schneiden besser zusammen) • nochmals waschen • in Durchschlag gut abtropfen lassen
	• abdecken
	• **kurz vor dem Anrichten in eine Schüssel geben** • Marinade über den Salat geben • vorsichtig mischen
	• abschmecken • anrichten
Hinweis:	• Wird Salat erst nach dem Schneiden gewaschen, rasch, aber gründlich im stehenden Wasser waschen!

Zutaten	Arbeitsschritte — 20 Portionen
Marinade 1/8 l Öl 1/8 l Essig 10 g Zucker (ca. 2 TL) 10 g Salz (ca. 2 TL) ca. 1/2 TL weißer Pfeffer	**Marinade herstellen:**
20 g Salatkräuter (ca. 2 EL)	• putzen • waschen (putzen, abzupfen) • zerkleinern
150 g Zwiebeln (ca. 3 Stück)	• vorbereiten • fein würfeln
	• alles gut vermischen • abschmecken
800 g Endiviensalat (ca. 3 – 4 Köpfe)	• äußere Blätter nach Bedarf entfernen (sorgfältig, aber sparsam putzen) • Kopf vierteln • am Strunk halten und gründlich mehrmals in Schüssel mit kaltem Wasser tauchen, bis Schmutz und Erde entfernt sind (nach Bedarf Wasser erneuern) • Viertel von außen zur Wurzel hin in feine Streifen schneiden (Salat hält beim Schneiden besser zusammen) • nochmals waschen • in Durchschlag gut abtropfen lassen
	• abdecken
	• **kurz vor dem Anrichten in eine große Schüssel geben** • Marinade über den Salat geben • vorsichtig mischen
	• abschmecken • anrichten
Hinweis:	• Wird Salat erst nach dem Schneiden gewaschen, rasch, aber gründlich im stehenden Wasser waschen!

Gemüsemesser	Kochmesser	Küchenmaschinen-aufsatz mit Schneidscheiben	
		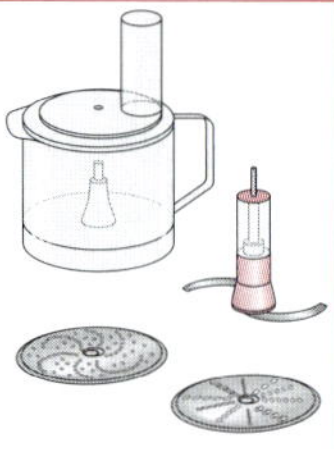	Kartoffelschäler Schneidebrett Schüssel Wiegemesser Zitronenpresse Schneebesen Salatschüssel

Gemüsemesser	Kochmesser	Küchenmaschinen-aufsatz mit Schneidscheiben	
		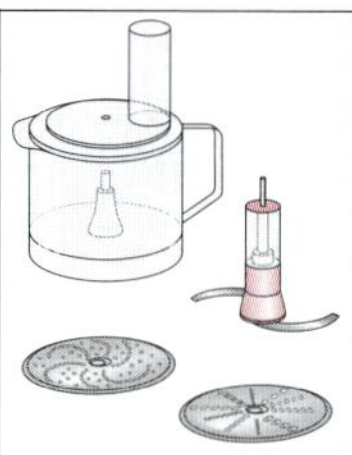	Kartoffelschäler Schneidebrett Schüssel Wiegemesser Messbecher Zitronenpresse Schneebesen Salatschüssel

Gelbe Rüben-Apfel-Rohkost

(Salatsoße mit Joghurt)

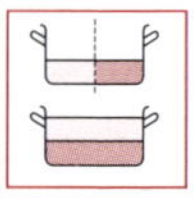

Zutaten	Arbeitsschritte — 4 Portionen
	• **Schnitzelwerk vorbereiten:** Gemüseraffel
Salatsoße 4 EL Joghurt (ca. 60 g) 2 EL Essig oder Zitronensaft (ca. 30 ml) 1 Pr. Salz 1 Pr. Zucker	**Salatsoße herstellen:** • vermischen • abschmecken
1 EL Salatkräuter (ca. 10 g)	• putzen • waschen (putzen, abzupfen) • zerkleinern
	• **Salatsoße in eine Schüssel geben**
1 säuerlicher Apfel (ca. 125 g) (z. B. Boskop)	• waschen • schälen • Kernhaus entfernen
3 – 4 Gelbe Rüben (ca. 450 – 600 g)	• waschen • schälen • putzen • waschen
	• **mit dem Schnitzelwerk zur Salatsoße raffeln**
1 EL gehackte Nüsse/Mandeln (ca. 10 g)	• in die Schüssel zu den geriebenen Zutaten geben
	• vermengen • abschmecken
1 EL Petersilie (ca. 10 g)	• zum Garnieren vorbereiten

Zutaten	Arbeitsschritte — 20 Portionen
	• **Schnitzelwerk vorbereiten:** Gemüseraffel
Salatsoße 300 g Joghurt (2 Becher je 150 g) 1/8 l Essig oder Zitronensaft 10 g Salz (ca. 2 TL) 1/2 TL Zucker	**Salatsoße herstellen:** • vermischen • abschmecken
20 g Salatkräuter (ca. 2 EL)	• putzen • waschen (putzen, abzupfen) • zerkleinern
	• **Salatsoße in eine große Schüssel geben**
600 g säuerliche Äpfel (ca. 4 Stück) (z.B. Boskop)	• waschen • schälen • Kernhaus entfernen
1 1/2 kg große Gelbe Rüben	• waschen • schälen • putzen • waschen
	• **mit dem Schnitzelwerk zur Salatsoße raffeln**
50 g gehackte Nüsse/Mandeln (ca. 5 EL)	• in die Schüssel zu den geriebenen Zutaten geben
	• vermengen • abschmecken
20 g Petersilie (ca. 2 EL)	• zum Garnieren vorbereiten

	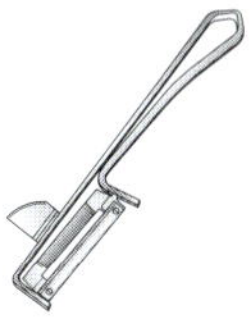	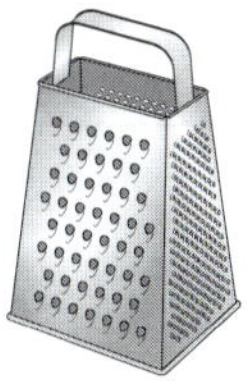	Schneidebrett Schüssel Wiegemesser Zitronenpresse Schneebesen Salatschüssel
Kochmesser	Kartoffelschäler	Allzweckreibe	

	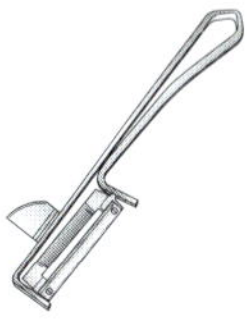	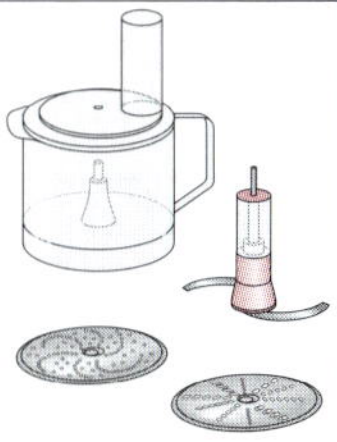	Schneidebrett Schüssel Wiegemesser Messbecher Zitronenpresse Schneebesen Salatschüssel
Kochmesser	Kartoffelschäler	Küchenmaschinen-aufsatz mit Schneidscheiben	

Gurkensalat
(Sauerrahmsoße)

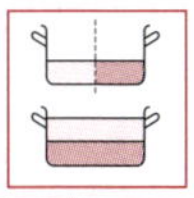

Zutaten	Arbeitsschritte 4 Portionen
Salatsoße 3 EL Sauerrahm/ Sahne (ca. 45 ml) 2 EL Zitronensaft oder Essig (ca. 30 ml) 1 Pr. Salz 1 Pr. Zucker 1 Pr. weißer Pfeffer	**Salatsoße herstellen:** • vermischen • abschmecken
1 EL Dill (ca. 10 g)	• vorbereiten • fein hacken • abdecken
1 Salatgurke (ca. 400 g)	• waschen • schälen (von der Blüte zum Stiel) • **in feine Scheiben hobeln oder mit dem Schnitzelwerk in Scheiben zerkleinern**
	• Gurkenscheiben vorsichtig mit der Salatsoße vermengen
	• abschmecken • anrichten
	• mit Dill garnieren
Hinweise:	• Unbehandelte Gurken können ungeschält oder streifenförmig geschält verwendet werden. • Halbierte Gurken können auch mit dem Messer in Scheiben geschnitten werden. • Gurkensalat erst kurz vor dem Anrichten mit der Salatsoße anmachen.

Zutaten	Arbeitsschritte 20 Portionen
Salatsoße 300 ml Sauer-rahm/Sahne (ca. 1 1/2 Becher) 1/8 l Zitronensaft oder Essig 5 g Salz (ca. 1 TL) 1/2 TL Zucker 1 Pr. weißer Pfeffer	**Salatsoße herstellen:** • vermischen • abschmecken
20 g Dill (ca. 2 EL)	• vorbereiten • fein hacken • abdecken
2 kg Salatgurken (ca. 5 Stück)	• waschen • schälen (von der Blüte zum Stiel) • **in feine Scheiben hobeln oder mit dem Schnitzelwerk in Scheiben zerkleinern**
	• Gurkenscheiben vorsichtig mit der Salatsoße vermengen
	• abschmecken • anrichten
	• mit Dill garnieren
Hinweise:	• Unbehandelte Gurken können ungeschält oder streifenförmig geschält verwendet werden. • Gurkensalat erst kurz vor dem Anrichten mit der Salatsoße anmachen.

		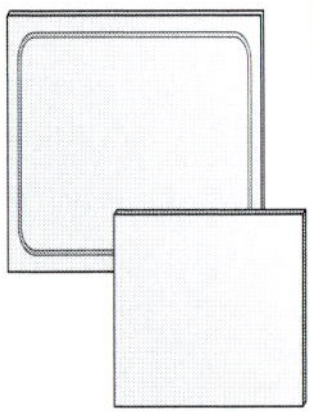	Gemüsemesser Schüssel Durchschlag Schneebesen Salatschüssel
Kochmesser	Gemüsemesser	Schneidebrett	

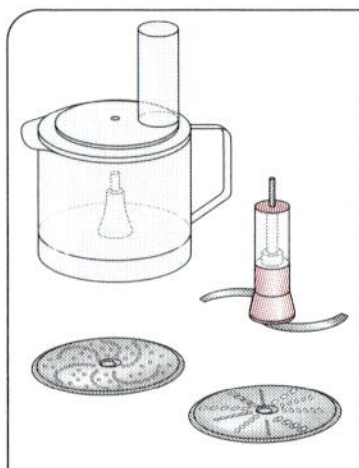		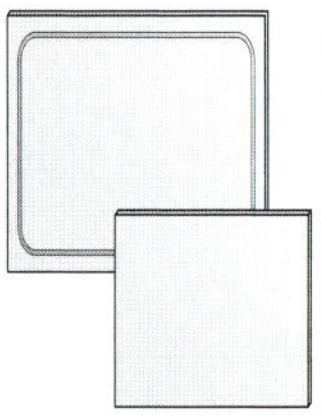	Kochmesser Schüssel Durchschlag Messbecher Schneebesen Salatschüssel
Küchenmaschinen-aufsatz mit Schneidscheiben	Gemüsemesser	Schneidebrett	

Paprikasalat
(Essig-Öl-Marinade)

Zutaten	Arbeitsschritte (4 Portionen)	Zutaten	Arbeitsschritte (20 Portionen)
			• **Schnitzelwerk vorbereiten:** Schneidscheibe für grobes Schneiden einsetzen
Marinade **3 EL Öl (ca. 45 ml)** **3 EL Essig (ca. 45 ml)** **1/2 TL Zucker** **1/2 TL Salz** **1 Pr. Pfeffer**	**Marinade herstellen:** • vermischen • abschmecken	**Marinade** **1/8 l Öl** **1/8 l Essig** **10 g Zucker (ca. 2 TL)** **10 g Salz (ca. 2 TL)** **ca. 1/2 TL Pfeffer**	**Marinade herstellen:** • vermischen • abschmecken
1 EL Salatkräuter (ca. 10 g)	• putzen • waschen (putzen, abzupfen) • zerkleinern • zur Marinade geben	**20 g Salatkräuter (ca. 2 EL)**	• putzen • waschen (putzen, abzupfen) • zerkleinern • zur Marinade geben
7 Paprikaschoten (ca. 700 g)	• waschen • halbieren • Stiele, Kerne, Rippen entfernen	**2,5 kg Paprikaschoten**	• waschen • halbieren • Stiele, Kerne, Rippen entfernen
	• bei Bedarf nochmals waschen		• bei Bedarf nochmals waschen
	• **mit dem Messer in feine Streifen schneiden**		• **mit dem Schnitzelwerk in feine Streifen schneiden**
2 Zwiebeln (ca. 100 g)	• vorbereiten • fein würfeln (oder in feine, halbe Ringe schneiden)	**200 g Zwiebeln (ca. 4 Stück)**	• vorbereiten • fein würfeln (oder in feine, halbe Ringe schneiden)
	• Paprika, Zwiebeln, Marinade mischen		• Paprika, Zwiebeln, Marinade mischen
	• abdecken • durchziehen lassen (ca. 15 – 30 Minuten)		• abdecken • durchziehen lassen (ca. 15 – 30 Minuten)
	• abschmecken • anrichten • garnieren		• abschmecken • anrichten • garnieren

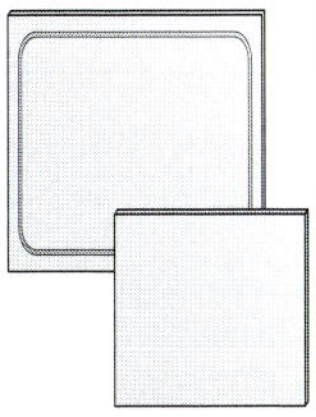			Schüssel Durchschlag Schneebesen Platte
Schneidebrett	Tomatenmesser	Gemüsemesser	

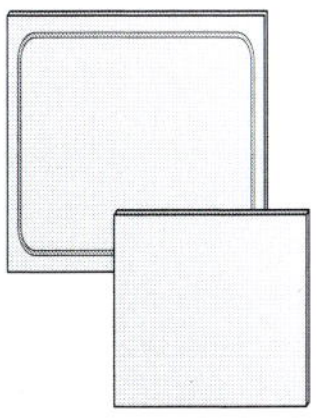			Schüssel Durchschlag Schneebesen Messbecher Platte
Schneidebrett	Tomatenmesser	Gemüsemesser	

Tomatensalat
(Essig-Öl-Marinade)

Zutaten	Arbeitsschritte	4 Portionen
Marinade 3 EL Öl (ca. 45 ml) 3 EL Essig (ca. 45 ml) 1/2 TL Zucker 1/2 TL Salz 1 Pr. weißer Pfeffer	**Marinade herstellen:** • vermischen • abschmecken	
1 EL Salatkräuter (ca. 10 g)	• putzen • waschen • zerkleinern	
1 Zwiebel (ca. 50 g)	• vorbereiten • fein würfeln • zur Marinade geben	
500 g Tomaten (ca. 6 Stück)	• waschen • Stielansatz herausschneiden • gegen den Stiel in Scheiben schneiden • große Tomaten vorher halbieren	
	• **in einer flachen Schüssel oder auf einer Platte fächerförmig anrichten**	
	• Marinade gleichmäßig über die Tomaten verteilen	
	• garnieren	

Zutaten	Arbeitsschritte	20 Portionen
Marinade 1/8 l Öl 1/8 l Essig 10 g Zucker (ca. 2 TL) 10 g Salz (ca. 2 TL) ca. 1/2 TL weißer Pfeffer	**Marinade herstellen:** • vermischen • abschmecken	
20 g Salatkräuter (ca. 2 EL)	• putzen • waschen • zerkleinern	
150 g Zwiebeln (ca. 3 Stück)	• vorbereiten • fein würfeln • zur Marinade geben	
3 kg Tomaten (ca. 36 Stück)	• waschen • Stielansatz herausschneiden • gegen den Stiel in Scheiben schneiden	
	• **auf Platten oder portioniert fächerförmig anrichten**	
	• Marinade gleichmäßig über die Tomaten verteilen	
	• garnieren	
Hinweis:	• Große Mengen können geachtelt und mit Marinade vorsichtig vermischt werden.	

			Gemüsemesser Schneidebrett Schüssel Durchschlag Messbecher Schneebesen Salatschüssel
Kochmesser	Topf – 3 l	Kurzzeitwecker	

	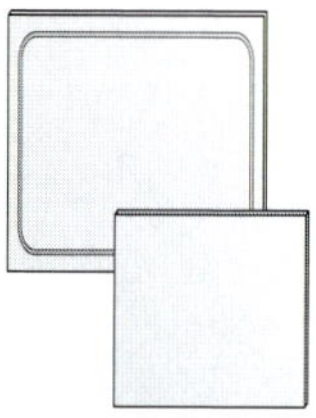	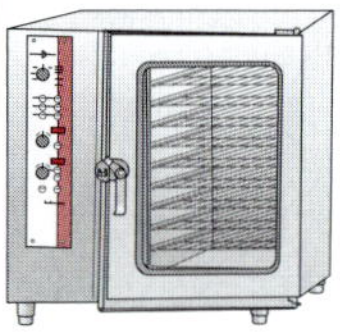	Gemüsemesser Schüssel Durchschlag Messbecher Schneebesen Salatschüssel
Kochmesser	Schneidebrett	Kombidämpfer	

Blumenkohlsalat

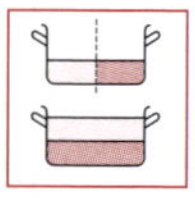

Zutaten	Arbeitsschritte – 4 Portionen
1 Blumenkohl (ca. 750 g)	• putzen • waschen
	• in gleichmäßige Röschen zerteilen
1 1/2 l Wasser 1 1/2 TL Salz (ca. 8 g)	• **in einem Topf (Größe ca. 3 l) zum Kochen bringen** • Röschen bissfest garen (Deckel zu!) • **ca. 10 Minuten**
1 Zwiebel (ca. 50 g)	• vorbereiten • fein würfeln
Marinade **1/8 l Brühe** **4 EL Essig (ca. 60 ml)** **1/2 TL Zucker** **1/2 TL Salz** **1 Pr. Pfeffer**	• **Marinade herstellen:** • vermischen • abschmecken
	• Blumenkohl und Zwiebeln in einer Schüssel mit der Marinade mischen
	• gut durchziehen lassen
2 EL Öl (ca. 30 ml)	• kurz vor dem Anrichten zum Salat geben
	• mischen
	• abschmecken • anrichten

Zutaten	Arbeitsschritte – 20 Portionen
3 kg Blumenkohl (ca. 2 – 3 Stück)	• putzen • waschen
	• in gleichmäßige Röschen zerteilen
	• **im Kombidämpfer garen** – auf Lochblech verteilen – Dampf – 100 °C • **Garzeit ca. 10 – 15 Minuten** • Garprobe machen
150 g Zwiebeln (ca. 3 Stück)	• vorbereiten • fein würfeln
Marinade **1/4 l Brühe** **1/8 l Essig** **10 g Zucker (ca. 2 TL)** **10 g Salz (ca. 2 TL)** **1 Pr. Pfeffer**	• **Marinade herstellen:** • vermischen • abschmecken
	• Blumenkohl und Zwiebeln in einer Schüssel mit der Marinade mischen
	• gut durchziehen lassen
1/8 l Öl	• kurz vor dem Anrichten zum Salat geben
	• mischen
	• abschmecken • anrichten

			Schneidebrett Schüssel Kartoffelgabel Wiegemesser Messbecher Schneebesen Pellkartoffel- schneider Salatschüssel
Gemüsemesser	Topf – 3 l	Kurzzeitwecker	

	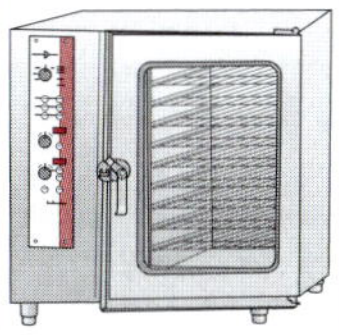	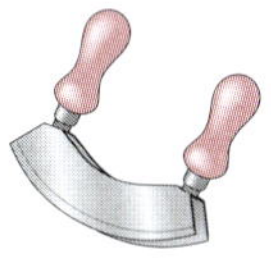	Schneidebrett Schüssel Kartoffelgabel Messbecher Schneebesen Pellkartoffel- schneider Salatschüssel
Gemüsemesser	Kombidämpfer	Wiegemesser	

Kartoffelsalat

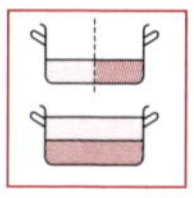

Zutaten	Arbeitsschritte – 4 Portionen
1 kg Salatkartoffeln	• waschen
	• **in Topf (Größe ca. 3 l) garen** • **Garzeit: ca. 35 Minuten**
Marinade **1/8 l heiße Brühe** **1 Zwiebel** **(ca. 50 g)** **3 EL Essig** **(ca. 45 ml)** **1 Pr. Salz** **1 Pr. Zucker** **1 Pr. Pfeffer**	• **Marinade herstellen:** • vorbereiten • fein würfeln • vermischen • abschmecken
	• gegarte Kartoffeln kurz in kaltes Wasser legen (abschrecken)
	• pellen
	• mit dem Pellkartoffelschneider in dünne Scheiben zerteilen
	• Marinade über die Kartoffelscheiben geben
	• sehr vorsichtig mischen – nicht rühren • abschmecken • durchziehen lassen
2 EL Öl (ca. 30 ml)	• zuletzt zugeben • vorsichtig mischen
	• abschmecken, anrichten, garnieren
<u>Nach Belieben:</u> **1 Essiggurke** **(ca. 30 g)** **1 hart gekochtes Ei** **1 kleiner** **säuerlicher Apfel** **(ca. 100 g)**	• vorbereiten • fein würfeln oder fein hacken • vor dem Anrichten unter den Salat mischen
1 EL Kräuter (ca. 10 g)	• zum Garnieren vorbereiten

Zutaten	Arbeitsschritte – 20 Portionen
3,5 kg Salatkartoffeln	• waschen
	• **im Kombidämpfer garen** – auf Lochblech – Dampf – 100 °C • **Garzeit ca. 35 Minuten** • Garprobe machen
Marinade **1/2 l heiße Brühe** **200 g Zwiebeln** **(ca. 4 Stück)** **1/8 l Essig** **1/2 TL Salz,** **1/2 TL Zucker** **1/2 TL Pfeffer**	• **Marinade herstellen:** • vorbereiten • fein würfeln • vermischen • abschmecken
	• gegarte Kartoffeln kurz in kaltes Wasser legen (abschrecken)
	• pellen
	• mit dem Pellkartoffelschneider in dünne Scheiben zerteilen
	• Marinade über die Kartoffelscheiben geben
	• sehr vorsichtig mischen – nicht rühren • abschmecken • durchziehen lassen
1/8 l Öl	• zuletzt zugeben • vorsichtig mischen
	• abschmecken, anrichten, garnieren
<u>Nach Belieben:</u> **120 g Essiggurken** **(ca. 4 Stück)** **4 hart gekochte** **Eier (M)** **200 g säuerlicher** **Apfel (ca. 2 Stück)**	• vorbereiten • fein würfeln – fein hacken • vor dem Anrichten unter den Salat mischen
20 g Kräuter (ca. 2 EL)	• zum Garnieren vorbereiten

Gemüse

	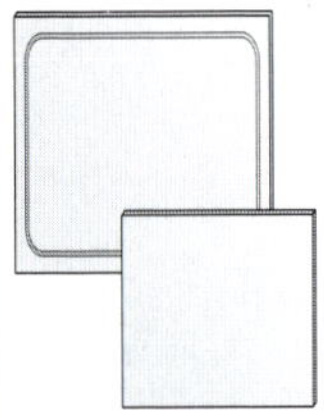		Gemüsemesser Durchschlag Bratenwender Messbecher Schüssel Gemüseschüssel
Kochmesser	Schneidebrett	Topf – 3 l	

	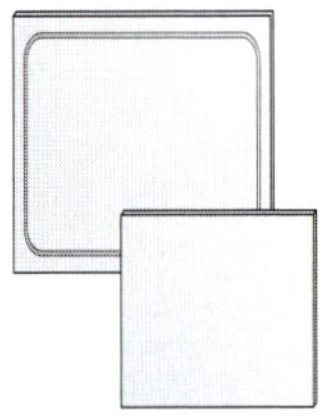	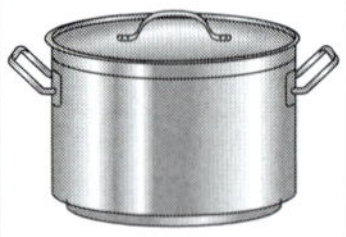	Gemüsemesser Durchschlag Bratenwender Messbecher Schüssel GN-Blech tief
Kochmesser	Schneidebrett	Topf – 7 l	

Blaukraut/Rotkohl, gedünstet

Zutaten	Arbeitsschritte – 4 Portionen
750 g Blaukraut	• putzen – waschen • hobeln oder fein schneiden – dabei den Strunk übrig lassen
1 Apfel (ca. 125 g) 1 Zwiebel (ca. 50 g)	• waschen – schälen – fein schneiden • schälen – sehr fein würfeln
20 g Fett 1 EL Zucker (ca. 15 g) 1/2 TL Salz 2 EL Essig (ca. 30 ml)	• **in einem Topf (Größe ca. 3 l) erhitzen** • Zwiebel, Äpfel, Zucker andünsten • Blaukraut zugeben • Essig zugeben • weiterdünsten
1/4 l Flüssigkeit (Brühe)	• zugeben • Blaukraut garen • **Garzeit ca. 45 Minuten** (im Dampfdrucktopf ca. 8 Minuten)
	• abschmecken • **in vorgewärmter Schüssel anrichten**
<u>Hinweis:</u>	• Es kann eine Zwiebel mit 3 – 4 Nelken besteckt werden und mit 2 Lorbeerblättern mitgedünstet werden. • Diese werden nach dem Garen herausgenommen.

Zutaten	Arbeitsschritte – 20 Portionen
2 kg Blaukraut	• putzen – waschen • hobeln oder fein schneiden – dabei den Strunk übrig lassen (evtl. mit Schnitzelwerk)
600 g Äpfel (ca. 4 Stück) 200 g Zwiebeln (ca. 4 Stück)	• waschen – schälen – fein schneiden • schälen – sehr fein würfeln
40 g Fett (Margarine) 60 g Zucker (ca. 4 EL) 10 g Salz (ca. 2 TL) 90 ml Essig (ca. 6 EL)	• **in einem Topf (Größe ca. 7 l) erhitzen** • Zucker, Zwiebel, Äpfel andünsten • Blaukraut zugeben • Essig zugeben
Würzmittel (nach Packungsaufschrift) 1/2 l Flüssigkeit (Brühe)	• nach Angabe untermischen • zugeben
<u>Nach Belieben:</u> 2 Zwiebeln 6 – 8 Nelken 24 Lorbeerblätter	• Zwiebel mit Nelken bestecken • mitdünsten • nach dem Garen herausnehmen
	• Blaukraut garen • **Garzeit ca. 40 – 45 Minuten** • **Nicht länger als nötig garen!**
	• abschmecken • **in GN-Behälter anrichten**

Kochmesser

Topf – 3 l

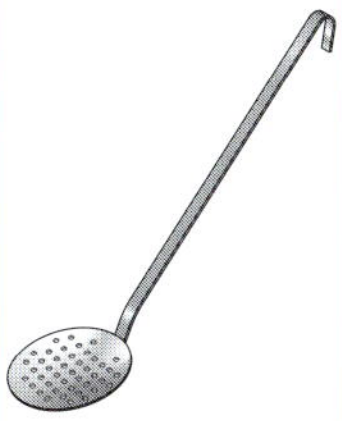

Schaumlöffel

Gemüsemesser
Durchschlag
Topf flach
Schneidebrett
Messbecher
Schüssel
Wiegemesser
Gemüseplatte

Kochmesser

Kombidämpfer

Topf – 1 1/2 l

Gemüsemesser
Durchschlag
Schneidebrett
Litermaß
Schüssel
Wiegemesser
Gemüseplatte/
-schüssel

Blumenkohl

Zutaten	Arbeitsschritte – 4 Portionen
1 Blumenkohl (ca. 750 g – ohne Blätter)	• Blätter entfernen • je nach Größe vierteln oder achteln • Strunk ausschneiden • schadhafte Stellen entfernen • waschen
1 1/2 l Salzwasser (1 1/2 TL Salz = ca. 8 g)	• Blumenkohl in kochendem Salzwasser **in einem geschlossenen Topf (Größe ca. 3 l) bissfest** kochen • **ca. 15 Minuten** • Garprobe machen
Während des Garens Soße bereiten	
1 Zwiebel (ca. 50 g)	• vorbereiten • fein würfeln
20 g Fett (z. B. Margarine)	• **in einem flachen Topf (Größe ca. 3 l) erhitzen** • Zwiebel andünsten
2 EL Mehl (ca. 20 g)	• zugeben • andünsten
1/8 l kaltes Wasser	• unter Rühren zugeben • durchkochen
1/2 TL Salz Würzmittel (nach Packungsaufschrift)	• würzen • abschmecken
1 EL Kräuter (z. B. Petersilie, Schnittlauch) (ca. 10 g)	• vorbereiten • zerkleinern
	• Blumenkohl mit Schaumlöffel aus der Flüssigkeit nehmen • **auf einer Platte anrichten**
	• Soße über den Blumenkohl geben
	• Kräuter darüber streuen

Zutaten	Arbeitsschritte – 20 Portionen
ca. 3 kg Blumenkohl (ohne Blätter)	• Blätter entfernen • je nach Größe vierteln oder achteln • Strunk ausschneiden • schadhafte Stellen entfernen • waschen
	• **Blumenkohl auf GN-Blech verteilen**
15 g Salz (ca. 1 EL)	• salzen (würzen) **im Kombidämpfer garen:** – Dampf 100 °C • **ca. 15 Minuten** • Garprobe machen
Während des Garens Soße bereiten	
1 l helle Soße – Fertigprodukt	• Soße nach Gebrauchsanleitung **in einem Topf (Größe ca. 1 1/2 l)** herstellen • Soße in Schüssel anrichten
20 g Kräuter (ca. 2 EL)	• vorbereiten • zerkleinern
	• **Blumenkohl auf Platten oder in Schüssel anrichten**
	• Kräuter darüber streuen

Gemüse

Durchschlag	Schneidebrett	Topf – 3 l	
	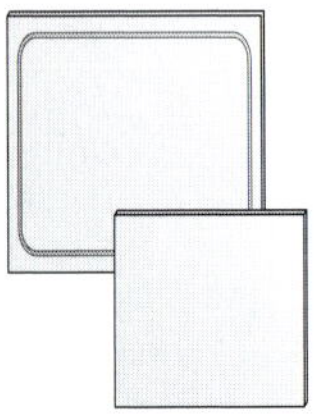		Gemüsemesser Kochmesser Schüssel Wiegemesser Kochlöffel Gemüseschüssel

Durchschlag	Schneidebrett	Kippbratpfanne	
	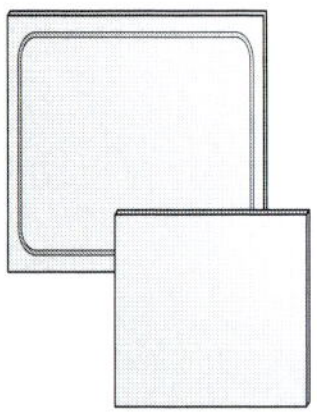	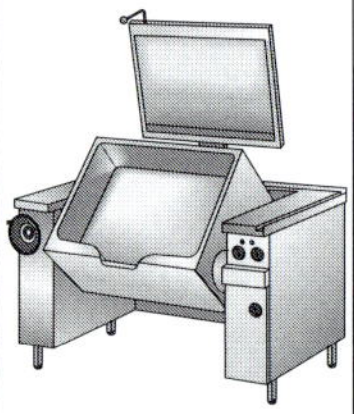	Gemüsemesser Kochmesser Schüssel Wiegemesser Bratenwender GN-Blech tief

Buntes Gemüse

Zutaten	Arbeitsschritte (4 Portionen)	Zutaten	Arbeitsschritte (20 Portionen)
1 kg Gemüse **z. B.:** **Zucchini** **Pilze** **Paprikaschoten** **Lauch**	• vorbereiten • waschen • schälen • in Stücke ca. 2 x 2 cm schneiden	**4 kg Gemüse** **z. B.:** **Zucchini** **Pilze** **Paprikaschoten** **Lauch**	• vorbereiten • waschen • schälen • in Stücke ca. 2 x 2 cm schneiden
30 g Fett **(z. B.Margarine)**	• **in einem Topf (Größe ca. 3 l) erhitzen** • Gemüse zugeben • unter Rühren wenige Minuten garen	**60 g Fett**	• **in der Kippbratpfanne erhitzen** • Gemüse zugeben • unter Rühren wenige Minuten garen
1/2 TL Salz **1 Pr. Pfeffer** **1/2 TL Zucker** **Feinwürzmittel** **(nach Packungs-aufschrift)**	• würzen • abschmecken	**10 g Salz (2 TL)** **1/2 TL Pfeffer** **10 g Zucker (2 TL)** **Feinwürzmittel** **(nach Packungs-aufschrift)**	• würzen • abschmecken
	• **in vorgewärmter Schüssel anrichten**		• **in GN-Behälter anrichten**
1 EL Petersilie **(10 g)**	• vorbereiten • zerkleinern • garnieren	**20 g Petersilie** **(2 EL)**	• vorbereiten • zerkleinern • garnieren

	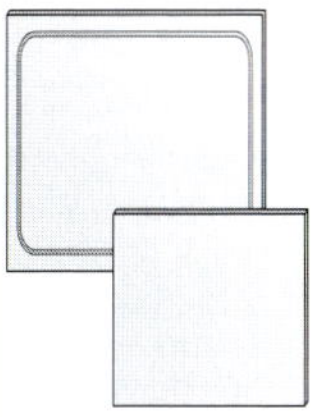		Gemüsemesser Kochmesser Messbecher Schüssel Wiegemesser Gemüseschüssel
Durchschlag	Schneidebrett	Topf – 3 l	

	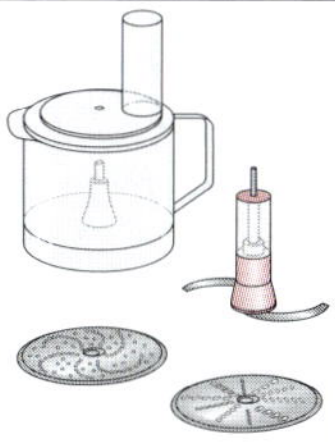		Schneidebrett Gemüsemesser Kochmesser Messbecher Schüssel Wiegemesser GN-Blech tief
Durchschlag	Küchenmaschinen-aufsatz mit Schneidscheiben	Topf – 5 l	

Gedünstetes Gemüse – Grundrezept

Zutaten	Arbeitsschritte – 4 Portionen
750 g Gemüse	• vorbereiten • zerkleinern nach Gemüseart
1 Zwiebel (ca. 50 g)	• vorbereiten • fein würfeln
20 g Fett (z. B. Margarine)	• **in einem Topf (Größe ca. 3 l) erhitzen** • Zwiebel und Gemüse andünsten
Bei Bedarf: **1/8 l Flüssigkeit**	• langsam zugeben
1/2 TL Salz 1 Pr. Pfeffer Würzmittel oder Gemüsebrühe (nach Packungs-aufschrift)	• würzen • im geschlossenen Topf bei mäßiger Hitze garen
	• **Garzeit: je nach Gemüse 10 – 40 Minuten** • **Nicht länger als nötig garen!**
	• abschmecken
1 EL Petersilie oder Kräuter (ca. 10 g) je nach Gemüseart	• vorbereiten • zerkleinern
	• **Gemüse in vorgewärmter Schüssel anrichten**
	• mit Petersilie oder Kräutern garnieren

Zutaten	Arbeitsschritte – 20 Portionen
	• je nach Gemüseart nach Möglichkeit **Schnitzelwerk vorbereiten:** Schneidscheibe
3 kg Gemüse	• vorbereiten • zerkleinern nach Gemüseart
200 g Zwiebeln (ca. 4 Stück)	• vorbereiten • fein würfeln
80 g Fett (z. B. Margarine)	• **in einem Topf (Größe ca. 5 l) erhitzen** • Zwiebel und Gemüse andünsten
Bei Bedarf: **ca. 1/2 l Flüssigkeit**	• langsam zugeben
15 g Salz (ca. 1 EL) 1/2 TL Pfeffer Würzmittel oder Gemüsebrühe (nach Packungs-aufschrift)	• würzen • im geschlossenen Topf bei mäßiger Hitze garen
	• **Garzeit: je nach Gemüse 10 – 40 Minuten** • **Nicht länger als nötig garen!**
	• abschmecken
10 g Petersilie oder Kräuter (ca. 1 EL) je nach Gemüseart	• vorbereiten • zerkleinern
	• **Gemüse in GN-Behälter anrichten**
	• mit Petersilie oder Kräutern garnieren

Gemüse

 Durchschlag	 Kartoffelschäler	 Topf – 3 l	Schneidebrett Gemüsemesser Kochmesser Messbecher Schneebesen Wiegemesser Gemüseschüssel

 Durchschlag	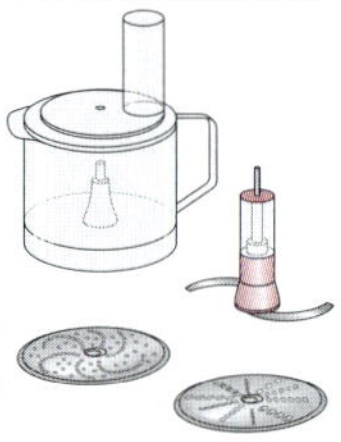 Küchenmaschinen-aufsatz mit Schneidscheiben	 Kombidämpfer	Schneidebrett Gemüsemesser Kochmesser Kartoffelschäler Schüssel Wiegemesser GN-Blech tief

Gelbe Rüben, gedünstet

Zutaten	Arbeitsschritte – 4 Portionen	Zutaten	Arbeitsschritte – 20 Portionen
			• **Küchenmaschine vorbereiten:** Schnitzelwerk
750 g Gelbe Rüben	• waschen • putzen (schälen) • waschen	**3 kg Gelbe Rüben**	• waschen • putzen (schälen) • waschen
	• **gleichmäßig schneiden (Würfel, Scheiben oder Stifte)**		• **mit Schnitzelwerk zerkleinern**
1 Zwiebel (ca. 50 g)	• vorbereiten • fein würfeln		
20 g Fett (z.B. Margarine)	• **in einem Topf (Größe ca. 3 l) erhitzen** • Zwiebel und Gelbe Rüben andünsten		• **Gelbe Rüben auf GN-Blech verteilen**
1/8 l Flüssigkeit	• langsam zugeben		
1/2 TL Salz 1 Pr. Pfeffer Würzmittel (nach Packungs-aufschrift)	• würzen	**10 g Zucker (ca. 2 TL) 15 g Salz (ca. 1 EL) Gemüsegewürz (nach Packungs-aufschrift)**	• würzen
	• **im geschlossenen Topf bei mäßiger Hitze garen** • **15 – 20 Minuten** • **Nicht länger als nötig garen!**		• **im Kombidämpfer garen** – Dampf – 100 °C • **ca. 15 Minuten** • Garprobe machen • **Nicht länger als nötig garen!**
	• abschmecken		• abschmecken
1 EL Petersilie (ca. 10 g)	• vorbereiten • zerkleinern	**20 g Petersilie (ca. 2 EL)**	• vorbereiten • zerkleinern
	• **Gemüse in vorgewärmter Schüssel anrichten**		• **Gemüse in GN-Behälter anrichten**
	• mit Petersilie garnieren		• mit Petersilie garnieren

	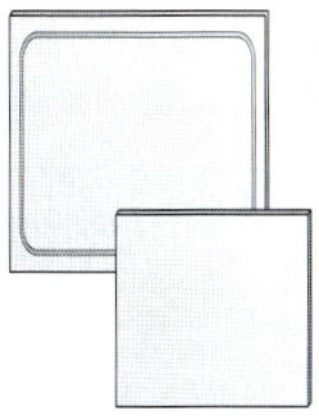		Gemüsemesser Kochmesser Messbecher Schüssel Wiegemesser Gemüseschüssel		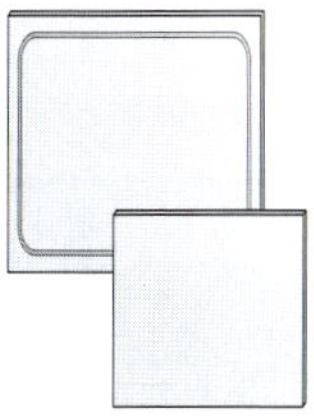		Gemüsemesser Kochmesser Schüssel Wiegemesser GN-Blech tief
Durchschlag	Schneidebrett	Topf – 3 l		Durchschlag	Schneidebrett	Kombidämpfer	

Kohlrabi, gedünstet

Zutaten	Arbeitsschritte – 4 Portionen	Zutaten	Arbeitsschritte – 20 Portionen
1 kg junge Kohlrabi (mit Grün)	• Wurzeln und Blätter abschneiden • alle zarten Herzblätter zur Seite legen	**3 kg junge Kohlrabi**	• Wurzeln und Blätter abschneiden
	• Kohlrabi waschen • schälen • **in feine Scheiben schneiden oder hobeln**		• Kohlrabi waschen • schälen • **von Hand in Würfel schneiden**
20 g Fett (z. B. Margarine)	• **in einem Topf (Größe ca. 3 l) erhitzen**		• **Kohlrabi auf GN–Blech verteilen**
	• Kohlrabi andünsten	**15 g Salz (ca. 1 EL) $1/2$ TL Pfeffer Gemüsegewürz (nach Packungsaufschrift)**	• über dem Gemüse verteilen
ca. $1/8$ l Flüssigkeit	• langsam zugeben		
$1/2$ TL Salz 1 Pr. Pfeffer Würzmittel (nach Packungsaufschrift)	• würzen		
	• **im geschlossenen Topf bei mäßiger Hitze garen** • **ca. 15 – 20 Minuten** • **Nicht länger als nötig garen!**		• **im Kombidämpfer garen** – Dampf 100 °C • **ca. 15 – 20 Minuten** • Garprobe machen • **Nicht länger als nötig garen!**
	• die zarten Herzblätter waschen • fein schneiden • sehr kurz mitdünsten		
<u>Nach Belieben:</u> 2 EL Rahm (ca. 30 ml)	• zum Verfeinern (Gemüse darf nicht mehr kochen!)		
	• abschmecken		• abschmecken
1 EL Petersilie oder Kohlrabigrün (ca. 10 g)	• vorbereiten • zerkleinern	**20 g Petersilie (ca. 2 EL)**	• vorbereiten • zerkleinern
	• **Gemüse in vorgewärmter Schüssel anrichten**		• **Gemüse in GN-Behälter anrichten**
	• mit Petersilie garnieren		• mit Petersilie garnieren

Gemüse

	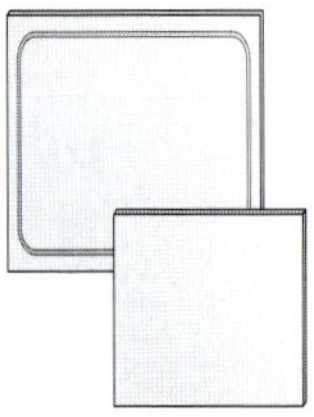		Gemüsemesser Kochmesser Messbecher Schüssel Wiegemesser Gemüseschüssel
Durchschlag	Schneidebrett	Topf – 3 l	

	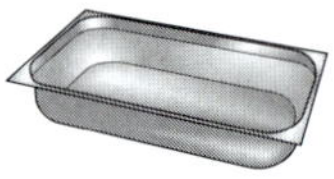	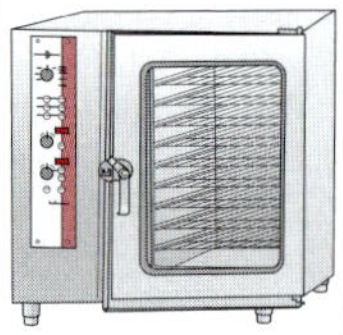	Schneidebrett Gemüsemesser Kochmesser Schüssel Wiegemesser
Durchschlag	GN-Blech tief	Kombidämpfer	

Lauch, gedünstet

4 Portionen

Zutaten	Arbeitsschritte
750 g dicke Lauchstangen	• äußere, grüne Spitzen abschneiden • putzen • halbieren • gründlich von der Wurzel aus nach oben waschen
	• vom Grünen zur Wurzel in gleichmäßige ca. 3 cm große Stücke schneiden
20 g Fett (z. B. Margarine)	• **in einem Topf (Größe ca. 3 l) erhitzen**
	• Lauch glasig andünsten (vorsichtig rühren oder wenden)
1/8 l Flüssigkeit	• langsam zugeben
1/2 TL Salz Würzmittel (nach Packungsaufschrift) Muskat	• würzen
	• **im geschlossenen Topf bei mäßiger Hitze garen** • **ca. 5 – 10 Minuten** • **Nicht länger als nötig garen!**
	• abschmecken
<u>Nach Belieben:</u> 2 EL Rahm (ca. 30 ml)	• zum Verfeinern
1 EL Petersilie oder Schnittlauch (ca. 10 g)	• vorbereiten • zerkleinern
	• **Gemüse in vorgewärmter Schüssel anrichten**
	• mit Petersilie oder Kräutern garnieren

20 Portionen

Zutaten	Arbeitsschritte
3 kg dicke Lauchstangen	• äußere, grüne Spitzen abschneiden • putzen • halbieren • gründlich von der Wurzel aus nach oben waschen
	• vom Grünen zur Wurzel in gleichmäßige ca. 3 cm große Stücke schneiden
	• **Lauch auf GN-Blech verteilen**
Gemüsegewürz (nach Packungsaufschrift)	• über Gemüse verteilen
	• **im Kombidämpfer garen** – Dampf 100 °C • **ca. 15 – 20 Minuten** • Garprobe machen
Salz Würzmittel	• abschmecken
30 g Petersilie oder Schnittlauch (ca. 3 EL)	• vorbereiten • zerkleinern
	• **Gemüse in GN-Behälter anrichten**
	• mit Petersilie oder Schnittlauch garnieren

	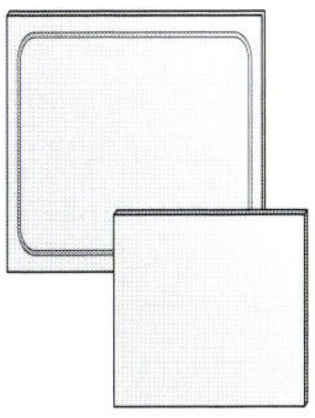		Gemüsemesser Kochmesser Kochlöffel Schüssel Wiegemesser Gemüseschüssel
Durchschlag	Schneidebrett	Topf – 3 l	

	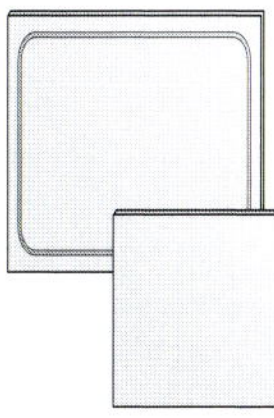	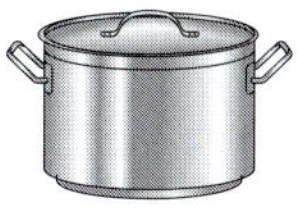	Gemüsemesser Kochmesser Kochlöffel Schüssel Wiegemesser GN-Blech tief
Durchschlag	Schneidebrett	Topf – 5 l	

Zucchinigemüse, gedünstet

4 Portionen

Zutaten	Arbeitsschritte
750 g Zucchini	• waschen • längs durchschneiden • in 2 cm breite Stücke schneiden
20 g Fett (z. B. Margarine)	• **in einem Topf (Größe ca. 3 l) zerlassen** • Gemüse zugeben
1 TL Salz (ca. 5 g) 1/2 TL Zucker 1 Pr. weißer Pfeffer 1 Pr. Curry	• zugeben
1 EL Petersilie (ca. 10 g) 1 TL Estragon – frisch (ca. 5 g) 1 Pr. Thymian	• vorbereiten • zugeben
	• **im geschlossenen Topf dünsten** • hin und wieder vorsichtig wenden • **Garzeit ca. 7 – 10 Minuten** • Garprobe machen (Gemüse soll noch „Biss haben")
	• abschmecken
1 EL Petersilie (ca. 10 g)	• vorbereiten • zerkleinern
	• **in vorgewärmter Schüssel anrichten**
	• mit Petersilie garnieren
Hinweis:	• Zucchinigemüse nicht zu lange warm halten – Gemüse wird matschig!

20 Portionen

Zutaten	Arbeitsschritte
4 kg Zucchini	• waschen • längs durchschneiden • in 2 cm breite Stücke schneiden
80 g Fett (z. B. Margarine)	• **in einem Topf (Größe ca. 5 l) zerlassen** • Gemüse zugeben
10 g Salz (ca. 2 TL) 10 g Zucker (ca. 2 TL) 1/2 TL weißer Pfeffer 1/2 TL Curry	• zugeben
10 g Petersilie (ca. 1 EL) 10 g Estragon – frisch (ca. 1 EL) 1/2 TL Thymian	• vorbereiten • zugeben
	• **im geschlossenen Topf dünsten** • öfter vorsichtig wenden • **Garzeit ca. 7 – 10 Minuten** • Garprobe machen (Gemüse soll noch „Biss haben")
	• abschmecken
20 g Petersilie (ca. 2 EL)	• vorbereiten • zerkleinern
	• **in GN-Behälter anrichten**
	• mit Petersilie garnieren
Hinweis:	• Zucchinigemüse nicht zu lange warm halten – Gemüse wird matschig!

Beilagen

Durchschlag	Schneidebrett	Pfanne	
	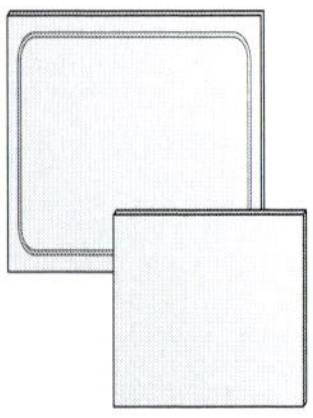		Topf – 3 l Gemüsemesser Kochmesser Kartoffelschäler Bratenwender Schüssel

Durchschlag	Pfanne	Kombidämpfer	
		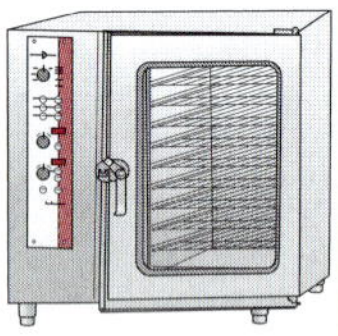	Topf – 7 l Schneidebrett Gemüsemesser Kochmesser Kartoffelschäler Bratenwender GN-Blech tief

Gemüsenudeln

Zutaten	Arbeitsschritte – 4 Portionen
250 g Nudeln (nach Wahl)	• nach Packungsaufschrift in reichlich Salzwasser kochen • in Durchschlag geben • kalt überbrausen
250 g Gemüse z. B.: Lauch Gelbe Rüben Kohlrabi Sellerie	• vorbereiten • waschen • in feine Streifen schneiden
20 g Fett (z. B. Margarine)	• **in Pfanne erhitzen** • Gemüse unter Wenden wenige Minuten garen
1/2 TL Salz 1 Pr. Pfeffer 1 Pr. Zucker	• würzen
	• Nudeln und Gemüse in der Pfanne mischen • abschmecken
	• **in der Pfanne ca. 5 Minuten erwärmen**
	• **in vorgewärmter Schüssel anrichten**

Zutaten	Arbeitsschritte – 20 Portionen
1 kg Nudeln (nach Wahl)	• nach Packungsaufschrift in reichlich Salzwasser kochen • in Durchschlag geben • kalt überbrausen
1 kg Gemüse z. B.: Lauch Gelbe Rüben Kohlrabi Sellerie	• vorbereiten • waschen • in feine Streifen schneiden
50 g Fett (z. B. Margarine)	• **in großer Pfanne erhitzen** • Gemüse unter Wenden wenige Minuten garen
10 g Salz (ca. 2 TL) 1/2 TL Pfeffer 1/2 TL Zucker	• würzen
	• Nudeln und Gemüse in GN-Behälter mischen • abschmecken
	• **im Kombidämpfer mit Dampf ca. 5 Minuten erwärmen**
	• **in GN-Behälter anrichten**

	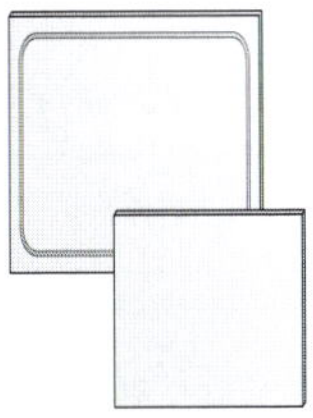		Gemüsemesser Kochmesser Messbecher Schüssel Kartoffelschäler Wiegemesser
Durchschlag	Schneidebrett	Topf – 3 l	

		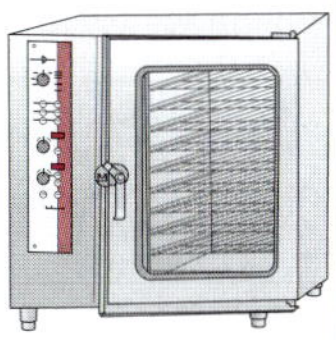	Schneidebrett Gemüsemesser Kochmesser Litermaß Schüssel Kartoffelschäler Wiegemesser GN-Blech tief
Durchschlag	Pfanne	Kombidämpfer	

Gemüserisotto

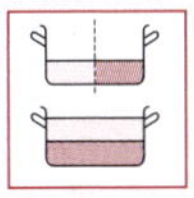  

Zutaten	Arbeitsschritte	4 Portionen
1/2 Selleriescheibe (ca. 100 g) 1 mittelgroße Gelbe Rübe (ca. 150 g) 1 kleine Stange Lauch (ca. 100 g) (= 350 g Wurzelwerk)	• Wurzelwerk vorbereiten • fein schneiden	
1 Zwiebel (ca. 50 g)	• vorbereiten • fein würfeln	
20 g Fett (z. B. Margarine)	• **in einem Topf (Größe ca. 3 l) erhitzen** • Zwiebel und Wurzelwerk zum Fett geben • andünsten	
200 g Langkornreis	• Reis zugeben • andünsten	
3/8 l heiße Brühe	• aufgießen • **im zugedeckten Topf garquellen lassen** • **Garzeit 20 Minuten** • abschmecken	
1 EL Petersilie (ca. 10 g)	• vorbereiten • zerkleinern	
	• **in vorgewärmter Schüssel anrichten**	
	• mit Petersilie garnieren	

Zutaten	Arbeitsschritte	20 Portionen
1 kg Gemüse (= Wurzelwerk): Sellerie Gelbe Rüben Lauch	• Wurzelwerk vorbereiten • fein schneiden	
100 g Zwiebeln (ca. 2 Stück)	• vorbereiten • fein würfeln	
60 g Fett (z. B. Margarine)	• **in großer Pfanne erhitzen** • Zwiebel und Wurzelwerk zum Fett geben • andünsten	
	• **in ungelochten GN–Behälter geben**	
1 kg Langkornreis 5 g Salz (ca. 1 TL)	• zum Gemüse geben • salzen • durchmischen	
1 1/2 l Brühe	• zugeben • **im Kombidämpfer garen** – Dampf – 100 °C • **Garzeit 20 Minuten** • Garprobe machen • abschmecken	
20 g Petersilie (ca. 2 EL)	• vorbereiten • zerkleinern	
	• **in GN-Behälter anrichten**	
	• mit Petersilie garnieren	

Beilagen

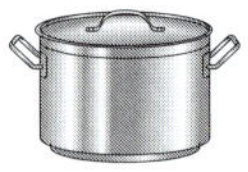	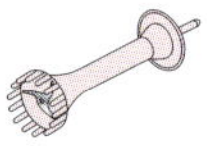		Kartoffelschäler Schneidebrett Gemüsemesser Kochmesser Messbecher Handrührgerät Schüssel Pfanne
Topf – 3 l	Pürierstab	Kartoffelpresse	

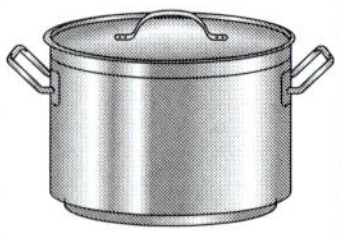	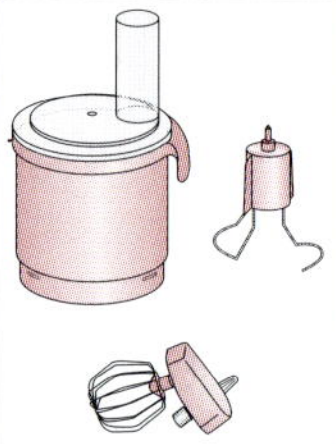		Kartoffelschäler Schneidebrett Gemüsemesser Kochmesser Pürierstab (Kartoffelpresse) Pfanne GN-Blech tief
Topf – 7 l	Küchenmaschinen-aufsatz mit Rühr- und Knethaken	Litermaß	

Kartoffelbrei – mit gerösteten Zwiebelringen

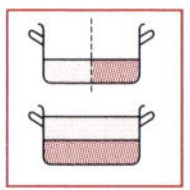

Zutaten	Arbeitsschritte – 4 Portionen	Zutaten	Arbeitsschritte – 20 Portionen
			• **Küchenmaschine vorbereiten:** Rührschüssel mit Rührwerkzeug
1 kg Kartoffeln	• Salzkartoffeln herstellen: • waschen • schälen • „Augen ausstechen" • waschen	**4 kg Kartoffeln**	• Salzkartoffeln herstellen: • waschen • schälen • „Augen ausstechen" • waschen
	• in Wasser legen • zerkleinern		• in Wasser legen • zerkleinern
ca. 1/4 l Wasser **1/2 TL Salz**	• **in einem Topf (Größe ca. 3 l) in Salzwasser garen**	**ca. 1 l Wasser** **5 g Salz (ca. 1 TL)**	• **in einem Topf (Größe ca. 7 l) in Salzwasser garen**
	• Salzkartoffeln durchpressen oder mit dem Pürierstab pürieren		• Salzkartoffeln durchpressen oder mit dem Pürierstab pürieren
1/4 l Milch **20 g Butter**	• Milch mit Butter erhitzen • zu den pürierten Salzkartoffeln geben • **mit Schneebesen (Rührgerät) schaumig rühren**	**1 l Milch** **80 g Butter**	• Milch mit Butter erhitzen • zu den pürierten Salzkartoffeln geben • **mit Küchenmaschine schaumig rühren**
1/2 TL Salz **1 Pr. Muskat**	• abschmecken • evtl. im Wasserbad heiß halten	**10 g Salz** **(ca. 2 TL)** **1 Pr. Muskat**	• abschmecken • **in GN-Behälter füllen** • evtl. im Wasserbad heiß halten
1 – 2 Zwiebeln **(ca. 100 g)**	• vorbereiten • in gleichmäßige Ringe oder halbe Ringe schneiden	**150 g Zwiebeln** **(ca. 3 Stück)**	• vorbereiten • in gleichmäßige Ringe oder halbe Ringe schneiden
20 g Butter	• in der Pfanne erhitzen • Zwiebeln gleichmäßig bräunen	**ca. 40 g Fett**	• in der Pfanne erhitzen • Zwiebeln gleichmäßig bräunen
	• **Kartoffelbrei in vorgewärmter Schüssel anrichten** • mit den Zwiebelringen garnieren		• **Kartoffelbrei in GN-Behälter anrichten** • mit den Zwiebelringen garnieren

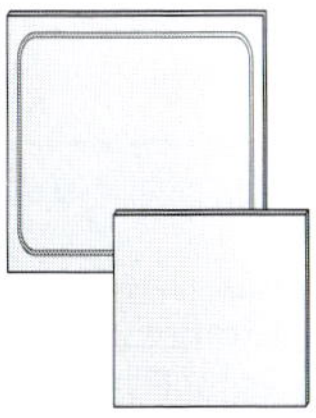	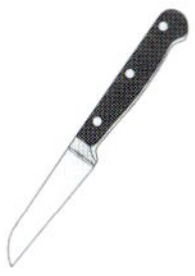		Litermaß Schüssel Wiegemesser
Schneidebrett	Gemüsemesser	Topf – 3 l	

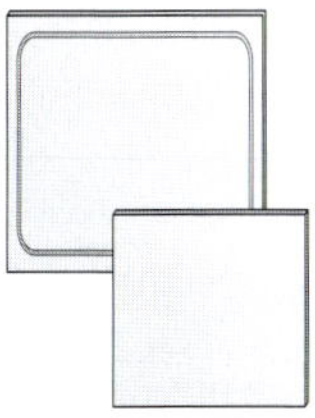	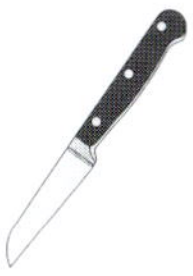	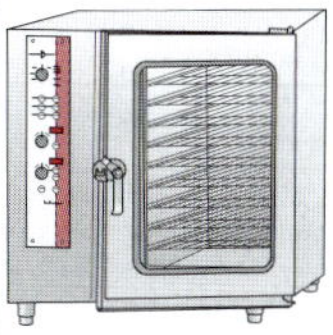	Litermaß Schüssel GN-Blech tief
Schneidebrett	Gemüsemesser	Kombidämpfer	

Reis, gedünstet

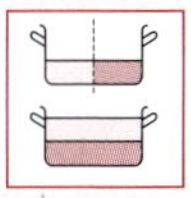  

Zutaten	Arbeitsschritte – 4 Portionen
250 g Langkornreis	• Reis vorbereiten
1 Zwiebel (ca. 50 g)	• vorbereiten • fein würfeln
20 g Fett (z. B. Margarine)	• **in einem Topf (Größe ca. 3 l) erhitzen** • Zwiebel und Reis zugeben • andünsten
3/4 l heiße Brühe	• mit Brühe aufgießen
	• bei **großer** Hitze einmal aufkochen lassen • bei **schwacher** Hitze zugedeckt gar quellen lassen (möglichst nicht umrühren) • **Garzeit: insgesamt 20 Minuten** (Kochstelle **nach 10 Minuten** ausschalten, Gasherd auf kleine Flamme stellen • Reis **noch 10 Minuten** quellen lassen)
	• Garprobe machen • Reis soll körnig sein
1 EL Petersilie (ca. 10 g)	• vorbereiten • zerkleinern
	• **in vorgewärmter Schüssel anrichten**
	• mit Petersilie garnieren

Zutaten	Arbeitsschritte – 20 Portionen
1 kg Langkornreis **10 g Salz (ca. 2 TL)**	• Reis vorbereiten • **in ungelochten GN–Behälter geben** • salzen
1 l Brühe	• zugeben
	• **im Kombidämpfer garen** – Dampf – 100 °C • **ca. 20 Minuten**
	• Garprobe machen • abschmecken
20 g Petersilie (ca. 2 EL)	• vorbereiten • zerkleinern
	• **in GN-Behälter anrichten**
	• mit Petersilie garnieren

Anwendungsmöglichkeiten:

Reisrand: Den gedünsteten Reis in eine gefettete Reisform (Ringform) drücken, danach auf eine vorgewärmte Platte stürzen, garnieren.

Curryreis: Beim Andünsten zum Reis 1 TL Curry geben. Nach Möglichkeit Naturreis verwenden.
Garzeit: ca. 5 Minuten länger.

Beilagen

 Topf – 3 l	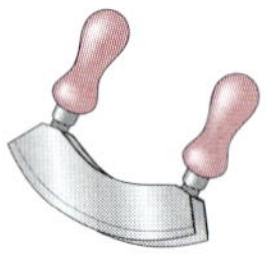 Wiegemesser	 Pfanne	Gemüsemesser Schüssel Bratenwender

 Topf – 5 l	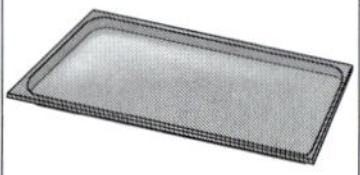 GN-Blech flach	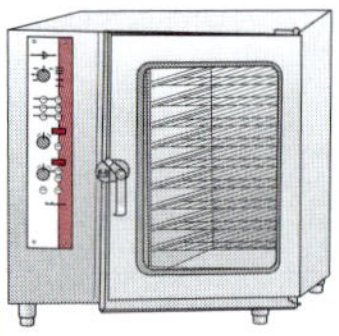 Kombidämpfer	Gemüsemesser Wiegemesser Schüssel

Petersilienkartoffeln

4 Portionen

Zutaten	Arbeitsschritte
1 kg **neue** Kartoffeln	• waschen
ca. 1/4 l Wasser	• in einem Topf (Größe ca. 3 l) mit Schale garen • Garzeit ca. 20 Minuten • Garprobe machen
3 EL Petersilie (ca. 20 g)	• vorbereiten • zerkleinern
	• Kartoffeln abgießen • kalt überbrausen • große Kartoffeln halbieren
30 g Margarine 1/2 TL Salz	• in eine große Pfanne geben • schmelzen lassen • Kartoffeln hineingeben • Petersilie darüber geben • darüber streuen
	• unter vorsichtigem Wenden ca. 5 Minuten erhitzen
	• Petersilienkartoffeln in vorgewärmter Schüssel anrichten

20 Portionen

Zutaten	Arbeitsschritte
4 kg **neue** Kartoffeln	• waschen
ca. 1 l Wasser	• in einem Topf (Größe ca. 5 l) mit Schale garen • Garzeit ca. 30 Minuten • Garprobe machen
3 Bund Petersilie (ca. 80 g)	• vorbereiten • zerkleinern
	• Kartoffeln abgießen • kalt überbrausen • große Kartoffeln halbieren
100 g Margarine 10 g Salz (ca. 2 TL)	• in flachen GN-Behälter geben • schmelzen lassen • Kartoffeln hineingeben • Petersilie darüber geben • darüber streuen
	• Kombidämpfer auf 120 °C erwärmen • Kartoffeln ca. 5 Minuten erhitzen
	• Petersilienkartoffeln in GN-Behälter anrichten

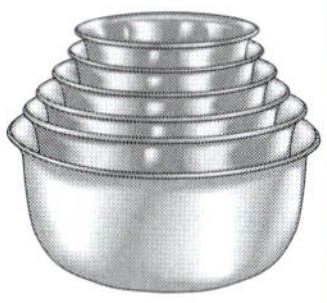	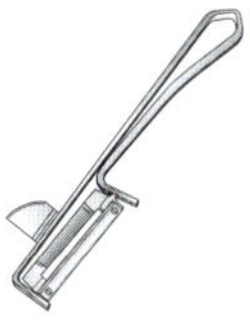		Gemüsemesser Kochmesser Schneidebrett Messbecher Wiegemesser Schüssel
Schüssel	Kartoffelschäler	Topf – 3 l	

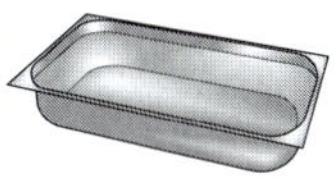	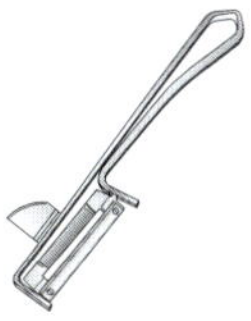	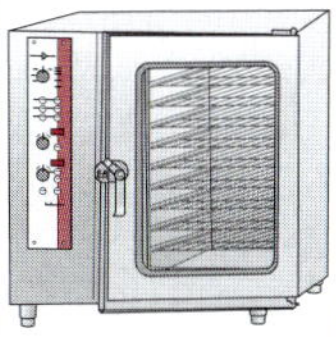	Gemüsemesser Kochmesser Schneidebrett Litermaß Wiegemesser
GN-Blech tief	Kartoffelschäler	Kombidämpfer	

Salzkartoffeln

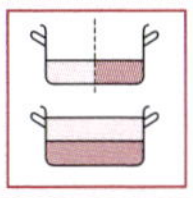

Zutaten	Arbeitsschritte **4 Portionen**
1 kg Kartoffeln	• waschen • schälen • „Augen" ausstechen • waschen
	• geschälte Kartoffeln **in großer Schüssel/Topf** mit kaltem Wasser legen, sonst werden sie braun (nur so lange wie unbedingt nötig)
	• Kartoffeln je nach Größe zerkleinern (z. B. längs vierteln)
ca. 1/4 l Wasser 1/2 TL Salz	• **in einem Topf (Größe ca. 3 l) in Salzwasser garen** • **Garzeit ca. 20 Minuten** • Garprobe machen
1 EL Petersilie oder Schnittlauch (ca. 10 g)	• vorbereiten • zerkleinern
	• **Salzkartoffeln in heißer Schüssel anrichten**
	• mit Petersilie oder Schnittlauch garnieren

Zutaten	Arbeitsschritte **20 Portionen**
4 kg Kartoffeln	• waschen • schälen • „Augen ausstechen" • waschen
	• geschälte Kartoffeln **in GN–Behälter** mit kaltem Wasser legen, sonst werden sie braun (nur so lange wie unbedingt nötig)
	• Kartoffeln je nach Größe zerkleinern (z. B. längs vierteln)
	• **in GN–Locheinsatz geben**
10 g Salz (ca. 2 TL)	• Salz darüber streuen
	• **im Kombidämpfer garen** – Dampf – 100° C • **Garzeit ca. 20 Minuten** – Garprobe machen
20 g Petersilie oder Schnittlauch (ca. 2 EL)	• vorbereiten • zerkleinern
	• **Salzkartoffeln in GN–Behälter anrichten**
	• mit Petersilie oder Schnittlauch garnieren

Beilagen

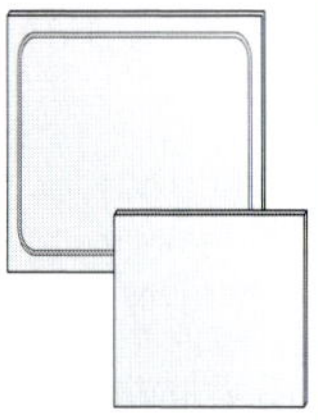 Schneidebrett	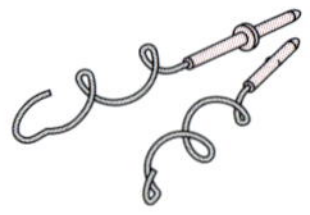 Handrührgerät mit Knethaken	 Topf – 1 l  Topf – 4 l	Gemüsemesser Kochmesser Schüssel Wiegemesser Pfanne Schaumlöffel Platte

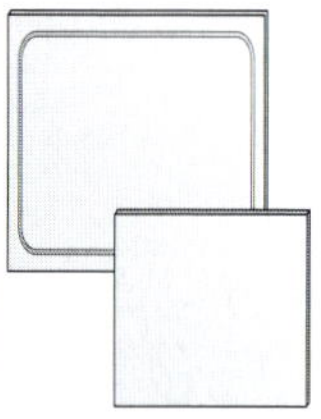 Schneidebrett	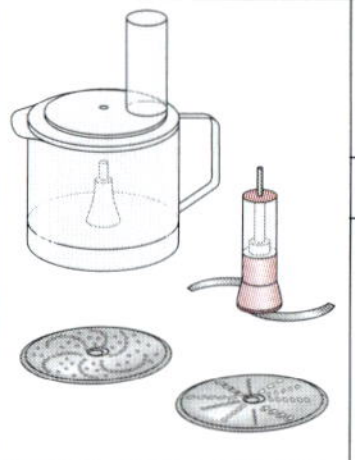 Küchenmaschinen-aufsatz mit Schneidscheiben	 Topf – 3 l 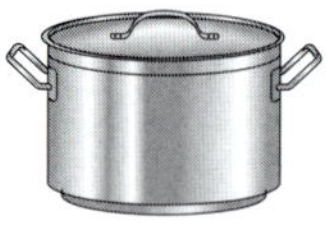 Topf – 7 l	Schüssel Wiegemesser Pfanne Küchen-maschinenaufsatz für Rühr- und Knethaken Schaumlöffel GN-Blech flach

Semmelknödel

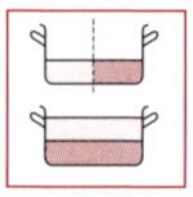

Zutaten	Arbeitsschritte – 4 Portionen	Zutaten	Arbeitsschritte – 20 Portionen
8 Semmeln/ Brötchen (altbacken)	• in feine Scheiben schneiden **(Kochmesser)** • in eine Schüssel geben	**32 Semmeln/ Brötchen (altbacken)**	• in feine Scheiben schneiden **(Schnitzelwerk)** • in eine sehr große Schüssel geben
1 TL Salz	• salzen	**10 g Salz (ca. 2 TL)**	• salzen
knapp 1/2 l Milch	• **im Topf (Größe ca. 1 l) erhitzen** • über die Semmelmasse geben • zudecken – durchziehen lassen	**knapp 2 l Milch**	• **im Topf (Größe ca. 3 l) erhitzen** • über die Semmelmasse geben • zudecken - durchziehen lassen
1 Zwiebel (ca. 50 g)	• vorbereiten • fein würfeln	**200 g Zwiebeln (ca. 4 Stück)**	• vorbereiten • fein würfeln
1 EL Petersilie (ca. 10 g)	• vorbereiten • fein hacken	**40 g Petersilie (ca. 4 EL)**	• vorbereiten • fein hacken
20 g Fett (z. B. Margarine)	• **in einer Pfanne erhitzen** • Zwiebel und Petersilie andünsten • abkühlen lassen	**80 g Fett (z. B. Margarine)**	• **in einer großen Pfanne erhitzen** • Zwiebel und Petersilie andünsten • abkühlen lassen
3 Eier	• zur Semmelmasse geben • angedünstete Zwiebel und Petersilie dazugeben • zu Teig verarbeiten **(mit Knethaken, Handrührgerät)**	**12 Eier**	• zur Semmelmasse geben • angedünstete Zwiebel und Petersilie dazugeben • zu Teig verarbeiten **(mit Knet-haken, Küchenmaschine)**
Salz, Muskat	• abschmecken	**Salz, Muskat**	• abschmecken
ca. 2 l Wasser 2 TL Salz (ca. 10 g)	• **in einem Topf (Größe ca. 4 l) Salzwasser zum Kochen bringen**	**ca. 4 l Wasser 20 g Salz (ca. 4 TL)**	• **in einem Topf (Größe ca. 7 l) Salzwasser zum Kochen bringen**
	• **Probeknödel** mit nassen Händen formen und garen (bei Bedarf – wenn zu weich – Semmelbrösel zugeben)		• **Probeknödel** mit nassen Händen formen und garen (bei Bedarf – wenn zu weich – Semmelbrösel zugeben)
	Danach: • Teig einteilen (portionieren) • mit nassen Händen Knödel formen • ins kochende Wasser geben		**Danach:** • Teig einteilen (portionieren) • mit nassen Händen Knödel formen • ins kochende Wasser geben
	• **15 – 20 Minuten halboffen ziehen lassen** (gare Knödel steigen an die Wasseroberfläche) • mit dem Schaumlöffel heraus-nehmen und abtropfen lassen		• **15 – 20 Minuten ziehen lassen** (gare Knödel steigen an die Wasseroberfläche) • mit dem Schaumlöffel heraus-nehmen und abtropfen lassen
1 EL Petersilie (ca. 10 g)	• vorbereiten • zerkleinern	**20 g Petersilie (ca. 2 EL)**	• vorbereiten • zerkleinern
	• **Knödel auf heißer Platte anrichten**		• **Knödel auf GN-Platte anrichten**
	• mit Petersilie garnieren		• mit Petersilie garnieren
	• **sofort zu Tisch geben**		• **sofort zu Tisch geben**

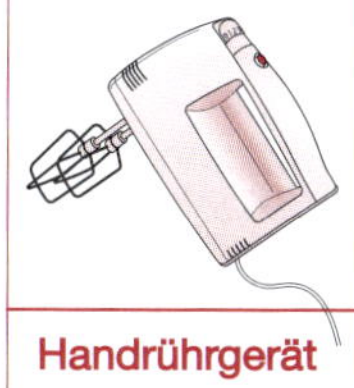	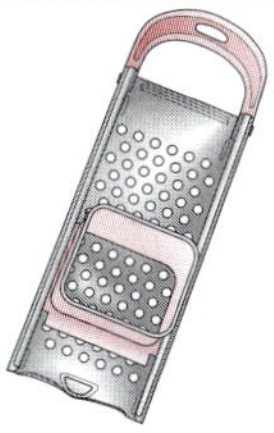		Litermaß Schaumlöffel Durchschlag Schüssel Pfanne
Handrührgerät	Spätzlehobel	Topf – 5 l	

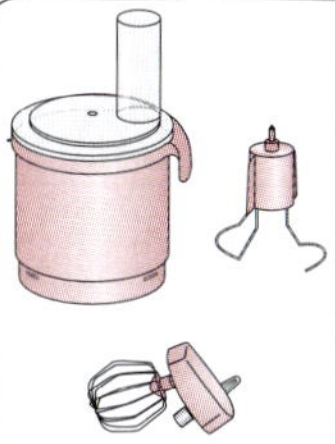		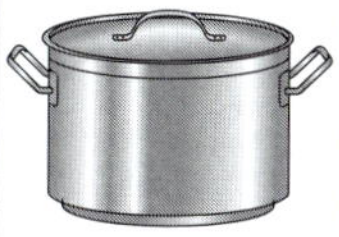	Spätzlehobel Schaumlöffel Durchschlag Schüssel Pfanne GN-Blech tief Kombidämpfer
Küchenmaschinen-aufsatz mit Rühr- und Knethaken	Litermaß	Topf – 7 l	

Spätzle

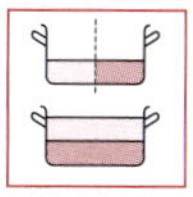 

Zutaten	Arbeitsschritte 4 Portionen
	• **Handrührgerät vorbereiten:** Schneebesen
375 g Mehl	• in die Rührschüssel sieben
1 Pr. Salz	• zugeben
knapp 1/4 l kaltes Wasser, 3 Eier (M)	• erst Wasser, dann die 3 Eier zugeben • **mit dem Schneebesen (Rührgerät) zu zähflüssigem Teig abschlagen** (bis er Blasen wirft)
ca. 3 l Wasser 3 TL Salz (ca. 15 g)	• **in einem weiten Topf (Größe ca. 5 l) Salzwasser zum Kochen bringen**
	• Spätzlehobel mit kaltem Wasser abspülen • so über den Topf legen, dass einige Zentimeter Abstand zum Kochwasser bleiben • Teig portionsweise durch den Spätzlehobel ins kochende Salzwasser geben • Spätzle im offenen Topf einige Male aufkochen lassen, bis sie nach oben kommen • **Garzeit 3 – 4 Minuten**
	• Spätzle mit einem Schaumlöffel herausnehmen • in einen Durchschlag geben (Schüssel unterstellen)
	• mit kaltem Wasser überbrausen • sehr gut abtropfen lassen
	• **in eine vorgewärmte Schüssel geben** • warm stellen (mit den anderen Portionen ebenso verfahren)
Zum Garnieren: 20 g Fett (z. B. Margarine) 1 Zwiebel (ca. 50 g)	• Zwiebel zu Ringen schneiden • in einer Pfanne in heißem Fett anbraten • geröstete Zwiebelringe über die Spätzle geben

Zutaten	Arbeitsschritte 20 Portionen
	• **Küchenmaschine vorbereiten:** Rührschüssel mit Rührwerkzeug
1,2 kg Mehl	• in die Rührschüssel geben
1/2 TL. Salz	• zugeben
3/4 l kaltes Wasser, 8 Eier (M)	• erst Wasser, dann die Eier zugeben • **in der Küchenmaschine zu zähflüssigem Teig abschlagen** (bis er Blasen wirft)
ca. 5 l Wasser 25 g Salz (ca. 5 TL)	• **in einem weitem Topf (Größe ca. 7 l) Salzwasser zum Kochen bringen**
	• Spätzlehobel mit kaltem Wasser abspülen • so über den Topf legen, dass einige Zentimeter Abstand zum Kochwasser bleiben • Teig portionsweise durch den Spätzlehobel ins kochende Salzwasser geben • Spätzle im offenen Topf einige Male aufkochen lassen, bis sie nach oben kommen (und doppelt so dick sind) • **Garzeit 3 – 4 Minuten**
	• Spätzle mit einem Schaumlöffel herausnehmen • in einen Durchschlag geben (Schüssel unterstellen)
	• mit kaltem Wasser überbrausen • sehr gut abtropfen lassen
	• **auf GN–Blech geben** (wenn der gesamte Teig verarbeitet ist, Spätzle im Kombidämpfer erwärmen)
Zum Garnieren: 80 g Fett (z. B. Margarine) 150 g Zwiebeln (ca. 3 Stück)	• Zwiebeln zu Ringen schneiden • in einer großen Pfanne in heißem Fett anbraten • geröstete Zwiebelringe über die Spätzle geben

Fleisch

		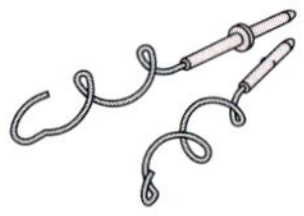	Kochmesser Rührschüssel Wiegemesser
Schneidebrett	Gemüsemesser	Handrührgerät mit Knethaken	

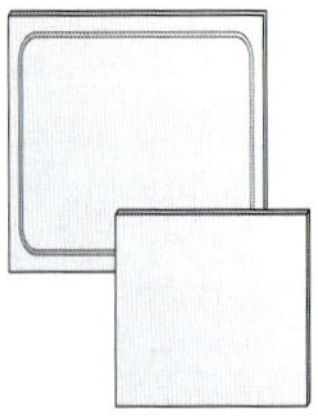		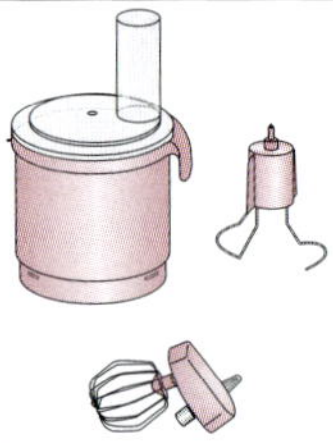	Gemüsemesser Schüssel Wiegemesser
Schneidebrett	Kochmesser	Küchenmaschinenaufsatz mit Rühr- und Knethaken	

Fleischmasse – Grundrezept

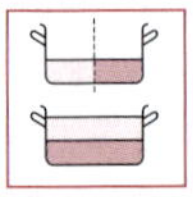

Zutaten	Arbeitsschritte (4 Portionen)
	• **Handrührgerät vorbereiten:** Knethaken
1 Brötchen/ Semmel (altbacken) (ca. 50 g)	• in lauwarmem Wasser einweichen
1 Zwiebel (ca. 50 g)	• vorbereiten • sehr fein würfeln
1 EL Petersilie (ca. 10 g)	• vorbereiten • zerkleinern
375 g Hackfleisch	• **in eine Rührschüssel geben**
1 Ei (M) 1/2 TL Salz, 1/2 TL Pfeffer 1/2 TL Paprika 1 Pr. Majoran 1 Pr. Muskat	• zugeben
	• Semmel zwischen 2 Brettern gut ausdrücken und zugeben • gewürfelte Zwiebel zugeben • gehackte Petersilie zugeben • **Fleischmasse mit Knethaken (Handrührgerät) vermischen**
	• Fleischmasse nach Rezept weiter verwenden
Hinweise:	• Hackfleisch immer am Tag des Einkaufs verwenden! • Anstelle von 1 Brötchen können 2 EL Haferflocken verwendet werden!

Zutaten	Arbeitsschritte (20 Portionen)
	• **Küchenmaschine vorbereiten:** Rührschüssel mit Knethaken
5 Brötchen/ Semmeln (altbacken) (ca. 250 g)	• in lauwarmem Wasser einweichen
200 g Zwiebeln (ca. 4 Stück)	• vorbereiten • sehr fein würfeln
20 g Petersilie (ca. 2 EL)	• vorbereiten • zerkleinern
1,5 kg Hackfleisch (gemischt)	• **in die Rührschüssel der Küchenmaschine geben**
5 Eier (M) 10 g Salz (ca. 2 TL) 10 g Pfeffer (ca. 1 TL) 10 g Paprika (ca. 1 TL) 2 Pr. Majoran 2 Pr. Muskat	• zugeben
	• Semmeln zwischen 2 Brettern gut ausdrücken und zugeben • gewürfelte Zwiebeln zugeben • gehackte Petersilie zugeben • **Fleischmasse mit Knethaken (Küchenmaschine) vermischen**
	• Fleischmasse nach Rezept weiter verwenden
Hinweise:	• Hackfleisch immer am Tag des Einkaufs verwenden! • Anstelle von Brötchen können je Brötchen 2 EL Haferflocken verwendet werden!

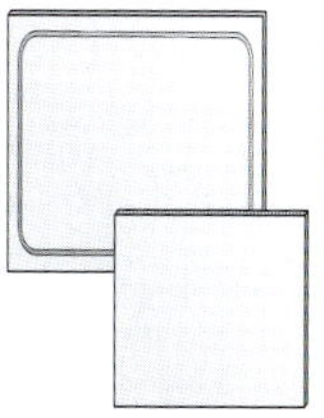	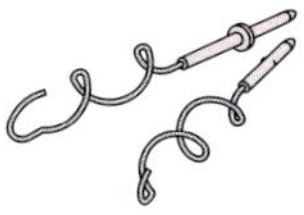		Küchenmesser Kochmesser Rührschüssel Wiegemesser Platte
Schneidebrett	Handrührgerät mit Knethaken	Pfanne	

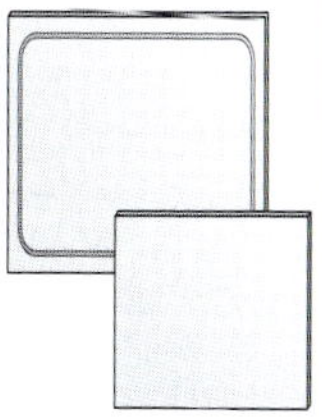	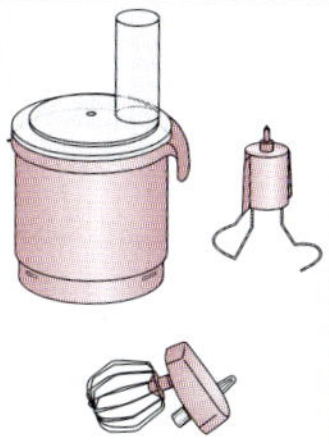		Küchenmesser Kochmesser Wiegemesser GN-Blech flach
Schneidebrett	Küchenmaschinenaufsatz mit Rühr- und Knethaken	Kippbratpfanne	

Frikadellen/Fleischküchlein

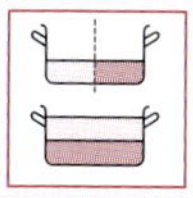

Zutaten	Arbeitsschritte – 4 Portionen	Zutaten	Arbeitsschritte – 20 Portionen
	• **Handrührgerät vorbereiten:** Knethaken		• **Küchenmaschine vorbereiten:** Rührschüssel mit Knethaken
1 Brötchen/ Semmel (altbacken) (ca. 50 g)	• in lauwarmem Wasser einweichen	5 Brötchen/Semmeln (altbacken) (ca. 250 g)	• in lauwarmem Wasser einweichen
1 Zwiebel (ca. 50 g)	• vorbereiten • sehr fein würfeln	200 g Zwiebeln (ca. 4 Stück)	• vorbereiten • sehr fein würfeln
1 EL Petersilie (ca. 10 g)	• vorbereiten • zerkleinern	20 g Petersilie (ca. 2 EL)	• vorbereiten • zerkleinern
375 g Hackfleisch	• **in eine Rührschüssel geben**	1,5 kg Hackfleisch (gemischt)	• **in die Rührschüssel der Küchenmaschine geben**
1 Ei (M) 1/2 TL Salz 1/2 TL Pfeffer 1/2 TL Paprika 1 Pr. Majoran 1 Pr. Muskat	• zugeben	4 Eier (M) 10 g Salz (ca. 2 TL) ca. 1/2 TL Pfeffer ca. 1/2 TL Paprika 2 Pr. Majoran 2 Pr. Muskat	• zugeben
	• Semmel zwischen 2 Brettern gut ausdrücken und zugeben • gewürfelte Zwiebel zugeben • gehackte Petersilie zugeben • **Fleischmasse mit Knethaken (Handrührgerät) vermischen**		• Semmeln zwischen 2 Brettern gut ausdrücken und zugeben • gewürfelte Zwiebeln zugeben • gehackte Petersilie zugeben • **Fleischmasse mit Knethaken (Küchenmaschine) vermischen**
	• Fleischmasse in mindestens 4 gleich große Teile teilen • mit nassen Händen 4 Küchlein formen und flach drücken • mit dem Messerrücken einkerben • auf ein nasses Brett legen		• Fleischmasse in mindestens 20 gleich große Teile teilen. • mit nassen Händen 20 Fleischküchlein formen und flach drücken • mit dem Messerrücken einkerben • auf ein nasses Brett legen
wasserfreies Fett	• **Fett in einer Pfanne erhitzen** • Fleischküchlein einlegen • auf beiden Seiten anbraten • weiterbraten, bis sie innen durch sind • Drückprobe (Kontrolle)!	wasserfreies Fett	• **Fett in der Kippbratpfanne erhitzen** (250 °C) Fleischküchlein einlegen (auf erster Seite braten, bis sich Fleischküchlein vom Pfannenboden löst) • wenden • Temperatur herunterschalten • fertig braten • Drückprobe (Kontrolle)!
	• **auf angewärmter Platte anrichten**		• **auf GN-Blech anrichten**
	• nach Bedarf garnieren		

Fleisch

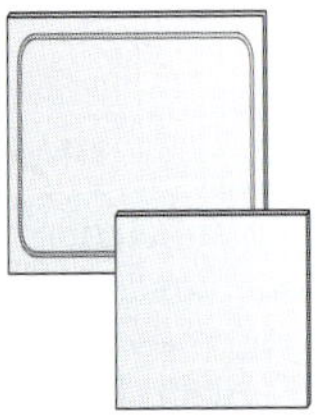			Küchenmesser Messbecher Bratenwender Schüssel Wiegemesser Schüssel zum Anrichten
Schneidebrett	Kochmesser	Topf – 3 l	

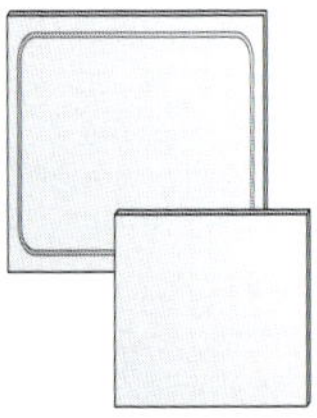			Küchenmesser Kochmesser Bratenwender Schüssel Wiegemesser GN-Blech tief
Schneidebrett	Litermaß	Kippbratpfanne	

Geschnetzeltes Schweinefleisch/Putenfleisch

Zutaten	Arbeitsschritte – 4 Portionen	Zutaten	Arbeitsschritte – 20 Portionen
500 g Schweinefleisch/ Putenfleisch	• gegen die Faser in feine Streifen schneiden	**2,5 kg Schweinefleisch/ Putenfleisch**	• gegen die Faser in feine Streifen schneiden
1 Zwiebel (ca. 50 g)	• vorbereiten • fein würfeln	**250 g Zwiebeln (ca. 5 Stück)**	• vorbereiten • fein würfeln
2 EL Öl (ca. 30 ml) oder 30 g wasserfreies Fett	• **in einem Topf (Größe ca. 3 l) erhitzen** • Fleisch zugeben • andünsten • Zwiebeln zugeben • **ca. 5 Minuten andünsten** (unter ständigem Wenden)	**100 g wasserfreies Fett**	• **in der Kippbratpfanne erhitzen** • Fleisch zugeben • andünsten • Zwiebeln zugeben • **ca. 5 Minuten andünsten** (unter ständigem Wenden)
1 EL Mehl (ca. 10 g)	• über das Fleisch streuen (= stauben)	**80 g Mehl (ca. 8 EL)**	• über das Fleisch streuen (= stauben)
1/2 TL Salz 1 Pr. Pfeffer	• darüber streuen • gut durchrühren	**10 g Salz (ca. 2 TL) ca. 1/2 TL Pfeffer**	• darüber streuen • gut durchrühren
1/4 l Brühe	• zugießen • umrühren • evtl. etwas Flüssigkeit nachgießen	**2 l Brühe**	• zugießen • umrühren • evtl. Flüssigkeit nachgießen
	• **im geschlossenen Topf wenige Minuten garen** • Garprobe machen		• **in der geschlossenen Kippbratpfanne wenige Minuten garen** • Garprobe machen
3 EL Sahne (ca. 45 ml)	• verfeinern • abschmecken	**1/8 l Sahne (125 ml)**	• verfeinern • abschmecken
1 EL Petersilie (ca. 10 g)	• vorbereiten • zerkleinern	**20 g Petersilie (ca. 2 EL)**	• vorbereiten • zerkleinern
	• **in vorgewärmter Schüssel anrichten**		• **in GN–Behälter anrichten**
	• mit Petersilie garnieren		• mit Petersilie garnieren
Hinweis:	Soße bei Bedarf mit hellem Soßenbinder binden!		

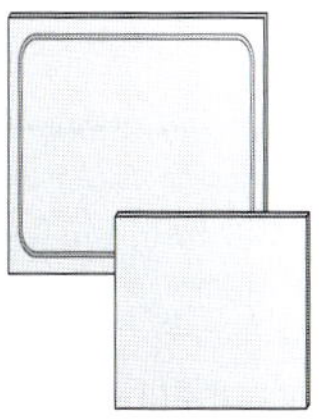		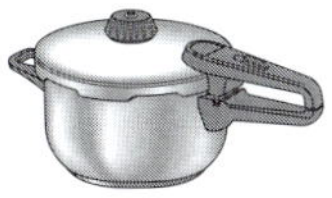	Kochmesser Bratenwender Schüssel Messbecher Schüssel zum Anrichten
Schneidebrett	Gemüsemesser	Dampfdrucktopf	

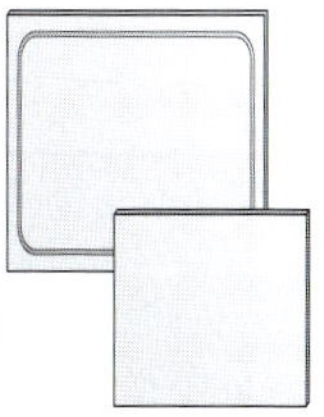			Gemüsemesser Litermaß Bratenwender Schüssel GN-Blech tief
Schneidebrett	Kochmesser	Kippbratpfanne	

Gulasch

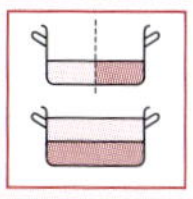  

Zutaten	Arbeitsschritte 4 Portionen
500 g Schweinefleisch	• in gleichmäßige Würfel schneiden (etwa 2 x 2 cm)
3 Zwiebeln (ca. 150 g)	• vorbereiten • halbieren • in feine Streifen schneiden
1 EL Öl oder 20 g wasserfreies Fett	• **in einem Topf (Größe ca. 3 l) oder im Dampfdrucktopf erhitzen** • Fleisch ungesalzen bei starker Hitze rasch von allen Seiten anbraten • wenn das Fleisch braun ist, die Zwiebeln zugeben und ebenfalls anbraten
1 TL Paprika (ca. 5 g) 1 TL Salz (ca. 5 g) 1/2 TL Pfeffer	• zum Würzen zugeben
1/2 l Brühe (heiß)	• langsam aufgießen
	• **Garzeit:** **– im Dampfdrucktopf ca. 20 Minuten** **– im Schmortopf ca. 60 Minuten** (je nach Fleischart)
<u>Nach Belieben:</u> 3 EL kaltes Wasser 1 EL Mehl (ca. 10 g)	• Mehl anrühren/Mehlteiglein herstellen
	• Soße binden • aufkochen lassen • abschmecken
<u>Nach Belieben:</u> 1 EL Tomatenmark (ca. 20 g) 2 EL Sahne (ca. 30 ml)	• zugeben • abschmecken
	• **in vorgewärmter Schüssel mit Deckel anrichten**

Zutaten	Arbeitsschritte 20 Portionen
3,5 kg Schweinefleisch	• in gleichmäßige Würfel schneiden (etwa 2 x 2 cm)
1 kg Zwiebeln	• vorbereiten • halbieren • in Streifen schneiden
80 g wasserfreies Fett	• **in der Kippbratpfanne erhitzen** (250 °C) • Fleisch ungesalzen bei starker Hitze rasch von allen Seiten anbraten • wenn das Fleisch braun ist, die Zwiebeln zugeben und ebenfalls anbraten
20 g Paprika (ca. 2 TL) 10 g Salz (ca. 2 TL) 20 g Pfeffer (ca. 2 TL)	• zum Würzen zugeben
3 l Brühe (heiß)	• langsam aufgießen
	• **Garzeit ca. 60 Minuten** (je nach Fleischart) • bei Bedarf Wasser nachgießen
<u>Nach Belieben:</u> 1/4 l kaltes Wasser 80 g Mehl (ca. 8 EL)	• Mehl anrühren/Mehlteiglein herstellen
	• Soße binden • aufkochen lassen • abschmecken
<u>Nach Belieben:</u> 80 g Tomatenmark (ca. 4 EL) 1/8 l Sahne (125 ml)	• zugeben • abschmecken
	• **in GN-Behälter anrichten**

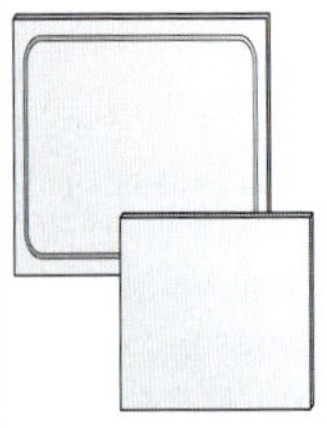			Kochmesser Messbecher Kochlöffel Schüssel Dosenöffner
Schneidebrett	Gemüsemesser	Topf – 3 l	

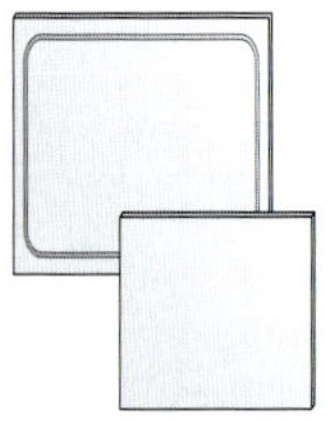			Gemüsemesser Litermaß Kochlöffel Schüssel GN-Blech tief Dosenöffner
Schneidebrett	Kochmesser	Topf – 5 l	

Hackfleischsoße

Zutaten	Arbeitsschritte – 4 Portionen
3 Zwiebeln (ca. 150 g)	• vorbereiten • fein würfeln
20 g Fett	• in einem Topf (Größe ca. 3 l) erhitzen
	• Zwiebeln zugeben • glasig dünsten
250 g Hackfleisch	• zugeben • verrühren • mit andünsten
1 Dose Tomatenmark (ca. 70 g) 1 TL Paprika (ca. 10 g)	• kurz andünsten • verrühren
1/4 l Brühe (bei Bedarf etwas mehr)	• aufgießen • zwischendurch umrühren
Salz Pfeffer Oregano (Majoran) Tomatenketchup	• zum Würzen zugeben • abschmecken
	• zugedeckt ca. 10 Minuten leicht kochen lassen
	• nochmals abschmecken
	• in vorgewärmter Schüssel mit Deckel anrichten

Zutaten	Arbeitsschritte – 20 Portionen
500 g Zwiebeln (ca. 10 Stück)	• vorbereiten • fein würfeln
90 g Fett	• in einem Topf (Größe ca. 5 l) erhitzen
	• Zwiebeln zugeben • glasig dünsten
1 kg Hackfleisch	• zugeben • verrühren • mit andünsten
ca. 400 g Tomatenmark 20 g Paprika (ca. 2 TL)	• kurz andünsten • verrühren
1 1/4 l Brühe (bei Bedarf etwas mehr)	• aufgießen • zwischendurch umrühren
Salz Pfeffer Oregano (Majoran) oder Basilikum	• zum Würzen zugeben • abschmecken
	• zugedeckt ca. 10 Minuten leicht kochen lassen
	• nochmals abschmecken
	• in GN-Behälter anrichten

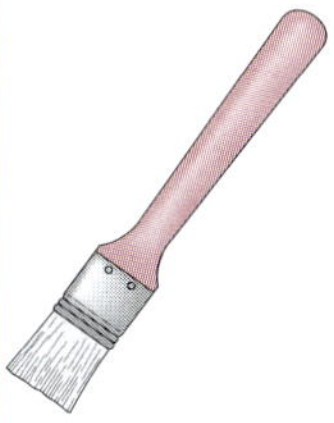	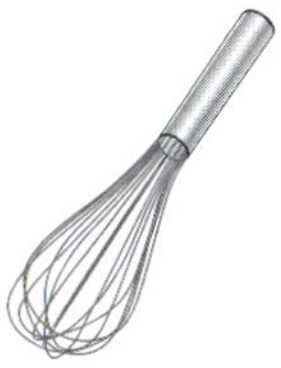	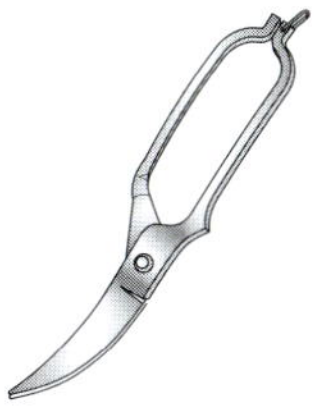	Bratraine Backofen Schneidebrett Gemüsemesser Kochmesser Schüssel Spitzsieb Platte Soßenschüssel
Fettpinsel	Schneebesen	Geflügelschere	

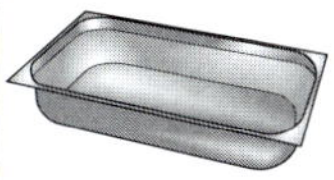	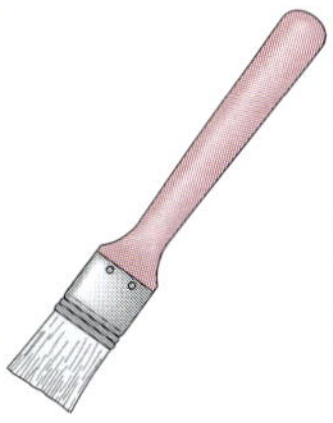		Schneidebrett Gemüsemesser Kochmesser Schüssel Schneebesen Spitzsieb Geflügelschere
GN-Blech tief	Fettpinsel	Kombidämpfer	

Hähnchen, gebraten

Zutaten	Arbeitsschritte – 4 Portionen
	• **Backofen auf 240 °C vorheizen**
1 Brathähnchen (ca. 900 g)	• vorbereiten • Hähnchen gründlich unter fließendem Wasser innen und außen waschen • mit Küchenkrepp abtrocknen
1 TL Salz (ca. 5 g) 1 TL Paprika (ca. 10 g) 1/4 TL Pfeffer 1 EL Öl	• mischen • mit Pinsel Hähnchen innen und außen bestreichen
	• **Hähnchen in die Bratraine legen** • Brustseite nach oben
	• **im Backofen garen** • **ca. 30 Minuten**
1 Gelbe Rübe (ca. 100 g) 1 Zwiebel (ca. 50 g)	• vorbereiten • fein schneiden
	• zugeben • Hähnchen wenden • ab und zu mit dem Bratensaft übergießen
1/4 l heiße Brühe	• aufgießen, wenn alles gebräunt ist
	• **Garzeit insgesamt 50 – 70 Minuten** (je nach Größe des Hähnchens)
	• Hähnchen aus der Soße nehmen • warm stellen
<u>Nach Belieben:</u> 4 EL kaltes Wasser 1 EL Mehl (ca. 10 g)	• glatt rühren • Soße damit binden (aufkochen) • abschmecken • Soße durch Spitzsieb gießen
	• Hähnchen tranchieren (= zerlegen)
	• **Hähnchenteile auf vorgewärmter Platte anrichten** • **Soße in Soßenschüssel anrichten**

Zutaten	Arbeitsschritte – 20 Portionen
5 Brathähnchen (ca. je 900 g)	• vorbereiten, halbieren • Hähnchen gründlich unter fließendem Wasser innen und außen waschen • mit Küchenkrepp abtrocknen
25 g Salz (ca. 5 TL) 25 g Paprika (gut 2 TL) 10 g Pfeffer (ca. 1 TL) 5 EL Öl	• mischen • mit Pinsel Hähnchen innen und außen bestreichen
	• **Hähnchen in ein tiefes GN-Blech legen** – Oberseite nach oben
	• **im Kombidämpfer garen** – Heißluft – 180 ° C • **30 Minuten garen** • (ab und zu mit Bratensaft übergießen)
500 g Gelbe Rüben (ca. 5 Stück) 250 g Zwiebeln (ca. 5 Stück)	• vorbereiten • fein schneiden • zugeben
	• **Garzeit insgesamt 50 – 70 Minuten** (je nach Größe des Hähnchens)
	• Hähnchen aus der Soße nehmen • warm stellen
<u>Nach Belieben:</u> 1/8 l kaltes Wasser 50 g Mehl (ca. 5 EL)	• glatt rühren • Soße damit binden (aufkochen) • abschmecken • Soße durch Spitzsieb gießen (passieren)
	• Hähnchen tranchieren (= zerlegen)
	• **Hähnchenteile auf GN-Blech anrichten** • **Soße im GN-Behälter anrichten**

Fleisch

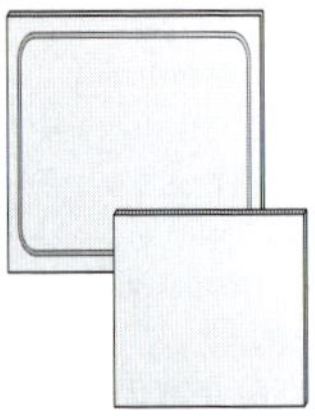	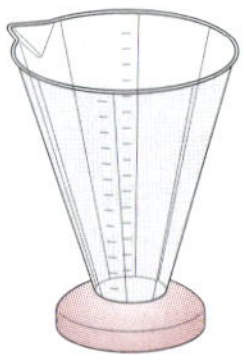		Geflügelschere Kartoffelschäler Bratraine (Auflaufform) Backofen Messbecher Kochmesser Schüssel
Schneidebrett	Messbecher	Gemüsemesser	

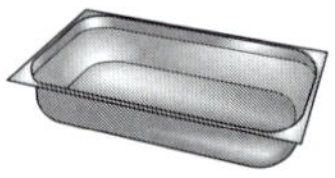		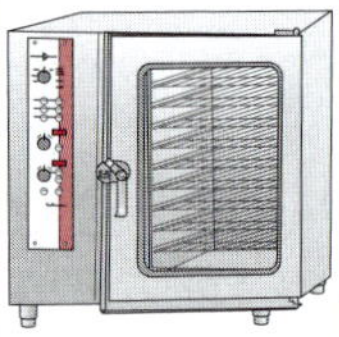	Geflügelschere Kartoffelschäler Gemüsemesser Schneidebrett Litermaß Schüssel
GN-Blech tief	Kochmesser	Kombidämpfer	

Hähnchenpfanne – italienische Art

4 Portionen

Zutaten	Arbeitsschritte
1 Hähnchen (ca. 900 g)	• waschen • trockentupfen • in Portionsstücke zerteilen (4 Stücke)
1/2 TL Salz **1/2 TL Pfeffer** **1/2 TL Paprika**	• Hähnchenteile würzen
500 g Kartoffeln	• waschen – schälen • in Würfel schneiden
	• **Hähnchenteile und Kartoffelwürfel in Bratraine oder Auflaufform einschichten**
1/2 TL Salz	• darüber streuen
1 Stängel Rosmarin	• Nadeln abzupfen • zerkleinern • darüber streuen
2 – 3 EL Öl (ca. 30-45 ml)	• darüber verteilen
	• **im Backofen garen** – 200 °C
1/8 l Flüssigkeit	• aufgießen, wenn es zu bräunen beginnt • **Garzeit ca. 45 Minuten**
100 g Kirschtomaten **1/2 1 TL Rosmarin** **2 EL Parmesan (ca. 15 g)**	• **10 Minuten vor Ende der Garzeit:** – zugeben – darüber streuen
	• **in weiter Schüssel oder Auflaufform anrichten**

20 Portionen

Zutaten	Arbeitsschritte
4,5 kg Hähnchen (ca. 5 Stück je 900 g)	• waschen • trockentupfen • in Portionsstücke zerteilen (20 Stücke)
10 g Salz (ca. 2 TL) **1/2 TL Pfeffer** **1/2 TL Paprika**	• Hähnchenteile würzen
2,5 kg Kartoffeln	• waschen – schälen • in Würfel schneiden
	• **Hähnchenteile auf einem GN-Blech einschichten**
10 g Salz (ca. 2 TL)	• darüber streuen
1 Stängel Rosmarin	• Nadeln abzupfen • zerkleinern • darüber streuen
90 – 120 ml Öl (ca. 6-8 EL)	• darüber verteilen
	• **im Kombidämpfer garen** – mit Dampf – 200 °C
1/4 – 1/2 l Flüssigkeit	• aufgießen, wenn es zu bräunen beginnt • **Garzeit ca. 45 Minuten**
500 g Kirschtomaten **10 g Rosmarin (ca. 1 TL)** **60 g Parmesan**	• **10 Minuten vor Ende der Garzeit:** – zugeben – darüber streuen
	• **auf GN-Blech anrichten**

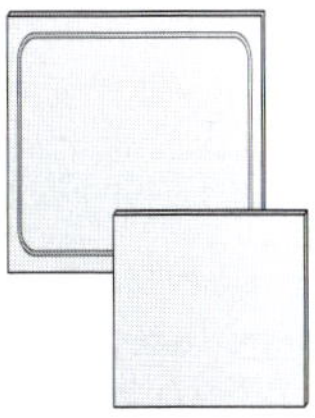			Geflügelschere Messbecher Kochmesser Schüssel Auflaufform Backofen Schneebesen Spitzsieb Platte Soßenschüssel
Schneidebrett	Gemüsemesser	Pfanne	

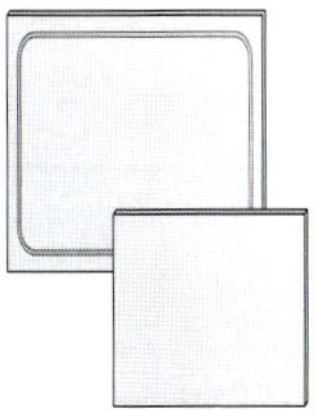		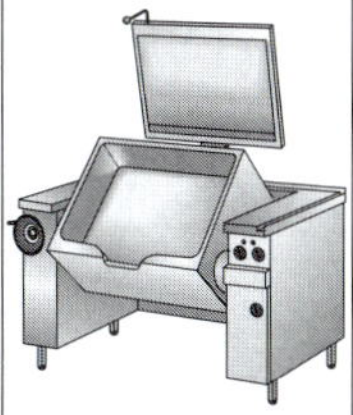	Geflügelschere Litermaß Gemüsemesser Schüssel Schneebesen GN-Blech flach GN-Behälter
Schneidebrett	Kochmesser	Kippbratpfanne	

Hähnchen, geschmort

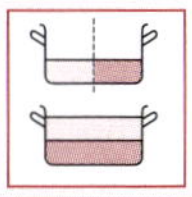  

Zutaten	Arbeitsschritte **4 Portionen**
1 Hähnchen (ca. 900 g) 1 TL Salz 1/2 TL Pfeffer	• waschen • trockentupfen • Hähnchen vierteln • würzen
40 g Speck, durchwachsen	• fein würfeln
100 g Zwiebeln (ca. 2 Stück)	• vorbereiten • fein würfeln
200 g Champignons	• vorbereiten • in feine Scheiben schneiden
30 g Fett	• **in einer großen Pfanne erhitzen** • Speck anbraten • Hähnchen darin anbraten • Zwiebeln und Champignons zugeben • andünsten • in feuerfeste Form geben
1/2 l Brühe	• mit Brühe aufgießen
	• **im Backofen garen** • **bei ca. 200 °C** • **Garzeit ca. 45 Minuten**
	• Hähnchenteile herausnehmen • warm stellen
6 EL saure Sahne nach Bedarf etwas Brühe	• mit Sahne und evtl. Brühe aufgießen
4 EL kaltes Wasser 1 EL Mehl (ca. 10 g)	• glatt rühren • Soße damit binden • abschmecken
	• Soße durch Spitzsieb gießen
	• **Hähnchenteile auf vorgewärmter Platte anrichten** • etwas Soße übergießen • **Soße in Soßenschüssel anrichten**

Zutaten	Arbeitsschritte **20 Portionen**
4,5 kg Hähnchen (ca. 5 Stück je 900 g) 10 g Salz (ca. 2 TL) 10 g Pfeffer (ca. 1 TL)	• waschen • trockentupfen • Hähnchen vierteln • würzen
80 g Speck, durchwachsen	• fein würfeln
500 g Zwiebeln (ca. 10 Stück)	• vorbereiten • fein würfeln
500 g Champignons	• vorbereiten • in feine Scheiben schneiden
50 g Fett	• **in der Kippbratpfanne erhitzen** (ca. 240 °C) • Speck anbraten • Hähnchen darin anbraten • Zwiebeln und Champignons zugeben • andünsten
2 l Brühe	• mit Brühe aufgießen • Temperatur **auf 160 °C** zurückstellen, Deckel schließen • **Garzeit ca. 40 Minuten** • evtl. Brühe nachgießen
	• Hähnchenteile herausnehmen • warm stellen
200 ml saure Sahne (= 1 Becher)	• Sahne aufgießen
6 EL kaltes Wasser 80 g Mehl (ca. 8 EL)	• glatt rühren • Soße damit binden • abschmecken
	• **Hähnchenteile auf GN-Blech anrichten** • etwas Soße übergießen • **restliche Soße im GN-Behälter anrichten**

Fleisch

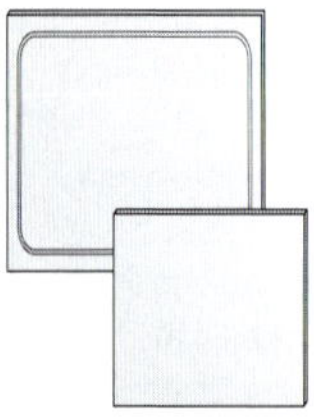	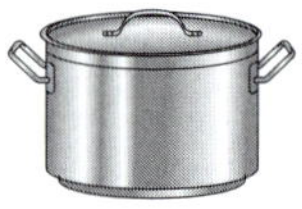	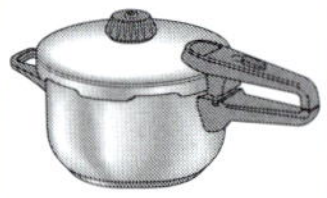	Kartoffelschäler Gemüsemesser Kochmesser Schüssel Messbecher Wiegemesser Schüssel zum Anrichten
Schneidebrett	Topf – 5 l	Dampfdrucktopf	

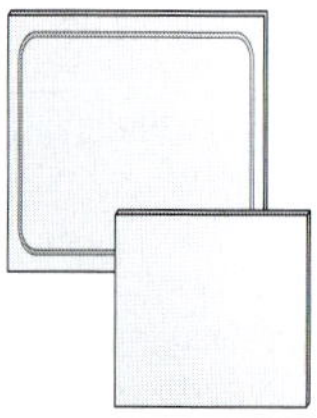	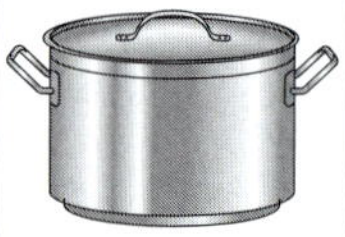		Kartoffelschäler Gemüsemesser Schüssel Litermaß Wiegemesser GN-Blech tief
Schneidebrett	Topf – 7 l	Kochmesser	

Pichelsteiner

Zutaten	Arbeitsschritte (4 Portionen)
1 Zwiebel (ca. 50 g)	• vorbereiten • in feine Würfel schneiden
1 kg verschiedene Gemüse: z. B. Sellerie, Petersilienwurzel, Gelbe Rüben, Lauch und 500 g Kartoffeln	• vorbereiten • gleichmäßig zerkleinern (entsprechend der Sorte) • alle Gemüse sofort abdecken
400 g Rind- und Schweinefleisch	• in ca. 1 x 1 cm große Würfel schneiden
1 EL Öl	• **in einem Topf (Größe ca. 5 l) oder im Dampfdrucktopf erhitzen** • Fleisch anbraten • Zwiebeln zugeben • leicht anrösten • Gemüse zugeben
3/4 l heiße Brühe	• zugeben
1/2 TL Salz 1/2 TL Pfeffer 1/2 TL Paprika	• würzen
	• **Garzeit:** **– im geschlossenen Topf ca. 25 – 30 Minuten** **– im Dampfdrucktopf ca. 10 Minuten** • Garprobe machen • abschmecken
1 EL Petersilie (ca. 10 g)	• vorbereiten • zerkleinern
	• **in vorgewärmter Schüssel mit Deckel anrichten** • mit Petersilie garnieren

Zutaten	Arbeitsschritte (20 Portionen)
250 g Zwiebeln (ca. 5 Zwiebeln)	• vorbereiten • in feine Würfel schneiden
3 kg verschiedene Gemüse: z. B. Sellerie, Petersilienwurzel, Gelbe Rüben, Lauch und 2 kg Kartoffeln	• vorbereiten • gleichmäßig zerkleinern (entsprechend der Sorte) • alle Gemüse sofort abdecken
1,5 kg Schweinefleisch	• in ca. 1 x 1 cm große Würfel schneiden
80 g Fett oder 8 EL Öl	• **in einem Topf (Größe ca. 7 l) erhitzen** • Fleisch anbraten • Zwiebeln zugeben • leicht anrösten • Gemüse zugeben
1/2 l heiße Brühe	• zugeben
10 g Salz (ca. 2 TL) 10 g Pfeffer (ca. 1 TL) 10 g Paprika (ca. 1 TL)	• würzen
	• **Garzeit ca. 25 – 30 Minuten** • Garprobe machen • abschmecken
20 g Petersilie (ca. 2 EL)	• vorbereiten • zerkleinern
	• **im GN-Behälter anrichten** • mit Petersilie garnieren

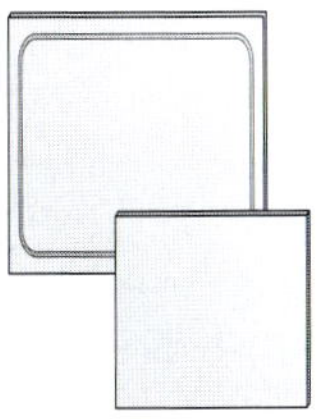	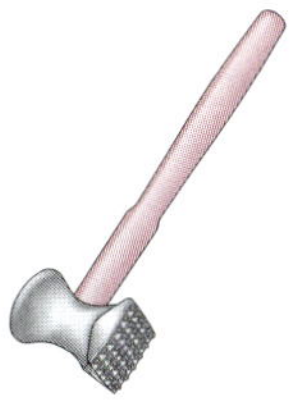		Panierschale Messbecher Wiegemesser 2 Bratenwender Platte Sieb Soßenschüssel
Schneidebrett	Fleischklopfer	Pfanne	

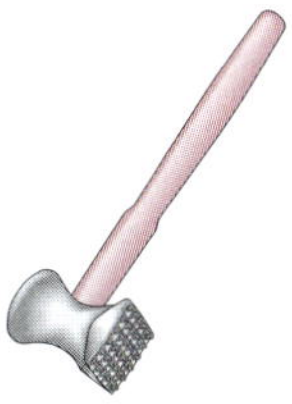		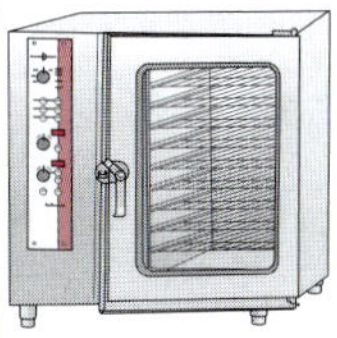	Panierschale Schneidebrett Litermaß Wiegemesser 2 Bratenwender GN-Blech flach Sieb GN-Blech tief
Fleischklopfer	Kippbratpfanne	Kombidämpfer	

Schnitzel in Rahmsoße

Zutaten	Arbeitsschritte – 4 Portionen
4 Schweine-, Puten- oder Hähnchenschnitzel	• vorbereiten • evtl. klopfen
Pfeffer Salz	• Schnitzel auf beiden Seiten würzen
Mehl (ca. 30 g)	• Schnitzel in Mehl wenden
20 g wasserfreies Fett oder 2 EL Öl	• **in einer großen Pfanne erhitzen** • Schnitzel auf jeder Seite **ca. 2 Minuten** scharf anbraten
	• **Schnitzel fächerförmig auf eine Platte geben** • warm stellen
	• **Temperatur der Herdplatte zurückstellen**
1/4 l Brühe	• aufgießen • Bratensatz loskochen • Soße sieben und zurück in die Pfanne gießen
1 EL Zitronensaft Salz Pfeffer 4 EL Sahne	• zugeben • durchkochen • abschmecken
1 EL Petersilie (ca. 10 g)	• vorbereiten • evtl. zerkleinern
	• **Schnitzel auf einer vorgewärmten Platte anrichten** • etwas Soße über die Schnitzel geben • **restliche Soße in einer Schüssel anrichten**
	• mit Petersilie garnieren

Zutaten	Arbeitsschritte – 20 Portionen
20 Schweine-, Puten- oder Hähnchenschnitzel	• vorbereiten • evtl. klopfen
Pfeffer Salz	• Schnitzel auf beiden Seiten würzen
Mehl (ca. 100 g)	• Schnitzel in Mehl wenden
80 g wasserfreies Fett	• **in der Kippbratpfanne erhitzen** (250 °C) • Schnitzel auf jeder Seite **ca. 2 Minuten** scharf anbraten
	• **Schnitzel fächerförmig in einen ungelochten GN–Behälter geben** • im Kombidämpfer warm stellen (ca. 100 °C)
	• **Temperatur der Kippbratpfanne zurückstellen**
2,5 l Brühe	• aufgießen • Bratensatz loskochen • Soße sieben und zurück in die Kippbratpfanne gießen
2 EL Zitronensaft Salz Pfeffer 600 ml Sahne (= 3 Becher)	• zugeben • durchkochen • abschmecken
20 g Petersilie (ca. 2 EL)	• vorbereiten • evtl. zerkleinern
	• **Schnitzel auf GN-Blech anrichten** • etwas Soße über die Schnitzel geben • **restliche Soße im GN-Behälter anrichten**
	• mit Petersilie garnieren

Fleisch

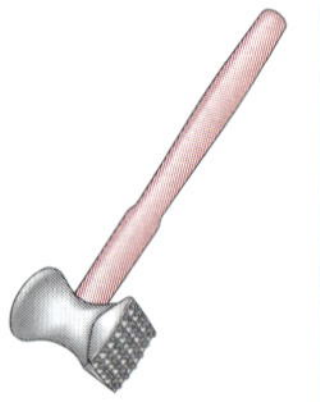			GN-Blech (1/9) Kochmesser Schneidebrett 2 Bratenwender Schüssel Platte
Fleischklopfer	Gemüsemesser	Pfanne	

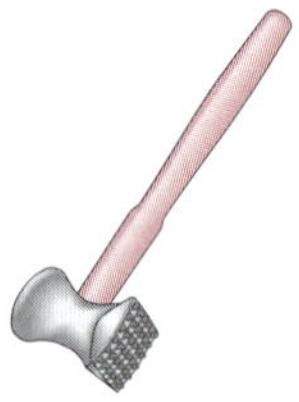			GN-Blech flach Gemüsemesser 2 Bratenwender Schneidebrett Schüssel
Fleischklopfer	Kochmesser	Kippbratpfanne	

Schnitzel – Wiener Art

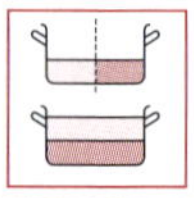

Zutaten	Arbeitsschritte – 4 Portionen
1 TL Pfeffer (ca. 10 g) 2 TL Salz (ca. 10 g)	• auf ein flaches GN-Blech (1/9) streuen
4 Schnitzel	• klopfen • auf das gewürzte Blech auflegen • zweite Seite würzen
4 EL Mehl (ca. 40 g)	• auf ein GN-Blech (1/9) geben
2 Eier (M) 2 EL Wasser	• in einer Schüssel verrühren
4 EL Semmelbrösel (ca. 40 g)	• auf ein GN-Blech (1/9) geben
	• Schnitzel panieren • auf ein GN-Blech nebeneinander legen
wasserfreies Fett	• in einer großen Pfanne erhitzen • Schnitzel einlegen • auf beiden Seiten **langsam** durchbraten lassen
1 ungespritzte Zitrone	• waschen • Spalten schneiden
	• Schnitzel auf vorgewärmter Platte anrichten • mit Zitronenspalten garnieren

Zutaten	Arbeitsschritte – 20 Portionen
ca. 45 g Pfeffer (ca. 1 1/2 EL) ca. 45 g Salz (ca. 3 EL)	• auf ein flaches GN-Blech streuen
20 Schnitzel	• klopfen • auf das gewürzte Blech auflegen • zweite Seite würzen
ca. 150 g Mehl	• auf ein flaches GN-Blech geben
5 Eier (M) 5 EL Wasser	• in einer Schüssel verrühren
100 g Semmelbrösel	• auf ein flaches GN-Blech geben
	• Schnitzel panieren • auf ein GN-Blech nebeneinander legen
wasserfreies Fett	• in der Kippbratpfanne erhitzen (250 °C) • Schnitzel einlegen • herunterschalten • auf beiden Seiten **langsam** durchbraten lassen
3 ungespritzte Zitronen	• waschen • Spalten schneiden
	• Schnitzel auf einem GN-Blech anrichten • mit Zitronenspalten garnieren

	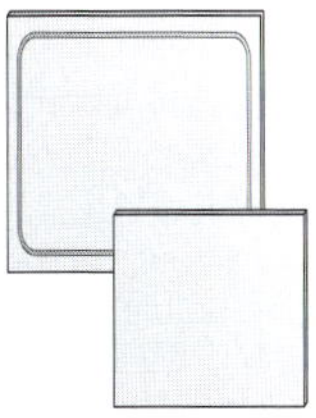	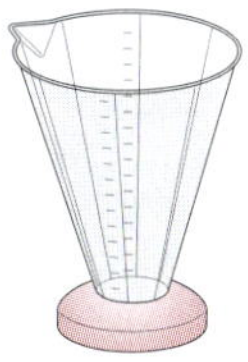	Bräter Backofen Gemüsemesser 2 Bratenwender Spitzsieb Stieltopf für Soße Schüssel Schneebesen Tranchiermesser Platte Soßenschüssel
Kochmesser	Schneidebrett	Messbecher	

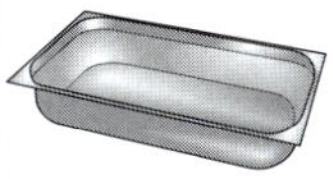		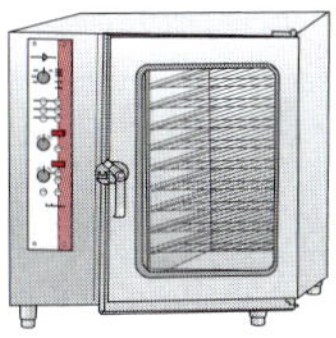	Schneidebrett Gemüsemesser 2 Bratenwender Litermaß Spitzsieb Topf – 3l für Soße Schüssel Schneebesen Tranchiermesser GN-Behälter
GN-Blech tief	Kochmesser	Kombidämpfer	

Schweinebraten

Zutaten	Arbeitsschritte – 4 Portionen
500 g Schweinefleisch	• waschen und gut trocknen
1 TL Salz (ca. 5 g) 1/2 TL Pfeffer 1/2 TL Kümmel	• Fleisch gut einreiben • **in einen Bräter oder feuerfeste Form legen**
1 Wurzelwerk	• waschen • vorbereiten • grob zerkleinern • zum Fleisch geben
1 Zwiebel (ca. 50 g Stück)	• grob schneiden • zum Fleisch geben
	• **im Backofen garen** – ca. 200 °C
1/4 – 1/2 l heiße Brühe	• wenn das Fleisch zu bräunen beginnt, Brühe seitlich zugeben • Braten ab und zu wenden
	• **Garzeit ca. 1 1/2 Stunden** (je nach Fleischdicke)
	• Fleisch herausnehmen und abdecken • warm stellen
	• Soße durch Spitzsieb in einen Topf gießen
ca. 4 EL kaltes Wasser 1 EL Mehl (ca. 10 g)	• glatt rühren • Soße damit binden (aufkochen lassen) • abschmecken
	• Braten gegen die Faser in Scheiben schneiden • **Fleisch auf einer angewärmten Platte anrichten** • etwas Soße übergießen • **restliche Soße in einer Schüssel anrichten**

Zutaten	Arbeitsschritte – 20 Portionen
2,5 kg Schweinefleisch	• waschen und gut trocknen
10 g Salz (ca. 2 TL) 10 g Pfeffer (ca. 1 TL) 5 g gem. Kümmel (ca. 1 TL)	• Fleisch damit gut einreiben • **auf ein tiefes GN-Blech legen**
1 Wurzelwerk	• waschen • vorbereiten • grob zerkleinern • zum Fleisch geben
100 g Zwiebeln (ca. 2 Stück)	• grob schneiden • zum Fleisch geben
1 l kaltes Wasser	• seitlich zugießen
	• **im Kombidämpfer garen** – 130 °C – Heißluft-Dampf • **Garzeit ca. 90 Minuten** (nach 45 Minuten Braten wenden, evtl. Wasser nachgießen) • **zum Schluss zusätzlich 15 Minuten bei 180 °C Heißluft bräunen**
	• Fleisch herausnehmen und abdecken • warm stellen
	• Soße durch Spitzsieb in einen Topf gießen
1/8 l kaltes Wasser 50 g Mehl	• glatt rühren • Soße damit binden (aufkochen lassen) • abschmecken
	• Braten gegen die Faser in Scheiben schneiden • **auf GN-Blech anrichten** • etwas Soße übergießen • **restliche Soße im GN-Behälter anrichten**

Fisch

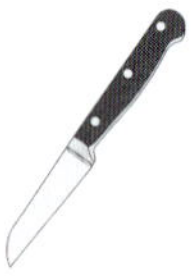

Gemüsemesser

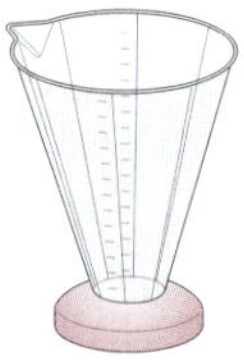

Messbecher

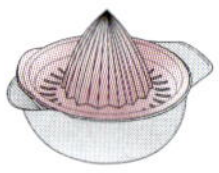

Zitronenpresse

Pfanne
Auflaufform
Backofen
GN-Blech (1/9)
Schneidebrett
Schüssel

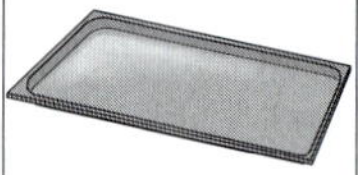

GN-Blech flach

Kippbratpfanne

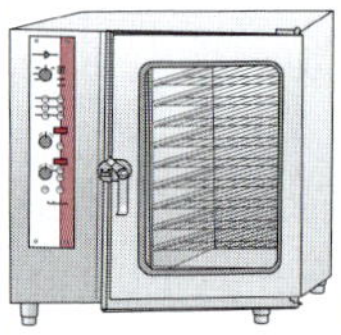

Kombidämpfer

Gemüsemesser
Kochmesser
Schneidebrett
Schüssel
Litermaß

Champignonfischfilet

Zutaten	Arbeitsschritte – 4 Portionen	Zutaten	Arbeitsschritte – 20 Portionen
600 g frisches Fischfilet oder 600 g Tiefkühlfisch	• säubern (kann bei Tiefkühlfisch entfallen) • in Streifen schneiden • **auf GN-Blech (1/9) legen**	3 kg Fischfilet oder 3 kg Tiefkühlfisch	• säubern (kann bei Tiefkühlfisch entfallen) • in Streifen schneiden • **auf GN-Blech legen**
3 EL Zitronensaft (ca. 45 ml) 1 TL Salz (ca. 5 g)	• säuern • salzen	150 ml Zitronensaft 20 g Salz (ca. 4 TL)	• säuern • salzen
2 TL Sardellenpaste 2 TL Tomatenmark	• mischen • Fischstreifen bestreichen	50 g Sardellenpaste 50 g Tomatenmark	• mischen • Fischstreifen bestreichen
1 Zwiebel (ca. 50 g)	• vorbereiten • fein würfeln	250 g Zwiebel (ca. 5 Stück)	• vorbereiten • fein würfeln
30 g Speck	• fein würfeln	150 g Speck	• fein würfeln
250 g Champignons	• putzen • waschen • blättrig schneiden	1,250 kg Champignons	• putzen • waschen • blättrig schneiden
	• **Speck in einer großen Pfanne auslassen** • Zwiebel und Champignons darin andünsten		• **Speck in der Kippbratpfanne auslassen** • Zwiebel und Champignons darin andünsten
10 g Margarine	• **feuerfeste Form einfetten** • Fischstreifen schuppenförmig einlegen • Champignonmasse darauf verteilen • Fettflöckchen verteilen	50 g Margarine	• **GN-Blech einfetten** • Fischstreifen schuppenförmig einlegen • Champignonmasse darauf verteilen • Fettflöckchen verteilen
100 g geriebener Käse 4 EL Semmelbrösel (ca. 40 g)	• darüber streuen	400 g geriebener Käse 150 g Semmelbrösel	• darüber streuen
	• **im Backofen garen** – 180 – 200 °C • **25 – 30 Minuten**		• **im Kombidämpfer garen** – Dampf – 100 °C • **ca. 25 Minuten**
3 EL saure Sahne (ca. 45 ml)	• **10 Minuten** vor Ende der Garzeit über den Fisch gießen	200 ml saure Sahne (ca. 1 Becher)	• **10 Minuten** vor Ende der Garzeit über den Fisch gießen
	• **in der Auflaufform anrichten**		• **im GN-Behälter anrichten**

	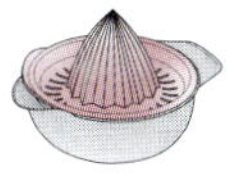		GN-Blech (1/9) Schneidebrett Schüssel Gemüsemesser Kochmesser Platte
Bratenwender	Zitronenpresse	Pfanne	

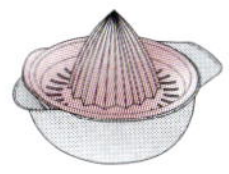	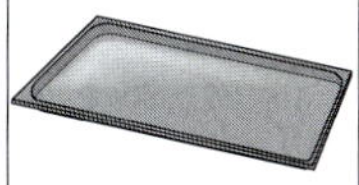		Schneidebrett Schüssel Gemüsemesser Kochmesser Bratenwender
Zitronenpresse	GN-Blech flach	Kippbratpfanne	

Fischfilet, gebacken

Zutaten	Arbeitsschritte 4 Portionen
600 g frisches Fischfilet oder 600g Tiefkühlfisch	• säubern (kann bei Tiefkühlfisch entfallen) • **auf ein GN-Blech (1/9) legen**
3 EL Zitronensaft (ca. 45 ml)	• säuern
1 TL Salz (ca. 5 g)	• salzen (kurz vor dem Garen)
4 EL Mehl (ca. 40 g)	• **auf ein GN-Blech (1/9) geben**
2 Eier (M) 2 EL Wasser	• in einer Schüssel verrühren
4 EL Semmelbrösel (ca. 40 g)	• **auf ein GN-Blech (1/9) geben**
	• Fisch panieren • **auf ein GN-Tablett nebeneinander legen**
wasserfreies Fett	• **in einer großen Pfanne erhitzen** • Fisch einlegen • auf beiden Seiten **langsam** durchbacken lassen
2 ungespritzte Zitronen	• waschen • Spalten schneiden
Petersilie	• vorbereiten • evtl. zerkleinern
	• **Fisch auf vorgewärmter Platte anrichten** • mit Zitronenspalten und Petersilie garnieren

Zutaten	Arbeitsschritte 20 Portionen
3 kg frisches Fischfilet oder 3 kg Tiefkühlfisch	• säubern (kann bei Tiefkühlfisch entfallen) • **auf ein flaches GN-Blech legen**
150 ml Zitronensaft	• säuern
20 g Salz (ca. 4 TL)	• salzen (kurz vor dem Garen)
150 g Mehl	• **auf ein flaches GN-Blech geben**
5 Eier (M) 5 EL Wasser	• in einer Schüssel verrühren
100 g Semmelbrösel	• **auf ein flaches GN-Blech geben**
	• Fisch panieren • **auf ein flaches GN-Blech nebeneinander legen**
wasserfreies Fett	• **in der Kippbratpfanne bei 250 °C erhitzen** • Fisch einlegen • herunterschalten • auf beiden Seiten **langsam** durchbacken lassen
3 ungespritzte Zitronen	• waschen • Spalten schneiden
Petersilie	• vorbereiten • evtl. zerkleinern
	• **Fisch auf einem GN-Blech anrichten** • mit Zitronenspalten und Petersilie garnieren

Fisch

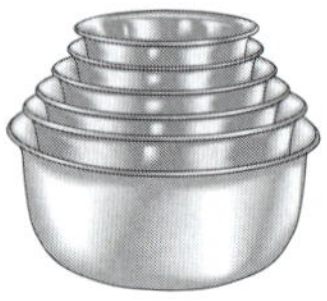	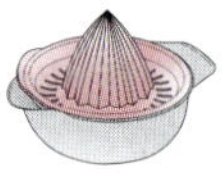	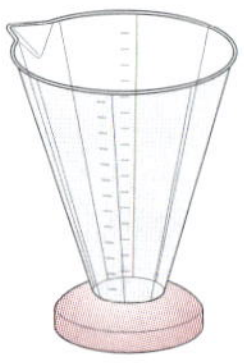	Auflaufform Backofen Schneidebrett Gemüsemesser Kochmesser
Schüssel	Zitronenpresse	Messbecher	

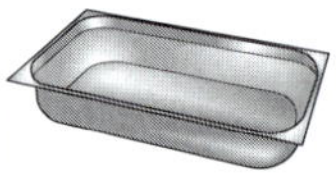		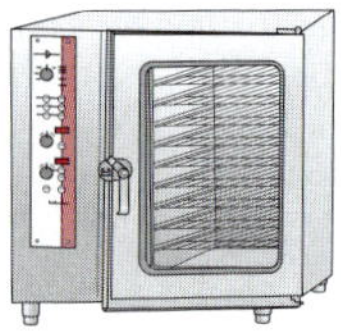	Zitronenpresse Gemüsemesser Schneidebrett Schüssel Litermaß GN-Behälter
GN-Blech tief	Kochmesser	Kombidämpfer	

Fischfilet, gedünstet

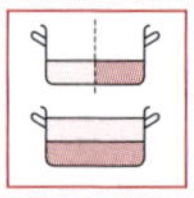  

Zutaten	Arbeitsschritte – 4 Portionen	Zutaten	Arbeitsschritte – 20 Portionen
1/2 Selleriescheibe (ca. 100 g) 1 mittelgroße Gelbe Rübe (ca. 150 g) 1 kleine Stange Lauch (ca. 100 g) (= 350 g Wurzelwerk)	• Wurzelwerk vorbereiten • sehr fein und gleichmäßig schneiden	1 kg Gemüse (= Wurzelwerk) Sellerie Gelbe Rüben Lauch	• Wurzelwerk vorbereiten • sehr fein und gleichmäßig schneiden
1 Zwiebel (ca. 50 g)	• vorbereiten • fein würfeln	250 g Zwiebeln (ca. 5 Stück)	• vorbereiten • fein würfeln
2 Tomaten (ca. 100 g)	• waschen • in Scheiben schneiden	400 g Tomaten (ca. 8 Stück)	• waschen • in Scheiben schneiden
600 g frisches Fischfilet oder 600 g Tiefkühlfisch	• säubern (kann bei Tiefkühlfisch entfallen)	3 kg frisches Fischfilet oder 3 kg Tiefkühlfisch	• säubern (kann bei Tiefkühlfisch entfallen)
3 EL Zitronensaft (ca. 45 ml) 1 TL Salz (ca. 5 g)	• säuern • salzen	150 ml Zitronensaft 20 g Salz (ca. 4 TL)	• säuern • salzen
30 g Margarine	• **in einer feuerfesten Form erhitzen** • Fisch nebeneinander einlegen • vorbereitetes Gemüse auf der Seite zugeben	100 g Margarine	• **in tiefem GN-Behälter erwärmen** • Fisch nebeneinander einlegen • vorbereitetes Gemüse auf der Seite zugeben
1/2 TL Salz etw. Pfeffer	• Gemüse würzen	10 g Salz (ca. 2 TL) 1/2 TL Pfeffer	• Gemüse würzen
1/8 l Brühe	• zugeben, Deckel schließen	1/2 l Brühe	• zugeben
	• **im Backofen garen** – 180 – 190 °C • **ca. 20 Minuten** (je nach Fischsorte) (Tiefkühlfisch ca. 30 Minuten)		• **im Kombidämpfer garen** – Dampf – 100 °C • **ca. 20 Minuten** (je nach Fischsorte) (Tiefkühlfisch ca. 30 Minuten)
Salz, Pfeffer	• abschmecken	Salz, Pfeffer	• abschmecken
2 EL Sahne (ca. 30 ml)	• zum Verfeinern zugeben – nicht mehr aufkochen	150 ml Sahne	• zum Verfeinern zugeben – nicht mehr aufkochen
	• **in feuerfester Form anrichten**		• **in einem GN-Behälter anrichten**
z. B. 1 Zitrone (Zitronenscheiben) 1 Tomate Petersilie	• Zutaten vorbereiten und entsprechend garnieren	z. B. 4 Zitronen (Zitonenscheiben) 4 Tomaten Petersilie	• Zutaten vorbereiten und entsprechend garnieren

	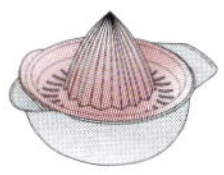		GN-Blech (1/9) Schneidebrett Kochmesser Messbecher Schüssel
Gemüsemesser	Zitronenpresse	Topf – 3 l	

	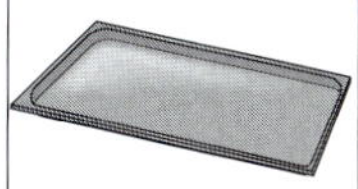	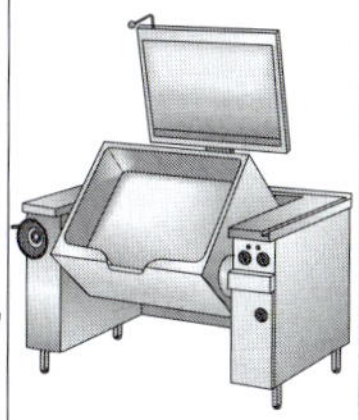	Gemüsemesser Schneidebrett Zitronenpresse Litermaß Schüssel GN-Behälter
Kochmesser	GN-Blech flach	Kippbratpfanne	

Fischgulasch, ungarische Art

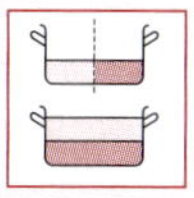  

4 Portionen

Zutaten	Arbeitsschritte
600 g frisches Fischfilet oder Tischkühlfisch	• säubern (kann bei Tiefkühlfisch entfallen) • in ca. 3 cm große Würfel schneiden • **auf ein GN-Blech (1/9) legen**
2 EL Zitronensaft (ca. 30 ml)	• säuern
1 Pr. Pfeffer, weiß 1/2 TL Paprika	• würzen
50 g Speck, durchwachsen	• fein würfeln
2 Zwiebeln (ca. 100 g)	• vorbereiten • fein würfeln
100 g Paprika 100 g Champignons (evtl. aus Dose) 100 g Tomaten (evtl. aus Dose)	• vorbereiten – in Streifen schneiden • vorbereiten – in Scheiben schneiden • vorbereiten – würfeln
20 g Fett	• **in einem Topf (Größe ca. 3 l) garen** • Speck auslassen • Fett zugeben – erhitzen • Zwiebeln zugeben – glasig dünsten • Paprika, Champignons, Tomaten zugeben • dünsten, bis Paprika gar ist
2 EL Mehl (ca. 20 g)	• stauben (mit Mehl bestäuben)
1/8 l Brühe	• aufgießen
1/2 TL Kümmel 1 Pr. Majoran 1/2 TL Salz 1 Pr. Pfeffer, weiß	• Soße kräftig abschmecken (Fisch ist nicht gesalzen!)
	• Fischwürfel zugeben • gar ziehen lassen • nicht bzw. nur wenig und vorsichtig umrühren!
	• **in vorgewärmter Schüssel anrichten**

20 Portionen

Zutaten	Arbeitsschritte
3 kg frisches Fischfilet oder 3 kg Tischkühlfisch	• säubern (kann bei Tiefkühlfisch entfallen) • in ca. 3 cm große Würfel schneiden • **auf ein GN-Blech legen**
150 ml Zitronensaft	• säuern
1/2 TL Pfeffer, weiß 1 TL Paprika (ca. 10 g)	• würzen
200 g Speck, durchwachsen	• fein würfeln
500 g Zwiebeln	• vorbereiten • fein würfeln
500 g Paprika 500 g Champignons (evtl. aus Dose) 500 g Tomaten (evtl. aus Dose)	• vorbereiten – in Streifen schneiden • vorbereiten – in Scheiben schneiden • vorbereiten – würfeln
80 g Fett	• **in der Kippbratpfanne garen** • Speck auslassen • Fett zugeben – erhitzen • Zwiebeln zugeben – glasig dünsten • Paprika, Champignons, Tomaten zugeben • dünsten, bis Paprika gar ist
100 g Mehl	• stauben (mit Mehl bestäuben)
1/2 l Brühe	• aufgießen
5 g Kümmel (ca. 1 TL) 1/2 TL Majoran 5 g Salz (ca. 1 TL) 1/2 TL Pfeffer, weiß	• Soße kräftig abschmecken (Fisch ist nicht gesalzen!)
	• Fischwürfel zugeben • gar ziehen lassen • nicht bzw. nur wenig und vorsichtig umrühren!
	• **im GN-Behälter anrichten**

Fruchtsoße – einfach

Zutaten	Arbeitsschritte – 4 Portionen
1/2 l Fruchtsaft	• in einem Topf (Größe ca. 1 l) zum Kochen bringen
3 TL Stärke (10 g)	• mit 6 EL kaltem Fruchtsaft in kleiner Schüssel glatt rühren
	• kochenden Fruchtsaft von der Kochstelle nehmen • unter ständigem Rühren mit dem Schneebesen Stärkebrei in den Fruchtsaft rühren • auf der Kochstelle unter ständigem Rühren aufkochen lassen
Zucker evtl. Vanillinzucker oder Zitronensaft	• abschmecken
	• in Soßenschüssel oder Glaskrug anrichten

Zutaten	Arbeitsschritte – 20 Portionen
2 l Fruchtsaft	• in einem Topf (Größe ca. 3 l) zum Kochen bringen
40 g Stärke	• mit ca. 1/8 l kaltem Fruchtsaft (von den 2 l abnehmen) in kleiner Schüssel glatt rühren
	• kochenden Fruchtsaft von der Kochstelle nehmen • unter ständigem Rühren mit dem Schneebesen Stärkebrei in den Fruchtsaft rühren • auf der Kochstelle unter ständigem Rühren aufkochen lassen
Zucker evtl. Vanillinzucker oder Zitronensaft	• abschmecken
	• in Soßenschüsseln oder Glaskrügen anrichten

Erdbeer-/Himbeersoße – roh

Zutaten	Arbeitsschritte – 4 Portionen
500 g Erdbeeren oder Himbeeren	• sorgfältig vorbereiten: waschen, abtropfen lassen – entstielen
	• mit dem Mixer Fruchtmark herstellen
1/2 l Wasser 100 – 150 g Zucker (nach Bedarf)	• in Topf (Größe ca. 1 l) geben • zum Kochen bringen
3 TL Stärke (10 g)	• mit 6 EL kaltem Wasser in kleiner Schüssel glatt rühren
	• kochende Flüssigkeit von der Kochstelle nehmen • unter ständigem Rühren mit dem Schneebesen Stärkebrei in die Flüssigkeit rühren • auf der Kochstelle unter ständigem Rühren aufkochen lassen • von der Kochstelle nehmen
Zucker evtl. Vanillinzucker oder Zitronensaft	• Fruchtmark mit Schneebesen unterrühren • abschmecken
	• in Soßenschüssel oder Glaskrug anrichten

Zutaten	Arbeitsschritte – 20 Portionen
2 kg Erdbeeren oder Himbeeren	• sorgfältig vorbereiten: waschen, abtropfen lassen – entstielen
	• mit dem Mixer Fruchtmark herstellen
2 l Wasser 400 – 500 g Zucker (nach Bedarf)	• in Topf (Größe ca. 3 l) geben • zum Kochen bringen
40 g Stärke (ca. 4 EL)	• mit 1/8 l kaltem Wasser in kleiner Schüssel glatt rühren
	• kochende Flüssigkeit von der Kochstelle nehmen • unter ständigem Rühren mit dem Schneebesen Stärkebrei in die Flüssigkeit rühren • auf der Kochstelle unter ständigem Rühren aufkochen lassen • von der Kochstelle nehmen
Zucker evtl. Vanillinzucker oder Zitronensaft	• Fruchtmark mit Schneebesen unterrühren • abschmecken
	• in Soßenschüssel oder Glaskrug anrichten

Vanille-/Schokoladensoße

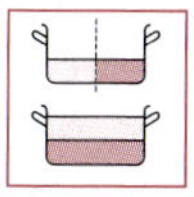

Zutaten	Arbeitsschritte (4 Portionen)
1/2 l Milch	• in einen Topf (Größe ca. 1 l) geben
Für Vanillesoße: 1/2 Vanillestange	• aufschlitzen • auskratzen • Schote und Mark zur Milch geben
Für Schokosoße: 15 g Kakao	• mit 6 EL Milch glatt rühren und zur Milch geben
1 Eigelb (M) 30 g Zucker 3 TL Stärke (10 g)	• mit 6 EL Milch in kleiner Schüssel glatt rühren
	• Milch mit Vanille (oder Kakao) zum Kochen bringen
	• Stärkebrei nochmals aufrühren
	• kochende Milch von der Kochstelle nehmen • unter ständigem Rühren mit dem Schneebesen Stärkebrei in die Milch rühren
	• einmal aufpuffen lassen • von der Kochstelle nehmen • etwas auskühlen lassen • bei Vanillesoße Vanilleschote entfernen
1 Eiklar	• sehr steifen Eischnee schlagen
	• unter die fertige Soße unterheben • Soße muss mindestens 70 °C heiß sein – Salmonellen!
Zucker evtl. Vanillinzucker	• abschmecken
	• in Soßenschüssel oder Glaskrug anrichten

Zutaten	Arbeitsschritte (20 Portionen)
2 l Milch	• in einen Topf (Größe ca. 3 l) geben
Für Vanillesoße: 2 Vanillestangen	• aufschlitzen • auskratzen • Schote und Mark zur Milch geben
Für Schokosoße: 60 g Kakao	• mit ca. 1/8 l Milch der vorhandenen Milch aus dem Topf glatt rühren und zur Milch geben
4 Eigelb (M) 120 g Zucker 40 g Stärke	• mit ca. 1/8 l Milch (von den 2 l abnehmen) in kleiner Schüssel glatt rühren
	• Milch mit Vanille (oder Kakao) zum Kochen bringen
	• Stärkebrei nochmals aufrühren
	• kochende Milch von der Kochstelle nehmen • unter ständigem Rühren mit dem Schneebesen Stärkebrei in die Milch rühren
	• einmal aufpuffen lassen • von der Kochstelle nehmen • etwas auskühlen lassen • bei Vanillesoße Vanilleschote entfernen
4 Eiklar	• sehr steifen Eischnee schlagen
	• unter die fertige Soße unterheben • Soße muss mindestens 70 °C heiß sein – Salmonellen!
Zucker evtl. Vanillinzucker	• abschmecken
	• in Soßenschüsseln oder Glaskrügen anrichten

	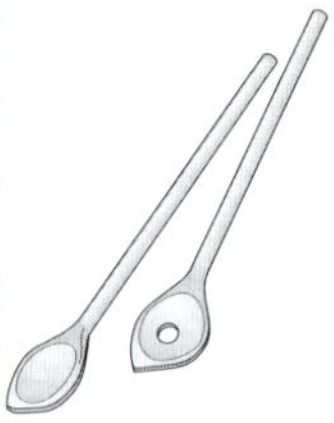		Kochmesser Messbecher Soßenschüssel
Gemüsemesser	Kochlöffel	Topf – 2 l	

	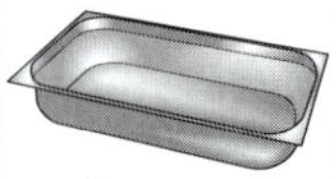		Gemüsemesser Kochlöffel Litermaß
Kochmesser	GN-Blech tief	Topf – 3 l	

Pilzsoße

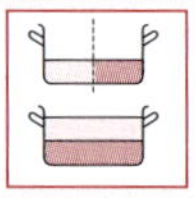

Zutaten	Arbeitsschritte	4 Portionen
3 Zwiebeln (ca. 150 g)	• vorbereiten • fein würfeln	
500 g frische Pilze	• waschen • putzen • in feine Scheiben schneiden (evtl. mit Eierschneider)	
40 g Fett (z. B. Margarine)	• **in einem Topf (Größe ca. 2 l) erhitzen** • Zwiebeln andünsten • Pilze zugeben • andünsten	
30 g Mehl (ca. 3 EL)	• darüber stäuben • durchrühren	
1/2 TL Salz 1 Pr. Pfeffer	• würzen	
1/2 l kalte Brühe	• unter Rühren langsam zugießen	
	• bei schwacher Hitze **ca. 10 Minuten** kochen	
3 EL Sahne	• zum Verfeinern zugeben • abschmecken	
1 EL Petersilie (ca. 10 g)	• vorbereiten • fein hacken	
	• **in vorgewärmter Soßenschüssel anrichten** • mit Petersilie garnieren	

Zutaten	Arbeitsschritte	20 Portionen
400 g Zwiebeln (ca. 8 Stück)	• vorbereiten • fein würfeln	
1,2 kg frische Pilze	• waschen • putzen • in feine Scheiben schneiden (evtl. mit Eierschneider)	
80 g Fett (z. B. Margarine)	• **in einem Topf (Größe ca. 3 l) erhitzen** • Zwiebeln andünsten • Pilze zugeben • andünsten	
80 g Mehl	• darüber stäuben • durchrühren	
5 g Salz (ca. 1 TL) 1/2 TL Pfeffer	• würzen	
1 1/4 l kalte Brühe	• unter Rühren langsam zugießen	
	• bei schwacher Hitze **ca. 10 Minuten** kochen	
60 ml Sahne (ca. 6 EL)	• zum Verfeinern zugeben • abschmecken	
20 g Petersilie (ca. 2 EL)	• vorbereiten • fein hacken	
	• **im GN-Behälter anrichten** • mit Petersilie garnieren	

Gemüsemesser	Schneebesen	Topf – 2 l	Dosenöffner Kochmesser Messbecher Soßenschüssel

Kochmesser	Schneebesen	Topf – 3 l	Dosenöffner Gemüsemesser Litermaß GN-Blech tief

Tomatensoße/Meerrettichsoße/Senfsoße

Zutaten	Arbeitsschritte (4 Portionen)
1/2 Zwiebel	• schälen • fein würfeln
30 g Fett (Margarine)	• **in einem Topf (Größe ca. 2 l) erhitzen** • Zwiebel zugeben • glasig werden lassen
30 g Mehl	• darüber stäuben • etwas anrösten
1 Dose Tomatenmark (ca. 70 g) oder 4 EL geriebenen Meerrettich oder 4 EL Senf (je nach Soßenart)	• zugeben • mitdünsten
1/2 l kalte Brühe	• langsam, unter ständigem Rühren mit dem Schneebesen zugeben • **mindestens 5 Minuten** durchkochen lassen
1/2 TL Salz 1 Pr. Zucker (evtl. Thymian)	• abschmecken
2 EL Sahne	• zum Verfeinern zugeben
	• **in vorgewärmter Soßenschüssel anrichten**

Zutaten	Arbeitsschritte (20 Portionen)
200 g Zwiebeln (ca. 4 Stück)	• schälen • fein würfeln
40 g Fett (Margarine)	• **in einem Topf (Größe ca. 3 l) erhitzen** • Zwiebeln zugeben • glasig werden lassen
60 g Mehl	• darüber stäuben • etwas anrösten
200 g Tomatenmark oder 200 g geriebenen Meerrettich oder 200 g Senf (je nach Soßenart)	• zugeben • mitdünsten
1 1/4 l kalte Brühe	• langsam, unter ständigem Rühren mit dem Schneebesen zugeben • **mindestens 5 Minuten** durchkochen lassen
5 g Salz (ca. 1 TL) 1/2 TL Zucker (evtl. Thymian, Basilikum)	• abschmecken
100 ml Sahne (ca. 1/2 Becher)	• zum Verfeinern zugeben
	• **im GN-Behälter anrichten**

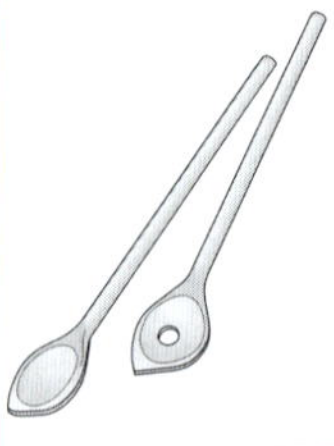		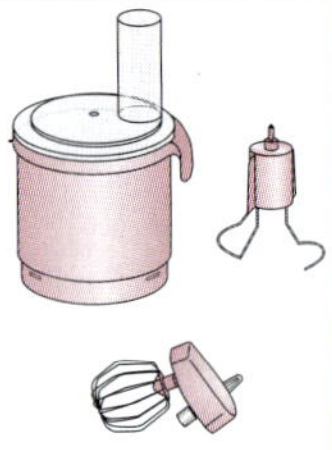	Auflaufform Backofen Schneebesen Litermaß
Kochlöffel	Topf – 2 l	Küchenmaschinen-aufsatz mit Rühr- und Knethaken	

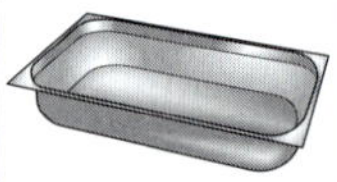	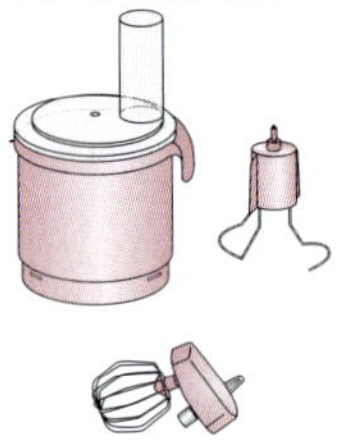	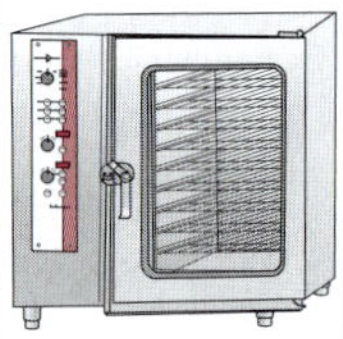	Topf – 5 l Schneebesen Kochlöffel Litermaß
GN-Blech tief	Küchenmaschinen-aufsatz mit Rühr- und Knethaken	Kombidämpfer	

Grießauflauf

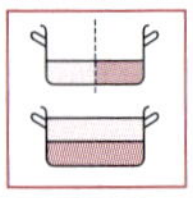

Zutaten	Arbeitsschritte – 4 Portionen	Zutaten	Arbeitsschritte – 20 Portionen
	• **Küchenmaschine vorbereiten:** Rührschüssel mit Rührwerkzeug		• **Küchenmaschine vorbereiten:** Rührschüssel mit Rührwerkzeug
Margarine Semmelbrösel	• **feuerfeste Form fetten und ausbröseln**	Margarine	• **tiefes GN-Blech fetten**
1 l Milch 1 Pr. Salz	• **in einem Topf (Größe ca. 2 l) zum Kochen bringen**	2 1/2 l Milch 1/2 TL Salz	• **in einem Topf (Größe 5 l) zum Kochen bringen**
125 g Grieß	• Topf von der Kochstelle nehmen • Grieß mit Schneebesen einrühren • Topf auf die Kochplatte zurückstellen • Masse mit Kochlöffel so lange rühren, bis der Brei dick ist • im kalten Wasserbad abkühlen	375 g Grieß	• Topf von der Kochstelle nehmen • Grieß mit Schneebesen einrühren • Topf auf die Kochplatte zurückstellen • Masse mit Kochlöffel so lange rühren, bis der Brei dick ist • im kalten Wasserbad abkühlen
4 Eiklar (M)	• zu steifem Schnee schlagen • kalt stellen	10 Eiklar (M)	• zu steifem Schnee schlagen • kalt stellen
	• **Backofen auf ca. 200 °C vorheizen**		
60 g Margarine	• Margarine in der Rührschüssel der Küchenmaschine schaumig rühren	150 g Margarine	• Margarine in der Rührschüssel der Küchenmaschine schaumig rühren
60 g Zucker 1 EL Vanillin-zucker (ca. 15 g) 4 Eigelb (M)	• abwechselnd zugeben • schaumig rühren	150 g Zucker 40 g Vanillinzucker 10 Eigelb (M)	• abwechselnd zugeben • schaumig rühren
	• abgekühlten Grießbrei löffelweise unter die Schaummasse rühren		• abgekühlten Grießbrei löffelweise unter die Schaummasse rühren
	• Eischnee vorsichtig unterheben		• Eischnee vorsichtig unterheben
	• **Masse in die vorbereitete Form füllen und glatt streichen**		• **Masse auf das vorbereitete GN-Blech geben und glatt streichen**
20 g Butter	• mit Butterflocken belegen	70 g Butter	• mit Butterflocken belegen
	• **im Backofen garen** – 200 °C ohne Deckel • **45 – 60 Minuten** auf unterer Schiene		• **im Kombidämpfer garen** – 160 °C Heißluft • **45 – 60 Minuten**
etwas Puderzucker	• Auflauf bestreuen	etwas Puderzucker	• Auflauf bestreuen
	• **sofort zu Tisch bringen**		• **auf GN-Blech in Portionen teilen** • **warm stellen**
Hinweis:	Milch brennt nicht so leicht an, wenn zuerst etwas Margarine oder Wasser im Topf erhitzt wird.	Hinweis:	Milch brennt nicht so leicht an, wenn zuerst etwas Margarine oder Wasser im Topf erhitzt wird.

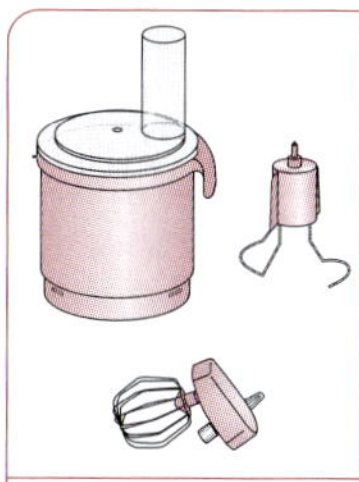			
Küchenmaschinen-aufsatz mit Rühr- und Knethaken	Auflaufform	Sieb	Backofen Schüssel Schneebesen

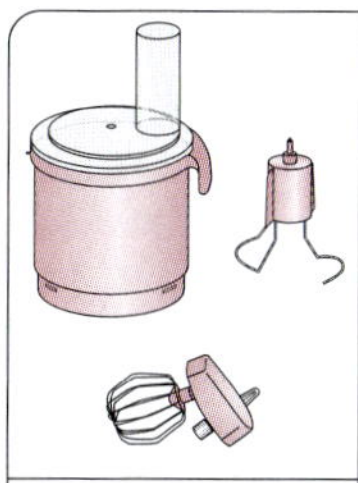	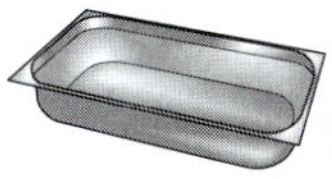	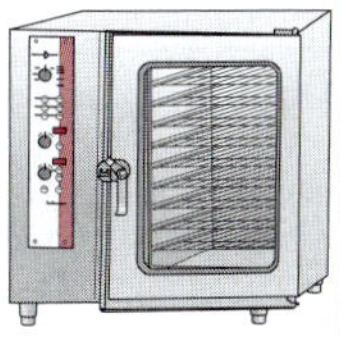	
Küchenmaschinen-aufsatz mit Rühr- und Knethaken	GN-Blech tief	Kombidämpfer	Sieb Schüssel Schneebesen

Quarkauflauf mit Früchten

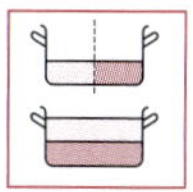

Zutaten	Arbeitsschritte (4 Portionen)
Margarine Semmelbrösel	• **feuerfeste Form fetten und ausbröseln**
Früchte, z. B.: 1 Glas Sauerkirschen (entsteint) (850 g) **oder** Ähnliches	• abgießen • gut abtropfen lassen • **in die Form geben**
	• **Küchenmaschine vorbereiten:** Rührschüssel mit Rührwerkzeug
4 Eiklar (M) 1 Pr. Salz	• sehr steifen Eischnee schlagen • kalt stellen
	• **Backofen auf ca. 200 °C vorheizen**
50 g Margarine	• Margarine in der Rührschüssel der Küchenmaschine schaumig rühren
100 g Zucker 4 Eigelb (M)	• abwechselnd zugeben • schaumig rühren
500 g Quark 50 g Grieß 1 TL Backpulver 1 EL Zitronensaft (ca. 15 ml)	• unterrühren
	• Eischnee vorsichtig unter die Masse heben • Masse auf die Früchte geben
	• **im Backofen garen** – 200 °C ohne Deckel • **45 – 60 Minuten** auf unterer Schiene
	• **sofort zu Tisch bringen**

Zutaten	Arbeitsschritte (20 Portionen)
Margarine	• **tiefes GN–Blech fetten**
Früchte, z. B.: 2 Gläser Sauerkirschen (entsteint-je 850 g) **oder** Ähnliches	• abgießen • gut abtropfen lassen • **auf tiefes GN–Blech geben**
	• **Küchenmaschine vorbereiten:** Rührschüssel mit Rührwerkzeug
16 Eiklar (M) 2 Pr. Salz	• sehr steifen Eischnee schlagen • kalt stellen
200 g Margarine	• Margarine in der Rührschüssel der Küchenmaschine schaumig rühren
400 g Zucker 16 Eigelb (M)	• abwechselnd zugeben • schaumig rühren
2 kg Quark 200 g Grieß 12 g Backpulver (ca. 4 TL) 30 ml Zitronensaft (ca. 2 EL)	• unterrühren
	• Eischnee vorsichtig unter die Masse heben • Masse auf die Früchte geben
	• **im Kombidämpfer garen** – 160 °C Heißluft • **45 – 60 Minuten**
	• **in GN–Blech in Portionen teilen** • **warm stellen**

	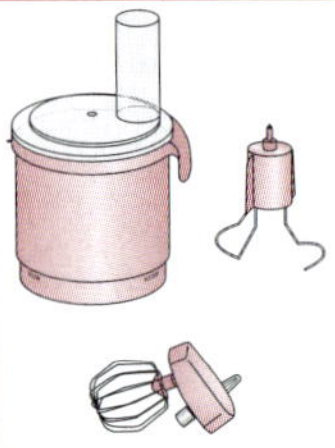		Backofen Schüssel Litermaß
Auflaufform	Küchenmaschinen-aufsatz mit Rühr- und Knethaken	Topf – 3 l	

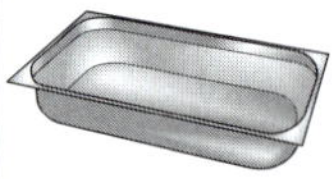	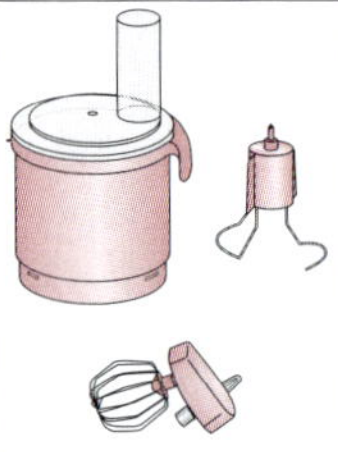	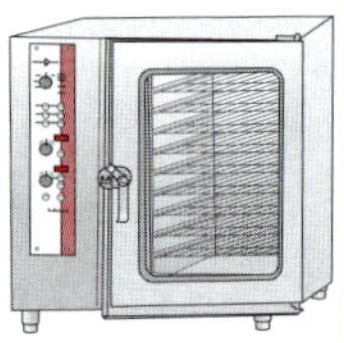	Topf – 5 l Schüssel Litermaß
GN-Blech tief	Küchenmaschinen-aufsatz mit Rühr- und Knethaken	Kombidämpfer	

Reisauflauf

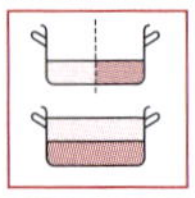 

Zutaten	Arbeitsschritte – 4 Portionen
	• **Küchenmaschine vorbereiten:** Rührschüssel mit Rührwerkzeug
Margarine Semmelbrösel	• **feuerfeste Form fetten und ausbröseln**
1 l Milch 1 Pr. Salz	• **in einen Topf (Größe ca. 3 l) geben und aufkochen**
125 g Milchreis	• Reis in die kochende Milch einrühren
	• **30 – 35 Minuten bei schwacher Hitze weich quellen lassen** (ab und zu umrühren)
	• im kalten Wasserbad abkühlen lassen
4 Eiklar (M)	• zu steifem Schnee schlagen • kalt stellen
	• **Backofen auf 200 °C vorheizen**
60 g Margarine	• Margarine in der Rührschüssel der Küchenmaschine schaumig rühren
60 g Zucker 1 EL Vanillin-zucker (ca. 15 g) 4 Eigelb (M)	• abwechselnd zugeben • schaumig rühren
	• abgekühlten Reisbrei löffelweise unter die Schaummasse rühren
	• Eischnee vorsichtig unterheben
	• **Masse in die vorbereitete Form füllen** • glatt streichen
20 g Butter	• mit Butterflöckchen belegen
	• **im Backofen garen** – 200 °C ohne Deckel • **45 – 60 Minuten** auf unterer Schiebeleiste
etwas Puderzucker	• Auflauf bestreuen
	• **sofort zu Tisch bringen**

Zutaten	Arbeitsschritte – 20 Portionen
	• **Küchenmaschine vorbereiten:** Rührschüssel mit Rührwerkzeug
Margarine	• **tiefes GN-Blech fetten**
2 1/2 l Milch 1/2 TL Salz	• **in einen Topf (Größe ca. 5 l) geben und aufkochen**
375 g Milchreis	• Reis in die kochende Milch einrühren
	• **30 – 35 Minuten bei schwacher Hitze weich quellen lassen** (ab und zu umrühren)
	• im kalten Wasserbad abkühlen lassen
10 Eiklar (M)	• zu steifem Schnee schlagen • kalt stellen
150 g Margarine	• Margarine in der Rührschüssel der Küchenmaschine schaumig rühren
150 g Zucker 40 g Vanillin-zucker 10 Eigelb	• abwechselnd zugeben • schaumig rühren
	• abgekühlten Reisbrei löffelweise unter die Schaummasse rühren.
	• Eischnee vorsichtig unterheben
	• **Masse auf das vorbereitete GN-Blech geben** • glatt streichen
70 g Butter	• mit Butterflöckchen belegen
	• **im Kombidämpfer garen** – bei 160 °C Heißluft • **45 – 60 Minuten**
etwas Puderzucker	• Auflauf bestreuen
	• **auf GN-Blech in Portionen teilen** • **warm stellen**

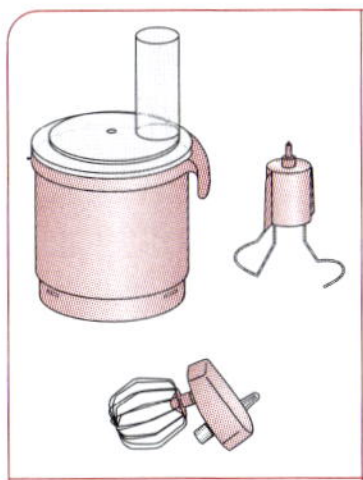	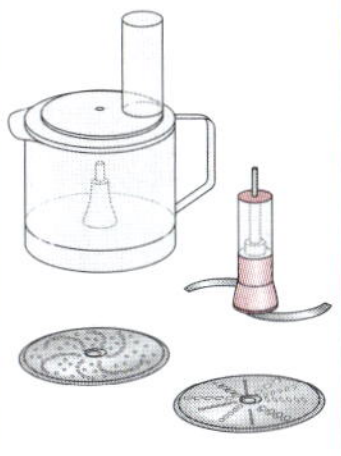		Auflaufform Backofen Schüssel Messbecher
Küchenmaschinenaufsatz mit Rühr- und Knethaken	Küchenmaschinenaufsatz mit Schneidscheiben	Sieb	

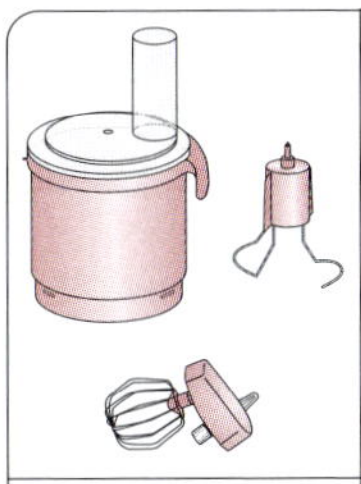	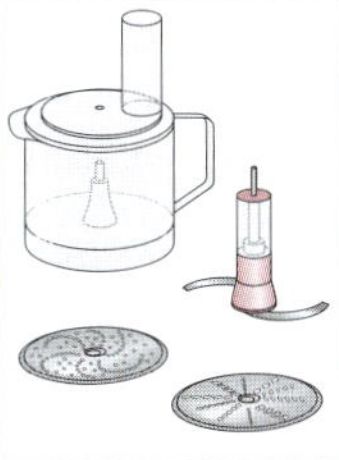	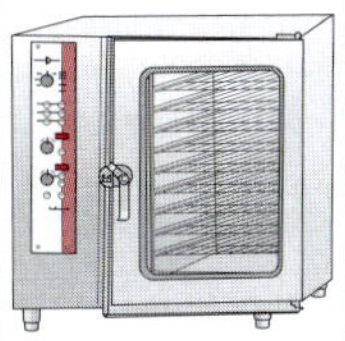	GN-Blech tief Sieb Schüssel Litermaß
Küchenmaschinenaufsatz mit Rühr- und Knethaken	Küchenmaschinenaufsatz mit Schneidscheiben	Kombidämpfer	

Semmelauflauf mit Früchten

Zutaten	Arbeitsschritte – 4 Portionen
	• **Küchenmaschine vorbereiten:** Schnitzelwerk für Scheiben
Margarine Semmelbrösel	• **feuerfeste Form fetten und ausbröseln**
8 Semmeln (altbacken)	• vierteln • im Schnitzelwerk in feine Scheiben schneiden • in eine große Schüssel geben
knapp 1/2 l heiße Milch	• über die Semmeln geben • zudecken und ziehen lassen
Früchte z. B.: 1 Glas Sauerkirschen (entsteint) (850 g) oder anderes Obst	• gut abtropfen lassen • **in die Auflaufform geben**
	• **Küchenmaschine vorbereiten:** Rührschüssel mit Rührwerkzeug
4 Eiklar (M) 1 Pr. Salz	• zu steifem Schnee schlagen • kalt stellen
	• **Backofen auf 200 °C vorheizen**
80 g Margarine	• in der Rührschüssel der Küchenmaschine schaumig rühren
80 g Zucker 1 EL Vanillinzucker (ca. 15 g) 4 Eigelb (M)	• abwechselnd zugeben • schaumig rühren (Schaummasse)
	• Semmelmasse zur Schaummasse geben und vermischen
	• Eischnee vorsichtig unterheben • Masse auf die Früchte geben • glatt streichen
20 g Butter	• mit Butterflocken belegen
	• **im Backofen garen** – 200 °C ohne Deckel • **45 – 60 Minuten** untere Schiene
etwas Puderzucker	• Auflauf bestreuen
	• **sofort zu Tisch bringen**

Zutaten	Arbeitsschritte – 20 Portionen
	• **Küchenmaschine vorbereiten:** Schnitzelwerk für Scheiben
Margarine	• **tiefes GN-Blech fetten**
32 Semmeln (altbacken)	• vierteln • im Schnitzelwerk in feine Scheiben schneiden • in große Schüssel geben
1 1/2 l heiße Milch	• über die Semmeln geben • zudecken und ziehen lassen
Früchte z. B.: 4 Gläser Sauerkirschen (entsteint-je 850 g) oder anderes Obst	• gut abtropfen lassen • **auf GN-Blech verteilen**
	• **Küchenmaschine vorbereiten:** Rührschüssel mit Rührwerkzeug
16 Eiklar (M) 1/2 TL Salz	• sehr steifem Schnee schlagen • kalt stellen
320 g Margarine	• in der Rührschüssel der Küchenmaschine schaumig rühren
320 g Zucker 60 g Vanillinzucker (ca. 4 EL) 16 Eigelb (M)	• abwechselnd zugeben • schaumig rühren (Schaummasse)
	• Semmelmasse zur Schaummasse geben und vermischen
	• Eischnee vorsichtig unterheben • Masse auf Früchte verteilen • glatt streichen
80 g Butter	• mit Butterflocken belegen
	• **im Kombidämpfer garen** – 160 °C Heißluft • **45 – 60 Minuten**
etwas Puderzucker	• Auflauf bestreuen
	• **auf GN-Blech in Portionen teilen** • **warm stellen**

Auflaufform

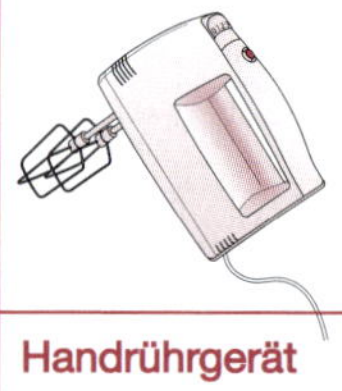
Handrührgerät

Topf – 3 l

Backofen
Schneidebrett
Schüssel
Gemüsemesser
Kochmesser
Durchschlag

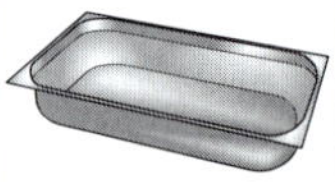
GN-Blech tief

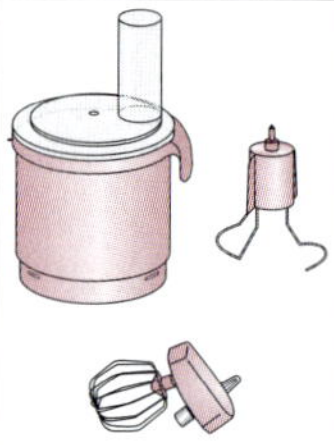
Küchenmaschinenaufsatz mit Rühr- und Knethaken

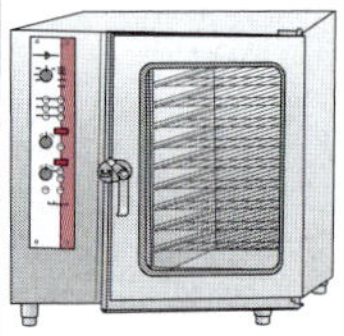
Kombidämpfer

GN-Lochblech
Schneidebrett
Schüssel
Gemüsemesser
Kochmesser

Blumenkohlauflauf mit Schinken oder Thunfisch

Zutaten	Arbeitsschritte **4 Portionen**
Fett (z. B. Margarine)	• **feuerfeste Form einfetten**
1 Blumenkohl	• waschen • putzen • in Salzwasser legen, danach • in gleichmäßige Röschen teilen
1 1/2 l Salzwasser 1 1/2 TL Salz	• **in einem Topf (Größe ca. 3 l) zum Kochen bringen**
	• **Blumenkohl im kochenden Salzwasser kernig garen** • **gegarten Blumenkohl im Durchschlag abgießen**
200 g gekochter Schinken (oder Thunfisch)	• in feine Streifen schneiden (Thunfisch zerkleinern)
	• **lagenweise Blumenkohl und Schinken (Thunfisch) in vorbereitete Auflaufform geben**
2 Eier (M) 1/8 l Sauerrahm 1/8 l Milch 1 TL Salz (ca. 5 g) 1 Pr. Pfeffer 1 Pr. Muskat	• **mit Schneebesen oder Quirlen (Handrührgerät) schaumig rühren** • über den Auflauf geben
20 g geriebener Käse 20 g Semmelbrösel	• Auflauf bestreuen
20 g Butter	• mit Butterflöckchen belegen
	• **im Backofen garen** – 200 °C zugedeckt • **15 Minuten** auf unterster Schiene **dann** • **ca. 30 Minuten offen**
	• **Auflauf in der Form in Portionen schneiden** • anrichten

Zutaten	Arbeitsschritte **20 Portionen**
Fett (z. B. Margarine)	• **tiefes GN-Blech einfetten**
5 kg Blumenkohl	• waschen • putzen • in Salzwasser legen, danach • in gleichmäßige Röschen zerteilen • **auf GN-Lochblech verteilen**
	• **im Kombidämpfer garen:** – Dampf 100 °C – ca. 10 – 15 Minuten • Garprobe machen (Blumenkohl muss noch kernig sein)
1 kg gekochter Schinken (oder Thunfisch)	• in feine Streifen schneiden (Thunfisch zerkleinern)
	• **lagenweise Blumenkohl und Schinken (Thunfisch) in vorbereitetes GN-Blech geben**
10 Eier (M) 600 ml Sauerrahm (= 3 Becher) 600 ml Milch 20 g Salz (ca. 4 TL) 1/2 TL Pfeffer 1/2 TL Muskat	• **mit einem großen Schneebesen oder in der Rührschüssel der Küchenmaschine schaumig rühren** • über den Auflauf geben
100 g geriebener Käse 100 g Semmelbrösel	• Auflauf bestreuen
70 g Butter	• mit Butterflocken belegen
	• **im Kombidämpfer garen** • **15 Minuten** mit Dampf **dann** – 160 °C Heißluft • **ca. 30 Minuten**
	• **Auflauf in GN-Blech in Portionen schneiden** • anrichten

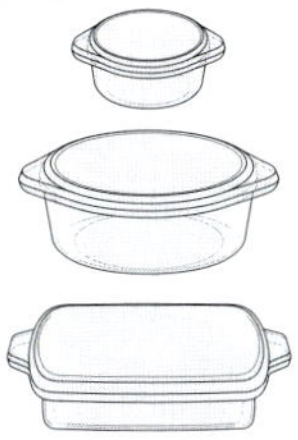	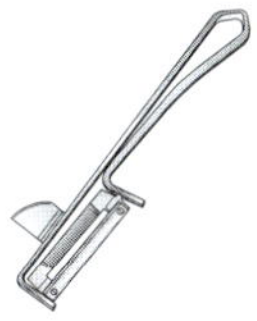		Schneidebrett Backofen Gemüsemesser Schüssel
Auflaufform	Kartoffelschäler	Kochmesser	

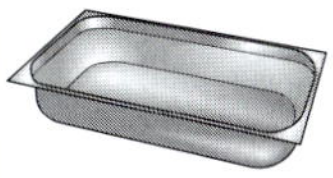	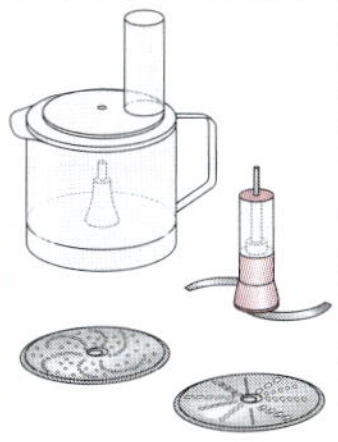	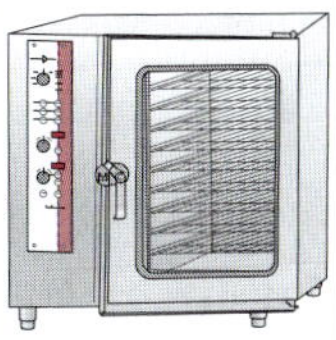	Schneidebrett Kartoffelschäler Gemüsemesser Kochmesser Schüssel
GN-Blech tief	Küchenmaschinen-aufsatz mit Schneidscheiben	Kombidämpfer	

Kartoffelgratin mit Zucchini

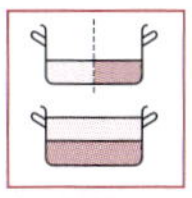

Zutaten	Arbeitsschritte (4 Portionen)
Fett (z. B. Margarine)	• **Auflaufform einfetten**
600 g Kartoffeln	• waschen • schälen • **mit einem Kochmesser in feine Scheiben schneiden**
200 g Zucchini	• waschen • mit Messer in Scheiben schneiden
	• **Kartoffelscheiben und Zucchinischeiben abwechselnd in die Auflaufform schichten**
200 ml Sahne (= 1 Becher) 1 TL Salz (ca. 5 g) 1 Pr. Pfeffer	• vermischen • über Kartoffel-Zucchini-Scheiben gießen
50 g geriebener Käse	• darüber verteilen
	• **im Backofen garen** – bei 200 °C • **ca. 35 Minuten**
	• **Auflauf in der Form in Portionen schneiden** • anrichten

Zutaten	Arbeitsschritte (20 Portionen)
	Küchenmaschine vorbereiten: Schnitzelwerk für Scheiben
Fett (z. B. Margarine)	• **tiefes GN-Blech einfetten**
3 kg Kartoffeln	• waschen • schälen • **mit Schnitzelwerk der Küchenmaschine in feine Scheiben hobeln**
1 kg Zucchini	• waschen • mit Messer in Scheiben schneiden
	• **Kartoffelscheiben und Zucchinischeiben abwechselnd auf GN-Blech schichten**
800 ml Sahne (= 4 Becher) 15 g Salz (ca. 1 EL) 1/2 TL Pfeffer	• vermischen • über Kartoffel-Zucchini-Scheiben gießen
200 g geriebener Käse	• darüber verteilen
	• **im Kombidämpfer garen** • **15 Minuten** mit Dampf **dann** • **30 Minuten** bei 160 °C Heißluft fertig garen
	• **Auflauf im GN-Blech in Portionen schneiden** • anrichten

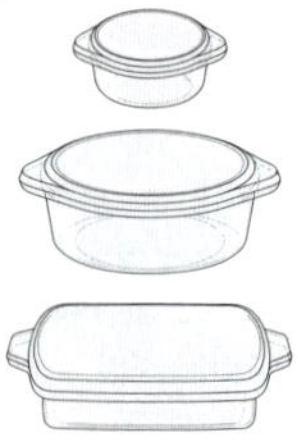			Backofen Schneidebrett Schüssel Gemüsemesser Kochmesser Pfanne Litermaß
Auflaufform	Topf – 3 l	Durchschlag	

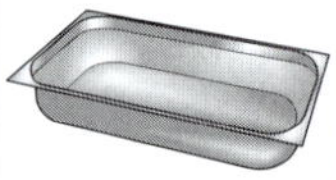	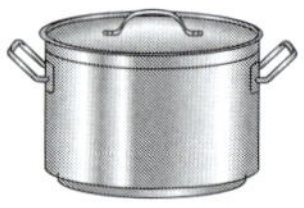		Durchschlag Schneidebrett Schüssel Gemüsemesser Kochmesser Pfanne Litermaß
GN-Blech tief	Topf – 5 l	Kombidämpfer	

Nudelauflauf mit Gemüse

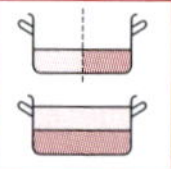

4 Portionen

Zutaten	Arbeitsschritte
Fett (z. B. Margarine)	• **feuerfeste Form einfetten**
250 g Nudeln 1 1/2 l Salzwasser (1 1/2 TL Salz = ca. 8 g)	• **in einem Topf (Größe ca. 3 l) in kochendem Salzwasser nach Aufschrift garen**
	• Nudeln im Durchschlag abgießen • mit kaltem Wasser überbrausen
250 g Gemüse z.B. Zucchini, Lauch, Paprika usw. 1 Zwiebel (ca. 50 g)	• vorbereiten • fein schneiden
20 g Fett	• in einer großen Pfanne erhitzen • Gemüse darin andünsten
1 TL Salz (ca. 5 g) 1 Pr. Pfeffer Gemüsegewürz (nach Packungsaufschrift)	• Nudeln und Gemüse mischen • würzen • **in vorbereitete Form geben**
1 Becher Sauerrahm (200 g) 1/8 l Milch 3 Eier (M) 1 TL Salz (ca. 5 g) 1 Pr. Pfeffer	• verrühren • über die Nudeln verteilen
3 EL geriebener Käse (ca. 25 g)	• darüber geben
	• **im Backofen garen** – 200 °C • **ca. 20 Minuten**
	• **Auflauf in der Form in Portionen schneiden** • anrichten

20 Portionen

Zutaten	Arbeitsschritte
Fett	• **tiefes GN–Blech einfetten**
1 kg Nudeln 3 l Salzwasser (15 g Salz = ca. 3 TL)	• **in einem Topf (Größe ca. 5 l) in kochendem Salzwasser nach Aufschrift garen**
	• Nudeln im Durchschlag abgießen • mit kaltem Wasser überbrausen
1 kg Gemüse z.B. Zucchini, Lauch, Paprika usw. 150 g Zwiebeln (ca. 3 Stück)	• vorbereiten • fein schneiden
50 g Fett	• in einer großen Pfanne erhitzen • Gemüse darin andünsten
10 g Salz (ca. 2 TL) 1/2 TL Pfeffer Gemüsegewürz (nach Packungsaufschrift)	• Nudeln und Gemüse mischen • würzen • **auf GN–Blech geben**
3 Becher Sauerrahm (600 g) 1/4 l Milch 9 Eier (M) 15 g Salz (ca. 1 EL) 1/2 TL Pfeffer	• verrühren • über die Nudeln verteilen
200 g geriebener Käse	• darüber geben
	• **im Kombidämpfer garen** – bei 160 °C Heißluft • **ca. 30 Minuten**
	• **Auflauf im GN–Blech in Portionen schneiden** • anrichten

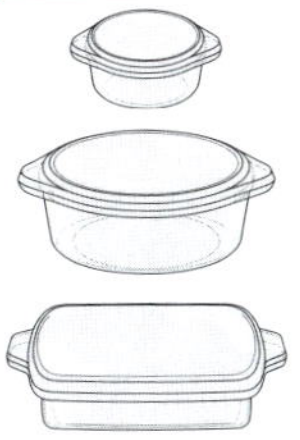		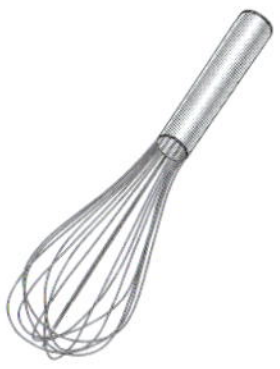	Backofen Durchschlag Schneidebrett Gemüsemesser Kochmesser Rührbecher
Auflaufform	Topf – 3 l	Schneebesen	

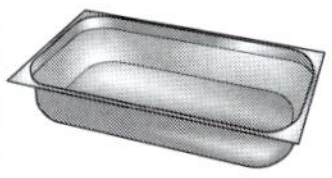			Durchschlag Schneidebrett Gemüsemesser Kochmesser Schneebesen Rührschüssel
GN-Blech tief	Topf – 5 l	Kombidämpfer	

Nudelauflauf mit Schinken

Zutaten	Arbeitsschritte 4 Portionen
Fett (z. B. Margarine)	• feuerfeste Form einfetten
250 g Nudeln 1 1/2 l Salzwasser (1 1/2 TL Salz = ca. 8 g)	• in einem Topf (Größe ca. 3 l) in kochendem Salzwasser nach Aufschrift garen
	• Nudeln im Durchschlag abgießen • mit kaltem Wasser überbrausen
200 g gekochter Schinken	• in Streifen schneiden
1/4 l Milch oder 1/4 l saure Sahne 3 Eier (M) 1 TL Salz (ca. 5 g) 1 Pr. Pfeffer 1 Pr. Muskat	• mit Schneebesen oder Quirlen (Handrührgerät) schaumig rühren
	• in die vorbereitete Form einschichten: • die Hälfte der Nudeln • Schinken • den Rest der Nudeln • Eiermilch darüber geben
20 g Butter	• mit Butterflöckchen belegen
	• im Backofen garen – 200 °C – zugedeckt – unterste Schiene • 20 Minuten
3 EL geriebener Käse (ca. 25 g)	• darüber geben
	• weitergaren: – 200 °C – offen (ohne Deckel) • 35 Minuten
	• Auflauf in der Form in Portionen schneiden • anrichten

Zutaten	Arbeitsschritte 20 Portionen
Fett (z. B. Margarine)	• tiefes GN-Blech einfetten
1 kg Nudeln 3 l Salzwasser (15 g Salz = ca. 3 TL)	• in einem Topf (Größe ca. 5 l) in kochendem Salzwasser nach Aufschrift garen
	• Nudeln im Durchschlag abgießen • mit kaltem Wasser überbrausen
1 kg gekochter Schinken	• in Streifen schneiden
1 l Milch oder 1 l saure Sahne (ca. 7 Becher) 15 Eier (M) 20 g Salz (ca. 4 TL) 1/2 TL Pfeffer 1/2 TL Muskat	• mit großem Schneebesen schaumig rühren
	• in das GN-Blech einschichten – die Hälfte der Nudeln – Schinken – den Rest der Nudeln – Eiermilch darüber geben
200 g geriebener Käse	• darüber geben
	• im Kombidämpfer garen – Dampf • 15 Minuten dann – 160 °C Heißluft • 30 Minuten fertig garen
	• Auflauf im GN-Blech in Portionen schneiden • anrichten

Süßspeisen/Nachspeisen

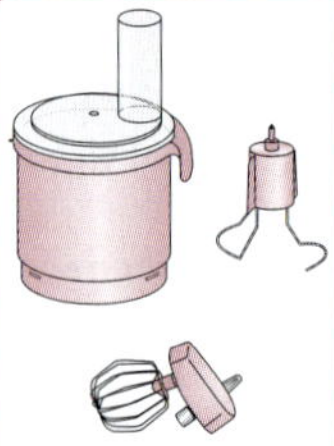		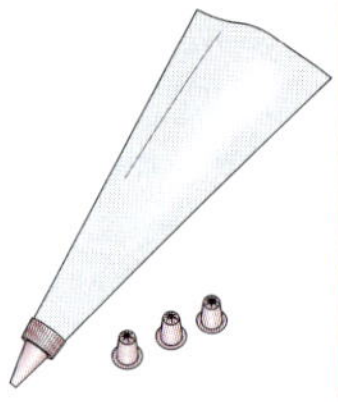	kleine Metallschüssel kleiner Topf Glasschälchen
Küchenmaschinen-aufsatz mit Rühr- und Knethaken	Rührschüssel	Spritzbeutel	

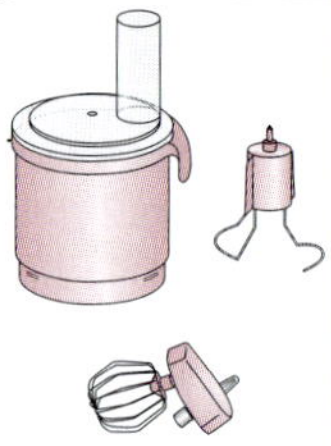		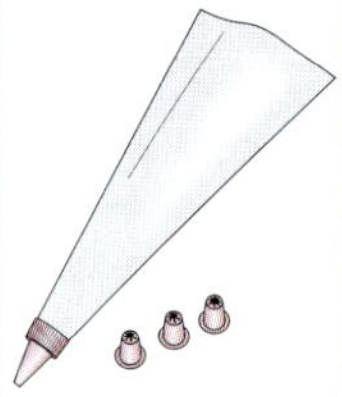	kleine Metallschüssel kleiner Topf Portions-schälchen
Küchenmaschinen-aufsatz mit Rühr- und Knethaken	Rührschüssel	Spritzbeutel	

Ambrosiacreme

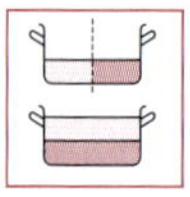

Zutaten	Arbeitsschritte **4 Portionen**
5 Blatt weiße Gelatine 1 Blatt rote Gelatine	• in kaltem Wasser in einer kleinen Metallschüssel einweichen (mindestens 10 Minuten)
	• **Küchenmaschine vorbereiten:** Rührschüssel mit Schneebesen
1 Becher Sauerrahm (200 ml) 2 Becher Joghurt (je 150 g) 1 EL Vanillinzucker (ca. 15 g) 50 g Zucker 1/2 EL Zitronensaftkonzentrat	• alles in der Rührschüssel sehr schaumig schlagen • gut abschmecken
3 EL heißes Wasser	• in einem Topf erhitzen • **Gelatine auflösen:** • die eingeweichte Gelatine gut ausdrücken • **in eine Tasse geben** • **Tasse ins heiße Wasserbad stellen** • **mit einem Teelöffel rühren, bis die Gelatine ganz gelöst ist** (Gelatine darf nicht kochen)
	• Gelatinemasse langsam unter Rühren zur Rahmmasse schlagen • kalt stellen
1 Becher Sahne (200 ml) 1 EL Zucker (ca. 15 g)	• steif schlagen
	• sobald die Masse deutlich zu steifen beginnt (2 cm vom Rand nach innen fest wird), 2/3 der Sahne unter die Masse ziehen • sehr gut abschmecken
	• in Glasschälchen füllen • kalt stellen und völlig steifen lassen
	• mit dem Rest der Sahne garnieren
Hinweis:	• Nicht über Nacht stehen lassen!

Zutaten	Arbeitsschritte **20 Portionen**
20 Blatt weiße Gelatine 4 Blatt rote Gelatine	• in kaltem Wasser in einer kleinen Metallschüssel einweichen (mindestens 10 Minuten)
	• **Küchenmaschine vorbereiten:** Rührschüssel mit Schneebesen
1000 ml Sauerrahm (= 5 Becher je 200 ml) 750 g Joghurt (= 5 Becher je 150 g) 30 g Vanillinzucker (ca. 2 EL) 200 g Zucker 1 1/2 EL Zitronensaftkonzentrat	• alles in der Rührschüssel sehr schaumig schlagen • gut abschmecken
1/8 l heißes Wasser	• in einem Topf erhitzen • **Gelatine auflösen:** • die eingeweichte Gelatine gut ausdrücken • **in eine kleine Metallschüssel geben** • **Schüssel ins heiße Wasserbad stellen** • **mit einem Teelöffel rühren, bis die Gelatine ganz gelöst ist** (Gelatine darf nicht kochen)
	• Gelatinemasse langsam unter Rühren zur Rahmmasse schlagen • kalt stellen
800 g Sahne (= 4 Becher je 200 ml) 45 g Zucker (ca. 3 EL)	• steif schlagen
	• sobald die Masse deutlich zu steifen beginnt (2 cm vom Rand nach innen fest wird), 2/3 der Sahne unter die Masse ziehen
	• in Portionsschälchen füllen • kalt stellen und völlig steifen lassen
	• mit dem Rest der Sahne garnieren
Hinweis:	• Nicht über Nacht stehen lassen!

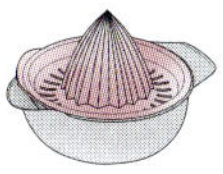			Gemüsemesser Kochmesser Schneidebrett Litermaß Schüssel
Zitronenpresse	Passiergerät „Flotte Lotte“	Topf – 3 l	

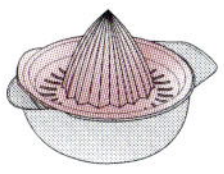		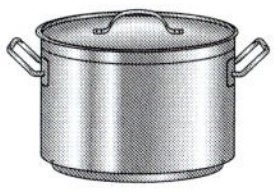	Gemüsemesser Kartoffelschäler Schneidebrett Litermaß Schüssel
Zitronenpresse	Passiergerät „Flotte Lotte“	Topf – 5 l	

Apfelbrei/Apfelmus

Zutaten	Arbeitsschritte **4 Portionen**
1 kg Äpfel	• waschen • halbieren • vierteln • Stiel, Blüte entfernen • evtl. schadhafte Stellen entfernen • in etwa gleich große Stücke schneiden • bei Bedarf kurz kalt waschen • **in einen Topf (Größe ca. 3 l) geben**
1/8 l Wasser	• über die Äpfel gießen
ca. 60 g Zucker	• unterrühren
je nach Geschmack: **2 EL Zitronensaft (ca. 30 ml)** **oder** **1 TL Zimt (ca. 3 g)**	• zugeben • zugedeckt weich kochen
	• gegarte Äpfel durch „Flotte Lotte“ drehen
Zucker	• noch heiß abschmecken • bei Bedarf etwas Zucker zugeben
	• auskühlen lassen • anrichten
<u>Hinweis:</u>	• Obstbrei kann aus schadhaftem Obst hergestellt werden. • Dabei gründlich waschen und großzügig ausschneiden.

Zutaten	Arbeitsschritte **20 Portionen**
4 kg Äpfel	• waschen • halbieren • vierteln • Stiel, Blüte entfernen • evtl. schadhafte Stellen entfernen • in etwa gleich große Stücke schneiden • bei Bedarf kurz kalt waschen • **in einen Topf (Größe ca. 5 l) geben**
1/2 l Wasser	• über die Äpfel gießen
ca. 200 g Zucker	• unterrühren
je nach Geschmack: **75 ml Zitronensaft (ca. 5 EL)** **oder** **6 g Zimt (ca. 2 TL)**	• zugeben • zugedeckt weich kochen
	• gegarte Äpfel durch „Flotte Lotte" drehen
Zucker	• noch heiß abschmecken • bei Bedarf etwas Zucker zugeben
	• auskühlen lassen • anrichten
<u>Hinweis:</u>	• Obstbrei kann aus schadhaftem Obst hergestellt werden. • Dabei gründlich waschen und großzügig ausschneiden.

Süßspeisen/Nachspeisen

	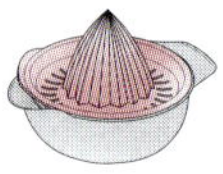		Sparschäler Schneidebrett Gemüsemesser Kochmesser Glasschüssel
Litermaß	Zitronenpresse	Topf – 3 l	

	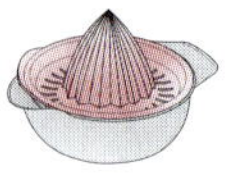	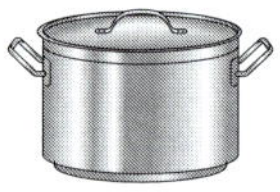	Sparschäler Schneidebrett Gemüsemesser Kochmesser Glasschüssel
Litermaß	Zitronenpresse	Topf – 5 l	

Apfel-/Birnenkompott

4 Portionen

Zutaten	Arbeitsschritte
750 g Äpfel oder Birnen	• waschen • schälen • halbieren • vierteln • Stiel, Blüte, Kerngehäuse entfernen • in gleichmäßige Spalte schneiden
Sud: **3/8 l Wasser** **40 – 80 g Zucker** **1/4 Stange Zimt (bei Birnen)** **1 EL Zitronensaft (ca. 15 ml bei Apfel)**	• **in einen Topf (Größe ca. 3 l) geben** • zum Kochen bringen
	• Obststückchen sofort in den kochenden Sud geben • zugedeckt gar ziehen lassen • Obst darf nicht zerfallen
	• abschmecken • Zimtstange entfernen (bei Birnen)
	• anrichten • **Vorsicht!** Nicht zu heiß in Glasschüsseln füllen!
Hinweis:	• Beim Elektroherd einmal aufkochen lassen. • Herd abschalten – zugedeckt ziehen lassen.

20 Portionen

Zutaten	Arbeitsschritte
3 kg Äpfel oder Birnen	• waschen • schälen • halbieren • vierteln • Stiel, Blüte, Kerngehäuse entfernen • in gleichmäßige Spalte schneiden
Sud: **1 1/2 l Wasser** **150 – 200 g Zucker** **1/2 Stange Zimt (bei Birnen)** **60 ml Zitronensaft (ca. 4 EL bei Apfel)**	• **in einen Topf (Größe ca. 5 l) geben** • zum Kochen bringen
	• Obststückchen sofort in den kochenden Sud geben • zugedeckt gar ziehen lassen • Obst darf nicht zerfallen
	• abschmecken • Zimtstange entfernen (bei Birnen)
	• anrichten • **Vorsicht!** Nicht zu heiß in Glasschüsseln füllen!
Hinweis:	• Beim Elektroherd einmal aufkochen lassen. • Herd abschalten – zugedeckt ziehen lassen.

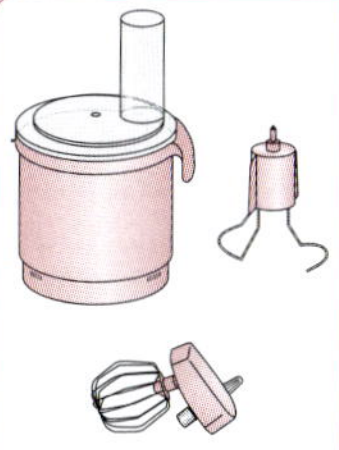	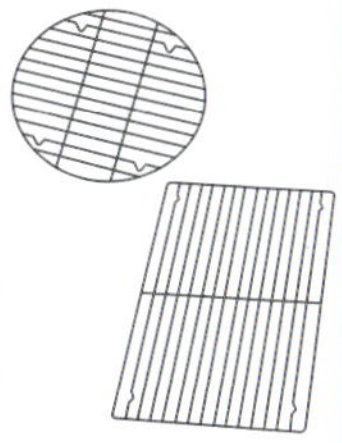		Sparschäler Schneidebrett Apfelausstecher Gemüsemesser Kochmesser Zitronenpresse 2 Bratenwender Gabel
Küchenmaschinen-aufsatz mit Rühr- und Knethaken	Küchengitter	Pfanne	

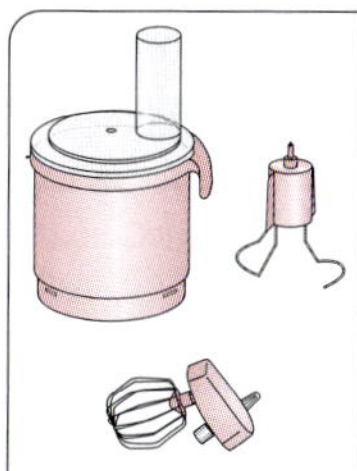	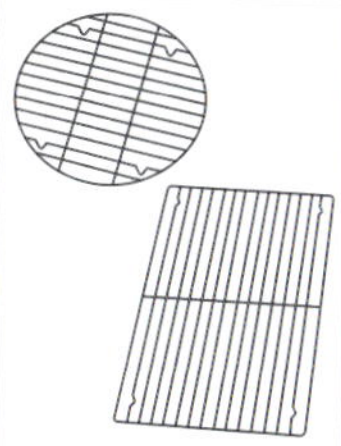	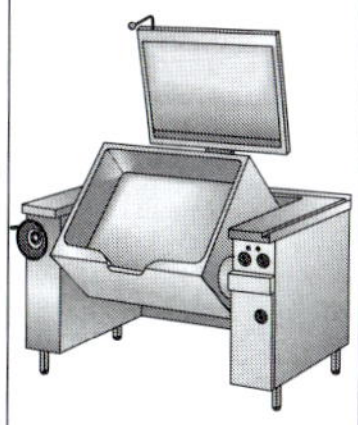	Sparschäler Schneidebrett GN-Blech tief Apfelausstecher Gemüsemesser Kochmesser Zitronenpresse 2 Bratenwender Gabel
Küchenmaschinen-aufsatz mit Rühr- und Knethaken	Kuchengitter	Kippbratpfanne	

Apfelküchlein

Zutaten	Arbeitsschritte – 4 Portionen
	• **Küchenmaschine vorbereiten:** Rührschüssel mit Rührwerkzeug
500 g Äpfel	• waschen • schälen • Kernhaus ausstechen • in ca. 1/2 cm dicke Scheiben schneiden • **auf ein GN-Blech (1/9) legen**
1 EL Zitronensaft (ca. 15 ml)	• über die Äpfel geben
2 Eier (M)	• trennen • Eiklar mit Küchenmaschine zu steifem Eischnee schlagen • kalt stellen
200 g Mehl 1/8 l Milch 1 Pr. Salz	• mit Küchenmaschine zu glattem Teig verrühren • die 2 Eigelb unterrühren • Eischnee unterheben
	• Teig über die Apfelscheiben gießen
wasserfreies Fett	• **Fett in einer Pfanne erhitzen**
	• Apfelscheiben mit Gabel in das heiße Fett legen • Temperatur zurückschalten • Apfelküchlein auf beiden Seiten goldbraun backen
	• zum Abtropfen auf Gitter mit Küchenkrepp legen
ca. 100 g Zucker mit 2 TL Zimt (ca. 10 g)	• mischen • **Apfelküchlein auf vorgewärmte Platte legen** • von oben bestreuen

Zutaten	Arbeitsschritte – 20 Portionen
	• **Küchenmaschine vorbereiten:** Rührschüssel mit Rührwerkzeug
2 kg Äpfel	• waschen • schälen • Kernhaus ausstechen • in ca. 1/2 cm dicke Scheiben schneiden • **auf ein GN-Blech legen**
60 ml Zitronensaft (ca. 4 EL)	• über die Äpfel geben
8 Eier (M)	• trennen • Eiklar mit Küchenmaschine zu steifem Eischnee schlagen • kalt stellen
800 g Mehl 1/2 l Milch 1/2 TL Salz	• mit Küchenmaschine zu glattem Teig verrühren • die 8 Eigelb unterrühren • Eischnee unterheben
	• Teig über die Apfelscheiben gießen
wasserfreies Fett	• **Kippbratpfanne auf 250 °C vorheizen** • Fett erhitzen
	• Apfelscheiben mit Gabel in das heiße Fett legen • Temperatur zurückschalten • Apfelküchlein auf beiden Seiten goldbraun backen
	• zum Abtropfen auf Gitter mit Küchenkrepp legen
ca. 150 g Zucker mit 15 g Zimt (ca. 3 TL)	• mischen • **Apfelküchlein auf vorgewärmtes GN-Blech dachziegelförmig legen** • von oben bestreuen

			Backblech Backofen Apfelausstecher Zitronenpresse
Schneidebrett	Litermaß	Topf – 1 l	

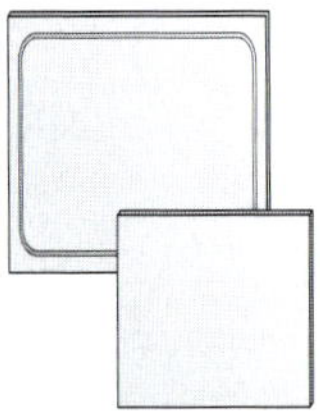	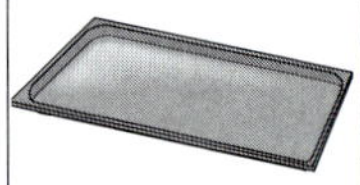		Topf – 2 l Apfelausstecher Litermaß Zitronenpresse
Schneidebrett	GN-Blech flach	Kombidämpfer	

Bratäpfel mit Vanillesoße

4 Portionen

Zutaten	Arbeitsschritte
4 kleine, rote Äpfel	• waschen • Kernhaus ausstechen
Füllung: 50 g Marzipan-rohmasse 1 TL Zimt 60 g geriebene Nüsse 50 g Rosinen 1 EL Zitronensaft (ca. 15 ml)	• mischen • miteinander verkneten
	• in die Kernhäuser der Äpfel einfüllen
	• **auf ein flaches Backblech setzen** • **im Backofen backen** – 180 °C • **ca. 30 Minuten**
Vanillesoße: Vanillesoßen-pulver – Menge für 1/2 l Milch –	• nach Aufschrift zubereiten
	• Äpfel mit Vanillesoße auf flachem Teller servieren

20 Portionen

Zutaten	Arbeitsschritte
20 kleine, rote Äpfel	• waschen • Kernhaus ausstechen
Füllung: 200 g Marzipan-rohmasse 20 g Zimt (ca. 4 TL) 250 g geriebene Nüsse 200 g Rosinen 60 ml Zitronensaft (ca. 4 EL)	• mischen • miteinander verkneten
	• in die Kernhäuser der Äpfel einfüllen
	• **auf ein GN-Blech setzen** • **im Kombidämpfer backen** – 150 °C • **ca. 30 Minuten**
Vanillesoße: Vanillesoßen-pulver – Menge für 1 l Milch –	• nach Aufschrift zubereiten
	• Äpfel mit Vanillesoße auf flachem Teller servieren

	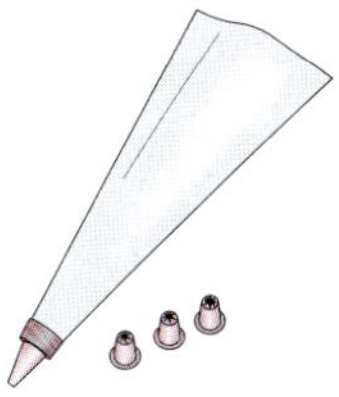	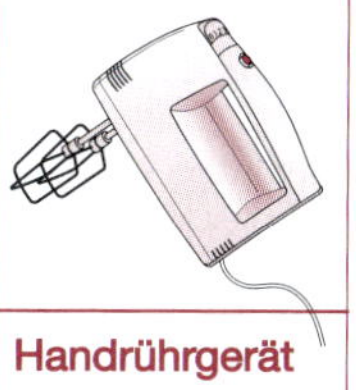	Mixstab Gemüsemesser Kochmesser Tasse Zitronenpresse Topf
Durchschlag	Spritzbeutel	**Handrührgerät**	

	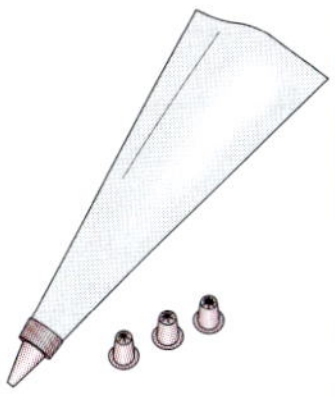	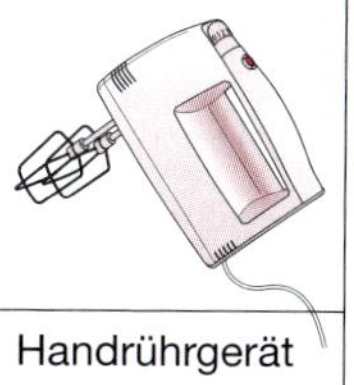	Mixstab Gemüsemesser Kochmesser kleine Metallschüssel Zitronenpresse Topf
Durchschlag	Spritzbeutel	Handrührgerät	

Fruchtcreme – roh gerührt

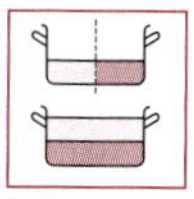

Zutaten	Arbeitsschritte – 4 Portionen
	• **Handrührgerät vorbereiten:** Quirle
500 g frische Früchte oder 500 g tiefgefrorene Früchte	• putzen (verlesen) • kurz waschen • abtropfen lassen • entstielen • diese gut antauen lassen • frische oder TK-Früchte in hohem Gefäß mit Mixstab pürieren
6 Blatt Gelatine	• in kaltem Wasser einweichen (mindestens 10 Minuten quellen lassen)
100 – 150 g Zucker	• Fruchtmark und Zucker gut schaumig rühren
Saft von 1 Zitrone	• zugeben
ca. 1/8 l heißes Wasser	• in einem Topf erhitzen • **Gelatine auflösen:** • die eingeweichte Gelatine gut ausdrücken • **in eine Tasse geben** • **Tasse ins heiße Wasserbad stellen** • mit einem Teelöffel rühren, bis die Gelatine ganz gelöst ist (Gelatine darf nicht kochen)
	• die lauwarme Gelatinelösung unter Rühren zur Masse geben • gut durchschlagen
	• Masse zum Ansteifen in den Kühlschrank stellen
1 Becher Sahne (200 ml) 1 EL Vanillinzucker (ca. 15 g)	• steif schlagen
	• wenn die Masse zu steifen beginnt (ca. 2 cm vom Rand nach innen fest wird), die Hälfte der Schlagsahne unterziehen • in Portionsgläser füllen • kalt stellen
	• vor dem Anrichten mit der restlichen Sahne verzieren

Zutaten	Arbeitsschritte – 20 Portionen
	• **Handrührgerät vorbereiten:** Quirle
2 kg frische Früchte oder 2 kg tiefgefrorene Früchte	• putzen (verlesen) • kurz waschen • abtropfen lassen • entstielen • diese gut antauen lassen • frische oder TK-Früchte in hohem Gefäß mit Mixstab pürieren
24 Blatt Gelatine	• in kaltem Wasser einweichen (mindestens 10 Minuten quellen lassen)
400 – 500 g Zucker	• Fruchtmark und Zucker gut schaumig rühren
60 ml Zitronensaft	• zugeben
ca. 3/8 l heißes Wasser	• in einem Topf erhitzen • **Gelatine auflösen:** • die eingeweichte Gelatine gut ausdrücken • **in eine Metallschüssel geben** • **Schüssel ins heiße Wasserbad stellen** • mit einem Löffel rühren, bis die Gelatine ganz gelöst ist (Gelatine darf nicht kochen)
	• die lauwarme Gelatinelösung unter Rühren zur Masse geben • gut durchschlagen
	• Masse zum Ansteifen in den Kühlschrank stellen
4 Becher Sahne (800 ml) 60 g Vanillinzucker (ca. 4 EL)	• steif schlagen
	• wenn die Masse zu steifen beginnt (ca. 2 cm vom Rand nach innen fest wird), die Hälfte der Schlagsahne unterziehen • in Portionsgläser füllen • kalt stellen
	• vor dem Anrichten mit der restlichen Sahne verzieren

Süßspeisen/Nachspeisen

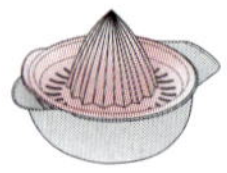	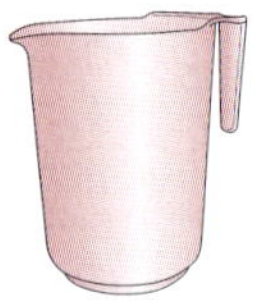	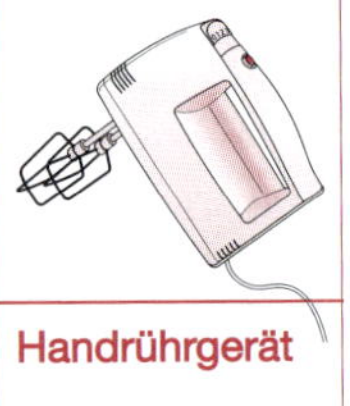	Schneidebrett Gemüsemesser Kochmesser Spritzbeutel Durchschlag
Zitronenpresse	Rührbecher	**Handrührgerät**	

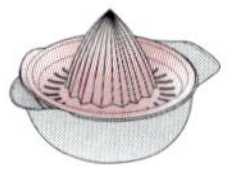	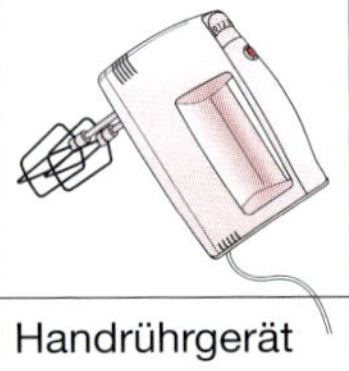	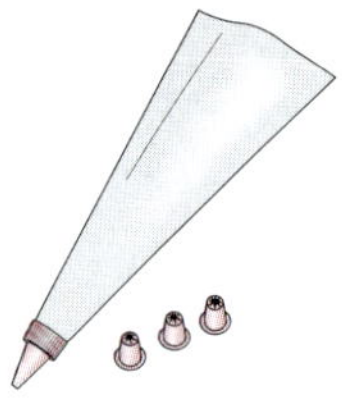	Rührschüssel Schneidebrett Durchschlag Gemüsemesser Kochmesser
Zitronenpresse	Handrührgerät	Spritzbeutel	

Früchtequark

4 Portionen

Zutaten	Arbeitsschritte
	• **Handrührgerät vorbereiten:** Quirle
1 EL Zitronensaft (ca. 15 ml) **500 g Früchte (nach Jahreszeit)**	• auspressen • waschen • Früchte je nach Sorte vorbereiten • Obst mit Zitronensaft beträufeln
1 Becher Sahne (200 ml) **1 EL Vanillinzucker (ca. 15 g)**	• steif schlagen • 1/2 Menge kalt stellen zum Garnieren
500 g Quark **ca. 80 g Zucker** **ca. 1/8 l Milch**	• Quark, Zucker und einen Teil der Milch schaumig rühren • Sahne und Obst unterheben • abschmecken (einige Obststückchen zum Verzieren zurückbehalten)
	• in Portionsschälchen anrichten • mit Früchten und Sahne garnieren
Hinweise:	• Die Milchzugabe richtet sich nach der Art der Früchte. • Saftige Früchte = weniger Milch. • Anstelle von zerkleinerten Früchten kann auch Fruchtmark (= pürierte Früchte) verwendet werden. Dabei weniger oder keine Milch verwenden (Quarkspeise wird sonst zu dünn!). • Bei der Verwendung von Obstkonserven die Früchte zerkleinern und zugeben, Saft abgießen.

20 Portionen

Zutaten	Arbeitsschritte
	• **Handrührgerät vorbereiten:** Quirle
60 ml Zitronensaft (ca. 4 EL) **2 kg Früchte (nach Jahreszeit)**	• auspressen • waschen • Früchte je nach Sorte vorbereiten • Obst mit Zitronensaft beträufeln
800 ml Sahne (= 4 Becher) **40 g Vanillinzucker (ca. 3 EL)**	• steif schlagen • 1/4 der Menge kalt stellen zum Garnieren
2 kg Quark **ca. 300 g Zucker** **ca. 3/8 l Milch**	• Quark, Zucker und einen Teil der Milch schaumig rühren • Sahne und Obst unterheben • abschmecken (einige Obststückchen zum Verzieren zurückbehalten)
	• in Portionsschälchen anrichten • mit Früchten und Sahne garnieren
Hinweise:	• Die Milchzugabe richtet sich nach der Art der Früchte. • Saftige Früchte = weniger Milch. • Anstelle von zerkleinerten Früchten kann auch Fruchtmark (= pürierte Früchte) verwendet werden. Dabei weniger oder keine Milch verwenden (Quarkspeise wird sonst zu dünn!). • Bei der Verwendung von Obstkonserven die Früchte zerkleinern und zugeben, Saft abgießen.

Rührbecher

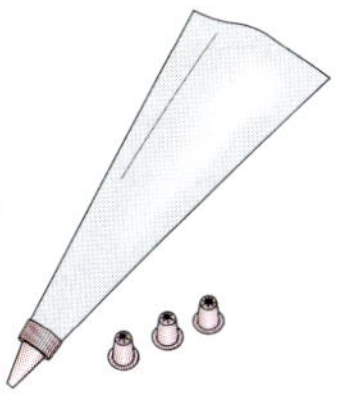

Spritzbeutel

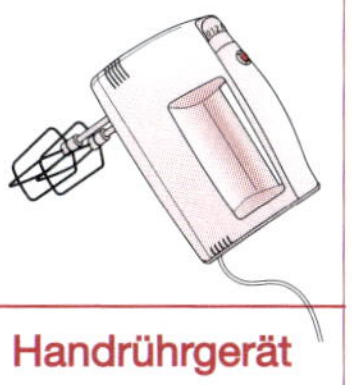

Handrührgerät

Zitronenpresse
Schneidebrett
Durchschlag
Gemüsemesser
Kochmesser

Rührbecher

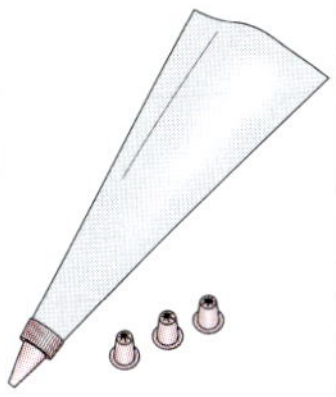

Spritzbeutel

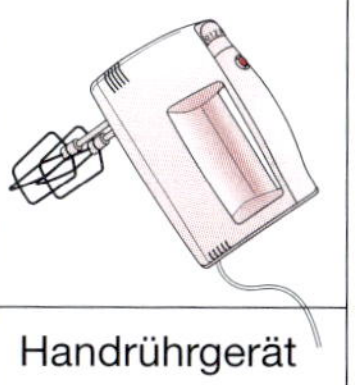

Handrührgerät

Zitronenpresse
Schneidebrett
Durchschlag
Gemüsemesser
Kochmesser

Früchtejoghurtspeise

Zutaten	Arbeitsschritte – 4 Portionen
	• **Handrührgerät vorbereiten:** Quirle
1 EL Zitronensaft (ca. 15 ml)	• Zitrone auspressen
250 g Früchte	• waschen • je nach Sorte Früchte vorbereiten • Früchte mit Zitronensaft beträufeln
1 Becher Sahne (200 ml)	• steif schlagen • 1/2 Menge kalt stellen zum Garnieren
2 Becher Joghurt (ca. 300 g)	• schaumig rühren • Sahne und Obststückchen unterheben (einige Obststückchen zum Verzieren zurückbehalten)
20 – 30 g Zucker	• abschmecken
	• in Portionsgläsern anrichten • mit Früchten und Sahne garnieren
Hinweis:	• Bei der Verwendung von Obstkonserven die Früchte zerkleinern und zugeben, Saft abgießen.

Zutaten	Arbeitsschritte – 20 Portionen
	• **Handrührgerät vorbereiten:** Quirle
60 ml Zitronensaft (ca. EL)	• Zitronen auspressen
1 kg Früchte	• waschen • je nach Sorte Früchte vorbereiten • Früchte mit Zitronensaft beträufeln
800 ml Sahne (4 Becher)	• steif schlagen • 1/2 Menge kalt stellen zum Garnieren
1,2 kg Joghurt (8 Becher)	• schaumig rühren • Sahne und Obststückchen unterheben (einige Obststückchen zum Verzieren zurückbehalten)
80 – 120 g Zucker	• abschmecken
	• in Portionsgläsern anrichten • mit Früchten und Sahne garnieren
Hinweis:	• Bei der Verwendung von Obstkonserven die Früchte zerkleinern und zugeben, Saft abgießen.

			Handrührgerät Spritzbeutel Kochlöffel
Schneebesen	Rührbecher	Topf – 1 l	

			Handrührgerät Spritzbeutel Kochlöffel
Schneebesen	Rührbecher	Topf – 3 l	

Grießflammeri

Zutaten	Arbeitsschritte – 4 Portionen
	• **Handrührgerät vorbereiten:** Quirle
1/2 l Milch 1 Pr. Salz 30 g Zucker (ca. 2 EL)	• **Zutaten in einen Topf (Größe ca. 1 l) geben** • zum Kochen bringen • Topf von der Kochstelle nehmen
60 g Grieß	• mit Schneebesen einrühren
	• Topf auf die Kochplatte zurückstellen
	• Masse mit dem Kochlöffel ständig rühren • bei mäßiger Hitze 5 – 10 Minuten quellen lassen
2 Eigelb (M)	• Eigelb langsam in die heiße Masse rühren • Masse muss mindestens 70 °C heiß sein – Salmonellengefahr!
2 Eiklar (M)	• sehr steifen Eischnee schlagen • mit dem Schneebesen unterheben • Masse muss mindestens 70 °C heiß sein – Salmonellengefahr!
etwas Zucker	• abschmecken
	• in Portionsschälchen füllen • kalt stellen
1/2 Becher Sahne (100 ml) 5 g Vanillinzucker (ca. 1 TL)	• steif schlagen • kalten Flammeri verzieren

Zutaten	Arbeitsschritte – 20 Portionen
	• **Handrührgerät vorbereiten:** Quirle
2 l Milch 1 Pr. Salz 120 g Zucker	• **Zutaten in einen Topf (Größe ca. 3 l) geben** • zum Kochen bringen • Topf von der Kochstelle nehmen
240 g Grieß	• mit Schneebesen einrühren
	• Topf auf die Kochplatte zurückstellen
	• Masse mit dem Kochlöffel ständig rühren • bei mäßiger Hitze 5 – 10 Minuten quellen lassen
8 Eigelb (M)	• Eigelb langsam in die heiße Masse rühren • Masse muss mindestens 70 °C heiß sein – Salmonellengefahr!
8 Eiklar (M)	• sehr steifen Eischnee schlagen • mit dem Schneebesen unterheben • Masse muss mindestens 70 °C heiß sein – Salmonellengefahr!
etwas Zucker	• abschmecken
	• in Portionsschälchen füllen • kalt stellen
1 Becher Sahne (200 ml) 10 g Vanillizucker (ca. 2 TL)	• steif schlagen • kalten Flammeri verzieren

	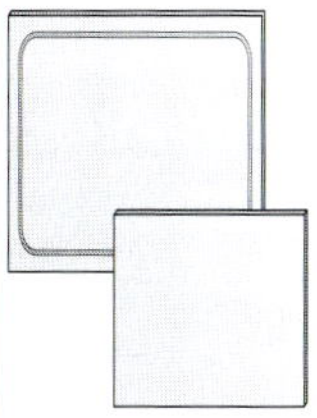		Schneebesen Kochlöffel 2 Bratenwender Kochmesser		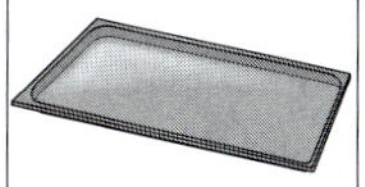	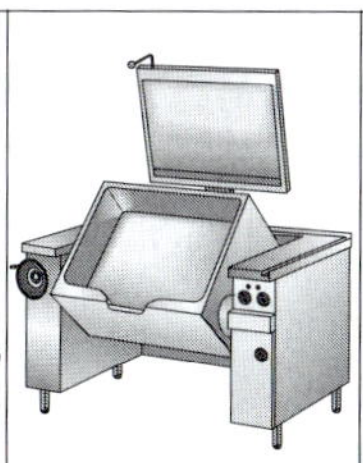	Schneebesen Kochlöffel 2 Bratenwender Kochmesser
Topf – 1 l	Schneidebrett	Pfanne		Topf – 3 l	GN-Blech flach	Kippbratpfanne	

Grießschnitten

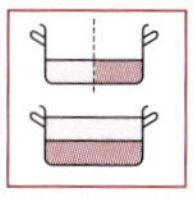

Zutaten	Arbeitsschritte – 4 Portionen
1/2 l Milch 1 Pr. Salz 2 EL Zucker (ca. 30 g)	• **in einem Topf (Größe ca. 1 l) zum Kochen bringen**
	• Topf von der Kochstelle nehmen
125 g Grieß	• mit Schneebesen einrühren
	• Topf auf die Kochplatte zurückstellen
	• Masse mit Kochlöffel ständig rühren – Brei muss dick sein
2 Eier (M)	• Eier verschlagen • unter den heißen Brei rühren (= legieren)
	• **Masse sofort auf nasses Brett ca. 1 cm dick (fingerdick) streichen** **oder** • **Masse in kalt ausgespülte Kastenform drücken**
	• Masse völlig erkalten lassen • Schnitten schneiden
wasserfreies Fett	• **Fett in einer großen Pfanne erhitzen** • Schnitten auf beiden Seiten goldgelb backen
	• **auf vorgewärmter Platte anrichten**
Nach Belieben: 2 EL Zucker (ca. 30 g) 1/2 TL Zimt	• mit Zucker-Zimt-Mischung bestreuen
Nach Belieben: 4 EL Mehl (ca. 40 g) 2 Eier (M) 8 EL Semmelbrösel (ca. 80 g)	• Grießschnitten können auch paniert und dann ausgebacken werden.

Zutaten	Arbeitsschritte – 20 Portionen
2 l Milch 1 Pr. Salz 120 g Zucker	• **in einem Topf (Größe ca. 3 l) zum Kochen bringen**
	• Topf von der Kochstelle nehmen
500 g Grieß	• mit Schneebesen einrühren
	• Topf auf die Kochplatte zurückstellen
	• Masse mit Kochlöffel ständig rühren – Brei muss dick sein
8 Eier (M)	• Eier verschlagen • unter den heißen Brei rühren (= legieren)
	• **Masse sofort auf nasses GN-Blech ca. 1 cm dick (fingerdick) streichen**
	• Masse völlig erkalten lassen • Schnitten schneiden
wasserfreies Fett	• **Fett in der Kippbratpfanne erhitzen** • Schnitten auf beiden Seiten goldgelb backen
	• **auf GN-Blech anrichten**
Nach Belieben: 120 g Zucker 20 g Zimt (ca. 4 TL)	• mit Zucker-Zimt-Mischung bestreuen
Nach Belieben: 150 g Mehl 8 Eier (M) 300 g Semmelbrösel	• Grießschnitten können auch paniert und dann ausgebacken werden.

Süßspeisen/Nachspeisen

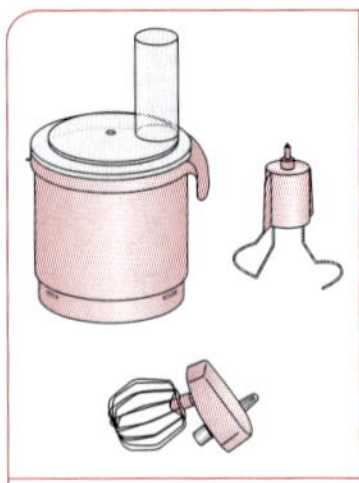			Bratenwender Messbecher Platte
Küchenmaschinen-aufsatz mit Rühr- und Knethaken	Sieb	Pfanne	

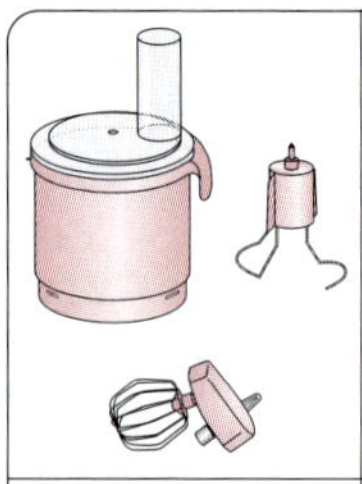		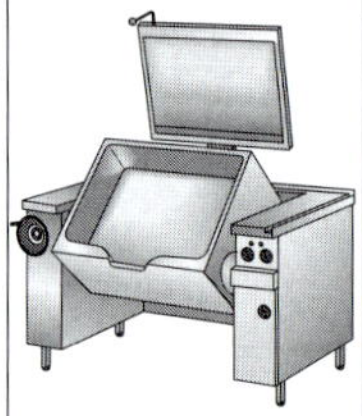	Bratenwender Litermaß GN-Blech flach
Küchenmaschinen-aufsatz mit Rühr- und Knethaken	Sieb	Kippbratpfanne	

Kaiserschmarren

Zutaten	Arbeitsschritte – 4 Portionen
	• **Küchenmaschine vorbereiten:** Rührschüssel mit Rührwerkzeug
5 Eier (M)	• trennen • Eiklar in Rührschüssel der Küchenmaschine geben • Eischnee steif schlagen • kalt stellen
300 g Mehl **1 Pr. Salz** **1/2 l Milch**	• in der Küchenmaschine zu glatter Masse verrühren • Eigelb zugeben • verrühren
80 g Rosinen	• waschen • abtropfen lassen
wasserfreies Fett	• **Fett in einer großen Pfanne erhitzen**
	• Eischnee unter die Masse heben • Rosinen zugeben
	• **die Hälfte der Masse in die Pfanne füllen** • wenn die Masse zu stocken beginnt, mit einem Wender zerstoßen • von der anderen Seite fertig backen • **warm stellen** • **mit der zweiten Hälfte ebenso verfahren**
	• **auf vorgewärmter Platte anrichten**
Puderzucker	• mit Puderzucker bestreuen

Zutaten	Arbeitsschritte – 20 Portionen
	• **Küchenmaschine vorbereiten:** Rührschüssel mit Rührwerkzeug
20 Eier (M)	• trennen • Eiklar in Rührschüssel der Küchenmaschine geben • Eischnee steif schlagen • kalt stellen
1,2 kg Mehl **1 Pr. Salz** **2 l Milch**	• in der Küchenmaschine zu glatter Masse verrühren • Eigelb zugeben • verrühren
300 g Rosinen	• waschen • abtropfen lassen
wasserfreies Fett	• **Fett in der Kippbratpfanne erhitzen**
	• Eischnee unter die Masse heben • Rosinen zugeben
	• **die gesamte Masse in die Kippbratpfanne füllen** • wenn die Masse zu stocken beginnt, mit einem Wender zerstoßen • von der anderen Seite fertig backen
	• **auf GN–Blech anrichten**
Puderzucker	• mit Puderzucker bestreuen

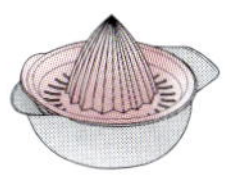	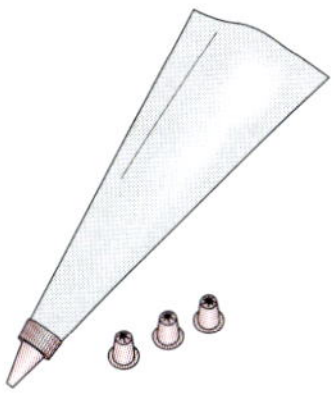	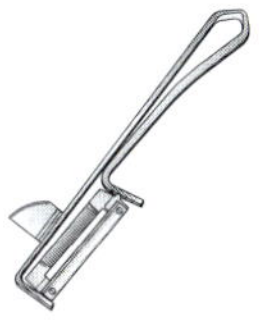	Schneidebrett Durchschlag Gemüsemesser Kochmesser
Zitronenpresse	Spritzbeutel	Kartoffelschäler	

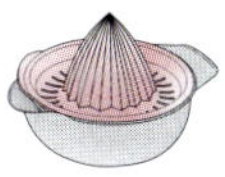	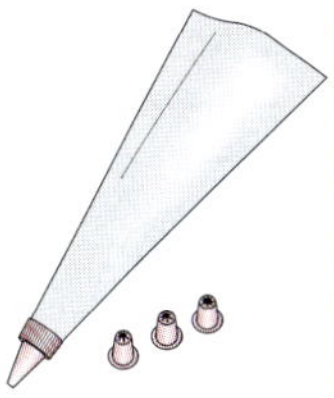	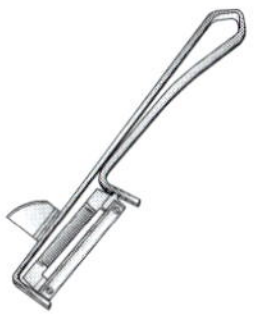	Schneidebrett Durchschlag Gemüsemesser Kochmesser
Zitronenpresse	Spritzbeutel	Kartoffelschäler	

Obstsalat

Zutaten	Arbeitsschritte – 4 Portionen
1 EL Zitronensaft (ca. 15 ml)	• Zitrone auspressen
1 kg Obst (je nach Jahreszeit, gemischt)	• Obst vorbereiten • waschen • schälen • in gleichmäßige Teile schneiden bzw. würfeln (immer mit säuerlichem Obst beginnen) • Obst mit Zitronensaft beträufeln
Zucker nach Geschmack	• über das Obst streuen
2 EL Nüsse (ca. 15 g) (grob gehackt)	• Nüsse zum Obst geben
	• Obstsalat mischen • abschmecken • abdecken • durchziehen lassen • anrichten
<u>Nach Belieben:</u> 1/2 Becher Sahne (100 ml)	• Sahne steif schlagen • Obstsalat damit verzieren

Zutaten	Arbeitsschritte – 20 Portionen
60 ml Zitronensaft (ca. 4 EL)	• Zitronen auspressen
3 kg Obst (je nach Jahreszeit, gemischt)	• Obst vorbereiten • waschen • schälen • in gleichmäßige Teile schneiden bzw. würfeln (immer mit säuerlichem Obst beginnen) • Obst mit Zitronensaft beträufeln
Zucker nach Geschmack (etwa 100 g)	• über das Obst streuen
60 g Nüsse (ca. 4 EL) (grob gehackt)	• Nüsse zum Obst geben
	• Obstsalat mischen • abschmecken • abdecken • durchziehen lassen • anrichten
<u>Nach Belieben:</u> 400 ml Sahne (2 Becher)	• Sahne steif schlagen • Obstsalat damit verzieren

Süßspeisen/Nachspeisen

	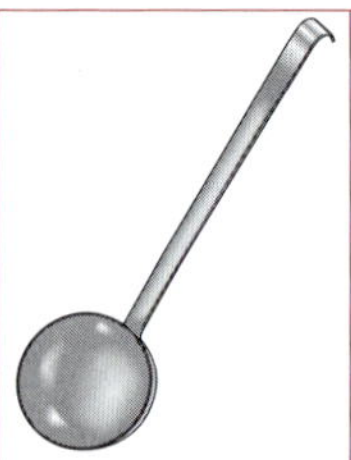		Rührschüssel 2 Bratenwender Platte Messbecher
Schneebesen	Schöpfkelle	Pfanne	

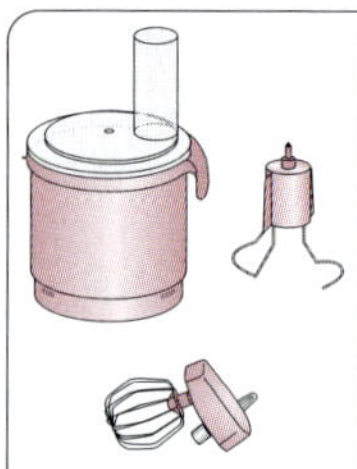		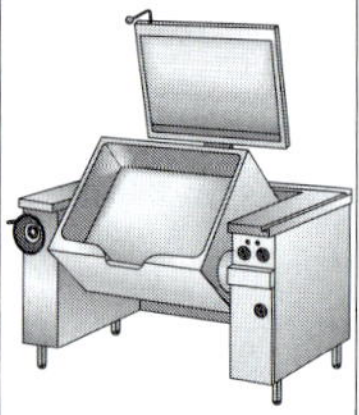	2 Bratenwender GN-Blech flach
Küchenmaschinen-aufsatz mit Rühr- und Knethaken	Schöpfkelle Messbecher	Kippbratpfanne	

Pfannkuchen

Zutaten	Arbeitsschritte – 4 Portionen
250 g Mehl	• in eine große Rührschüssel geben
1/2 l Milch	• Milch mit dem Mehl glatt rühren (Schneebesen)
3 Eier (M) **1 Pr. Salz**	• zugeben • mit Schneebesen zu einem glatten Teig verrühren
wasserfreies Fett	• **etwas Fett in der Pfanne erhitzen**
	• **mit Schöpfer eine sehr dünne Schicht Teig einfüllen (1 Pfannkuchen)** • Teig goldgelb backen • mit 2 Paletten wenden • zweite Seite backen (ca. 3 Minuten von jeder Seite)
	• Pfannkuchen warm stellen
	• vor dem Anrichten nach Geschmack füllen
	• **auf vorgewärmter Platte anrichten**

Zutaten	Arbeitsschritte – 20 Portionen
	• **Küchenmaschine vorbereiten:** Rührschüssel mit Rührwerkzeug
1 kg Mehl	• in Rührschüssel geben
1 1/2 – 2 l Milch	• Milch mit dem Mehl glatt rühren
12 Eier (M) **5 g Salz (ca. 1 TL)**	• zugeben • zu einem glatten Teig verrühren **(Teig muss dickflüssig sein)**
wasserfreies Fett	• **Fett in der Kippbratpfanne erhitzen**
	• **mit Schöpfer oder mit dem Messbecher Teig in gleichmäßiger Größe und als sehr dünne Schicht in runder Form in den Kipper geben (ca. 8 Stück für eine Kipperfüllung)** • Teig goldgelb backen • mit 2 Paletten wenden • zweite Seite backen (ca. 3 Minuten von jeder Seite)
	• Pfannkuchen warm stellen
	• vor dem Anrichten nach Geschmack füllen
	• **auf vorgewärmtem GN-Blech dachziegelförmig anrichten**

 Topf – 1 l	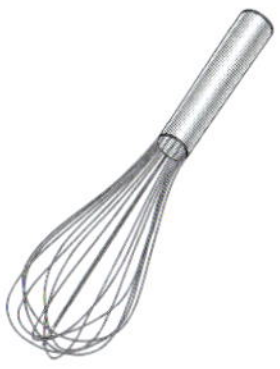 Schneebesen	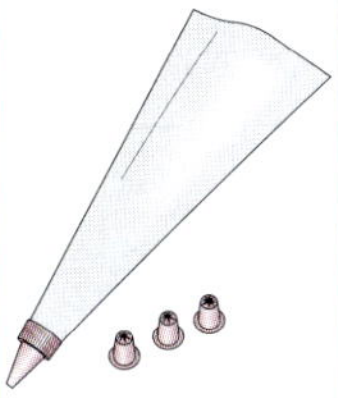 Spritzbeutel	Messbecher Schüssel Handrührgerät

 Topf – 3 l	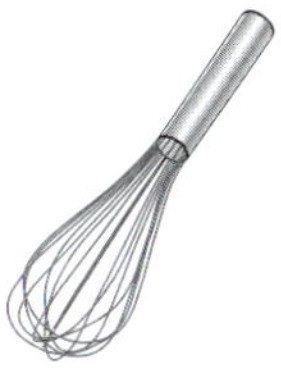 Schneebesen	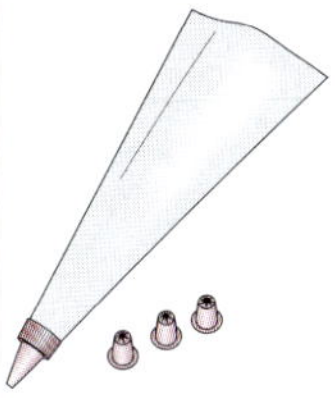 Spritzbeutel	Messbecher Schüssel Handrührgerät

Vanille-/Schokoladenflammeri

Zutaten	Arbeitsschritte – 4 Portionen
50 g Stärke **für Schokoladen-flammeri:** zusätzlich 15 g Kakao	• in kleiner Schüssel mit 5 EL kalter Milch glatt rühren
1/2 l Milch 1 Pr. Salz 40 g Zucker	• **Zutaten in einen Topf (Größe ca. 1 l) geben**
für Vanille-flammeri: zusätzlich 1 Vanilleschote	• klopfen – aufschlitzen – auskratzen – Mark in die Milch geben
	• zum Kochen bringen
	• angerührte Stärke nochmals aufrühren
	• Topf von der Kochstelle nehmen • angerührte Stärke unter Rühren mit dem Schneebesen in die kochende Milch geben
	• unter ständigem Rühren einmal aufkochen lassen
etwas Zucker	• abschmecken
Zum Verfeinern: 2 Eigelb (M)	• Eigelb vorsichtig unter den heißen Flammeri rühren • Masse muss mindestens 70 °C heiß sein (Salmonellengefahr!)
2 Eiklar	• sehr steifen Schnee schlagen • mit Schneebesen unter die heiße Masse (mindestens 70 °C – Salmonellengefahr!) unterheben
1/2 Becher Sahne (100 ml) 1 TL Vanillin-zucker (ca. 5 g)	• steif schlagen • kalten Flammeri verzieren

Zutaten	Arbeitsschritte – 20 Portionen
200 g Stärke **für Schokoladen-flammeri:** zusätzlich 60 g Kakao	• in kleiner Schüssel mit ca. 1/8 l kalter Milch glatt rühren
2 l Milch 1 Pr. Salz 160 g Zucker	• **Zutaten in einen Topf (Größe ca. 3 l) geben**
für Vanille-flammeri: zusätzlich 4 Vanilleschoten	• klopfen – aufschlitzen – auskratzen – Mark in die Milch geben
	• zum Kochen bringen
	• angerührte Stärke nochmals aufrühren
	• Topf von der Kochstelle nehmen • angerührte Stärke unter Rühren mit dem Schneebesen in die kochende Milch geben
	• unter ständigem Rühren einmal aufkochen lassen
etwas Zucker	• abschmecken
Zum Verfeinern: 8 Eigelb (M)	• Eigelb vorsichtig unter den heißen Flammeri rühren • Masse muss mindestens 70 °C heiß sein (Salmonellengefahr!)
8 Eiklar	• sehr steifen Schnee schlagen • mit Schneebesen unter die heiße Masse (mindestens 70 °C – Salmonellengefahr!) unterheben
200 ml Sahne (1 Becher) 10 g Vanillin-zucker (ca. 2 TL)	• steif schlagen • kalten Flammeri verzieren

Brotaufstriche

Quark – Grundrezept

Zutaten	Arbeitsschritte (4 Portionen)
	• **Handrührgerät vorbereiten:** Quirle
250 g Speisequark, mager 2 – 4 EL Milch (1,5 %) 1 Prise Pfeffer, weiß 1 Prise Salz	• Zutaten in Rührschüssel vermischen • aufschlagen • abschmecken • weiterverarbeiten

Zutaten	Arbeitsschritte (20 Portionen)
	• **Küchenmaschine vorbereiten:** Rührschüssel mit Rührwerkzeug
1 kg Speisequark, mager bis 200 ml Milch (1,5 %) 1 Prise Pfeffer, weiß 5 g Salz (ca. 1 TL)	• Zutaten in Rührschüssel vermischen • aufschlagen • abschmecken • weiterverarbeiten

Kräuterquark

Zutaten	Arbeitsschritte (4 Portionen)
	• **Grundrezept Quarkaufstrich herstellen**
1 TL (ca. 5 g) Dill 1 TL (ca. 5 g) Schnittlauch 1 TL (ca. 5 g) Petersilie	• Kräuter vorbereiten • fein hacken • zur Quarkmasse geben • abschmecken • anrichten

Zutaten	Arbeitsschritte (20 Portionen)
	• **Grundrezept Quarkaufstrich herstellen**
20 g (ca. 2 EL) Dill 20 g (ca. 2 EL) Schnittlauch 20 g (ca. 2 EL) Petersilie	• Kräuter vorbereiten • fein hacken • zur Quarkmasse geben • abschmecken • anrichten

Schinkenquark

Zutaten	Arbeitsschritte (4 Portionen)
	• **Grundrezept Quarkaufstrich herstellen**
50 g gekochter Schinken 1 Gewürzgurke (ca. 50 g)	• fein würfeln
1 EL (ca. 10 g) Petersilie	• vorbereiten, fein hacken
	• zur Quarkmasse geben • abschmecken • anrichten
<u>**Hinweise:**</u>	• Zum Garnieren der Brotaufstriche eignen sich Gurkenstreifen, Tomatenteile, Paprikastreifen oder Petersilie und Schnittlauch.

Zutaten	Arbeitsschritte (20 Portionen)
	• **Grundrezept Quarkaufstrich herstellen**
200 g gekochter Schinken 200 g Gewürzgurken	• fein würfeln
20 g (ca. 2 EL) Petersilie	• vorbereiten, fein hacken
	• zur Quarkmasse geben • abschmecken • anrichten
<u>**Hinweise:**</u>	• Zum Garnieren der Brotaufstriche eignen sich Gurkenstreifen, Tomatenteile, Paprikastreifen oder Petersilie und Schnittlauch.

Kräuterbutter

Zutaten	Arbeitsschritte 4 Portionen
	• **Handrührgerät vorbereiten:** Quirle
200 g Butter	• in einer Rührschüssel schaumig rühren
1/2 Zwiebel	• vorbereiten • sehr fein würfeln
1/2 Bund Petersilie	• vorbereiten • fein wiegen
1 TL Zitronensaft (ca. 5 ml) 10 Tropfen Worcestersauce	• alle Zutaten vermischen
1/2 TL Salz 1 Prise Pfeffer	• abschmecken • anrichten

Zutaten	Arbeitsschritte 20 Portionen
	• **Küchenmaschine vorbereiten:** Rührschüssel mit Rührwerkzeug
1 kg Butter	• in einer Rührschüssel schaumig rühren
150 g Zwiebeln (ca. 3 Stück)	• vorbereiten • sehr fein würfeln
2 Bund Petersilie	• vorbereiten • fein wiegen
25 ml Zitronensaft (ca. 5 TL) 1/2 TL Worcestersauce	• alle Zutaten vermischen
10 g Salz (ca. 2 TL) 1/2 TL Pfeffer	• abschmecken • anrichten

Schnittlauchbutter

Zutaten	Arbeitsschritte 4 Portionen
	• **Handrührgerät vorbereiten** Quirle
200 g Butter	• in einer Rührschüssel schaumig rühren
1 Bund Schnittlauch	• vorbereiten • fein schneiden
1/2 TL Salz 1 Prise Pfeffer	• alle Zutaten vermischen • abschmecken und anrichten

Zutaten	Arbeitsschritte 20 Portionen
	• **Küchenmaschine vorbereiten:** Rührschüssel mit Rührwerkzeug
1 kg Butter	• in einer Rührschüssel schaumig rühren
4 Bund Schnittlauch	• vorbereiten • fein schneiden
10 g Salz (ca. 2 TL) 1/2 TL Pfeffer	• alle Zutaten vermischen • abschmecken und anrichten

Walnussbutter

Zutaten	Arbeitsschritte 4 Portionen
	• **Handrührgerät vorbereiten:** Quirle
200 g Butter	• in einer Rührschüssel schaumig rühren
80 g Walnusskerne	• fein wiegen
1 TL Tafelwein 1/2 TL Salz 1 Prise Pfeffer	• alle Zutaten vermischen • abschmecken
Hinweise	• Die Buttermischungen können in einen Spritzbeutel gefüllt und als Rosetten gespritzt werden. • Auf Pergamentpapier gespritzt und gekühlt lassen sie sich gut weiterverwenden.

Zutaten	Arbeitsschritte 20 Portionen
	• **Küchenmaschine vorbereiten:** Rührschüssel mit Rührwerkzeug
1 kg Butter	• in einer Rührschüssel schaumig rühren
400 g Walnusskerne	• fein wiegen
25 ml Tafelwein (ca. 5 TL) 10 g Salz (ca. 2 TL) 1/2 TL Pfeffer	• alle Zutaten vermischen • abschmecken • anrichten
Hinweise	• Die Buttermischungen können in einen Spritzbeutel gefüllt und als Rosetten gespritzt werden. • Auf Pergamentpapier gespritzt und gekühlt lassen sie sich gut weiterverwenden.

Apfelschlupfkuchen

Zutaten	Arbeitsschritte
	• **Küchenmaschine vorbereiten:** Rührschüssel mit Rührwerkzeug
Margarine Semmelbrösel	• **Springform** (Ø 28) fetten und bröseln
750 g Äpfel	• Äpfel schälen • Kerngehäuse ausstechen ① • Apfel halbieren ② • Apfel vierteln und über der Wölbung einritzen (mit einem kleinen Messer oder einer Gabel) ③  geschälter Apfel Kerngehäuse wird herausgenommen vierteln und einritzen mit Küchenmesser
2 EL Zitronensaft (ca. 30 ml)	• mit Zitronensaft beträufeln • abdecken
150 g Margarine	• in Rührschüssel schaumig rühren
150 g Zucker 3 Eier (M)	• abwechselnd unterrühren • sehr schaumig rühren (= Schaummasse)
1/2 Zitronenschale (gerieben)	• zugeben
250 g Mehl 1 TL Backpulver (ca. 3 g)	• mischen • unterrühren
evtl. 4 EL Milch (ca. 60 ml)	• kurz unterrühren
	• Masse in vorbereitete Form verteilen • mit Teigschaber glätten
	• vorbereitete Äpfel kreisförmig auf den Teig legen
	• bei 180 °C ca. 45 – 50 Minuten backen
Puderzucker	• zum Bestreuen (Kuchen muss abgekühlt sein)
<u>Hinweis:</u>	• Statt Äpfeln kann auch anderes Obst verwendet werden, z. B. Kirschen, Pfirsiche, Aprikosen, Pflaumen.

Geraspelter Apfelkuchen

Zutaten	Arbeitsschritte
	• **Küchenmaschine vorbereiten:** Rührschüssel mit Rührwerkzeug
Fett (Margarine)	• **Backblech** vorbereiten
250 g Margarine	• schaumig rühren
200 g Zucker 1 TL Vanillin-zucker 6 Eier (M)	• abwechselnd zugeben • sehr schaumig rühren (Schaummasse)
350 g Mehl 1 EL Backpulver 1 Pr. Salz	• mischen • kurz unterrühren • die Masse muss schwer reißend vom Löffel fallen
	• Masse gleichmäßig auf Blech streichen
Belag: 1000 g Äpfel	• waschen – schälen • Kernhaus entfernen – vierteln • grob raspeln • gleichmäßig auf dem Teig verteilen 
1 Becher Sahne (200 ml) 1 Becher Sauer-rahm (200 ml) 1 EL Vanillin-zucker (ca. 15 g)	• verrühren
	• Äpfel damit bestreichen
	• bei ca. 175 – 220 °C 20 – 30 Minuten backen
1 EL Zimt	• gleichmäßig bestreuen • in gleichmäßige Stücke schneiden • auf Platte anrichten

Kirschkuchen

Zutaten	Arbeitsschritte
	• **Küchenmaschine vorbereiten:** Rührschüssel mit Rührwerkzeug
Fett (Margarine)	• **Backblech** vorbereiten 
250 g Margarine	• schaumig rühren
200 g Zucker 1 TL Vanillinzucker 6 Eier (M)	• abwechselnd zugeben • sehr schaumig rühren (Schaummasse)
350 g Mehl 1 EL Backpulver (ca. 10 g) 1 Pr. Salz $1/8$ l Milch	• mischen • kurz unterrühren • die Masse muss schwer reißend vom Löffel fallen
100 g Schokoraspel 1 Glas Sauerkirschen (850 ml)	• abgießen • mit Schokostreusel **kurz** mischen
	• Masse gleichmäßig auf Blech streichen • Schokokirschen gleichmäßig verteilen
	• bei ca. 200 °C ca. 30 Minuten backen
Guss 1 Becher Kuvertüre (ca. 200 g)	**Guss herstellen:** • im Wasserbad schmelzen • auf Kuchen verteilen
Kokosflocken	• Kuchen bestreuen
	• auskühlen lassen
	• in gleichmäßige Stücke schneiden • auf Platte anrichten

Mandelkuchen

Zutaten	Arbeitsschritte
	• **Küchenmaschine vorbereiten:** Rührschüssel mit Rührwerkzeug
Fett (Margarine)	• **Backblech** vorbereiten
350 g Margarine	• schaumig rühren
350 g Zucker 1 TL Vanillinzucker (ca. 5 g) 6 Eier (M)	• abwechselnd zugeben • sehr schaumig rühren (Schaummasse)
350 g Mehl 1 EL Backpulver (ca. 10 g) 1 Pr. Salz	• mischen • kurz unterrühren • die Masse muss schwer reißend vom Löffel fallen
	• **Backofen** auf ca. 200 °C vorheizen
	• Masse gleichmäßig auf das Blech streichen 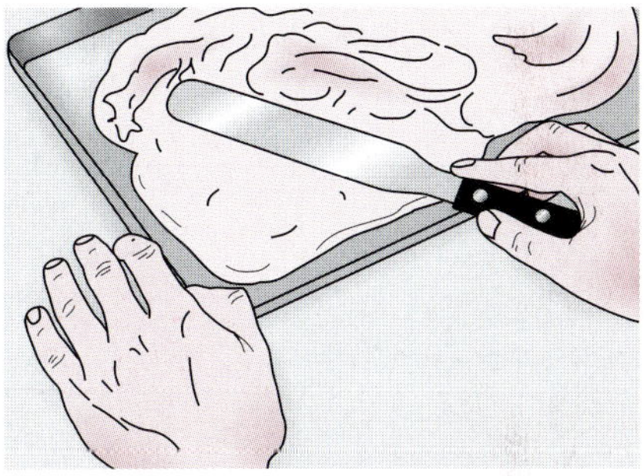
75 g blättrige Mandeln	• Kuchen damit bestreuen
	• bei ca. 200 °C ca. 20 Minuten backen
	• auskühlen lassen
	• in gleichmäßige Stücke schneiden

Marmorkuchen

Zutaten	Arbeitsschritte
	• **Küchenmaschine vorbereiten:** Rührschüssel mit Rührwerkzeug
Margarine Semmelbrösel	• **Kastenform** (ca. 30 cm Länge) • fetten und bröseln (besonders sorgfältig)
250 g Margarine	• in Rührschüssel schaumig rühren
250 g Zucker 6 Eier (M)	• abwechselnd zugeben • sehr schaumig rühren (= Schaummasse)
ca. 1/8 l Milch	• unterrühren
500 g Mehl 3 gestrichene TL Backpulver (ca. 6 g)	• mischen • unterrühren
	• ca. 2/3 der Masse in vorbereitete Form füllen
	• ca. 1/3 der Masse weiterverarbeiten
2 EL Zucker (ca. 30 g) 2 EL Kakao (ca. 15 g) 2 EL Milch (ca. 30 ml)	• mit der Masse vermischen
	• braune Masse gleichmäßig auf die weiße Masse in die Form füllen
	• mit einer Gabel kreisförmig die braune Masse unterziehen 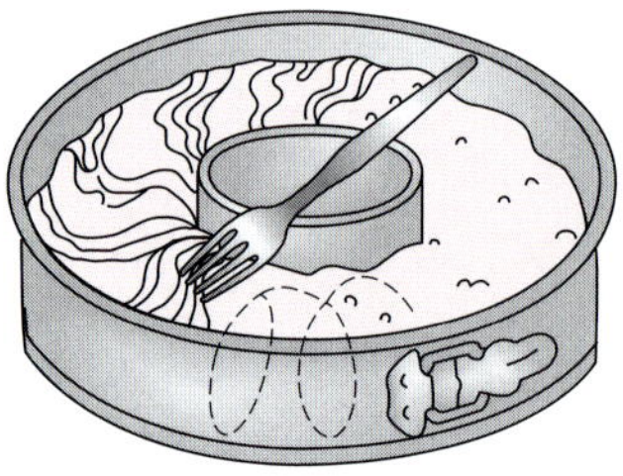
	• bei 180 – 200 °C ca. 1 – 1 1/4 Std. backen

Nusskuchen – Wiener Art

Zutaten	Arbeitsschritte
	• **Küchenmaschine vorbereiten:** Rührschüssel mit Rührwerkzeug
Margarine Semmelbrösel	• **Kastenform** (30 cm) fetten und bröseln (besonders sorgfältig) 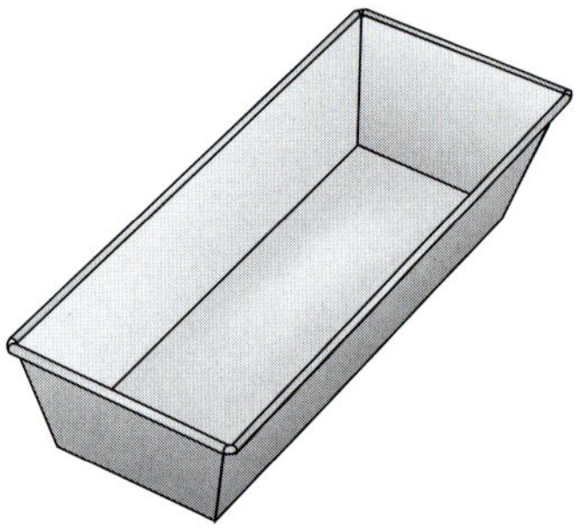
250 g Margarine	• in Rührschüssel schaumig rühren
250 g Zucker 4 Eier (M)	• abwechselnd zugeben • sehr schaumig rühren (Schaummasse)
125 g Mehl 125 g Stärkemehl 1 TL Backpulver	• mischen • untermischen
2 EL Kakao 150 g gemahlene Haselnüsse	• alles **kurz** untermischen
	• **Backofen** auf ca. 200 °C vorheizen
	• Masse in die vorbereitete Form geben 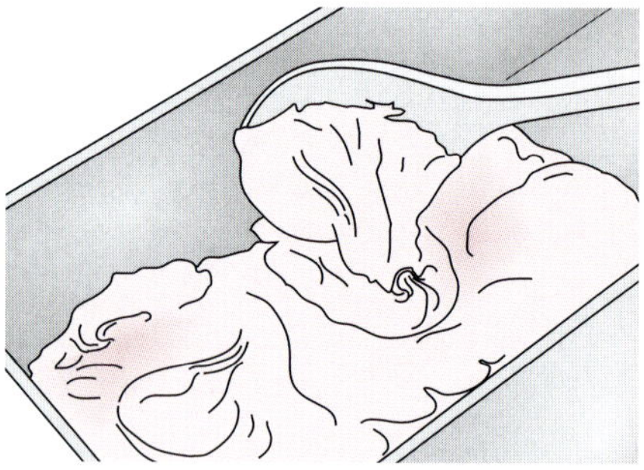
	• ca. 60 Minuten backen
	• kurz abkühlen lassen • stürzen
Nach Belieben: Glasur oder Puderzucker	• glasieren **oder** • mit Puderzucker bestreuen

Pfirsichschnitten

Zutaten	Arbeitsschritte
	• **Küchenmaschine vorbereiten:** Rührschüssel mit Rührwerkzeug
	• **Backblech** vorbereiten
150 g Margarine 150 g Zucker 4 Eier (M) 1 EL Vanillin-zucker (ca. 15 g) 1 Pr. Salz abgeriebene Schale einer Zitrone	• in der Küchenmaschine Schaummasse rühren
250 g Mehl 3 TL Backpulver (ca. 10 g)	• mischen und unterrühren
	• Masse auf Backblech streichen
2 Dosen Pfirsiche (à 850 g)	• abtropfen lassen • in Scheiben schneiden
	• Pfirsichscheiben gleichmäßig auf den Teig legen 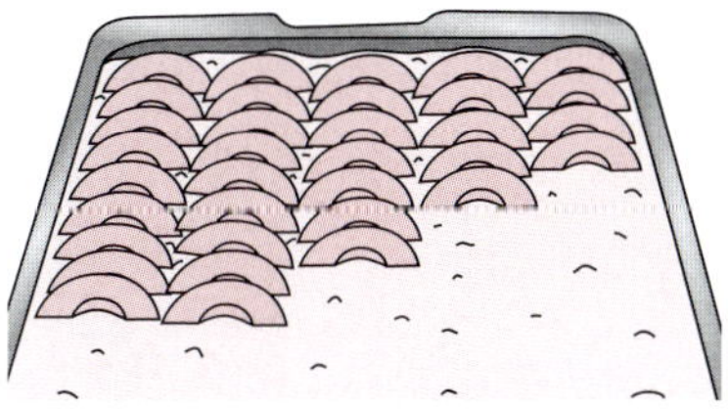
Streusel 175 g Mehl 100 g Zucker 1/2 TL Zimt	**Streusel herstellen:** • in Rührschüssel geben
125 g Butter	• flüssig werden lassen und unterrühren, bis Streusel entstanden sind
	• Streusel auf dem Pfirsichkuchen verteilen
	• bei 175 °C – 200 °C ca. 20 Minuten backen
	• in 20 Stücke schneiden

Waffeln

Zutaten	Arbeitsschritte
	• **Küchenmaschine vorbereiten:** Rührschüssel mit Rührwerkzeug
100 g Margarine	• schaumig rühren
80 g Zucker 1 TL Vanillin-zucker (ca. 5 g) 5 Eigelb (M) 1 Pr. Salz	• abwechselnd zugeben • sehr schaumig rühren (Schaummasse)
100 g Mehl 75 g Stärke 1 TL Backpulver (ca. 3 g) 1 EL Zitronensaft 4 EL Milch (ca. 60 ml)	• mischen • kurz unterrühren • die Masse muss schwer reißend vom Löffel fallen
	• **Waffelautomat** vorheizen
5 Eiklar (M)	• sehr steifen Eischnee schlagen • vorsichtig unter die Masse ziehen
Margarine	• Waffelautomat fetten • Masse portionsweise gleichmäßig in das Waffeleisen geben  • Deckel langsam schließen • Waffeln goldgelb backen ca. 2 – 3 Minuten pro Waffel • Waffeln auf einer Platte anrichten 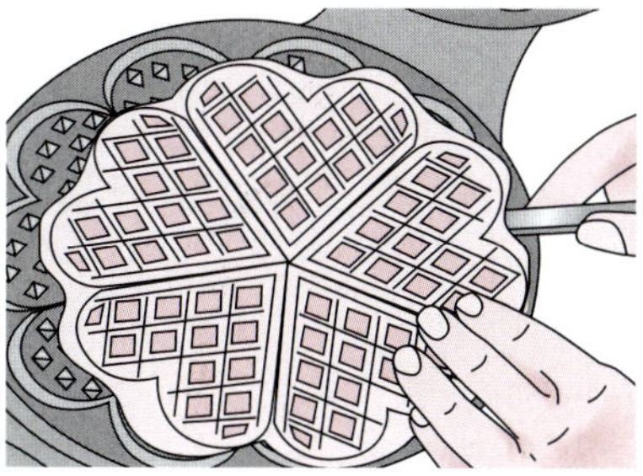
Puderzucker	• Waffeln damit bestäuben

Gedeckter Apfelkuchen

Zutaten	Arbeitsschritte
	• **Küchenmaschine vorbereiten:** Rührschüssel mit Knetwerkzeug
	• **Springform** (Ø 28 cm) bereitstellen
300 g Mehl **2 TL Backpulver (ca. 6 g)** **100 g Zucker** **150 g Margarine** **1 Ei (M)**	• in die Schüssel der Küchenmaschine geben • mit Knethaken zu Teig verkneten • kalt stellen (ca. 1 Stunde)
750 g Äpfel	• waschen – schälen – Kernhaus ausstechen • in kleine, gleichmäßige Stücke schneiden
1 Zitronensaft	• Äpfel beträufeln • abdecken
50 g Rosinen	• waschen • zu den Äpfeln geben
1 EL Zitronensaft	• unter die Äpfel mischen • Füllung abschmecken
	• **Backofen** auf 175 °C vorheizen
	• 2/3 des Teiges auf dem Springformboden ausrollen und auslegen • Rand ca. 1/2 cm hochdrücken 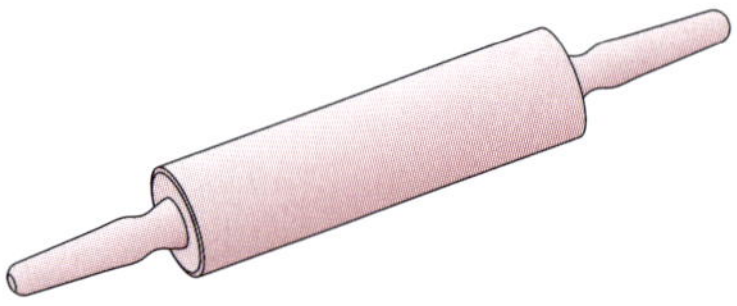 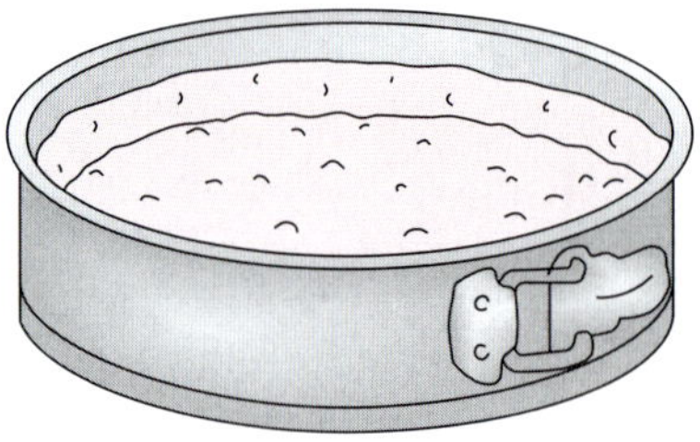
	• Apfelmasse auf den Teig geben
	• restlichen Teig auf Pergamentpapier oder Backpapier ausrollen (Springformgröße) • auf die Äpfel legen • Papier abziehen
	• bei ca. 175 °C ca. 40 – 45 Minuten backen
Puderzucker	• mit Puderzucker bestäuben

Husarenkrapfen

Zutaten	Arbeitsschritte
	• **Handrührgerät vorbereiten:** Knethaken
250 g Mehl **70 g Zucker** **140 g Margarine** **2 Eigelb (M)** **1 P. Vanillinzucker (ca. 10 g)**	• in die Schüssel geben • mit Knethaken zu Teig verkneten • kalt stellen (ca. 1 Stunde)
	• **Backblech** mit Backpapier auslegen
	• Backbrett bereitstellen • aus dem Teig Rollen formen (ca. 3 cm Durchmesser) • gleichmäßige Stücke abschneiden • zu Kugeln drehen • auf das Backblech aufsetzen • in die Mitte der Kugeln eine kleine Vertiefung mit dem Holzlöffelstiel drücken 
1 Eigelb (M)	• Kugeln damit bestreichen
50 g geschälte, gehackte Mandeln **50 g Hagelzucker**	• Kugeln damit bestreuen
Füllung: **ca. 100 g feste Konfitüre (z. B. Erdbeerkonfitüre)**	• in die Vertiefung füllen
	• bei 190 – 200 °C ca. 10 – 12 Minuten goldgelb backen
Hinweis:	• Es können aus der Menge ca. 40 Krapfen gefertigt werden.

Käsekuchen

Zutaten	Arbeitsschritte
	• **Küchenmaschine vorbereiten:** Rührschüssel mit Knetwerkzeug Rührschüssel mit Rührwerkzeug
	• **Springform** (Ø 28 cm) bereitstellen
	Rührschüssel mit Knetwerkzeug
200 g Mehl 1/2 TL Backpulver 1 Pr. Salz 50 g Zucker 100 g Margarine 1 Ei (M)	• in die Schüssel der Küchenmaschine geben • mit Knethaken zu Teig verkneten • kalt stellen
	Rührschüssel mit Rührwerkzeug
40 g Margarine 200 g Zucker 2 Eier (M)	• in Schüssel der Küchenmaschine geben und Schaummasse rühren
500 g Quark	• unterrühren
2 EL Zitronensaft (ca. 30 ml) 1 P. Vanillepuddingpulver (ca. 40 g)	• zugeben, alles zu einer glatten Masse verrühren
1/2 l Milch	• vorsichtig unterrühren (die Masse ist sehr flüssig!)
	• Mürbeteig ausrollen • Springform damit auslegen • Ränder hochdrücken 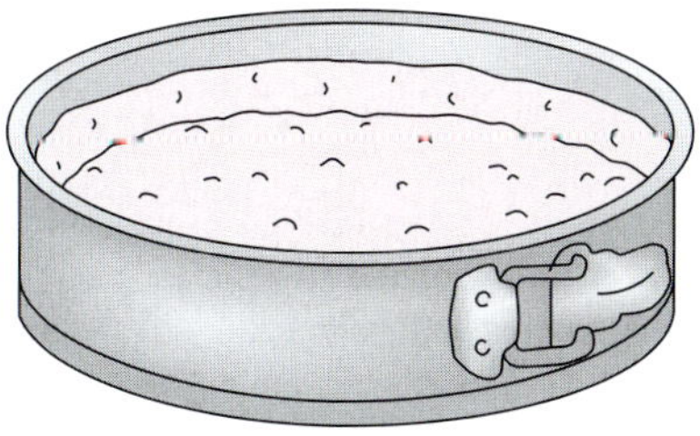
	• Quarkmasse darauf verteilen
	• bei 200 °C • ca. 60 Minuten backen • in der Form gut auskühlen lassen

Linzer Torte

Zutaten	Arbeitsschritte
	• **Küchenmaschine vorbereiten:** Rührschüssel mit Knetwerkzeug
	• **Springform** (Ø 28 cm) bereitstellen
200 g Mehl 250 g Mandeln (gemahlen) 1/2 TL Backpulver 1 Pr. Salz 200 g Zucker 1 EL Kakao (ca. 6 g) 1 TL Zimt (gemahlen) (ca. 3 g) 1 Messerspitze Nelken (ca. 1 g) 250 g Margarine 1 Ei (M)	• in die Schüssel der Küchenmaschine geben • mit Knethaken zu Teig verkneten • kalt stellen (ca. 1 Stunde)
	• 2/3 des Teiges ca. 1/2 cm dick ausrollen • Springform damit auslegen • Rand ca. 1/2 cm hochdrücken
200 g Himbeerkonfitüre	• Teig mit Konfitüre bestreichen
	• restlichen Teig ausrollen • ca. 1 cm breite Streifen ausrädeln • Streifen gitterförmig auf die Konfitüre und den Rand legen 
1 Eigelb (M)	• in einer Tasse verrühren • Teiggitter damit bestreichen
	• bei ca. 180 °C 45 – 60 Minuten backen • in der Form gut auskühlen lassen
Puderzucker	• Torte mit Puderzucker bestäuben • **Fertige Torte in Folie verpackt mindestens 2 Tage lagern!**
Hinweis:	• Linzer Torte ist in Folie verpackt mehrere Wochen haltbar.

Spitzbuben

Zutaten	Arbeitsschritte
	• **Küchenmaschine vorbereiten:** Rührschüssel mit Knetwerkzeug
400 – 450 g Mehl **200 g Zucker** **250 g Margarine** **2 Eier (M)** **125 g ungeschälte, gemahlene Haselnüsse** **1 P. Vanillinzucker (ca. 10 g)**	• in die Schüssel der Küchenmaschine geben • mit Knethaken zu Teig verkneten • kalt stellen (ca. 1 Stunde)
	• **Backblech** mit Backpapier auslegen
	• Backbrett bereitstellen • Teig portionsweise zwei Messerrücken dick (ca. 1/2 cm) ausrollen • kleine runde Plätzchen ausstechen • auf das Backblech aufsetzen 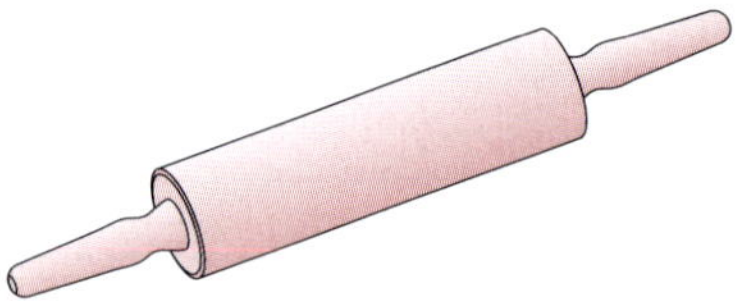 
1 Eigelb (M)	• Plätzchen damit bestreichen
	• bei 190 – 200 °C ca. 10 – 12 Minuten goldgelb backen
ca. 100 g Zucker **1 P. Vanillinzucker (ca. 10 g)**	• mischen • die Hälfte der Plätzchen noch heiß in der Zuckermischung wenden
Füllung **ca. 100 g feste Konfitüre (z. B. Erdbeerkonfitüre)**	**Füllung herstellen:** • 2 Plätzchen mit Konfitüre zusammensetzen – das gezuckerte Plätzchen kommt nach oben
Hinweis:	• Es können aus der Menge ca. 60 Spitzbuben gefertigt werden.

Vanillekipferl

Zutaten	Arbeitsschritte
	• **Handrührgerät vorbereiten:** Knethaken
250 g Mehl **100 g Mandeln, gerieben** **100 g Zucker** **200 g Margarine**	• in die Schüssel geben • mit Knethaken zu Teig verkneten • kalt stellen (ca. 1 Stunde)
	• **Backblech** mit Backpapier auslegen
	• Backbrett bereitstellen • aus dem Teig daumendicke Rollen formen • etwa 2 cm breite Stücke abschneiden • jedes Stück weiter rollen, dass es ca. 5 cm lang und an den Enden dünner ist
	• Teigrollen zu Hörnchen formen und auf das Backblech auflegen 
	• bei 200 °C ca. 10 – 12 Minuten hellgelb backen
1 P. Vanillinzucker (ca. 10 g) **3 EL Puderzucker (ca. 30 g)**	• mischen
	• Kipferl sofort nach dem Backen in der Zuckermischung wälzen

Hörnchen mit Konfitüre

Zutaten	Arbeitsschritte
	• **Handrührgerät vorbereiten:** Knethaken
Fett	• **Backblech** vorbereiten
Füllung rote Konfitüre (ca. 200 g)	**Füllung erstellen:** • Marmelade in kleiner Schüssel glattrühren
Quark-Ölteig 300 g Mehl 1 EL Backpulver (ca. 10 g) 150 g Quark 6 EL Öl (ca. 90 ml) 1 Pr. Salz 1 Ei 75 g Zucker 1 EL Vanillinzucker (ca. 15 g)	**Quark-Ölteig herstellen:** • in Rührschüssel geben • mit Knethaken durchkneten (wenn nötig nochmals mit der Hand durchkneten)
	• die Hälfte des Teiges auf Backbrett ausrollen • mit Teigrädchen kleine Dreiecke ausradeln (Quadrate ca. 8 cm x 8 cm ausradeln, danach jedes Quadrat diagonal teilen) • auf jedes Dreieck 1 TL Marmelade verteilen • zu Hörnchen aufrollen • auf vorbereitetes Backblech setzen
1 Eigelb	• Hörnchen bestreichen
	• bei ca. 200 °C ca. 15 – 20 Minuten backen
Puderzucker	• erkaltete Hörnchen mit Puderzucker bestreuen

Nusshörnchen

Zutaten	Arbeitsschritte
	• **Handrührgerät vorbereiten:** Knethaken
Fett	• **2 Backbleche** vorbereiten
Füllung 100 g Haselnüsse, gemahlen 75 g Zucker 1 TL Vanillinzucker 1 TL Zitronensaft 4 EL Sahne	**Füllung herstellen:** • in Schüssel geben • miteinander verrühren • abschmecken
Quark–Ölteig 300 g Mehl 1 EL Backpulver (ca. 10 g) 150 g Quark 6 EL ÖL (ca. 90 ml) 1 Pr. Salz 1 Ei (M) 75 g Zucker 1 EL Vanillinzucker (ca. 15 g)	**Quark-Ölteig herstellen:** • in Rührschüssel geben • mit Knethaken durchkneten (wenn nötig nochmals mit der Hand durchkneten)
	• die Hälfte des Teiges auf Backbrett ausrollen • mit Teigrädchen kleine Dreiecke ausradeln (Quadrate ca. 8 cm x 8 cm ausradeln, danach jedes Quadrat diagonal teilen) • auf jedes Dreieck 1 TL Nussfülle verteilen • zu Hörnchen aufrollen • auf vorbereitetes Backblech setzen
1 Eigelb	• Hörnchen bestreichen
	• bei ca. 200 °C ca. 15 – 20 Minuten backen
Puderzucker	• erkaltete Hörnchen mit Puderzucker bestreuen
Hinweis:	• Es können aus der Menge ca. 60 Hörnchen herstellt werden.

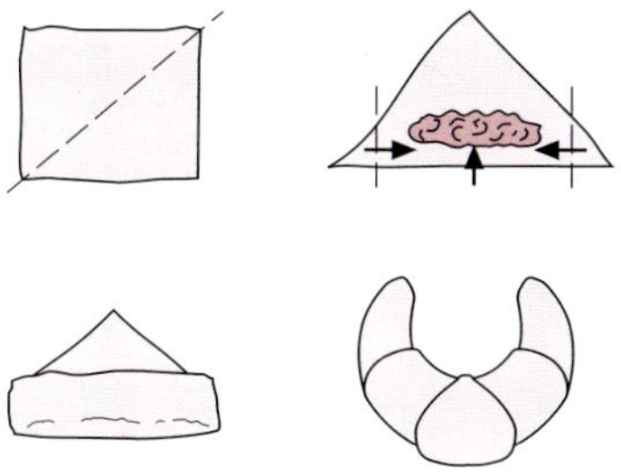

Grundrezept „All-in-Methode“

Zutaten	Arbeitsschritte
	• **Küchenmaschine vorbereiten:** Rührschüssel mit Knetwerkzeug
1 Würfel Hefe (ca. 42 g) 1 TL Zucker	• verrühren (Hefe verflüssigt sich)
500 g Mehl 1 Pr. Salz 40 g Fett 80 g Zucker 1 Ei (M)	• Zutaten in Schüssel geben • verflüssigte Hefe zugeben
1/8 l lauwarme Milch	• unter ständigem Rühren zugeben • Teig mit Knethaken so lange verkneten, bis er sich vom Schüsselrand löst
	• mit sauberem Tuch abdecken und an warmem Ort „gehen“ lassen (Teig soll sich verdoppeln) 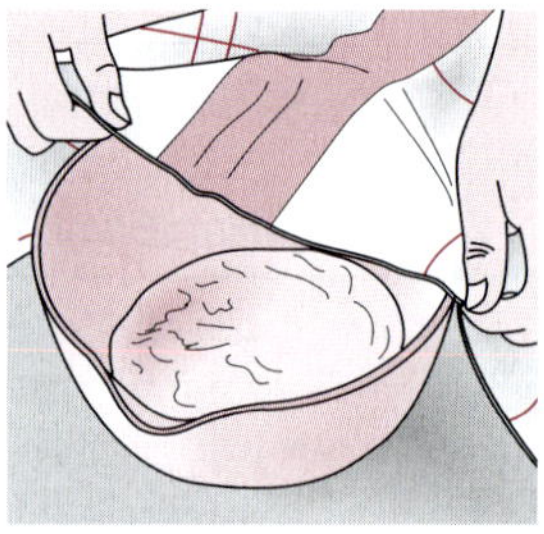 (Teig hat sich verdoppelt) 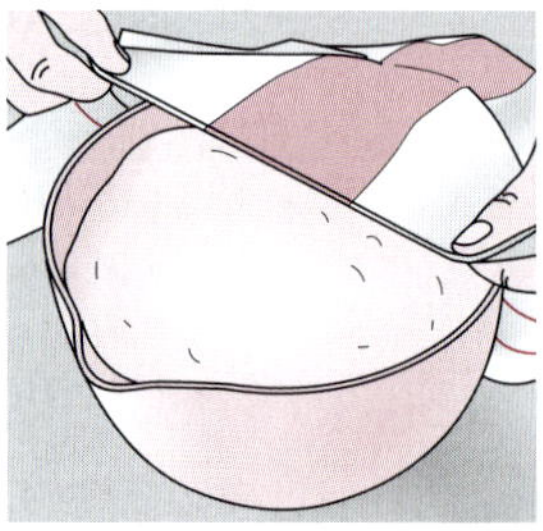
	• Hefeteig nach Verwendungszweck weiterverarbeiten
Hinweis:	• Der Hefeteig kann auch salzig verarbeitet werden, wenn statt 80 g Zucker 1 TL Salz verwendet wird.

Grundrezept mit Frischhefe

Zutaten	Arbeitsschritte
	• **Küchenmaschine vorbereiten:** Rührschüssel mit Knetwerkzeug
Vorteig 1/8 l lauwarme Milch 1 Würfel frische Hefe (ca. 42 g) 1 TL Zucker 1 TL Mehl	**Vorteig erstellen:** • in einer kleinen Schüssel glatt rühren und zudecken • an einen warmen Ort stellen (z. B. Backofen auf 50 °C aufheizen – abschalten) • „gehen“ lassen
375 g Mehl 1 Pr. Salz 50 g Margarine 50 g Zucker 1 Ei (M)	• in Schüssel der Küchenmaschine geben • zerlaufen lassen, zugeben • zugeben • zugeben
	• den „gegangenen“ Vorteig zugeben und mit Knethaken langsam rühren
ca. 1/8 l Milch	• nach und nach zugeben, bis der Teig glatt und gleichmäßig aussieht und sich vom Schüsselrand löst • nochmals warm stellen und „gehen“ lassen (Teig hat sich verdoppelt) 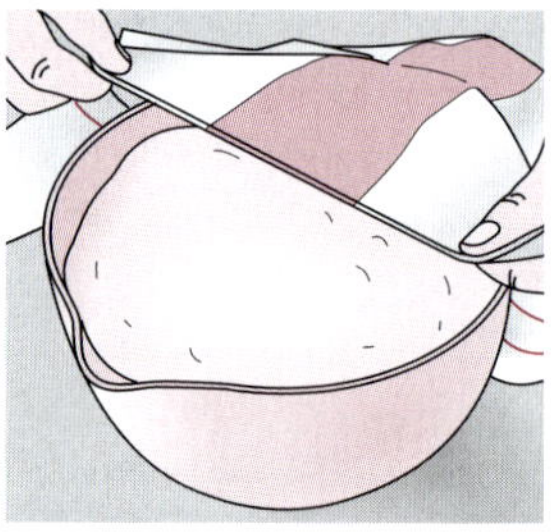
	• Hefeteig nach Verwendungszweck weiterverarbeiten
Hinweis:	• Der Hefeteig kann auch salzig verarbeitet werden, wenn statt 50 g Zucker 1 TL Salz verwendet wird.

Grundrezept mit Trockenhefe

Zutaten	Arbeitsschritte
	• **Küchenmaschine vorbereiten:** Rührschüssel mit Knetwerkzeug
	• **Backofen** auf 50 °C aufheizen – abschalten
500 g Mehl 1 Pr. Salz 1 P. Trockenhefe (7 g) 50 g Margarine 80 g Zucker 1 Ei (M) ca. 1/8 l Milch	• in Schüssel der Küchenmaschine geben • vermischen • zerlaufen lassen und zugeben • zugeben • zugeben • alles vermischen und langsam mit Knethaken zu Teig verarbeiten
	• Teig abdecken • im Backofen oder an warmem Ort „gehen“ lassen 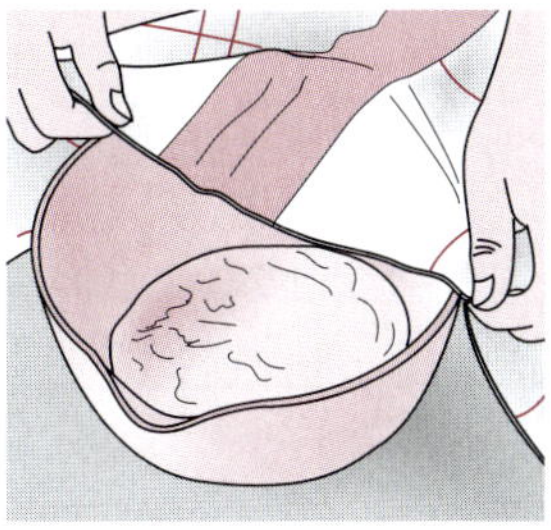
	• wenn sich der Teig sichtbar vergrößert hat (etwa doppelt so groß ist), nach Rezept weiterverarbeiten
<u>Hinweis:</u>	• Bei zutatenreichen Teigen zuerst Hefe zu einem Vorteig anrühren und etwa 15 Minuten gehen lassen. Dann erst die weiteren Zutaten zugeben und weiter verarbeiten. • Der Hefeteig kann auch salzig verarbeitet werden, wenn statt 80 g Zucker 1 Prise Zucker und 1 TL Salz verwendet werden.

Nussstrang

Zutaten	Arbeitsschritte
	• **Küchenmaschine vorbereiten:** Rührschüssel mit Knetwerkzeug
1 Würfel Frischhefe (ca. 42 g) 1 TL Zucker	**Hefeteig nach der All-in-Methode herstellen:** • verrühren (Hefe verflüssigt sich)
500 g Mehl 1 Pr. Salz 80 g weiches Fett (z. B. Margarine) 80 g Zucker 1 Ei (M)	• Zutaten in die Rührschüssel geben • verflüssigte Hefe zugeben
1/8 – 1/4 l lauwarme Milch	• unter ständigem Rühren zugeben • Teig mit Knethaken so lange verkneten, bis er sich vom Schüsselrand löst
	• abgedeckt an einem warmen Ort „gehen“ lassen
Fett / Mehl	• **Backblech** vorbereiten
Nussfüllung 200 g Haselnüsse, gemahlen 150 g Zucker 1 EL Vanillinzucker (ca. 15 g) 1 EL Zitronensaft (ca. 15 ml) 1/8 l Sahne	**Nussfüllung herstellen:** • miteinander verrühren • abschmecken
	• den gegangenen Hefeteig auf einem bemehlten Backbrett kurz durchkneten • rechteckig ausrollen
1 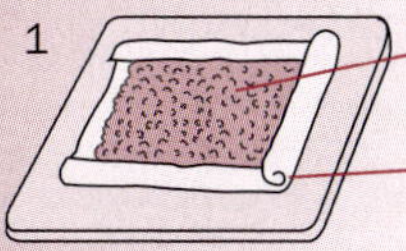 2 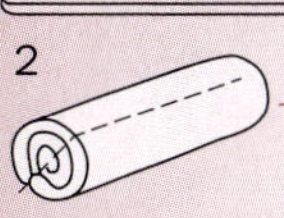 3 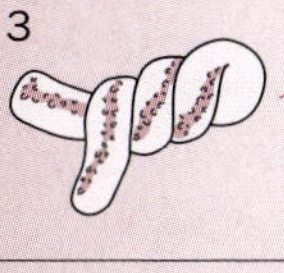	• Nussfülle darauf verteilen • Ränder frei lassen • Ränder einschlagen und dann • aufrollen • den Teigstrang entweder doppelt verdrehen oder einschneiden und einfach verdrehen
	• auf das Backblech legen
	• bei ca. 180 °C ca. 35 Minuten backen **(im Kombidämpfer bei 160 °C ca. 35 – 40 Minuten)**

Rohrnudeln

Zutaten	Arbeitsschritte
	• **Küchenmaschine vorbereiten:** Rührschüssel mit Knetwerkzeug
Vorteig **4 EL lauwarme Milch (ca. 60 ml)** **1 Würfel Frischhefe (ca. 42 g)** **1 TL Zucker** **1 TL Mehl**	**Vorteig erstellen:** • in einer kleinen Schüssel glatt rühren • zudecken • an einem warmen Ort „gehen" lassen
500 g Mehl **1 Pr. Salz** **50 g Margarine** **50 g Zucker** **1 Ei (M)**	• in Schüssel der Küchenmaschine geben • zerlaufen lassen • zugeben • zugeben
	• den „gegangenen" Teig zugeben und mit Knethaken langsam rühren
ca. 1/4 l Milch	• langsam nach und nach zugeben, bis der Teig glatt und gleichmäßig aussieht • nochmals warm stellen und „gehen" lassen
Fett **(z. B. Margarine)** **Zucker**	• **tiefes Blech** fetten **(für Kombidämpfer granitbeschichtetes Blech benutzen)** • mit Zucker bestreuen
	• den gegangenen Hefeteig auf einem bemehlten Backbrett kurz durchkneten • in ca. 40 g schwere Portionsstücke teilen • Kugeln formen
Margarine	• verflüssigen • Teigkugeln darin wenden • auf das Blech setzen • im Backofen bei 200 °C ca. 30 Minuten backen **(im Kombidämpfer bei 160 °C ca. 30 Minuten)**
Hinweis:	• Rohrnudeln können auch nach der „All-in-Methode" zubereitet werden.

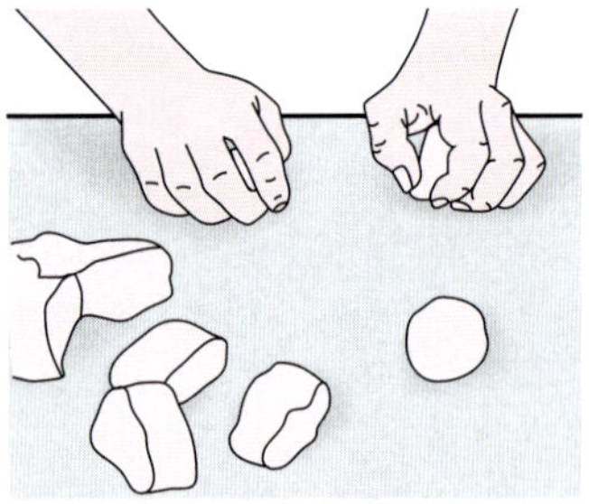

Streuselkuchen mit Äpfeln

Zutaten	Arbeitsschritte
	• **Küchenmaschine vorbereiten:** Rührschüssel mit Knetwerkzeug Rührschüssel mit Schnitzelwerk
Vorteig **1/8 l lauwarme Milch** **1 Würfel Frischhefe (ca. 42 g)** **1 TL Zucker** **1 TL Mehl**	**Vorteig herstellen:** • in einer kleinen Schüssel glatt rühren • zudecken • an einem warmen Ort „gehen" lassen (z. B. Backofen auf 50 °C aufheizen – abschalten)
375 g Mehl **1 Pr. Salz** **50 g Margarine** **50 g Zucker** **1 Ei (M)**	**Rührschüssel mit Knetwerkzeug** • in Rührschüssel geben • zerlaufen lassen • zugeben • zugeben
	• den „gegangen" Teig zugeben • mit Knethaken langsam rühren
ca. 1/8 l Milch	• nach und nach zugeben, bis der Teig glatt und gleichmäßig aussieht • nochmals warm stellen und „gehen" lassen
Fett **(z. B. Margarine)** **Mehl**	• **Backblech** vorbereiten
Streusel **200 g Mehl** **100 g Zucker** **1 TL Vanillinzucker** **1/2 TL Zimt** **125 g Butter oder Margarine**	**Streusel herstellen:** • in Schüssel geben • miteinander verrühren • zerlaufen lassen, unter die Mehlmischung rühren und kalt stellen
1 kg Äpfel	**Rührschüssel mit Schnitzelwerk** • waschen, schälen • mit dem Schnitzelwerk zerkleinern
	• den gegangenen Hefeteig auf ein Blech geben • ausrollen • Äpfel darauf verteilen • Streusel darüber streuen
	• bei ca. 200 °C ca. 30 Minuten backen **(im Kombidämpfer bei 160 °C ca. 30 – 40 Minuten)**
Hinweis:	• Hefegebäck mit Belag kann auch mit Trockenhefe und der „All-in-Methode" hergestellt werden.

Feiner Biskuit

Zutaten	Arbeitsschritte
	• **Küchenmaschine vorbereiten:** Rührschüssel mit Schneebesen
Fett Semmelbrösel	• **Springform** am Boden einfetten (den Rand nicht!) • bestreuen
5 Eier (M) **200 g feiner Zucker**	• in die Schüssel der Küchenmaschine geben • auf höchster Stufe 10 Minuten schaumig rühren
	• **Backofen** auf 180 °C vorheizen
200 g Mehl **1 TL Backpulver (ca. 3 g)**	• über die Schaummasse sieben • mit dem Schneebesen vorsichtig und schnell unterheben 
	• Masse sofort in die Springform geben • glatt streichen • bei ca. 180 °C ca. 30 – 40 Minuten goldgelb backen (Biskuit darf nicht braun werden!) • auf ein Gitter stürzen 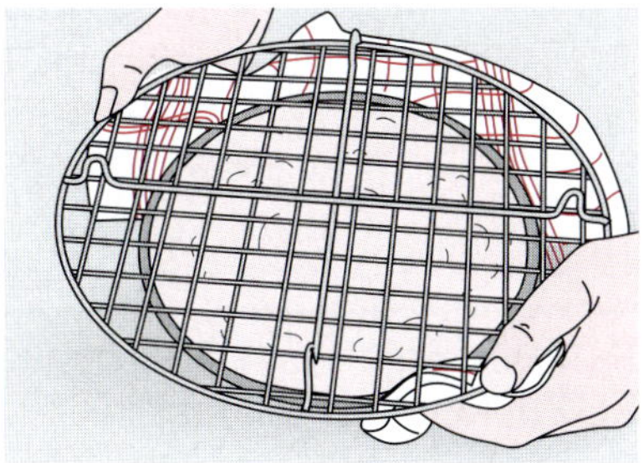 • abkühlen lassen
	• Masse nach Rezept weiterverarbeiten (z. B. Obstkuchen Seite 186)

Grundrezept Wasserbiskuit

Zutaten	Arbeitsschritte
	• **Küchenmaschine vorbereiten:** Rührschüssel mit Schneebesen
Margarine **Semmelbrösel oder Mehl**	• **Kuchenform** oder **Blech** **sorgfältig** fetten (Rand nicht!) • bestreuen
4 Eiklar (M) **1 Pr. Salz** **4 EL kaltes Wasser**	• in die Schüssel der Küchenmaschine geben • sehr steif schlagen
200 g Zucker	• langsam zugeben • weiterschlagen
4 Eigelb (M) **1 EL Vanillinzucker (ca. 15 g) oder** **1 EL Zitronensaft (ca. 15 ml)**	• vorsichtig unterrühren (auf niedrigster Stufe)
	• **Backofen** auf 180 – 200 °C vorheizen
150 g Mehl **50 g Stärkemehl** **1 TL Backpulver (ca. 3 g)**	• mischen • über die Schaummasse sieben • vorsichtig mit Schneebesen unterheben
	Vorsicht – Masse nicht unnötig rühren, sie fällt sonst zusammen!
	• Masse nach Rezept weiter verarbeiten
Hinweis:	• Die Masse reicht für: 2 Obstkuchenböden **oder** 1 Blechkuchen **oder** 1 Biskuitrolle **oder** 1 kleinen Tortenboden Diese Art der Zubereitung eignet sich besonders für kleine Mengen.

Haselnussbiskuit

Zutaten	Arbeitsschritte
	• **Küchenmaschine vorbereiten:** Rührschüssel mit Schneebesen
Fett **Semmelbrösel**	• **Springform** am Boden einfetten (den Rand nicht!) • bestreuen
6 Eier (M) **225 g feiner Zucker**	• in die Schüssel der Küchenmaschine geben • auf höchster Stufe 10 Minuten schaumig rühren
	• **Backofen** auf 160 °C vorheizen
225 g geschälte, geriebene Haselnüsse **110 g Mehl** **1 TL Backpulver (ca. 3 g)**	• über die Schaummasse geben • sieben und über die Schaummasse geben • mit dem Schneebesen vorsichtig und schnell unterheben
	• Masse sofort in die Springform geben • glatt streichen • bei ca. 160 °C ca. 45 – 60 Minuten backen

Zutaten	Arbeitsschritte
	• Garprobe machen • in der Form kurz abkühlen lassen • vorsichtig aus der Form nehmen • auf ein Gitter stürzen • abkühlen lassen
Hinweis:	• Biskuit kann auch als Schokoladenbiskuit hergestellt werden: – 70 g Mehl, 30 g Stärkemehl (anstelle von 110 g Mehl) verwenden und – 100 g bittere, geriebene Schokolade oder 3 EL Kakao, ca. 20 g, (anstelle der Nüsse) unterheben.

Obstkuchen

Zutaten	Arbeitsschritte
	• **Küchenmaschine vorbereiten:** Rührschüssel mit Schneebesen
Fett **Semmelbrösel**	• **Springform** am Boden einfetten (den Rand nicht!) • bestreuen
3 Eier (M) **100 g feiner Zucker**	• in die Schüssel der Küchenmaschine geben • auf höchster Stufe 10 Minuten schaumig rühren
	• **Backofen** auf 180 °C vorheizen
150 g Mehl **1 EL Backpulver (ca. 10 g)**	• über die Schaummasse sieben • mit dem Schneebesen vorsichtig und schnell unterheben
	• Masse sofort in die Obstkuchenform geben • glatt streichen • bei ca. 180 °C ca. 30 Minuten goldgelb backen (Biskuit darf nicht braun werden!) • auf ein Gitter stürzen • abkühlen lassen
Für Obstkuchen: **frisches Obst nach Jahreszeit (z. B. Banane, Kiwi, Erdbeeren, Weintrauben)** **oder** **1 Dose Obst (850 ml)**	• Obst entsprechend vorbereiten: • waschen, evtl. schälen, zerkleinern • abtropfen lassen
	• Tortenplatte mit Tortenspitze versehen, Biskuitboden darauf legen • Tortenring umlegen • Kuchen mit Obst belegen – auf Farben achten
1 P. Tortenguss **2 EL Zucker (ca. 30 g)**	• Tortenguss nach Gebrauchsanleitung herstellen • Obst mit Guss gleichmäßig überziehen • Obstkuchen auskühlen lassen • Tortenring abnehmen

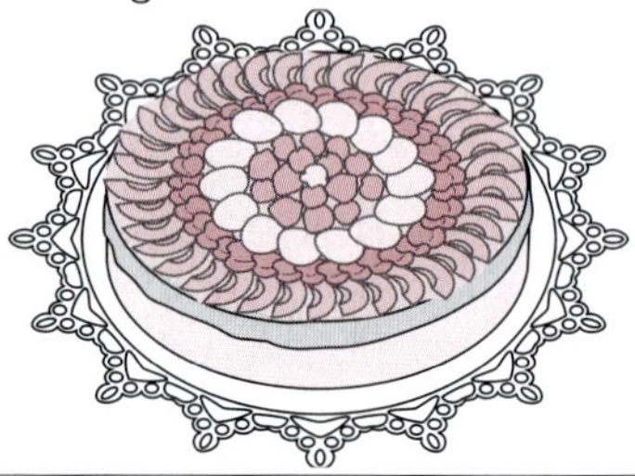

Zutaten	Arbeitsschritte
	• nach Belieben mit Sahne verzieren

Obstschnitten

Zutaten	Arbeitsschritte
	• **Küchenmaschine vorbereiten:** Rührschüssel mit Schneebesen
Backpapier	• **Backblech** mit Backpapier belegen **(für Kombidämpfer granitbeschichtetes Blech wählen)**
4 Eier (M) 200 g feiner Zucker	• in die Schüssel der Küchenmaschine geben • auf höchster Stufe 10 Minuten schaumig rühren
Saft von 1/2 Zitrone oder 1 EL Vanillinzucker (ca. 15 g)	• zugeben
150 g Mehl 50 g Stärkemehl 1 TL Backpulver (ca. 3 g)	• über die Schaummasse sieben • mit dem Schneebesen vorsichtig und schnell unterheben
	• Masse sofort gleichmäßig auf das Blech verteilen • glatt streichen • bei ca. 200 °C 10 Minuten goldgelb backen **(im Kombidämpfer ca. 10 Minuten Hitze-Dampf)** (Biskuit darf nicht braun werden!) • auf Gitter abkühlen lassen
Belag 500 g Quark 1 Becher Sahne (200 ml) 1 EL Zucker (15 g)	• **Belag herstellen:** • in der Küchenmaschine gut verrühren • gleichmäßig auf der Kuchenplatte verteilen und glatt streichen
2 Dosen Obst (je 850 ml) z. B. Aprikosen, Pfirsich	• abtropfen lassen • Kuchenplatte belegen – auf Farben achten
1 P. Tortenguss 2 EL Zucker (ca. 30 g)	• Tortenguss nach Gebrauchsanleitung herstellen • Obst mit Guss gleichmäßig überziehen • auskühlen lassen
1 Becher Sahne (200 ml) 2 TL Zucker (ca. 10 g)	• nach Belieben mit Sahne verzieren

Rolle mit Konfitüre

Zutaten	Arbeitsschritte
	• **Küchenmaschine vorbereiten:** Rührschüssel mit Schneebesen
Backpapier	• **Backblech** auslegen
	• **Backofen** auf 200 °C vorheizen
4 Eier (M) 200 g feiner Zucker	• in die Schüssel der Küchenmaschine geben • auf höchster Stufe 10 Minuten schaumig rühren
150 g Mehl 50 g Stärkemehl 1 Msp. Backpulver	• über die Schaummasse sieben • mit dem Schneebesen vorsichtig und schnell unterheben
	• Masse sofort gleichmäßig auf dem Backblech verteilen • glatt streichen • bei ca. 200 °C ca. 10 – 20 Minuten goldgelb backen (Biskuit darf nicht braun werden!)
Zucker	**Unterdessen vorbereiten:** • ein Geschirrtuch mit Zucker bestreuen
1 Glas Konfitüre	• glatt rühren
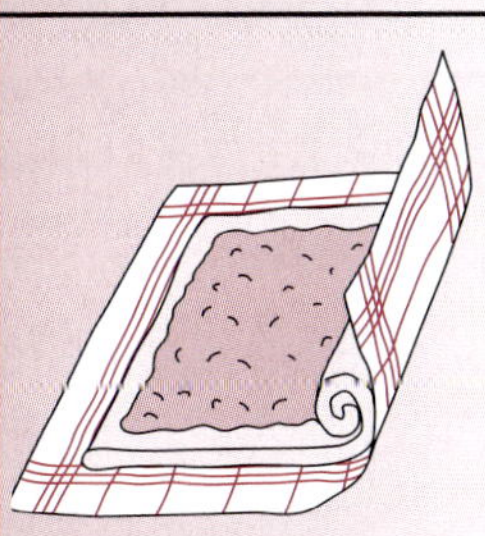	• fertige Platte vom Rand lösen (evtl. harte Ränder abschneiden) • auf das vorbereitete Geschirrtuch stürzen • Papier abziehen • sofort Konfitüre darauf verteilen • schnell, aber vorsichtig aufrollen
	• auskühlen lassen
	• schräg aufschneiden 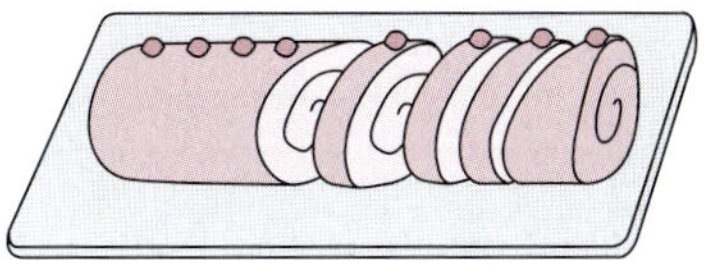 • mit Puderzucker überstreuen
Rolle mit Obst und Sahne: 1 Becher Sahne (200 ml) 1 EL Vanillinzucker Obst nach Jahreszeit	• Biskuit nach dem Backen auf mit Zucker bestreutes Geschirrtuch stürzen – Papier abziehen – aufrollen – wieder abrollen – auskühlen lassen • Obst auf Rolle verteilen • Sahne überstreichen und vorsichtig aufrollen

Quark-Sahne-Torte

Zutaten	Arbeitsschritte
	• **Küchenmaschine vorbereiten:** Rührschüssel mit Schneebesen
Margarine Semmelbrösel oder Mehl	• **Springform** (Ø 28 cm) **sorgfältig** fetten (Rand nicht!) und bestreuen
2 Eiklar (M) 1 Pr. Salz 2 EL kaltes Wasser	• in die Schüssel der Küchenmaschine geben • sehr steif schlagen
100 g Zucker	• langsam zugeben • weiterschlagen
2 Eigelb (M) 1 TL Vanillinzucker (ca. 5 g) oder 1 TL Zitronensaft	• vorsichtig unterrühren (auf niedrigster Stufe)
80 g Mehl 25 g Stärkemehl 1/2 TL Backpulver	• mischen • über die Schaummasse sieben • vorsichtig mit Schneebesen unterheben
	Vorsicht – Masse nicht unnötig rühren, sie fällt sonst zusammen!
	• **Backofen** auf 175 – 200 °C vorheizen
	• Masse in die vorbereitete Form geben • mit Teigschaber glatt streichen
	• bei 175 – 200 °C ca. 45 – 60 Minuten backen
	• Kuchen gleich aus der Form nehmen • auf Kuchengitter auskühlen lassen
6 Blatt weiße Gelatine	**In der Zwischenzeit:** • in kaltem Wasser in einer kleinen Metallschüssel einweichen (mindestens 10 Minuten)
3 Eigelb (M) 150 g Zucker 2 EL Zitronensaft (ca. 30 ml) 500 g Magerquark 6 EL Milch (ca. 90 ml)	• schaumig rühren

Zutaten	Arbeitsschritte
3 EL heißes Wasser	**Gelatine auflösen:** • in einem Topf erhitzen • die eingeweichte Gelatine gut ausdrücken • in eine Tasse geben • Tasse ins heiße Wasserbad stellen • mit einem Teelöffel rühren, bis die Gelatine ganz gelöst ist (Gelatine darf nicht kochen)
	• Gelatinemasse langsam unter die Quarkmasse schlagen • kalt stellen
250 ml Sahne	• steif schlagen
	• ausgekühlten Boden in der Mitte durchschneiden • Tortenspitze auf Tortenplatte legen • Tortenring umlegen, Springformrand als zusätzliche Stütze • Boden auflegen 
	• sobald die Masse deutlich zu steifen beginnt (2 cm vom Rand nach innen fest wird) Sahne unter die Masse ziehen • sehr gut abschmecken • Masse auf den Tortenboden geben • mit Teigschaber glatt streichen • zweiten Boden auflegen • Torte kalt stellen
Puderzucker	• vor dem Anschneiden mit Puderzucker bestäuben

Apfelstrudel

Zutaten	Arbeitsschritte
	• **Backblech** mit kaltem Wasser abspülen
750 g Äpfel 1 Zitrone 50 g Zucker 50 g Rosinen 1 Msp. Zimt	• waschen • schälen • in kleine Stücke schneiden • Äpfel beträufeln • zugeben • waschen, zugeben • zugeben • alles vermischen
1 Packung Blätterteig als Rolle (ca. 400 g)	• auf dem Backblech der Länge nach ausrollen
1 Ei (M)	• trennen • mit Eiklar die Ränder bestreichen
	• **Backofen** auf 200 °C vorheizen
	• Äpfel auf dem Teig verteilen • vorsichtig aufrollen (geklebte Fläche zeigt nach unten) 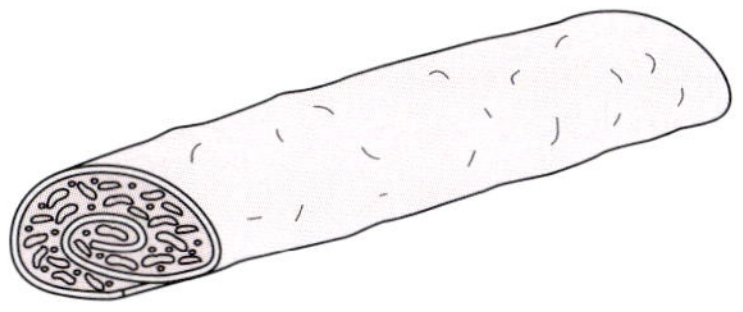 • mit Eigelb bestreichen
	• bei 200 °C ca. 30 Minuten backen **(im Kombidämpfer bei 180 °C ca. 30 Minuten backen)**
Puderzucker	• bestreuen, wenn Strudel abgekühlt ist

Hörnchen mit Haselnussfüllung

Zutaten	Arbeitsschritte
1 P. Tiefkühl-blätterteig	• bei Zimmertemperatur antauen lassen
Füllung **100 g gemahlene Haselnüsse** **100 g Zucker** **6 EL Sahne (ca. 90 ml)** **2 EL Zitronensaft (ca. 30 ml)**	**Füllung herstellen:** • in kleine Schüssel geben • miteinander verrühren
	• **Backofen** auf 200 °C vorheizen • **Backblech** kalt abspülen
	• Backbrett mit etwas Mehl bestreuen • die einzelnen Teigplatten mit Nudelholz quadratisch (Größe 8 cm x 8 cm) auswellen • mit Teigrädchen diagonal Dreiecke ausradeln • je 1 TL Fülle auf den Teig setzen • aufrollen • zu Hörnchen formen 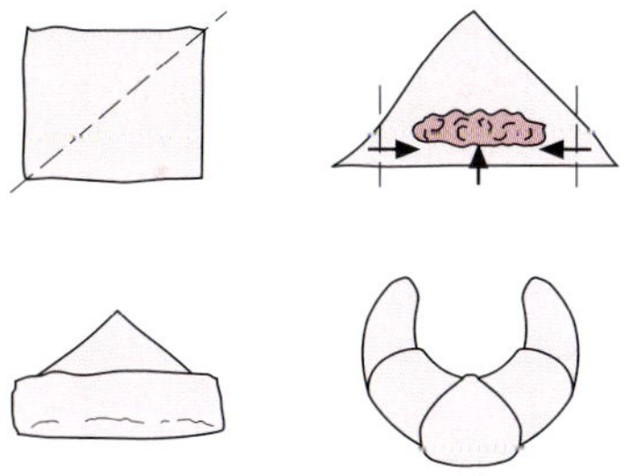
1 Ei	• verquirlen • Hörnchen damit bestreichen • auf vorbereitetes Backblech legen
	• bei 200 °C ca. 15 – 20 Minuten backen **(im Kombidämpfer bei 180 °C ca. 15 Minuten backen)**
	• zum Auskühlen auf Gitter legen
Puderzucker	• über die kalten Hörnchen sieben

Eclairs

Zutaten	Arbeitsschritte
	• **Handrührgerät vorbereiten:** Knethaken
225 g Mehl	• Mehl sieben
3/8 l Wasser **1 Pr. Salz** **75 g Margarine**	• in hohem Topf (Größe ca. 1 l) zum Kochen bringen
	• von der Kochstelle nehmen
	• sofort das gesamte gesiebte Mehl zugeben, mit Holzkochlöffel glatt rühren • auf der Kochstelle so lange rühren, bis sich der Teig als Kloß ablöst und weiße Teighaut am Topfboden bleibt (= abbrennen)
	• Topf vom Herd nehmen • Teig in Rührschüssel geben
1 Ei (L)	• mit Knethaken sehr gut unterrühren
5 Eier (L)	• Eier nach und nach unterrühren • Vorsicht: Masse darf nicht mehr heiß sein! • Teig muss glatt und glänzend sein (er soll Spitzen bilden)
	• auskühlen lassen
1 Msp. Backpulver	• Backpulver mit Knethaken unter den kalten Teig mischen
	• **Backofen** auf 220 °C vorheizen **(Kombidämpfer auf 220 °C vorheizen)** • **Beckblech** kalt abspülen
	• ausgekühlten Teig mit Spritzbeutel (Tülle mit großen Zacken) als fingerlange Stangen, immer zwei dicht nebeneinander, eine dritte obenauf auf vorbereitetes **Backblech** spritzen • genügend Abstand halten – Größe verdoppelt sich beim Backen

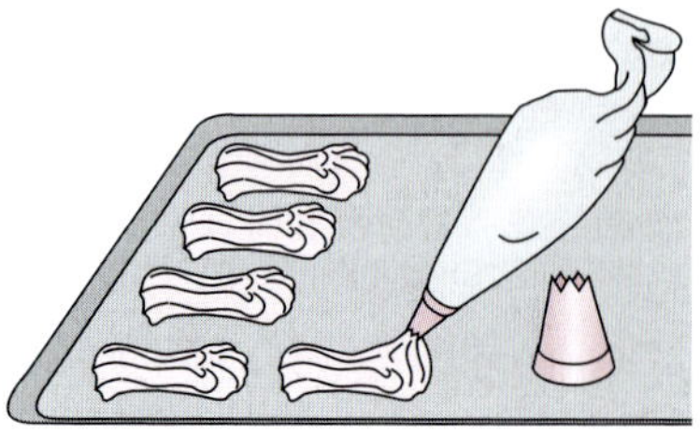

Zutaten	Arbeitsschritte
	• bei 220 °C ca. 30 Minuten backen **(im Kombidämpfer bei trockener Hitze bei 220 °C ca. 25 Minuten backen)** • Backofen während der Backzeit nicht öffnen • Nachwärme nutzen – ca. 5 Minuten
	• Eclairs noch warm vorsichtig mit der Schere aufschneiden
	• auskühlen lassen
Füllung **200 g Butter** **200 g Puderzucker** **1 Eigelb (M)** **1 EL Pulverkaffee (ca. 3 g)** **1 P. Vanillinzucker (ca. 10 g)**	**Füllung herstellen:** • verrühren • nach und nach zufügen • unterrühren
	• untere Hälfte mit der Creme füllen • obere Hälfte aufsetzen
150 g Puderzucker **2 – 4 EL starker heißer Kaffee**	• verrühren • Eclairs damit bestreichen
Hinweis:	• Es können 8 – 10 Eclairs hergestellt werden.

Windbeutel

Zutaten	Arbeitsschritte
	• **Handrührgerät vorbereiten:** Knethaken
225 g Mehl	• Mehl sieben
3/8 l Wasser **1 Pr. Salz** **75 g Margarine**	• in hohem Topf (Größe ca.1 l) zum Kochen bringen
	• von der Kochstelle nehmen
	• sofort das gesamte gesiebte Mehl zugeben, mit Holzkochlöffel glatt rühren • auf der Kochstelle so lange rühren, bis sich der Teig als Kloß ablöst und weiße Teighaut am Topfboden bleibt (= abbrennen)
	• Topf vom Herd nehmen • Teig in Rührschüssel geben
1 Ei (L)	• mit Knethaken sehr gut unterrühren
5 Eier (L)	• Eier nach und nach unterrühren • Vorsicht: Masse darf nicht mehr heiß sein! • Teig muss glatt und glänzend sein (er soll Spitzen bilden)
	• auskühlen lassen
1 Msp. Backpulver	• Backpulver mit Knethaken unter den kalten Teig mischen
	• **Backofen** auf 220 °C vorheizen **(Kombidämpfer auf 220 °C vorheizen)** • **Beckblech** kalt abspülen
	• ausgekühlten Teig mit Spritzbeutel (Tülle mit großen Zacken) rund auf vorbereitetes **Backblech** spritzen • genügend Abstand halten – Größe verdoppelt sich beim Backen

Zutaten	Arbeitsschritte
	• bei 220 °C ca. 30 Minuten backen **(im Kombidämpfer bei trockener Hitze bei 220 °C ca. 25 Minuten backen)** • Backofen während der Backzeit nicht öffnen • Nachwärme nutzen – ca. 5 Minuten
	• Windbeutel noch warm vorsichtig mit der Schere aufschneiden
	• auskühlen lassen
Füllung **2 Becher Sahne (400 ml)** **1 P. Vanillinzucker (ca. 10 g)**	**Füllung herstellen:** • steif schlagen
	• Windbeutel mit Sahne füllen • Deckel aufsetzen
Puderzucker	• bestreuen
Nach Belieben: **Obst** **Puderzucker**	• auf den Boden der Windbeutel legen • Sahne einfüllen
	• bestreuen
Hinweis:	• Es können 12 – 14 Windbeutel hergestellt werden.

Käseecken

Zutaten	Arbeitsschritte
	• **Handrührgerät vorbereiten:** Knethaken
	• **Backblech** vorbereiten
250 g Mehl 1 TL Backpulver (ca. 3 g) 125 g kalte Margarine 1 Pr. Salz 1 Ei (M) 100 g Emmentaler Käse (gerieben)	• mit den Knethaken zu Teig verarbeiten • kalt stellen (ca. 10 Minuten)
	• auf dem Backbrett den Teig ca. 1 cm dick ausrollen • 4 x 5 cm große Rechtecke ausrädeln 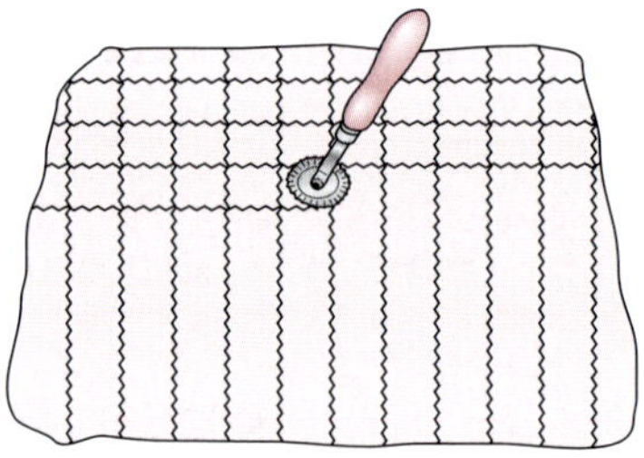 • auf das vorbereitete Backblech legen
1 Eigelb (M)	• Eigelb verrühren • Teigstücke bepinseln
30 g Mohn	• mit Mohn bestreuen
	• bei ca. 200 °C ca. 3 – 5 Minuten backen. **(im Kombidämpfer bei 160 °C ca. 5 Minuten backen)**
	• auf einer Platte anrichten • warm oder kalt servieren

Lauchtorte

Zutaten	Arbeitsschritte
	• **Handrührgerät vorbereiten:** Knethaken
	• **Springform** vorbereiten
250 g Mehl 125 g kalte Margarine 1 Pr. Salz 1 Ei (M) 3 EL kaltes Wasser	• mit dem Handrührgerät zu Teig verarbeiten • kalt stellen
750 g Lauch	• vorbereiten • der Länge nach halbieren • gründlich waschen • in feine halbe Ringe schneiden
2 EL Öl	• in Pfanne erhitzen • Lauch andünsten • salzen und pfeffern • abkühlen lassen
Guss 3 Eier (M) 1 Becher Sahne (200 g) 1 Pr. Muskat 1/2 TL Salz 1/2 TL Pfeffer	**Guss herstellen:** • verrühren • kräftig würzen
	• Teig ausrollen • Springform damit auslegen, auch die Ränder • abgekühlten Lauch darauf verteilen • Guss darüber gießen
ca. 50 g geriebener Emmentaler	• darüber streuen
	• bei ca. 200 °C ca. 45 – 50 Minuten backen **(im Kombidämpfer bei 160 °C 30 – 40 Minuten backen)**

Quiche Lorraine

Zutaten	Arbeitsschritte
	• **Handrührgerät vorbereiten:** Knethaken
	• **Springform** vorbereiten
175 g Mehl 1 TL Backpulver (ca. 3 g) 100 g kalte Margarine 1 Pr. Salz 125 g Magerquark	• mit Knethaken zu Teig verarbeiten • kalt stellen
Belag 375 ml saure Sahne 4 Eier (M) 1/2 TL Salz 1/2 TL Pfeffer	**Belag herstellen:** • in Rührschüssel vermischen
200 g durchwachsener Speck 300 g geriebener Emmentaler	• alles in gleichmäßige Würfel schneiden (Größe ca. 1 cm)
1 EL Petersilie (ca. 10 g)	• vorbereiten – fein hacken • alles mit Sahnemischung vermischen • kräftig würzen
	• Teig ausrollen • Springform damit auslegen, auch die Ränder • mehrmals mit der Gabel einstechen • Belag darauf verteilen
	• bei ca. 200 °C ca. 40 – 50 Minuten backen **(im Kombidämpfer bei 160 °C ca. 30 – 40 Minuten backen)**
Hinweis:	• Statt durchwachsenem Speck kann auch Schinkenspeck oder Frühstücksspeck verwendet werden.

Tomatentorte

Zutaten	Arbeitsschritte
	• **Handrührgerät vorbereiten:** Knethaken
	• **Springform** vorbereiten
250 g Mehl 125 g kalte Margarine 1/2 TL Salz 1 Ei (M)	• mit Knethaken zu Teig verarbeiten • kalt stellen (ca. 10 Minuten)
5 Tomaten (ca. 250 g)	• waschen • putzen • kurz in kochendes Wasser geben – kalt abschrecken (blanchieren) • häuten • halbieren • Stielansatz ausschneiden
	• Teig auf Springformboden ausrollen
100 g Semmelbrösel	• auf dem Teigboden verteilen
	• mit der Schnittfläche nach unten auf den Teig setzen
Guss 2 Eier (M) 1/8 l Sahne (125 ml) 100 g Goudakäse – gerieben 1/2 TL Salz 1/2 TL Pfeffer 1/2 TL Paprika	**Guss herstellen:** • in einer Rührschüssel vermischen • Masse über die Tomaten gießen
100 g Emmentaler – gerieben	• auf der Torte verteilen
	• bei ca. 200 °C ca. 15 – 20 Minuten backen **(im Kombidämpfer bei 160 °C ca. 15 Minuten backen)**
	• auf einer Platte anrichten • warm oder kalt servieren
Hinweis:	• Statt Mürbeteig kann auch 1/2 Grundrezept Hefeteig – salzig **oder** 1/2 Grundrezept Quark-Ölteig – salzig verwendet werden.

Kümmelstangen

Zutaten	Arbeitsschritte
	• **Küchenmaschine vorbereiten:** Rührschüssel mit Knetwerkzeug
Margarine Mehl	• **Backblech** vorbereiten
400 g Weizenmehl (Type 1050) 100 g Roggenmehl (Type 1370) 40 g Hefe 1 TL Zucker 1/8 l lauwarme Milch	• in Schüssel geben – vermischen • Mulde hineindrücken • Hefe in Mulde bröckeln • mit Zucker, Milch und etwas Mehl zu Vorteig verrühren • mit Küchentuch abdecken • 20 Minuten „gehen" lassen
1/8 l lauwarmes Wasser 1 1/2 TL Salz (ca. 8 g) 75 g Schweineschmalz	• zum Vorteig geben • in Flöckchen zum Vorteig geben
	• mit Küchenmaschine zu glattem Teig verkneten • weiterkneten, bis er Blasen wirft • daumenlange Stränge rollen • 12 cm lange Stücke abschneiden • in Abständen von ca. 4 – 5 cm auf das Backblech legen • mit Küchentuch abdecken • an warmem Ort 20 – 30 Minuten „gehen" lassen
	• **Backofen** auf 220 °C vorheizen
1 Eigelb (M) Kümmel	• Stangen in Längsrichtung einschneiden • mit Eigelb bestreichen • mit Kümmel bestreuen
	• Tasse mit heißem Wasser in den Ofen stellen
	• bei 220 °C ca. 20 – 25 Minuten backen **(im Kombidämpfer bei 170 °C ca. 25 Minuten backen)**
Hinweis:	• Anstelle von Kümmel können die Stangen mit Sesam bestreut werden.

Pizza

Zutaten	Arbeitsschritte
	• **Küchenmaschine vorbereiten:** Rührschüssel mit Knetwerkzeug
375 g Mehl 1 P. Trockenhefe	• in Rührschüssel geben
1/2 TL Salz 1/2 TL Zucker 2 EL Öl ca. 1/8 bis 1/4 l lauwarmes Wasser	• zugeben und mit Knethaken verrühren • nach und nach zugeben und rühren, bis der Teig gleichmäßig aussieht und sich vom Schüsselrand löst
	• Teig mit Tuch abdecken • an warmem Ort „gehen" lassen
Fett (Margarine)	• **Backblech** vorbereiten
1 Dose Tomatenmark (ca. 70 g) 1 EL Öl Salz Pfeffer Oregano Basilikum	• zugeben • verrühren
2 Tomaten	• vorbereiten – in dünne Scheiben schneiden
1 Paprikaschote	• vorbereiten – in dünne Streifen schneiden
1/2 Dose Champignons (oder 1 kleine Dose)	• abtropfen lassen, evtl. feinblättrig schneiden
100 g Salami oder 100 g gekochten Schinken	• zerkleinern – kleine Würfel
	• den „gegangenen" Hefeteig auf dem Blech gleichmäßig ausrollen • mit Tomatenmark–Mischung bestreichen
100 g geriebener Käse	• einen kleinen Teil auf die Pizza streuen • alle Zutaten gleichmäßig verteilen • restlichen Käse darüber streuen
	• bei 200 °C ca. 30 Minuten backen **(im Kombidämpfer bei 160 °C ca. 30 Minuten backen)**

Roggenmischbrot

Zutaten	Arbeitsschritte
	• **Küchenmaschine vorbereiten:** Rührschüssel mit Knetwerkzeug
600 g Roggenmehl (Type 815) **400 g Weizenmehl (Type 405**	• in Rührschüssel geben (Küchenmaschine) • in die Mitte des Mehles Vertiefung drücken
4 TL Salz (ca. 20 g) **1 TL Zucker (ca. 5 g)** **60 g Hefe (1 1/2 P.)** **oder** **2 P. Trockenhefe** **ca. 1/2 l Wasser (ca. 550 ml)** **2 EL Öl (ca. 30 ml)**	• in die Vertiefung geben • mit den anderen Zutaten verkneten, bis sich der Teig vom Schüsselrand löst • zu geschmeidigem Teig kneten, der nicht mehr klebt
	• Boden der Schüssel mit Mehl bestreuen • Teig in die Schüssel legen • abdecken • an warmem Ort stehen lassen, bis er sich verdoppelt hat • kurz durchkneten • länglichen Laib formen
Margarine	• **Backblech** fetten • Laib darauf legen • mit Küchentuch abdecken • nochmals an warmem Platz „gehen" lassen (ca. 45 Minuten) • mit warmem Wasser bestreichen • mit scharfem Messer mehrere Male quer einschneiden
feuerfestes Gefäß mit ca. 1 l kochendem Wasser	• in den Backofen stellen • Brot auf mittlerer Schiene bei 200 °C ca. 60 Minuten backen **(im Kombidämpfer bei 160 °C ca. 50 – 60 Minuten backen)**
Wasser	• fertig gebackenen Brotlaib mit etwas Wasser bepinseln • auf Gitterrost auskühlen lassen

Sauerteigmischbrot

Zutaten	Arbeitsschritte
	• **Küchenmaschine vorbereiten:** Rührschüssel mit Knetwerkzeug
Am Vorabend ansetzen: **750 g Roggenmehl** **750 g Weizenmehl**	• in Rührschüssel geben • in die Mitte eine Vertiefung drücken
100 g Sauerteig **80 g Hefe** **1/2 l Wasser**	• in die Vertiefung geben • abdecken und über Nacht stehen lassen
Margarine	• **2 Kastenformen** sorgfältig fetten
30 g Salz (ca. 2 EL) **30 g Kümmel (ca. 2 EL)** **1 l warmes Wasser**	• zum am Vortag vorbereiteten Teig zugeben • mit der Küchenmaschine gut durchkneten • Teig muss fest sein
	• Teig in beide Formen gleichmäßig einfüllen • „gehen" lassen
	• mit Wasser bestreichen • bei 250 °C 20 Minuten backen **dann** • auf 200 °C 60 – 70 Minuten backen **(im Kombidämpfer bei 170 °C ca. 75 – 90 Minuten backen)**
	• nochmals mit Wasser bestreichen
Hinweis:	• Sauerteig kann auch als Trockenprodukt gekauft werden.

Vollkornbrötchen

Zutaten	Arbeitsschritte
	• **Küchenmaschine vorbereiten:** Rührschüssel mit Knetwerkzeug
600 g Vollkornmehl 40 g Hefe 1/2 EL Honig 1 TL Salz (ca. 5 g) 350 ml kaltes Wasser	• in Rührschüssel geben • zugeben • zugeben
	• mit der Küchenmaschine mindestens 10 Minuten kneten
	• Teig 10 Minuten ruhen lassen
	• **Backofen** auf 250 °C vorheizen
	• **Backblech** mit Backpapier belegen
	• Teig zu Rolle formen • Stücke von ca. 30 g abschneiden 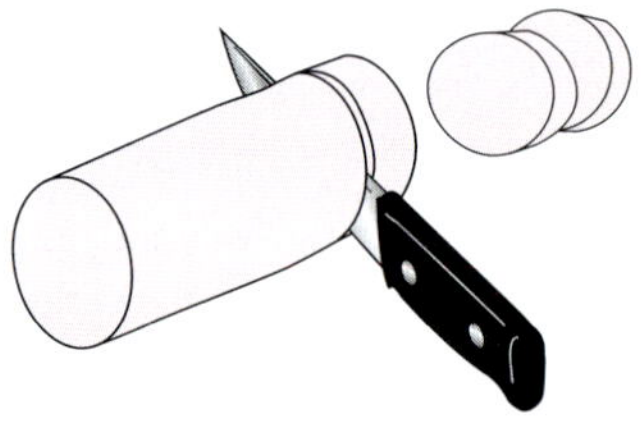 • verschiedene Brötchen formen
kaltes Wasser	• Brötchen bestreichen
Mohn Sesam Kümmel Leinsamen	• nach Belieben Brötchen bestreuen
	• bei 250 °C 10 – 15 Minuten backen **(im Kombidämpfer bei 170 °C ca. 15 Minuten backen)**

Walnussbrot

Zutaten	Arbeitsschritte
	• **Küchenmaschine vorbereiten:** Rührschüssel mit Knetwerkzeug
Margarine	• **Backblech** fetten
500 g Weizenmehl (Type 405)	• in Schüssel geben • Mulde hineindrücken
30 g Hefe 1 TL Zucker gut 1/8 l lauwarme Milch	• Hefe in die Mulde bröckeln • mit Zucker und 4 EL lauwarmer Milch und etwas Mehl zu Vorteig verrühren
	• mit Tuch abdecken • 20 – 30 Minuten „gehen“ lassen • restliche Milch zugeben
1/2 TL Salz 100 g Margarine 100 g gehackte Walnusskerne	• zugeben • in Flöckchen zugeben • zugeben und mit Küchenmaschine zu glattem Teig verkneten
	• Kugel formen • auf vorbereitetes Backblech geben • etwas flach drücken • mit Küchentuch abdecken • an warmem Ort 20 – 30 Minuten „gehen“ lassen, bis der Teig sich etwa verdoppelt hat
	• Brot rautenförmig einschneiden 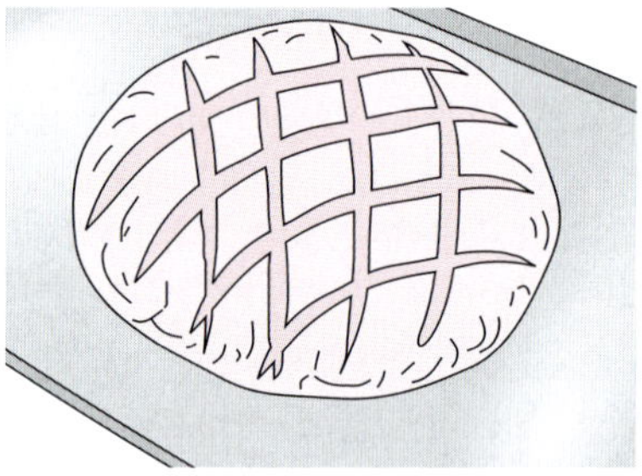
	• auf mittlerer Schiene bei 200 °C ca. 40 – 50 Minuten backen **(im Kombidämpfer bei 170 °C ca. 60 Minuten backen)**

Weißbrot mit Kümmel

Zutaten	Arbeitsschritte
	• **Küchenmaschine vorbereiten:** Rührschüssel mit Knetwerkzeug
Mehl	• **Backblech** mit Mehl bestreuen
500 g Mehl (Type 405) **25 g Hefe** **1 TL Zucker (ca. 5 g)** **5 EL lauwarmes Wasser**	• in Schüssel geben und in die Mitte Mulde drücken • Hefe hineinbröckeln • zugeben • mit Wasser zum Vorteig verrühren • mit etwas Mehl überstäuben
	• 10 – 15 Minuten an einem warmen Ort „gehen" lassen
1/8 l lauwarme Milch **2 Eier (M)** **125 g weiche Margarine**	• zugeben • in Flöckchen zugeben
	• mit Küchenmaschine zu glattem Teig verarbeiten
	• Teig zu Kugel formen • in große Schüssel legen • kaltes Wasser darauf gießen • Teig soll etwa 4 cm hoch bedeckt sein • 10 – 15 Minuten stehen lassen (der Teig muss dann über die Wasseroberfläche hinaus aufgegangen sein)
	• **Backofen** auf 200 °C vorheizen
	• Teig herausnehmen • mit Haushaltspapier gut abtrocknen • auf bemehltes Backbrett legen
30 g Zucker **1 EL Salz (ca. 15 g)** **2 EL Kümmel (ca. 30 g)**	• zugeben – durchkneten
	• rundes Brot formen • auf bemehltes Backblech legen • mit Küchentuch abdecken • 30 Minuten gehen lassen
	• auf mittlerer Schiene bei 200 °C ca. 50 Minuten backen **(im Kombidämpfer bei 170 °C ca. 60 Minuten backen)**

Zwiebelkuchen

Zutaten	Arbeitsschritte
	• **Küchenmaschine vorbereiten:** Rührschüssel mit Knetwerkzeug Rührschüssel mit Schnitzelwerk
Margarine	• **Backblech** vorbereiten
375 g Mehl **1 P. Trockenhefe** **1/2 TL Salz** **1/2 TL Zucker** **1/8 – 1/4 l lauwarmes Wasser**	**Rührschüssel mit Knetwerkzeug** • in Schüssel geben • zugeben • mit Küchenmaschine zu glattem Teig verarbeiten
750 g Zwiebeln	**Rührschüssel mit Schitzelwerk** • schälen • mit Schnitzelwerk in Scheiben schneiden
25 g Fett	• in Pfanne erhitzen • Zwiebeln andünsten, abkühlen
1/2 EL Kümmel **1/2 TL Salz**	• unter die etwas abgekühlte Zwiebelmasse rühren
250 g durchwachsener Speck	• in Streifen schneiden, zugedeckt stehen lassen
	• Hefeteig auf Backblech ausrollen
	• Zwiebelmasse darauf geben • gleichmäßig verteilen • Speck darauf gleichmäßig verteilen
1 Becher Sauerrahm (= 200 g)	• glatt rühren • über die Zwiebelmasse streichen
	• auf mittlerer Schiene bei 200 °C ca. 30 Minuten backen **(im Kombidämpfer bei 160 °C ca. 30 Minuten backen)**

Maisquiche

Zutaten	Arbeitsschritte
	• **Springform** bereitstellen
5 Scheiben TK-Blätterteig (= 300 g)	• Platten nebeneinander legen und antauen lassen
1 Dose (400 g) Mais	• in ein Sieb geben • gut abtropfen lassen
1 Zwiebel (ca. 50 g)	• vorbereiten • fein würfeln
1 EL Öl	• in breiter Pfanne erhitzen • Zwiebel andünsten
250 g Hackfleisch, gemischt	• zugeben • bei mittlerer Hitze unter Rühren anbraten
1/2 TL Salz 1 Pr. Pfeffer 1 Pr. Cayennepfeffer	• würzen
	• Pfanne zur Seite stellen
1 rote Paprikaschote 1 grüne Paprikaschote	• putzen • halbieren • waschen • in kleine Würfel schneiden
	• mit den Maiskörnern und dem Hackfleisch mischen
	• abschmecken
	• **Backofen** auf 200 °C vorheizen
	• **Springform** (oder feuerfeste Form) Ø 26 cm kalt ausspülen (nicht abtrocknen)
	• Teigplatten aufeinander legen und mit wenig Mehl in Größe und Form ausrollen
	• in die Form legen • ca. 3 cm hohen Rand formen
	• Hackfleischmasse auf dem Teig verteilen
100 g geriebenen Gouda 2 Eier (M)	• miteinander verrühren • darüber gießen
	• bei ca. 180 °C ca. 35 Minuten backen **(im Kombidämpfer bei 160 °C ca. 30 Minuten backen)**
	• zum Auskühlen auf Gitter legen

Schinkenhörnchen

Zutaten	Arbeitsschritte
1 P. Tiefkühlblätterteig	• bei Zimmertemperatur antauen lassen
	Backblech bereitstellen
100 g gekochter Schinken 1 Zwiebel (ca. 50 g) 2 EL Petersilie (ca. 20 g)	• in sehr feine Würfel schneiden • vorbereiten – fein würfeln • vorbereiten – fein hacken
20 g Fett (z.B. Margarine) 1/2 TL Paprika 1 Pr. Pfeffer 1/2 TL Salz	• in Pfanne erhitzen • Zwiebel, Petersilie und Schinken andünsten • abschmecken • aus der Pfanne nehmen und abkühlen lassen
	• **Backofen** auf 220 °C vorheizen
	• **Backblech** mit kaltem Wasser abspülen oder bepinseln 
	• Backbrett mit etwas Mehl bestreuen • die einzelnen Teigplatten mit Nudelholz etwas ausrollen • mit Teigrädchen Quadrate ca. 10 x 10 cm ausradeln • diagonal teilen • je 1 TL Fülle auf den Teig setzen • zu Hörnchen aufrollen und formen
1 Ei (M) etwas geriebener Käse	• verquirlen • Hörnchen damit bestreichen • auf die Hörnchen streuen • auf vorbereitetes Backblech setzen
	• bei 220 °C ca. 15 – 20 Minuten backen **(im Kombidämpfer bei 170 °C ca. 15 Minuten backen)**
	• zum Auskühlen auf Gitter legen

Pikant gefüllte Rollen

Zutaten	Arbeitsschritte
1 P. Tiefkühl-blätterteig	• bei Zimmertemperatur antauen lassen
	• **Backblech** mit kaltem Wasser abspülen
	• **Backofen** auf 220 °C vorheizen
	• Backbrett mit etwas Mehl bestreuen • die Teigplatten dicht nebeneinander legen • mit Nudelholz etwas auswellen • in zwei Hälften teilen • die Füllung gleichmäßig auf die eine Hälfte der Teigplatten verteilen • die zweite Hälfte darauf legen • in gleichmäßige Stangen ca. 2 cm x 8 cm schneiden  • auf das vorbereitete Backblech legen
1 Eigelb (M)	• Eigelb verrühren • Stangen damit bepinseln
	• bei 220 °C ca. 10 – 15 Minuten backen **(im Kombidämpfer bei 180 °C ca. 10 Minuten backen)**
Schinkenfüllung **250 g gekochter Schinken** **1 Zwiebel (ca. 50 g)** **2 EL Petersilie (ca. 20 g)**	**Schinkenfüllung herstellen:** • in Würfel schneiden • vorbereiten – fein würfeln • vorbereiten – fein hacken
20 g Fett (z. B. Margarine)	• in Pfanne erhitzen • Zwiebel und Petersilie andünsten • etwas abkühlen lassen
1/2 TL Paprika **1 Pr. Pfeffer** **1/2 TL Salz**	• alle Zutaten vermischen • abschmecken
	• entsprechend wie oben beschrieben Stangen fertigen und backen

Zutaten	Arbeitsschritte
Pilzfüllung **500 g Champignons** **2 Zwiebeln (ca. 100 g)** **2 Bund Petersilie (ca. 80 g)**	**Pilzfüllung herstellen:** • waschen – putzen – in Würfel schneiden • vorbereiten – fein würfeln • vorbereiten – fein hacken
20 g Fett (z. B. Margarine)	• in Pfanne erhitzen • Zwiebeln und Champignons 10 Minuten mitdünsten • Petersilie zugeben
1/2 TL Paprika **1 Pr. Pfeffer** **1/2 TL Salz**	• abschmecken
	• entsprechend wie oben beschrieben Stangen fertigen und backen
Räucherlachsfüllung **250 g Räucherlachs** **2 EL Dill (ca. 20 g)**	**Räucherlachsfüllung erstellen:** • sehr kleine Würfel schneiden • waschen – vorbereiten- fein zerkleinern • vorsichtig vermengen
1/2 TL Pfeffer	• abschmecken
	• entsprechend wie oben beschrieben Stangen fertigen und auf das mit kaltem Wasser abgespülte Blech legen
2 Eigelb **2 EL Sahne (ca. 30 ml)** **1 Pr. Salz** **2 EL Sesamsamen**	• vermischen • die fertig auf dem Backblech liegenden Stangen damit bepinseln • Stangen mit Sesamsamen bestreuen
	• entsprechend wie oben beschrieben backen

Convenienceprodukte

Convenienceprodukte sind vorgefertigte Lebensmittel

nach Aufbereitungsgrad unterscheidet man

Halbfertigprodukte – teilfertig

küchenfertig

- müssen fertig zubereitet/gegart werden
- nicht essbare Teile sind entfernt
- evtl. zerkleinert

garfertig

- müssen noch gegart werden
- können unterteilt werden in z. B.:

  kochfertig

  bratfertig

  frittierfertig

Fertigprodukte

aufbereitungsfertig

- sind fertig vorbereitet oder gegart
- müssen noch aufgewärmt und angerichtet werden

  z. B.:

  Dosengerichte,

  Suppen,

  Tiefkühlgerichte

verzehrfertig

- können sofort verzehrt werden, z. B.:

  Kuchen,

  Dessert,

  Wurstkonserven,

  Feinkostsalate

Vorteile:

- Ersparnis von Arbeitskraft, Zeit, Energie
- leichtere Vorratshaltung
- unabhängig von Jahreszeit und Angebot
- Vereinfachung in der Herstellung
- gleichbleibende Qualität

Nachteile:

- höherer Preis
- höherer Gehalt an Zusatzstoffen
- Verluste von Aroma und Geschmack
- niedrigerer Gehalt an Vitaminen und Mineralstoffen
- Vorgabe der Geschmacksrichtung
- aufwändige Verpackung (Umwelt)

Begriff	Beispiel	Zubereitung
Klare Suppen/Brühen	Klare Fleischsuppe – Pulver Gekörnte Brühe Klare Rindfleisch-Kraftbrühe Klare Hühnersuppe usw.	• Pulver in kochendem Wasser auflösen
	Klare Rindfleischsuppe, 6fach konzentriert	• dem Inhalt der Dose (Konzentrat) 5fache Wassermenge zugeben und kurz aufkochen lassen
	Fleischbrühe, 12fach konzentriert	• dem Inhalt der Dose 11fache Wassermenge zugeben und aufkochen lassen
	Hühnerbouillon	• die erforderliche Menge Paste in die entsprechende Menge kochendes Wasser einrühren, fertig
Klare Trockensuppen	Buchstabensuppe Fleischklößchensuppe mit Eiernudelringen Bunte Gemüsesuppe mit Makkaroni Eiermuschelsuppe Hochzeitssuppe mit feinen Klößchen, Eiermuscheln und Gemüse Spätzlesuppe Ochsenschwanzsuppe mit Fleischeinlage usw.	• Pulver in kochendes Wasser einrühren und bei schwacher Hitze 10 Minuten kochen
Gebundene Trockensuppen	Grünkerncremesuppe Brokkolicremesuppe Champignoncremesuppe Geflügelcremesuppe Grüne Bohnensuppe Grüne Erbsensuppe Kalbfleischsuppe Kartoffelcremesuppe Kräutercremesuppe Kürbiscremesuppe Lauchcremesuppe Ochsenschwanzsuppe Königinsuppe Spargelcremesuppe Tomatencremesuppe Gulaschsuppe usw.	• die erforderliche Menge Trockenmischung mit einem Teil des lauwarmen Wassers anrühren, die restliche Wassermenge zum Kochen bringen, die angerührte Masse eingießen und bei schwacher Hitze unter mehrmaligem Umrühren 5 bis 10 Minuten kochen (je nach Art)
Tafelfertige klare Suppen in Dosen	Ochsenschwanzsuppe Steinpilzsuppe Zwiebelsuppe Chinasuppe usw.	• den Inhalt der Dose erhitzen; sie darf nicht kochen
Tafelfertige gebundene Suppen in Dosen	Gulaschsuppe Ochsenschwanzsuppe Lachscremesuppe Steinpilzcremesuppe Tomatenrahmsuppe usw.	• den Inhalt der Dose erhitzen; sie darf nicht kochen

Begriff	Beispiel	Zubereitung
Markklößchen	• TK	• die tiefgefrorenen Klößchen in die fertige, heiße Suppe geben
	• gegart	• ziehen lassen, bis sie an die Oberfläche steigen
	• Trockenprodukt	• die Klößchen in kochendes Wasser geben, bei schwacher Hitze 5 Minuten kochen lassen, noch 5 Minuten zugedeckt ziehen lassen und in die fertige Brühe geben
Suppenfleischklößchen	• TK	• die tiefgefrorenen Klößchen in die fertige, heiße Suppe geben
	• gegart	• ziehen lassen, bis sie an die Oberfläche steigen
	• für Brühe	• die Klößchen in der Brühe erhitzen (nicht kochen)
	• tafelfertig	• in die fertige Suppe geben, ziehen lassen
Leberklößchen	• Trockenprodukt	• die Klößchen in kochendes Wasser geben, bei schwacher Hitze 3 Minuten kochen, danach 3 Minuten zugedeckt ziehen lassen
Putenklößchen	• TK	• die tiefgefrorenen Klößchen in klarer Hühnersuppe ca. 10 Minuten erhitzen
	• gegart	• ziehen lassen, bis sie an die Oberfläche steigen
Grießklößchen	• TK	• die tiefgefrorenen Klößchen in die fertige, heiße Suppe geben
	• gegart	• ziehen lassen, bis sie an die Oberfläche steigen
	• Trockenprodukt	• die Trockenklößchen in kochendes Wasser geben und bei schwacher Hitze 2 Minuten kochen lassen, danach 2 Minuten zugedeckt ziehen lassen
Eierstich	• TK	• den tiefgefrorenen Eierstich in die heiße Suppe geben und kurz ziehen lassen
	• gegart und gewürfelt	• Würfel in der heißen Suppe ziehen lassen, bis sie heiß sind
Pfannkuchen	• TK, in feine Streifen geschnitten	• die tiefgefrorenen Pfannkuchenstreifen mit kochender Fleischbrühe oder Bouillon übergießen, sofort heiß servieren
Maultaschen	• TK	• aufgetaut oder tiefgefroren in heiße Brühe geben
	• vorgegart	• in der Suppe ca. 15 Minuten ziehen lassen
Backerbsen	• Trockenprodukt	• die Backerbsen kurz vor dem Servieren in die fertige Suppe streuen

Begriff	Beispiel	Zubereitung
salzige Soßen Trockenprodukte	**Braune Soße** **Rinderbratensoße** **Schweinebratensoße** **Wildsoße** **Geflügelsoße** **Pfeffersoße** **Zwiebelsoße** **Specksoße** **Jägersoße** **Kräutersoße** **Käsesoße** **Zigeunersoße** **Tomatensoße usw.** **Pastasoßen**	• Pulver mit lauwarmem Wasser anrühren, in kochendes Wasser eingießen und nach Packungsaufschrift 2 bis 10 Minuten kochen lassen
Instant	**Instantbratensaft, gekörnt**	• als klare Fleischsoße: Pulver in kochendes Wasser einrühren • zum Abschmecken und Verfeinern: Pulver in die heiße Grundsoße einrühren
Jus	**Bratenjus, pastös**	• Paste in heißes Wasser einrühren, 1 Minute kochen lassen
Tafelfertige Soßen	**Sauce Hollandaise** **Pastasoßen usw.**	• erwärmen und servieren
süße Soßen Trockenprodukte zum Kochen	**Soßen, z. B.** – Schokoladensoße – Vanillesoße – Karamellsoße	• Pulver und Zucker mit einem Teil der kalten Milch glatt anrühren, die restliche Milch aufkochen, die angerührte Masse eingießen, unterrühren, 2 Minuten aufkochen lassen
Instanttrockenprodukte	**Heiße Soßen, z. B.** – Himbeersoße	• Trockenmischung in heißes Wasser (80 °C) einstreuen, kräftig durchrühren und warm servieren
	Kalte Soßen, z. B. – Schokoladensoße – Vanillesoße	• Trockenmischung in die kalte Milch einstreuen, mit Schneebesen 1 – 2 Minuten kräftig rühren (Nicht über Nacht stehen lassen!)
Tafelfertige Soßen	**Vanillesoße** **Erdbeersoße usw.**	• anrichten und servieren
Beilagen/Gemüse Kartoffelbeilagen	**Schupfnudeln** – TK – vorgegart	• Fett in Pfanne erhitzen, angetaute Schupfnudeln hineingeben, 5 – 10 Minuten goldgelb backen und und dabei mehrmals vorsichtig wenden

Convenienceprodukte

Begriff	Beispiel	Zubereitung
Kartoffelbeilagen	**Kartoffelpüree** – diverse Arten	• nach Packungsaufschrift zubereiten z. B.: kochendes Wasser mit angegebener Menge Salz in Schüssel geben, kalte Milch zugeben, Püreeflocken zügig einrühren, ca. 1 Minute quellen lassen und mit Schneebesen durchrühren
	Kartoffelreibekuchen – TK – vorgebacken **Kartoffelstücke** – TK – gewürzt	• tiefgefroren in Fett ca. 2 Minuten auf beiden Seiten (von allen Seiten) knusprig braun braten **oder** in der Fritteuse bei ca. 170 °C ca. 1 Minute ausbacken
	Pommes frites (verschiedenste Formen) – TK – vorgebacken **Kroketten, verschiedenste Formen** – TK – vorgebacken	• je nach Verarbeitung nach Packungsaufschrift zubereiten – auf dem Backblech oder in der Fritteuse
Knödel	**Kartoffelknödel (halb und halb)** – Pulver	• Pulver mit Schneebesen in kaltes Wasser einrühren, 15 Minuten quellen lassen, Knödel formen, in kochendes Salzwasser einlegen und bei schwacher Hitze ca. 15 Minuten ziehen lassen
	diverse Kloß- und Knödelarten, Kloßteig, Knödel im Kochbeutel usw.	• Zubereitung nach Packungsaufschrift
	Semmelknödel – TK – vorgegart	• tiefgefroren in reichlich kochendes Salzwasser geben und bei schwacher Hitze ca. 20 Minuten ziehen lassen
	Serviettenknödel – TK – ungegart – schnittfeste Knödelrolle in Folie	• gefroren auf GN-Blech im Kombidämpfer garen und mit Dampf ca. 60 Minuten **oder** gefroren in einem Topf mit kochendem Wasser garen, am Siedepunkt 55 – 60 Minuten ziehen lassen
Reis	**verschiedene Arten, z. B.** – Kochbeutelreis – Schnellkochreis	• je nach Verarbeitung nach Packungsaufschrift zubereiten
Teigwaren	**Spätzle** **Spaghetti** **Bandnudeln** **Tortellini** **Gnocchi** **Cannelloni, Rösti usw.**	• jeweils nach Packungsaufschrift zubereiten, z. B.: in reichlich kochendes Salzwasser geben und unter gelegentlichem Umrühren ca. 12 – 15 Minuten leicht kochen lassen
	Eier-Ravioli (Dose)	• geschlossene Dose 25 – 30 Minuten in kochendem Wasser erhitzen, Dose danach 2 Minuten stehen lassen und öffnen

Begriff	Beispiel	Zubereitung
Gemüse	**TK- oder Dosenware, z. B.** – Gemüsemischung (fast alle Gemüsearten) – Pfannengemüse (fast alle Gemüsearten) **Gemüsepürees** – Selleriepüree – Karottenpüree – Brokkolipüree **Pilze**	• nach Packungsaufschrift zubereiten
	Sauerkonserven – im Glas, z. B. – Sauerkraut – Rote Bete – Tomatenpaprika – Gewürzgurken – Silberzwiebeln	• verzehrfertig
Vollwertprodukte	**TK-Ware, z. B.** – Blumenkohl-Käse-Medaillon – Brokkoli-Nuss-Ecken – Gemüse-Vollkorn-Bratling – Gemüsekroketten – Gemüse-Rösti – Gemüsetasche – Blattspinat-Röstling – Hirse-Käse-Taler usw.	• Zubereitung jeweils nach Packungsaufschrift
Fisch Ganze Fische zum Garen	**TK-Ware (küchenfertig ausgenommen), z. B.** – Regenbogenforellen	• nach Packungsaufschrift dünsten, braten oder grillen
Filetstücke (natur) zum Garen	**TK-Ware (küchenfertig), z. B.** – Seelachsfilet – Kabeljaufilet – Dorschfilet – Rotbarschfilet	• antauen oder auftauen, würzen und auf beiden Seiten ca. 5 Minuten goldbraun braten **oder** in der Fritteuse bei ca. 170 °C ca. 3 Minuten backen
Vorbereitete Fischstücke zu Garen	**TK-Ware, z. B.** – Seelachsfilet, paniert oder im Backteig – Fischstäbchen – Rotbarschfilet, paniert – Kabeljaufilet im Backteig – Lachsfilet in Blätterteig – Tintenfischringe im Backteig	• tiefgefroren auf beiden Seiten je nach Art 5 bis 8 Minuten braten **oder** im Backofen backen **oder** in der Fritteuse bei ca. 170 °C ca. 4 – 5 Minuten frittieren
Fischzubereitungen	**TK-Ware, z. B.** – Fischklößchen, z. B. vom Hecht – Gefülltes Fischfilet – Fischlasagne – Paella – Fischspieße – Fischfilet mit verschiedenen Auflagen, z. B.: • Brokkoli-Käse-Kräuter	• die Fischzubereitungen nach Packungsaufschrift zubereiten

Begriff	Beispiel	Zubereitung
Portionierte Fleischstücke zum Kurzbraten	**TK-Ware (natur oder paniert), z. B.** – Schweineschnitzel – Kalbsschnitzel – Putenschnitzel – Hähnchenschnitzel	• tiefgefroren in heißes Pflanzenöl geben und von beiden Seiten gut anbraten (Bratzeit ca. 4 Minuten) **oder** in der Fritteuse bei 170 °C ca. 6 – 7 Minuten frittieren
	– Hacksteak/Fleischküchlein/ Frikadellen	• tiefgefroren oder angetaut in Bratfett garen, beide Seiten ca. 8 Minuten
	• vorgegart • gegart	• im Kombidämpfer bei 150 °C ca. 20 Minuten erwärmen **oder** in der Mikrowelle nach Packungsaufschrift erhitzen
Innereien zum Kurzbraten	**TK-Ware, z. B.** – Leber (paniert)	• in heißes Brat-und Frittierfett geben und bei verringerter Hitze auf beiden Seiten ca. 4 – 5 Minuten braten **oder** in der Fritteuse bei ca. 150 °C ca. 3 – 4 Minuten frittieren
Fleischstücke zum Garen	**TK-Ware, z. B.** – Gefüllter Schweinenacken	• auftauen, würzen und bei ca. 170 °C bis zu einer Kerntemperatur von 70 °C garen (gut 2 Stunden)
	– Rinderrouladen	• in heißem Brat- und Frittierfett rasch von allen Seiten braun anbraten und in der Soße ca. 60 Minuten garen
	– Schweinefilet im Blätterteig	• tiefgefroren im vorgeheizten Backofen bei 200 °C ca. 25 – 30 Minuten backen
	– Cordon bleu (natur oder paniert)	• tiefgefroren in heißes Pflanzenöl geben und von beiden Seiten gut anbraten (Bratzeit ca. 4 Minuten) **oder** in der Fritteuse bei 170 °C ca. 6 – 7 Minuten frittieren
	– Hähnchenschenkel/ Hähnchenbrust	• auftauen, würzen und im Backofen bei ca. 180 °C ca. 20 – 25 Minuten backen
Vorgegartes Fleisch	**TK-Ware, z. B.** – Rinderroulade mit Soße – Rindersauerbraten mit Soße – Rindfleisch mit Soße – Schweinebraten mit Soße – Geschnetzeltes – Kalbsbraten mit Soße – Putenbraten mit Soße – Hühnerfrikassee – Königsberger Klopse – Schweine-Grillhaxe	• Kombidämpfer vorheizen und mit geschlossenem Deckel bei 150 – 160 °C ca. 70 Minuten garen **oder** aufgetaut im Backofen bei ca. 200 °C ca. 20 Minuten erhitzen **oder** entsprechend der Packungsaufschrift garen
Servierfertiges Fleisch	**Fleischstücke in Soße, z. B.** – TK-Ware – vakuuminierte Ware – Dosenware	• nach Packungsaufschrift erhitzen

Convenienceprodukte

Begriff	Beispiel	Zubereitung
Servierfertige Produkte	**Diverse Gerichte, z. B.** – Dosenware	• nach Packungsaufschrift im heißen Wasserbad erhitzen
	– TK-Ware – vakuuminierte Ware	• nach Packungsaufschrift erhitzen – heißes Wasserbad – Mikrowelle – Backofen
Süßspeisen/ Nachspeisen Puddings (Flammeris) zum Kochen	**Geschmacksrichtungen, z. B.** – Amarena – Amaretto – Erdbeere – Himbeere – Karamell – Kokos-Sahne – Krokant – Schokolade – Vanille – Walnuss – Mandel – Sahne	• Pulver und Zucker mit einem Teil der kalten Milch glatt anrühren, die restliche Milch aufkochen, danach die angerührte Masse eingießen, unterrühren und 2 Minuten aufkochen lassen
Instantpuddingcremes	**Geschmacksrichtungen, z. B.** – Erdbeere – Haselnuss – Karamell – Mokka – Schokolade – Vanille – Zitrone	• Pulver in die kalte Milch einrühren, 1 Minute kräftig durchrühren, danach in Portionsschalen füllen und kühl stellen
Fruchtgrützen	**Geschmacksrichtungen, z. B.** – Rote Grütze – Waldfruchtgrütze – Rote Grütze mit Grieß – Rote Grütze mit Sago – Götterspeise Kirsch – Götterspeise Waldmeister – Götterspeise Zitrone	• Pulver und Zucker vermischen, in heißes Wasser einstreuen, verrühren, portionieren und kühl stellen
Instantschaumdesserts	**Geschmacksrichtungen, z. B.** – Weinschaum-Creme	• die erforderlichen Mengen Wein (70 %) und Wasser (30 %) in eine fettfreie Schüssel geben, die entsprechende Menge Pulver zugeben; diesen Ansatz mit elektrischem Rührgerät gut aufschlagen, bis die Creme schaumig ist

Begriff	Beispiel	Zubereitung
Instantschaumdesserts	**Geschmacksrichtungen, z. B.** – Orangen-Dessert – Zitronen-Dessert	• Pulver in kaltes Wasser einrühren, mit elektrischem Rührgerät 10 Minuten auf höchster Stufe aufschlagen, bis die Masse anzieht, dann portionieren und kalt stellen
Instantcremedesserts	**Geschmacksrichtungen, z. B.** – Basis für Bayerische Creme – Mousse Universelle	• Trockenmischung in kaltes Wasser einrühren, mit Rührgerät ca. 4 Minuten aufschlagen, Schlagsahne zugeben und weiterschlagen, bis die Masse leicht cremig ist, danach die dickflüssige Creme portionieren und ca. 30 Minuten kalt stellen
	– Mousse au chocolat – Mousse Cappuccino – Mousse Vanille	• kalte Milch und flüssige Schlagsahne in ein Gefäß geben, die entsprechende Menge Pulver einrühren, 2 – 3 Minuten aufschlagen und portionieren
	– Mousse Erdbeere – Mousse Karamell	• Pulver in die entsprechende Menge kalte Milch einrühren, mit dem Rührgerät auf höchster Stufe schlagen, bis die Creme eine sahnige Beschaffenheit hat (ergibt doppeltes Volumen)
	– Tiramisu	• Pulver in die kalte Milch einstreuen, verrühren, danach auf höchster Stufe ca. 2 Minuten aufschlagen; gut verrührten Mascarpone (italienischer Frischkäse) in die Creme geben, 1 – 2 Minuten glatt unterrühren, danach entsprechende Fertigstellung

Begriff	Beispiel	Zubereitung
Servierfertige Kuchen	**TK-Ware, z. B.** – Apfelkuchen – verschiedene Arten – Käsekuchen – verschiedene Arten – Heidelbeerkuchen – Aprikosenkuchen – Kirschkuchen mit Streusel – Linzer Torte – Pflaumenkuchen – Bienenstich – Blechkuchen – verschiedene Arten	• Auftauempfehlung: ca. 5 Stunden bei Zimmertemperatur, im Kühlschrank ca. 8 – 10 Stunden
Servierfertige Torten	**TK-Ware, z. B.** – Sahnetorte – Eierlikörtorte – Frankfurter Kranz – Käse-Sahne-Torte – Schwarzwälder Kirschtorte – Cremetorten	• Auftauzeit im Kühlschrank: ganze Torte ca. 8 – 10 Stunden
Portionierte servierfertige Backwaren	**TK-Ware, z. B.** – Apfelküchle	• ca. 10 – 12 Minuten im vorgeheizten Backofen bei ca. 220 °C erhitzen, anschließend in Zucker-Zimt wenden und heiß servieren
	– Apfelstrudel	• gefrorene oder angetaute Strudelschnitten im Mikrowellengerät oder Backofen auftauen und kurz erwärmen
	– Biskuitrolle	• benötigte Anzahl aus dem Karton entnehmen und bei Zimmertemperatur ca. 30 – 40 Minuten einzeln auftauen lassen
	– Donauwellen	• benötigte Anzahl aus der Packung nehmen und bei Zimmertemperatur ca. 3 Stunden auftauen lassen (im Kühlschrank beträgt die Auftauzeit ca. 6 Stunden)
	– Apfeltaschen – Amerikaner	• die benötigte Anzahl aus der Packung nehmen und ca. 20 Minuten auftauen lassen
	– Windbeutel mit Sahnefüllung	• die benötigte Anzahl aus dem Karton entnehmen und ca. 1,5 Stunden im Kühlschrank auftauen lassen, danach mit Puderzucker bestreuen

Begriff	Beispiel	Zubereitung
Portionierte Backwaren zum Fertigbacken	**TK-Ware, z. B.** – Blätterteigplatten	• Platten der Packung entnehmen, bei Zimmertemperatur ca. 15 Minuten antauen lassen; danach Teig weiterverarbeiten, süß oder salzig füllen und bei 220 °C im vorgeheizten Backofen backen
	– Apfelstrudel	• die angetauten Gebäckstücke bei 210 °C im vorgeheizten Backofen ca. 25 Minuten backen
	– Plunderschnecken	• ca. 30 Minuten bei Raumtemperatur antauen lassen und im Backofen bei 170 – 180 °C ca. 22 – 24 Minuten backen
	– Croissants	• die tiefgefrorenen Teigrohlinge mit Ei bestreichen und bei ca. 170 °C im Heißluftofen ca. 20 Minuten backen
	– Baguette	• tiefgefroren in den Backofen geben und bei ca. 180 °C ca. 15 Minuten backen
	– Ciabatta (rustikales Weißbrot)	• bei ca. 180 °C 15-18 Minuten backen
	– Brötchen, verschiedene Sorten	• tiefgefroren in den Backofen geben und bei ca. 180 °C ca. 15 Minuten backen
	– Laugenbrezel	• aus der Folie nehmen, ca. 15 Minuten antauen lassen (evtl. einschneiden), mit Salz bestreuen und bei ca. 220 °C im Backofen 10 – 12 Minuten backen (Unbedingt Backpapier benutzen!)

Weiterhin steht eine große Auswahl an vegetarischen und diätischen Gerichten und Gerichten für spezielle Ernährungsformen zur Verfügung!

Vorratshaltung im Privathaushalt

			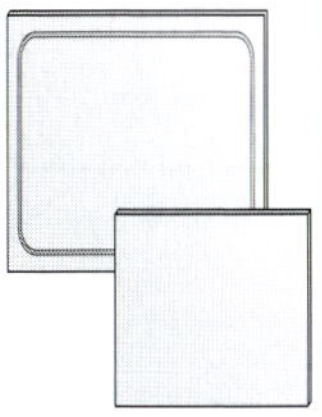			Abfallbehälter 3 Schüsseln 2 Teller Sparschäler Topf mit Deckel	Gefrierbehälter Etiketten Schreibzeug Verschlüsse
Durchschlag	Gemüsemesser	Kochmesser	Schneidebrett	Schaumlöffel	Backblech		

Einfrieren von Gemüse

Zutaten	Arbeitsschritte
Gefrierbehälter	• in hygienisch einwandfreiem Zustand bereitstellen
Gemüse	• waschen • putzen • nach Bedarf entstielen, entkernen, enthäuten, schälen • abtropfen lassen und trocknen
	• je nach Gemüseart zerkleinern
	• **Blanchieren:** Salzwasser zum Kochen bringen Mengenverhältnis: Wasser : Gemüse 4 : 1 • vorbereitetes Gemüse in das kochende Salzwasser geben • Wasser muss nach ca. 1 Minute wieder kochen • je nach Gemüseart 3 bis 5 Minuten kochen lassen • die Blanchierzeit beginnt mit Eintauchen des Gemüses • mit dem Schaumlöffel aus dem kochenden Wasser nehmen und in den Durchschlag geben • in kaltem, mit Eiswürfeln angereichertem Wasser abschrecken • abtropfen lassen
	• soll das Gemüse nicht aneinander gefrieren, dann das vorbereitete Gemüse auf flachen Platten oder Blechen einlagig, unverpackt anfrieren • angefrorenes Gemüse oder blanchiertes Gemüse portionsweise in Gefrierbehälter einfüllen • Luft ausdrücken (oder aussaugen) • Gefrierbehälter dabei schließen • wieder einfrieren
Hinweise:	• Bei Benutzung von Gefrierbeuteln kann ein Folienschweißgerät eingesetzt werden. • Etiketten genau beschriften mit Art – Menge – Datum • Datum gut sichtbar anbringen.

Einfrieren von Obst

Zutaten	Arbeitsschritte
Beispiel Beeren	
Backblech Gefrierbehälter	• in hygienisch einwandfreiem Zustand bereitstellen
Heidelbeeren	• waschen • evtl. von Blättern befreien • abtropfen lassen und trocknen
100 – 200 g Streu- oder Puderzucker	• mit den Beeren vermischen
	• einlagig auf das Backblech geben • unverpackt anfrieren lassen (vorgefrieren)
	• angefrorene Beeren sofort portionsweise in Gefrierbehälter einfüllen
	• Luft ausdrücken (oder aussaugen) • Gefrierbehälter schließen
	• wieder einfrieren
Hinweise:	• Zum Gefrieren können feste Behälter (Dosen, Alubehälter) oder Folienbeutel verwendet werden. • Bei Benutzung von Gefrierbeuteln kann ein Folienschweißgerät eingesetzt werden. • Etiketten genau beschriften mit Art – Menge – Datum • Datum gut sichtbar anbringen. • Die Lagerzeit für Obst beträgt 8 bis 12 Monate.

Vorratshaltung im Privathaushalt

		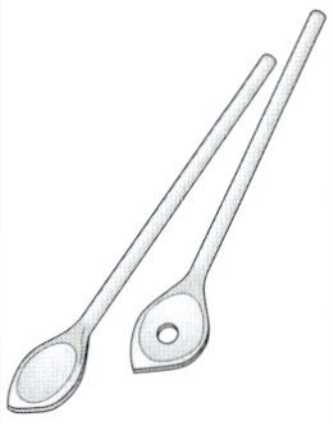	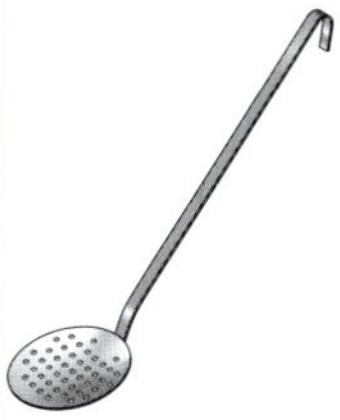	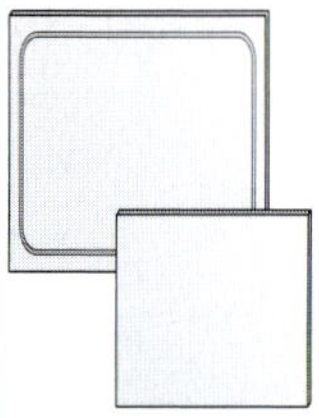	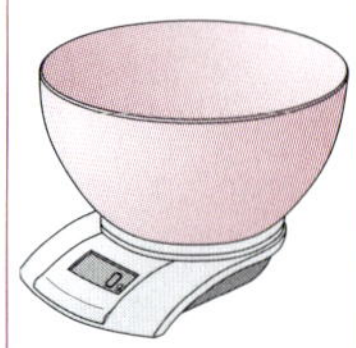	Abfallbehälter Suppenschöpfer 3 Schüsseln 2 Teller Universalmesser Entsafter Topf	Etiketten Schreibzeug Twist-off-Gläser Einfüllring feuchtes Spültuch
Durchschlag	Gemüsemesser	Kochlöffel	Schaumlöffel	Schneidebrett	Küchenwaage		

Gelee – mit Gelierzucker

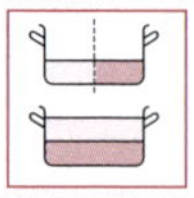

Zutaten	Arbeitsschritte
Deckel Kochlöffel Suppenschöpfer Einfüllring	• bereit legen
Twist-off-Gläser	• gründlich spülen • mit heißem, klarem Wasser nachspülen • umgestürzt auf ein sauberes Tuch stellen oder legen
ca. 1 ½ kg Obst	• waschen • putzen • nach Bedarf entstielen, entkernen, enthäuten, schälen • waschen • abtropfen lassen
	• nach dem Abtropfen zerkleinern • **entsaften**
1 l Fruchtsaft (aus dem Obst) **1 kg Gelierzucker** **oder** **500 g (2 zu 1) Gelierzucker**	• **Saft** mit dem Gelierzucker verrühren • in einem hohen, schmalen Topf unter ständigem Rühren zum Kochen bringen
	• **Gelee** unter ständigem Rühren nach Gebrauchsanweisung **(ca. 4 Minuten) kochen** • Gelierprobe machen
	• Schaum abschöpfen
	• **heißes Gelee** mit dem Einfüllring in die gereinigten Twist-off-Gläser randvoll füllen und mit dem Deckel verschließen
	• Gläser außen reinigen und stürzen • nach Erkalten wieder umdrehen
	• Etiketten beschriften (Inhalt, Herstellungsdatum) und aufkleben
	• **Gelee** kühl und trocken aufbewahren
	• Herstellerhinweise beachten

Konfitüre – mit Gelierzucker

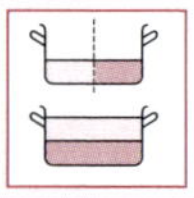

Zutaten	Arbeitsschritte
Deckel Kochlöffel Suppenschüssel Einfüllring	• bereit legen
Twist-off-Gläser	• gründlich spülen • mit heißem, klarem Wasser nachspülen • umgestürzt auf ein sauberes Tuch stellen oder legen
ca. 1 ½ kg Obst	• waschen • putzen • nach Bedarf entstielen, entkernen, enthäuten, schälen • waschen • abtropfen lassen
	• nach dem Abtropfen nach Belieben zerkleinern **(schneiden, verrühren, mixen)**
1 kg Gelierzucker **oder** **500g (2 zu 1) Gelierzucker**	• **Früchte** mit dem Gelierzucker verrühren • in einem hohen, schmalen Topf unter ständigem Rühren zum Kochen bringen
	• **Konfitüre** unter ständigem Rühren nach Gebrauchsanweisung **(ca. 4 Minuten) kochen** • Gelierprobe machen
	• Schaum abschöpfen
	• **heiße Konfitüre** mit dem Einfüllring in die gereinigten Twist-off-Gläser randvoll füllen und mit dem Deckel verschließen
	• Gläser außen reinigen und stürzen • nach Erkalten wieder umdrehen
	• Etiketten beschriften (Inhalt, Herstellungsdatum) und aufkleben
	• **Konfitüre** kühl und trocken aufbewahren
	• Herstellerhinweise beachten

Alphabetisches Rezeptverzeichnis

Sachwortverzeichnis

Bildquellenverzeichnis

AEG Hausgeräte GmbH, Nürnberg: S. 40/1,2,3
Alexanderwerk AG, Remscheid: S. 14/1,2
Bartscher GmbH, Salzkotten: 26/1,2
CITTY Großküchentechnik, Kiel: 32/3,4
Dettmer, Prof.Dr.H. (Hrsg.): HT 4966 "Kochen als Beruf", Hamburg, 2000: S 27; 28/1
DIOSNA GmbH, Osnabrück: S. 15/1,2,3,4
Euras GmbH, Dachau: S. 12/1,2,3,4
Fissler GmbH, Idar Oberstein: S. 16
Gram Commercial A/S, DK, Vojens: S. 38/1,2,3
Hobart GmbH, München: S. 19/1; 32/2; 36; 37/1
Krefft Großküchentechnik GmbH, Gevelsberg: S.35/1; 42/3
Karl Krüger GmbH, Ahlen: S. 16/2,3
Miele, Gütersloh: S. 19/2; 41
QVC Deutschland 2002, gebührenfreie Bestellannahme: 00800-58585322: S. 16/3,4
Rational AG, Landsberg a. Lech: S. 30/1,2,3; 31/1,2,3,4,5,6
Robert Bosch GmbH, München: S. 22/1; 23/3; 36; 37/1,2
Samsung Electronics GmbH, Schwalbach/Ts.: S. 28/2,3
Schuster, Y., Wagner, U. (Hrsg.) HT 7427 „Arbeitsplatz Haushalt heute", Hamburg 1996: S. 22/2,5; 24/1,4; 30/1; 31/1,2
Schuster, Y.(Hrsg.) HT 7428 „Haushalt und Ernährung", Hamburg, 2002: S. 22/4; S. 23/1,4; 24/2,3
Siemens Elektrogeräte GmbH, Hamburg: S. 23/5
Wagner, Dr. C., Hildt, U. (Hrsg.) HT 4134 „Die Großküche", Hamburg, 2002: S. 18/1; 32/1; 33; 34; 42/1,2; 43/2
Winterhalter Gastronom GmbH, Meckenbeuren: S. 43/1
WMF Aktiengesellschaft, Geislingen/Steige: S.10; 11; 16/1
www.Messer-Shop24.de: S. 64/4

Umschlaggestaltung: Harro Wolter-Strindberg, Hamburg
Illustrationen: newVision!, Bernard A. Peter, Pattensen
Galas, Elisabeth, Köln: S. 17, 76, 92

Impressum

ISBN 3-582-0**4825**-X

Verlag Dr. Felix Büchner –
Verlag Handwerk und Technik G.m.b.H.,
Lademannbogen 135, 22339 Hamburg;
Postfach 63 05 00, 22331 Hamburg – 2005

Internet-Adresse: www.handwerk-technik.de
E-Mail: info@handwerk-technik.de

Druck: Offizin Andersen Nexö, Spengleralle 26 – 30, 04442 Zwenkau